# 廖名缙佚文集

上

廖名缙 著

张景龙 辑佚 校注

湘西民族文库

岳麓書社·长沙

◈ 1904 年，廖名缙在南昌任江西新军材官队教练官时与蔡锷等同事合影

左起：蔡锷、廖名缙、汪律本、李君、郭人漳、赵世瑄、林虎

◈ 1911年12月，廖名缙（前排左三）在南京参与选举中华民国临时大总统后与各省代表合影

◈ 1912年秋，时任湖南公立高等工业学校（湖南大学前身）校长的廖名缙（前排左二）与湖南实业协会职员合影

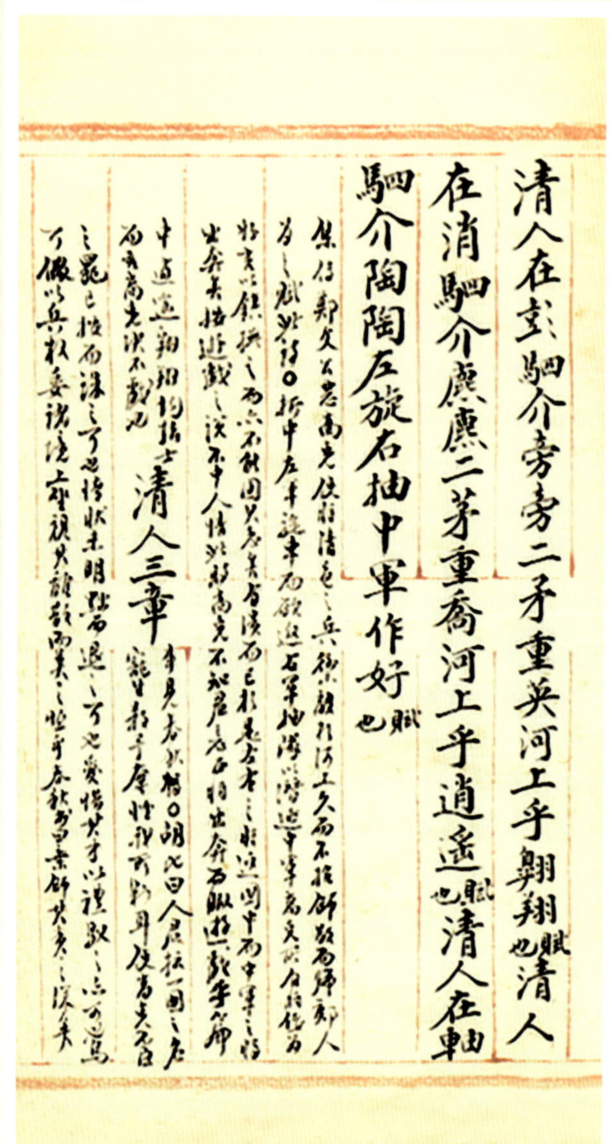

清人在彭駟介旁旁二矛重英河上乎翱翔也賦

清人在消駟介麃麃二矛重喬河上乎逍遙也賦

清人在軸駟介陶陶左旋右抽中軍作好也賦

清人三章

廖名缙《国风集评》手稿

# 《湘西民族文库》编辑委员会

# 出版说明

湘西，山峦起伏，溪洞纵横。其地域历史发展的独特性与神秘色彩，民族文化的丰富多姿早为世人所瞩目。历代朝廷史官及宦游其地的文人，就其山川地理、民族风情习俗及相关的历史事件，留下了大量官方文献、志书和个人著述。近代以来，关注和探究湘西历史和民族文化的文人学者更与日俱增，留下的历史文献和实地调查资料更为丰富，文艺作品和学术专著也不少。特别是新中国成立后，一批土家族、苗族的专家学者逐步成长，投入本民族历史文化的发掘研究，取得了丰硕成果。有鉴于此，湘西土家族苗族自治州政协特邀请和组织一批专家学者及民族与文化部门的同志，策划出版这套《湘西民族文库》，以存史资治，传承与弘扬优良的历史传统和民族文化，服务民族地区的经济和文化事业的建设发展。

《湘西民族文库》的编辑原则和凡例如下：

一、本文库收入的书籍分为两大类。第一类是古籍与历史文献，包括历代与湘西地区相关的史籍、志书及世传民族口碑史料，以及新中国成立前湘西少数民族文人与名人的著述。第二类是新中国成立后的著作，以湘西土家族和苗族民族学者的学术专著为主。同时，也收集一部分汉族及其他兄弟民族学者关于湘西地区和湘西民族的历史文化研究著作。

二、凡属古籍和历史文献，均由编辑整理者据底本进行标点校勘，改正其文字的讹误、漏衍，并撰写前言或编者序，简介该书原作者的生平、写作背景、版本源流、主要内容与学术文化价值。

三、凡收入本文库的民国年间的历史文献、调查资料和文史著作，由编者作前言或编者序，介绍作者生平、版本源流、主要内容与价值。对其内容、观点及使用的词语、数字等一般均不改动。人名、地名及时间、地点有明显差错的，则加以校改或出注说明。

四、新中国成立后的著作，凡作者尚健在的，由本人进行校订，或少量增删、重编，基本内容和观点不做改动；作者已离世的，对原书的内容和行文用语均不加改动，编辑者可在文字上做必要的校正勘误。

五、本文库采用简化字排印。凡原书和底本中的繁体字和异体字一般情况下均改为简化字，无相应简化字的则仍保留原字。

六、凡原书和底本中的错别字，均将原字加上（　），再用〔　〕加注正字；漏脱的字，亦用〔　〕补上；衍文直接删去；有污损或影印不清、无法辨认的字，以□表示。

七、古籍和历史文献中各少数民族的名称常加“犭”旁，这带有歧视和侮辱性，本文库对此做出修改，如“獠”改为“僚”，“獞”改为“僮”，“犵狫”改为“仡佬”，“猡猡”改为“罗罗”，“猺”则改为“瑶”，等等。

八、土家族、苗族的人名、地名在古籍和历史文献中，均为当时作者的汉字译音，可能不准确，且古今会有变迁。为保持原作和历史原貌，本文库不做修改。凡传世的民族口碑资料和民间口头作品，一般采用现代汉语意译本。

伍新福

# 弁　言

《廖名缙佚文集》八卷，收集整理者张景龙先生，湖南省泸溪县浦市镇人，吉首大学研究员。久闻本地乡贤廖名缙为辛亥革命元老，湖南教育界先驱，一生活动于政、军、学、实业、佛学各界，学识渊博，著作颇丰，名重于当时，欲对廖之生平及其著作做一次汇集并诠释、探讨，使之显于世。但廖之全部著作稿件，已于20世纪20年代一次旅途火车上被盗，欲完成此事困难实大。因思廖当年活动于各界，应有文字言论散落于各种社会文件中，细心搜寻必有所获，于是广泛搜罗清末民初各种旧报刊、旧文书、电文、奏牍、地方史志及有关人士之酬答诗词、信件往来，包括海外之藏书资料。大海捞针，知难而进，不辞劳苦，耗时三年多，终于完成了佚文集八卷之作。

廖名缙（字笏堂）是我父亲，1867年2月出生于地域偏僻的沅江之滨浦市古镇，正是晚清国势衰微的时代。父亲自幼勤奋好学，曾考取拔贡，入选湖北两湖书院、武备学堂，后被公派留学日本。在日本参加了孙中山领导的兴中会（后改为同盟会）。后参加辛亥革命，曾领兵汉阳之战。曾被选为湖南四位代表之一赴南京参与组建中华民国临时政府，并作为湖南投票人选举孙中山为中华民国第一任临时大总统。后回湘办学，创办兑泽中学，协办明德中学，为湖南公立高等工业学校（湖南大学前身）校长，与刘人熙、彭政枢三人创办船山学社，任学社哲学主讲并倡办《船山学报》。晚年皈依佛法，为九世班禅额尔德尼·曲吉尼玛的秘书长，协助九世班禅抵制达赖喇嘛叛国外附。笏堂公诗、词、书、画俱精妙，名传于当时，被人称颂为“湖南唐伯虎”“光宣间知兵词人”“讲学文中子，谈兵杜牧之”。

笏堂公病逝于1927年3月10日，时年60岁。熊公希龄在我父讣闻之遗照下题七绝一首，其首句曰：“六十一年此幻身”，所言“六十一年”是按旧习俗所定的虚岁。

父逝之前一年（1926）10月，我母忽患重病，医治无效，猝然逝去。事发突然，对我父打击太大。兼之1927年初大雪严寒，我父受邀去汤山观雪，感受风寒，归来即病。延请北京名医施今墨诊治未见效，即溘然长逝于北京法通寺胡同本宅中，此时距我母逝世不到半年。笏堂公因系佛教中人，我父母的遗骸得以厝寄于北京名寺法源寺中，但此后数十年竟无一人前来过问，更无人移回故乡安葬。1945年后，法源寺要整修寺庙，催人移去骸骨，无人应承。最后听说有一位湘人知我父曾是湖南名人，乃代为移出，葬于京郊官山中（官山是指当时郊外无主之荒地）。中华人民共和国成立后，北京作为全国首都曾多次扩建，当年之官山，我父母遗骸入土之地，不知现今何处、属何区域。总之，我父母之骸骨早已化为京城地下之泥土，承载着繁华的京城世界。

父亲逝世后，遗孤五人中最大的盛杭才16岁，正在北京师大女附中上高中，家中无人主持。我与弟盛平因年幼，生活尚不能自理，即以缴费入园方式被送往香山慈幼院蒙养园抚养。然而我与弟入园数年，却听园中老师抱怨我们的入园费只在最初入园时缴过一次，此后数年再无人探视和缴费了。

此时城内法通寺胡同故宅中住着杭、宁、迁三人，杭姐夫李藻青及其妹（也来北京上学）以及杭姐所生子女二人，还有老家人师荷生夫妇，共九人。九人的生活开支全靠姐夫李家代管我家财产之收入从南方汇来应付，汇款不及时或较少不够用时，即将家中器物典当得钱应付生活。器物典当渐尽，又典当家具，最后将住宅也典当了。没有了住处，只好回南方去，九人中南归八人，师荷生之妻回了乡下娘家未随去南方。众人就去了长沙，从此北京的家也就永远没有了。几年后，姐夫李藻青将我和弟弟盛平也接回了南方。

此后，历经数十年的光阴流逝、时局变迁，历经日寇入侵、战乱逃亡、日军败退、解放战争和新中国的成立等。先父笏堂公逝世后，遗孤五人中宁、迁二人早亡（迁哥逝于 1939 年，时年 23 岁；宁姐逝于 1948 年，时年 36 岁），余三人皆长寿，杭姐 83 岁，平弟 93 岁，现二人均已逝去，唯我今日茕茕独存，已 98 岁矣。

21 世纪初，父亲被盗失落的文稿之一《百槲溪堂文集》忽然在台湾地区出现，并于 2008 年由台湾文听阁图书有限公司收入《民国文集丛刊》，以影印本正式出版发行。本套丛刊共有 150 册书，售价 37 万新台币，约人民币 8. 5 万元，不单售。我弟之女婿李如喜辗转与该公司取得联系，终获赠一册珍藏，并复印一份寄我。虽是复印本，但见到吾父手迹时，仍犹如见到先君尊颜。

2011 年，在北京潘家园古玩市场又出现了父亲所著《直隶五河历代河流沿革图说稿甲 · 永定河》文稿，持有者王某急于出售。恰巧我女儿奉婴在一网站发表了一篇辛亥革命一百周年怀念外公廖名缙的文章，王某便立即与奉婴联系，愿以 20 万元的价格出让，并请奉婴去北京商谈。奉婴因工作走不开，而 20 万元也是一笔巨款，一时未能筹得。古玩商王某不愿久等，匆匆将之出售给转业军人陈某。事情发生得太仓促，也来不及与我弟联系，父亲的宝贵遗作便永属别人了。但“人亡弓，人得之”，陈某亦是中国人，应该也是文物爱好者，也会好好保护这件文物的。今后如能将之捐献给国家水利部门，就更是功德无量。人们或许会疑惑，我父是学者、军人，怎么会搞水利勘测呢？我也曾经疑惑过，后来想起我从浦市旧宅搜寻到的父亲早年的一本画册，其中有一幅画作，画的是一片草地，上面有一架老式的地质测量仪器，画册题曰“鹦洲测远”。鹦洲应是湖北武汉鹦鹉洲，这幅画当是父亲在武汉两湖书院和武备学堂学习测绘时所作。这只是我的揣测，不知确否。

景龙先生所编《廖名缙佚文集》是通过搜集各地现存的真实档案资料，经认真审查核实而成的，工作十分辛劳，耗时三年多而成，是一部真实可信的文集。作为廖名缙唯一尚存的子女，我对景龙先生求真求实、艰苦卓绝的精神十分佩服和感激。

2019 年 7 月 18 日廖盛慈（太素）作，时年 98 岁

# 前　言

佚文集者，乃前人散失的文辞与篇章之汇编也。本佚文集作者廖名缙先生一生著述甚富，仅见诸文字记载的就有《百槲溪堂诗集》《百槲溪堂文集》《西山枕石集》《秋湖集》《香山游览吟》《直隶五河历代河流沿革图说》及日文译著《时代思想之权化》等。然正如廖名缙在其《王弇州四部稿书后》一文中所言，“古人殚精著述，一字未安，不敢问世。及其成也，又复藏之名山……”，并批评“后人朝学执笔，夕已著书，一稿甫脱，遽登梨枣，行世既久，晚年学进，更正末由”。[①]因此他一生所著，效古人而一直“藏之名山”，未以付梓。没想到晚年选编成册打算付印时，所有书稿却在旅途中连同皮箱一起被盗。80 多年后，被盗书稿中之《百槲溪堂文集》于 2008 年现世于台湾地区，并由台湾文听阁图书有限公司以影印本出版。另有《直隶五河历代河流沿革图说》五部书稿中之“稿甲・永定河”亦已现世，只不过已成了大陆某收藏家手中的藏品而未能付梓，其余佚著至今仍未现世。甚憾。

一般而言，前人一旦无文辞篇章传世，则在同辈人纷纷谢世之后，便会逐渐被人遗忘。这也是本佚文集作者何以鲜为人知之主因。笔者退休之后，耗三年多之心力，从浩瀚的旧籍、旧报、旧刊、方志史料中大海捞针般搜集廖名缙散存之诗文、电文、奏牍、书信等，继而整理、校点、注释、编辑之后，是为读者如今所看到的这部八卷本《廖名缙佚文集》（以下简称

《佚文集》)。

## 一、斑斓碎玉弥足珍

《佚文集》凡八卷，按类别分为“文荟”“人物列传”“轶闻琐录”“学术讲稿”“诗词”“国风集评”“电文书信”和“史料文献”。由于所有文辞篇章系从当年的各种书籍、旧报、旧刊、政府官报以及廖名缙后人手中搜集而来，故种类繁杂，然则弥足珍贵，恰似一盆斑斓碎玉，晶莹剔透，熠熠生辉。

### 1. 斑斓碎玉，耀先贤学术思想之光

《佚文集》中第一卷至第四卷主要为廖名缙当年于各种书籍、报刊、谱牒中所发表和收录之文辞篇章。其中有为朋友写的书序，有碑记，亦有人物传记，有地方风习，更有以研究船山学说为主的哲学理论篇章。这些篇章无处不闪耀着廖名缙学术思想的智慧之光。

如在《世界哲学的宋学观》一文开篇中，廖名缙仅以寥寥数语便高屋建瓴地揭示了中国古代哲学在宋代理学出现之前和之后的主要区别：“宋以前，中国哲学多主实践的、社会伦理的。至宋后，始有自然的、超社会的学理出现。于是，考宇宙天地之本体，察鬼神幽明之原理，究人间性情之奥秘，学问价值从此大增矣。”此语同时也是廖名缙对宋明理学核心要义的点睛之评。

又如在《〈又我斋联语集〉叙》一文中，廖名缙以较少的文字对中国联语进行了开宗明义之精彩阐说：“世界有文字，国有其文学家，必有诗歌论说载之篇章，无中外一也。而创为声律对偶，俪青妃白之文，则用仓颉书体国所仅有。采用仓颉书体国，若日本，若朝鲜，若越南，若琉球，亘亚东陆海数万

里，所在皆是。而取声律对偶法，揭联语于楹端，或写风怀，或当箴铭，又为吾中华民族之独有。”

仅以此两例观，廖名缙的学术立论站位之高、视阈之宽、角度之新、用词之准，无不透射出其学术思想的智慧之光。

**2. 断缣零璧，扩学者研究视野之阈**

《佚文集》不是系统的巨著，只是零散繁杂的诗文史料汇编，个别甚至是残缺不全的篇章或数十个字而已。但就是这些断璧残璋，有时却能为学者开拓研究视阈，为其带来意想不到的惊喜。

如第一卷中有一残篇《永定河历代河流变迁说》，系廖名缙佚著《直隶五河历代河流沿革图说稿甲·永定河》中所载。在一般人的印象中，廖名缙当年是一位戎马疆场的统兵将军，一位执鞭讲坛的儒学教员，一位船山学社的哲学科主讲，一位“光宣间知兵词人”，怎可能与一位河流地质学者联系起来？然而读了这个残篇以及所附的全书目录后我们发现，廖名缙竟然对直隶五河从汉代以来各个时期的变迁如数家珍。这对于研究者来说，无异于开了另外一扇窗口。

又如第三卷的《李氏字派》，全篇仅40个字，然其所含信息量却不小。一是让读者得知浦市豪门李氏一族系从兰溪迁来；二是一直困扰地方文化学者乃至李氏后人的问题有了答案。浦市李氏系当地名门望族，族中不乏达官显贵、富商巨贾、黉宫掌教、沙场名将，然却拿不出一部浦市李氏族谱来。《李氏字派》揭秘：浦市李氏并非无族谱，而是当年在迁徙途中将谱牒遗失。而令人意料不到的是第三个信息：由于族谱遗失，其族中子孙命名所用之字派，竟然系廖名缙的曾外祖母（李氏）出面，请廖名缙的祖父廖荣禄先生（贡生，候选教谕）代为拟定。此信息对一般人而言或许只是一个有趣的故事，可对地方文化的相关研究者来说，当为十分珍贵之历史。

### 3. 吉光片羽，补地方历史文献之缺

《佚文集》第七卷中所收录的内容为当年廖名缙与熊希龄先生、太虚法师等友人的往来电文和通信，而第八卷中所收录的则是当年政府官报所载之大总统令、廖名缙当年的奏牍、新闻媒体所载之相关报道等。这些史料都在一定程度上为地方史志和文献增补了不少内容。

如第七卷中廖名缙与中华民国前总理熊希龄的往来电文，较为深入地揭示了二人之间深厚的友谊，并较为详细地再现了1915年底至1916年7月南方革命军发动的护国战争给大湘西人民所带来的兵燹之难，以及中央政府派遣前来宣慰湘西的熊希龄是如何在天津租界遥控指挥廖名缙在湘西抚绥灾民、拯救苍生的，同时亦可管窥廖名缙如何不时遭遇南军和北军的骚扰威胁而处于十分凶险的境地。

又如第八卷中，读者可以从1904年《江西官报》所登载的廖氏奏牍中了解到，他在刚上任江西续备左军统领期间是如何展示军事才干，把各军营如散沙般的军队训练成具有较高现代军事素养的队伍，又是如何洁身自好，将历任统领均落入私囊的盐商捐赠款用于创办随营学堂，继而又是如何倡办江西武备学堂的。

而在第三卷中，亦有不少篇章对地方文献做了有力的补充。如《文昌画像》一文中，揭示了咸丰年间太平军侵扰浦市时的所作所为，且详细记载了太平军纵火焚烧民居的细节："咸丰时……太平军扰浦，全家避乱山中，宅为匪军所占。匪去，置火药于浴斛，柱香火其中，将俟去远而爆毁之。"

而在第二卷《高祖友智公传赞》及第三卷《书院均户》二文中，廖名缙详述了乾隆末年浦市因何而筑城，当时"均民

田以养屯兵”之来龙去脉，以及“取其余稻为泸、麻两县及乾、凤、永三厅各建书院，以课士子”，并且还记载了“两百年来，余家祖孙父子岁应观澜书院课试，卷面必填‘均户廖友智’字样。考入肄业，岁可得奖谷一二十硕，寒士饘粥因以无虑。……民国后，书院改为学校，告朔之饩羊无存矣”。由是，我们得知当年浦市古镇何时及因何而修筑城墙，湘西五所官办书院因何而建，以及均户后人在之后的两百余年间凡能考入观澜书院肄业者均可享受伙食补贴等历史。

凡此种种，我们或很难在地方史料文献中见到，至少不会有如此详细之记载。

**4. 和璧隋珠，乃船山学社成果之粹**

《佚文集》第四卷中除附录件和一封《复俞焘仁论学书》外，其余全部是廖名缙于船山学社的讲学内容，刊载于《船山学报》第一卷第一期至第八期。由于廖名缙系船山学社的哲学科主讲，因而这些篇章也代表了船山学社的学术精粹，同时更代表了近代湘西地方先哲在湖湘文化殿堂中的学术地位。

船山学社乃廖名缙与刘人熙、彭政枢等志同道合者于1914年为纪念湖湘文化先哲王船山先生，阐扬船山思想而创建。于此讲学者均系当时湖湘文化学术界之精英，而廖名缙作为哲学科主讲人，更是其中之翘楚。本卷收录的篇章多为廖名缙对船山哲学思想之阐释，如《读〈张子正蒙注·动物篇〉》《读〈张子正蒙注·神化篇〉》《读〈张子正蒙注·大心篇〉》《读〈张子正蒙注·至当篇〉》等，亦有廖名缙自己对中国古代哲学之思考，如《论以仁存心、以礼存心》《复俞焘仁论学书》《世界哲学的宋学观》等。

廖名缙在本卷的《国家与社会》一文中，十分精要地指出了王船山先生“著书行事之最足拯救时弊者”之“四事”：

“一曰砺廉耻，一曰明责任，一曰惩慆逸，一曰祛顽旧。”对始建的中华民国，廖名缙给予高度赞颂：“国体改变，是我国无上光荣之事。……共和初建，开国之勋，震耀中外，固已揭日月以行矣。”而对破坏共和、争权夺利者进行了无情痛斥和鞭挞：“然暴徒乘之，争权劫利，廉耻道丧，此固为仁人君子之所哀悼。”

而在本卷的《世界哲学的宋学观》一文中，廖名缙以如椽大笔纵论自两汉至两宋历代诸儒之学，有批评，有肯定，有褒赞：“两汉诸儒，修专门之业，传习一经，师弟授受，墨守旧说，不敢稍生异见。虽马融、郑玄、王肃之徒，号称大师，亦不过统该众说，注释诸经而已，其后专经业废。”“降逮李唐，学者又就汉注而加以疏解，演绎周详，委曲旁引。虽琐屑繁冗，不免生人厌倦，而上世名物度数，借以推明，不可谓非汉唐诸儒之功。”“盖自周末以来，学者抱残守阙，以为世界事理，至周孔而已尽。”“南渡以后，宗社偏安，而学制尚自可观，宜乎南北两宋名臣硕儒蔚然辈出也。”“盖宋以后中国哲学，其表面为儒、佛之战真场，其实际则二宗之新化合物耳。”字句之间，无不闪耀着廖名缙对传统儒学承继光大之思想光芒。卷中诸章有如和璧隋珠，堪为船山学社学术成果之精粹。

## 二、秉文兼武赤子情

《佚文集》作者廖名缙乃中国民主革命家、辛亥革命元老、近代湖南教育先驱，在清末民初文坛有“光宣间知兵词人”之美誉，有文友以“讲学文中子，谈兵杜牧之”诗句赞其在教育、军事、文学等领域的卓越成就。

1. **勇探救国路，投身于民主革命之中**

廖名缙于1867年诞于湖南省泸溪县浦市古镇，自幼失怙，16岁中秀才，肄业于浦市观澜书院。1891年入选湖北两湖书院。1894年中日甲午海战爆发，廖名缙怒撰《讨倭寇檄》，遂于1896年毕业后再入武备学堂学习军事，以冀有朝一日能疆场杀敌。光绪丁酉（1897）科拔贡，始为浏阳教谕，旋赴湘西黔阳掌教龙标书院。1899年应湖南新军统领黄忠浩之邀赴长沙襄其军务，先后担任湖南威字新军总文案、威字新军学堂监督等职。1900年领兵参加唐才常于武汉发动的自立军起义，起义失败后遭官府通缉，累及浦市老家被抄掠，妻女逃亡。

1903年廖名缙官费留学日本，其间加入孙中山创立的兴中会。1904年归国后先后任江西抚署文案、续备左军统领、常备中军统领等职。其间在吉安创立兴中会江西分部，秘密开展同盟会前期工作。同盟会计划于1906年12月在江西萍乡、湖南浏阳、醴陵三县同时举行起义。然当年10月，起义计划被泄露，时任江西常备中军统领的廖名缙及时向起义指挥部传递消息，并迅速遣散革命同志，最终引起巡抚吴重熹怀疑而被革职归里。

1907年廖名缙应友人之邀赴长沙执鞭从教，先后任明德学堂监督、湖南高等实业学堂监督、湖南甲种农业学堂监督，其间被举为湖南谘议局副议长，与议长谭延闿、资政院议员易宗羲等人为实现君主立宪而奔走，多次代表湖南进京请愿。1911年辛亥革命前夕，廖名缙担任湖南左路巡防军统领，旋即参加长沙起义，不久领兵赴鄂参加辛亥革命中最为残酷的“阳夏保卫战”，继而东下参加“南京之战”。

南京光复之后，廖名缙返回长沙，脱下戎装。继而作为湖南四位代表之一，赴南京参与组建中华民国临时政府，修改临时政府组织纲要，并作为湖南投票人参加了中华民国第一、第二任临时大总统的选举。

### 2. 勤培桃李苗，执鞭于黉宫讲坛之上

廖氏家传儒业，五代从教，其本人更是耽于教育，以为国家为民族培育人才为己任。廖名缙为光绪丁酉岁拔贡，朝考二等合格，授候选道员，却自请回湘从教，膺浏阳教谕，旋赴湘西龙标书院任山长。尔后统兵湘、赣军营，亦未弃教，先后创办湖南威字新军学堂，倡办湖南警察学堂，创办江西续备左军随营学堂，倡办江西武备学堂，任常备中军统领时仍兼江西材官学堂监督等。因在同盟会发起的“萍浏醴起义”中营救革命同志而被革除军职后，赴长沙重操儒业，先后掌教明德学堂、湖南高等实业学堂、湖南甲种农业学堂等，其间与在长沙的湘西人创办了西路公学，旨在为大湘西培养人才。

在南京组建完中华民国临时政府返长后，廖名缙除接受都督谭延闿聘其为省府高等参谋外，不再接受其他政府公职。且立马做了两件与教育相关的大事：一是倡议复办了因清政府灭亡后没有资金来源而停办的西路公学；二是与符定一等人呈请省都督府及学务司拨款立案，创建了湖南省第一所公立中学——湖南全省公立高等中学，符定一为校长，廖名缙被政、教界公举为校董、名誉校长，且亲自执教该校。

1912 年下半年，湖南公立高等工业学校（湖南大学前身）校长陈鸿范去职，廖名缙受聘担任该校校长，且在短时间内将该校办成了全国同类高校之翘楚。湖南省文史研究馆原副馆长黄士衡、湖南省政协原副主席唐伯球当时都是该校的职员。二老生前联名撰写的《湖南大学早期史料一页》如是记载：“陈鸿范任职仅数月即离去，改由廖名缙继任校长。廖为湖南教育界有名人物……在湖南办教育多年，当时与胡子靖、曹典球齐名。他与湖南都督谭延闿交情甚厚。谭亦热心于教育，曾一次

批准拨款三十万元，向德、英、美等国购买仪器、书籍、标本、化学冶金药品等。本校图书、仪器、标本以及化学冶金药品的充实，在国内各工业学校中是罕有的。惜廖去职后，学校发生风潮，多次更换校长，管理废弛。……廖校长是共和党人，办学有经验，学生对他很好。但教育司长吴景鸿是国民党人，他们不容许一个共和党人占据高等学校职位，便用诬陷的行为迫使廖弃职。”

从该校去职后，廖名缙又曾担任过湖南公立法政专门学校校长、湖南省立第一师范学校教员等。在一师执教期间，廖名缙深受学生爱戴，其教诲对学生影响深远。毛泽东的同班同学罗学瓒（后任中共浙江省委书记，1930 年因叛徒出卖而牺牲）在日记中录有廖名缙给他们授课的内容：“人必欲有独立自营，不依赖别人性质。如某事当做，即立刻做去，丝毫不肯让人。如不当做，则毅然决然不做，富贵不能淫，威武不能屈。如此，然后可以有为。……盖常人之求乐，乐在体魄。圣贤乐道义，乐在精神。然体魄之乐在一时，乐去而苦生，乐少而苦多。而精神之乐，生亦乐也，死亦乐也。”[②]罗学瓒还在日记中记下于船山学社听完廖名缙讲演后的感受：“余闻其言，精神振作，委靡之气不觉冰消，远大之志忽然兴起，慷慨激昂之言，足以令人兴起。”[③]

### 3. 正气亮高节，呐喊于国难民艰之时

廖名缙怀有一颗儒家知识分子对国家对民族对劳苦大众之赤子之心，从清末到民国初不仅勇于探索救国之路，且每当国家遭遇重大危难时，都能于第一时间发出铁血呐喊之声。

1894 年中日甲午战争爆发，廖名缙怒撰《讨倭寇檄》。檄文中痛陈道：“逆人心者，干天怒，犯众怒，中国桀、纣、始皇，西国拿破仑，皆强兵百万，不免身遭流辟，为天下罪人。

今倭人以蕞尔小国，不畏公法，称无名之干戈，为万国之戎首，综其前后之举动，实乃公论所难容。”[④]

1913 年 3 月 20 日晚，廖名缙之辛亥革命战友、对中国民主政治建设极为重要之人物宋教仁先生在上海遭暗杀，廖义愤填膺，第一时间在《大中华民国日报》上连发两篇评论，愤怒声讨此案的幕后黑手。在《悲宋君钝初》一文中，廖名缙怒斥道：“此豺虎之行耳，匪豺虎胡以残酷如是也。”文中对刚成立的中华民国未来之国运表达了深深的担忧：“盗贼豺虎之横行，今日之民国乃真无望矣。”

1924 年，湘、闽、鄂、赣四省遭特大水灾，廖名缙心忧灾区民众，在《水灾急赈刍言》一文中，对当时一些达官显贵不顾灾民之艰的冷漠行为进行了猛烈抨击：“上而军阀伟人，下而官僚政客，一筵之设费致数十百金焉，一舆之饰费至数千万金焉。……种烟有税，运烟有税，尽以饱有枪阶级之私囊。对于强邻之责言，与人民之堕落，直若熟视而无睹。”

第二届国会史称“安福国会”，喻该国会为安福系成员所把持。廖名缙作为本届众议院议员，尽管安福部人势力强大，他却不畏其淫威。廖名缙曾撰《后藏选举平议》一文，言辞激烈，怒批段祺瑞政府。文章开门见山抨击道：“段政府自称革命，推倒曹锟伪宪法是也。乃于国宪未成之先，并开国仅有之约法而废之，安福部人之胆大妄为，于此可见一斑。”[⑤]并于文中对其打压班禅，连续提出“六不解”[⑥]。文中字里行间彰显了廖名缙为维护祖国统一和民族团结而不惜得罪强权的赤子之情。

### 4. 濡毫写风流，享誉于诗坛词林之间

廖名缙不仅于军界、教界为人所称道，更在清末民初的文坛上享有盛誉。其性格豪放，轻财重友，儒而知兵，倜傥风

流，深受文友喜爱和推崇。

梁焕奎是清末民初著名实业家、诗人，有《青郊诗存》六卷传世，系湖南高等实业学堂创办人。1903 年春，时任湖南留学生监督的梁焕奎亲率廖名缙、杨昌济、陈天华、刘揆一等湘人学子东渡扶桑求学。因对廖名缙的才学十分钦佩，二人成了终身挚友。梁曾在一首题为《答廖笏堂》的诗中写道："十年书剑客，示我有新诗。讲学文中子，谈兵杜牧之。不期收美誉，已是负清时。骥足谁能绊，青郊试一驰。"梁在诗中将廖名缙教育方面的才学比作隋朝著名教育家、思想家王通（字仲淹，号文中子），将其文学和军事才能比作唐代杰出诗人、散文家杜牧（字牧之）。杜牧以其诗文留名青史，然其军事才能却鲜有人知。杜牧曾注解《孙子》十三篇，惜字如金的《新唐书》收了他的兵策全文。

近代著名文学家、《清稗类钞》的作者徐珂于 1911 年游长沙结识廖名缙后，在其《康居笔记汇函》中如是写道："湘之士大夫将兵者，咸同间至多，流风遗韵，及于光宣。宣统辛亥，珂游长沙，识黄泽生、廖笏堂，皆儒而知兵者。……笏堂名缙，拔贡，治兵统某军，尝为珂题诗于《湘楼听雨图》，题词于《纯飞馆填词图》。"廖名缙为徐珂《纯飞馆填词图》所题的词，便是享誉文坛词林的《自度曲》。这阕《自度曲》后来不仅为廖赢得了"光宣间知兵词人"之雅号，且为中国词林增添了一个新的词牌——曼殊发。

《自度曲》一经徐珂传出，立即引起了当时文坛词林的高度关注。清光绪年间翰林院编修、中华民国国务院秘书长、京津文坛领袖郭则沄在其"记录清代词话的专书"《清词玉屑》中，以"光宣间知兵词人"为题，评介了光绪和宣统年间南北两位著名军事家词人："光宣间词人，知兵者有二：一为廖笏堂（名缙），以拔贡入仕，屡统兵，与黄泽生（忠浩）同时在湘。辛亥事起，长沙新军应之，泽生被执不屈，死甚烈。笏堂遂遁居不出。有《自度曲》云……豪俊中犹见孤忧。”不久，著名闽籍词人林葆恒亦将《自度曲》收入他的《词综补遗》，并在书中引郭氏之言称：“词人知兵者有二，一为笏堂，以拔贡入仕，屡统兵……”

鉴于该词作者及其作品在当时文坛的巨大影响力，词坛名宿吴藕汀先生在编纂《词调名辞典》时，取该词最后一句中的“曼殊发”三字作为词牌名，正式收入该辞典中，并作如下按语：“调见《词综补遗》卷八十九引《清词玉屑》清廖名缙词。此调系廖氏自度曲，原本无调名，唯存‘自度曲’三字。词有‘还愁室里，曼殊要看秋发’句，拟名‘曼殊发’。”

## 三、鹤鸣在阴待子和

廖名缙在九十行的乐府长诗《辰州龙兴寺观明慈圣太后千佛袈裟歌》中吟道：“长公才概敌坡老，鸣阴鹤和音琅然。”当笔者读到此两句时，不禁掩卷垂首，慨然泪目，心中陡生莫名酸楚。此句中的“鸣阴鹤和”语出《周易·中孚》中的“鹤鸣在阴，其子和之”，意即树荫里传来仙鹤的鸣叫，小鹤听见了便以鸣声相应。廖在诗中所表达的意思是：王阳明才学操节堪比苏东坡，他虽离世，可他的学说却仍在传扬，后继有人。而廖名缙才学操节亦敌坡老，然我等后辈却未闻其在阴之鸣，更遑论和之“音琅然”了。

是以掘矿寻宝，吹尘开箧，尽最大努力搜集廖名缙的佚作付梓传世，让仙鹤在阴之鸣，声闻于野，以利我辈及后世学之和之，当为一功在当代、利在千秋之举。

### 1. 掘矿寻宝，抢救先哲文化遗产

一乡一邑，若无文化积淀，则与荒城无异，文化乃乡邑之灵魂。诚然，文化之载体又是多样化的，诸如神话、诗歌、戏曲、音乐，包括服饰、建筑、习俗等。然而作为文化，要想得以创造，得以延续，得以发展，都离不开最核心的要素——人，确切地说，离不开乡邑之先贤。唯有先贤在其文辞篇章中对一乡一邑当时社会之形态进行书写，后人才得以知之、承之而传之。所谓积淀，有积才有淀，若无当世之积，则无后世之淀。先贤们对当时社会形态之记载，便是乡邑文化之“积”。正是有了这种当世之“积”，才有了后世乡邑文化之“淀”。

就浦市古镇而言，有清以来儒业士子数不胜数。据廖名缙在其编撰的《楚南邵辰廖氏宗谱》中记载，仅廖氏一族，每年乡试赴县科考的童生就多达三大船，浦市廖氏族人考中秀才之男丁达半数以上。浦市镇各姓氏家族中经科举之途外出为官者，亦不在少数。如清乾隆兵部职方司掌印廖友尚、四川天全州知州李光宣、山东招远县县令姚荣琳、广州南雄直隶州知州姚澍、云南大理太守唐宣文、工部主事李应苾，等等。仅廖名缙一家五代人中就出了两个举人（一文一武）、四个拔贡、九个岁贡。因此浦市古镇先贤之著述当有不少。

然而，由于种种原因，先贤之文辞篇章真正流传至今的却如凤毛麟角，鲜有发现。笔者在安江诗人廖玉琅诗集《澮园余墨》中，发现廖名缙为该诗集题写的四首诗，其中有写道：“父书徒读我多惭，遗集巾箱尚未镌。”这说明在廖名缙之前，廖氏先人就曾著书立说。然而，今天《澮园余墨》尚在，廖名缙所提及的“父书”却无迹可寻。

但是，只要用心搜寻挖掘，仍能有所收获。如本《佚文集》作者的著作手稿虽于百年前丢失，然作为当年声望隆隆、学识侈侈之先哲，当有不少文辞篇章散存于浩瀚的旧籍之中，

有如矿藏一般深掩于地下。对于我等今人来说，需要的就是一种执着、一种毅力、一种精神、一种坚持，搜寻之，挖掘之，抢救之。这个过程或许极为艰辛，然天道终将酬勤，如今这部八卷《佚文集》便是上天对我们最好的酬赏。

**2. 吹尘开箧，奉献先哲弥珍宝典**

一乡一邑之先哲，对于后世晚学乃最好之仿学楷模，他们每一个人都是一座文化宝库。他们所遗之文辞篇章，对于我等晚学后辈都是宝贵的文化财富。在他们身上，蕴含着湘西人的高节与才智。在他们的著述中，藏有湘西的历史与文化。我们要深入研究他们，传承湘西优秀文化，最好最直接的途径就是阅读他们的传世典籍，研究他们的人生经历。从这个意义上讲，先哲们的传世之作便成了稀珍之宝。

然而由于湘西地域的相对偏僻闭塞，加上历代兵燹之灾与文化之难的损毁，如今地方先哲所流传下来之典籍已然寥若晨星。如本《佚文集》作者，原本著述甚富，不期百年前遭遇车匪之盗，这不仅让作者个人痛失一生之心血结晶，对于湘西地方文化建设和传承亦是不赀之损。

这或是湘西州委、州政府、州政协投入人力物力挖掘、整理、出版湘西地方史料文献，建立地方文化典籍宝库之动因。笔者通过三年多的搜集、整理、校点、注释，同时在湘西州、吉首大学相关领导的关心和支持下，这部八卷本《佚文集》最终得以顺利出版。虽从数量观仅为湘西文化典籍宝库增添区区一书而已，却有如吹尘开箧，为州内外研究湘西及湘西先哲的学者献上了一部弥足珍贵的八卷宝典。

**3. 功在当代，培引晚学唱和之子**

随着国家领导人及各级政府对传统文化之重视，越来越多的人对传统儒学的兴致浓厚起来。而地方先哲中如果有人在当时的儒学界有一定的地位，对传统文化有较深的造诣，在当时社会上有较高的名望，又有传世篇章的话，将更能引起学界的关注，甚至或有不少人会由衷地私淑该先哲。笔者就有切身体会，耗时三年多对本《佚文集》进行挖掘、整理、校点、注释之过程，即是笔者私淑作者、三年寒窗苦读之过程。

本《佚文集》作者乃百年前对湖湘文化影响极大的船山学社创始人之一，且任该社哲学科主讲人，堪称当时湖湘文化学术界之“大腕”。而今有缘读到他当年在船山学社讲学时的讲演稿，不啻回到百年前他的讲坛下听他讲学。我们可以从他的《国家与社会》中领略到王船山先生“著书行事之最足拯救时弊者”之四事，还可以从他的《复俞戆仁论学书》和附录的俞戆仁《与廖笏堂论学书》中，欣赏到当时两位湖湘学术巨擘之精彩“论战”。

《周易·中孚》曰：“鹤鸣在阴，其子和之。”百年前的仙鹤长唳，声闻于野，然由于种种原因，作者旧闾的“子鹤”们却从未有和鸣之声。而今百年前的“鸣阴”之声已然隐隐传来，笔者希望当世及后世能有众多“子鹤”鸣而和之。若能引来州、省内外对《佚文集》及其作者感兴趣的“子鹤”此起彼伏的鸣和之声，那笔者数年的辛劳自当没有白付，而九天之上的作者廖公更当捻须颔首、怡然含笑、慈心大慰矣！

#### 4. 利在千秋，打造古镇先贤文化

近年来，廖名缙之旧闾湘西泸溪县浦市镇正轰轰烈烈地打造文化旅游古镇，当地政府除对部分古建筑进行保护和恢复外，对其辰河高腔戏、踏虎凿花、苗族数纱、中元祭祀等传统文化项目亦适时对外进行了展示。尤其是传承千年、当地民众自发组织的极富特色的龙舟赛，堪称天下无双的“龙舟嘉年

华”，受到来自全国各地的相关学者及游客们的青睐。

上述项目均系古镇文化之载体，对于打造文化旅游古镇来说至关重要，因为文化旅游古镇就是要将本地值得观览之文化事物奉予游客。但从长远及纵深来看，打造古镇文化，正如前文所述，离不开最核心的要素——人。而地方先贤乃古镇“人”之翘楚，因此先贤文化才是古镇文化之灵魂。

打造古镇先贤文化，自然要以挖掘研究土生土长于本镇之先哲为主要发力点。浦市古镇历史悠久、钟灵毓秀，历朝先贤数不胜数，有博识多通为官于朝中者，有政声卓卓宰于州县者，有功勋卓著统兵于军营者，有学贯中西掌教于黉宫者，有独领风骚傲立于商界者，有才高八斗拔萃于艺苑者。本《佚文集》作者廖名缙先生就是其中之杰出代表。

诚然，挖掘打造古镇先贤文化，乃一浩大之系统工程，不仅需要当地政府的高度重视、大力支持，更需要当地文化界人士视其为历史使命。倘若有一批当地文化学者愿意跟笔者一道，以本《佚文集》的问世为契机，把古镇众先贤的佚作及人生经历挖掘整理出来，假以时日，古镇文化之巅必现一座座伟岸的先贤文化丰碑。

## 四、佝偻承蜩八卷经

前文提到，廖名缙的所有著作手稿于百年前被盗，以致我等后辈不仅无缘一睹先贤之文采，甚至连其人其事亦知之甚少。而被盗书稿经百年岁月之浸染，即或尚且在世，如今也都成了收藏家手中之珍稀文物，要想获之几无可能。像 2008 年《百槲溪堂文集》手稿现世于台湾地区且能付梓成书之事，在大陆几如神话一般。大陆亦曾有一部《直隶五河历代河流沿革图说稿甲 · 永定河》手稿现世，然藏家开价 20 万元，而正当廖氏后人欲与其交涉时，藏家却又杳如黄鹤，再也无迹可寻，遑论付梓传世。

因此，要抢救挖掘前贤佚著，让后辈有缘一睹其学术思想及大笔文采，仅靠期待再度出现《百槲溪堂文集》式奇迹太不现实。四年前笔者退休之后，决定在有生之年继长篇小说《暗战绝杀》之后再尽绵力，为家乡做一件自己认为有意义之事，将廖名缙散存于各种旧书旧报旧刊中之佚作搜集、整理、校点成书，留下一部前贤宝典，以传后世。

### 1. 大海捞针，起步于一无所有

此项辑佚工作，当属一件相当耗时费神之事。因为在笔者面前，完全是一片空白，无任何信息和资料，真正是一无所有。理论上，廖名缙当年声名显赫，其文辞篇章见诸报刊应当不少，然真要搜寻起来却有如大海捞针一般无比艰难。

最早得知浦市古镇在清末民初曾出过廖名缙这样一个人物，是在20世纪90年代初，师伯雷公建喜专程赴吉首大学为笔者赠送他撰写的《浦市》一书（因笔者曾为此书捐助）。师伯在该书中对廖名缙略有介绍，并录有廖于1920年为复修浦市入云山水星阁所撰写的一篇《复修入云山水星阁序碑记》，这是笔者见到的廖名缙的第一篇作品，亦是笔者决定启动此项辑佚工程时手中持有的唯一一篇廖名缙的作品。

尔后在《湘西文史资料》（第四辑）中读到张永安先生所撰写的《拔贡廖名缙》，其中引廖名缙考拔贡时朱卷《春草》一诗中的四句和一首《春游》。继而看到吉首大学吴荣臻先生主编的《苗族通史》中人物列传部分对廖名缙的介绍。再后来笔者从网上读到浦市人刘云先生于2011年8月28日在《团结报》上发表的《才高八斗廖名缙》。《苗族通史》中的介绍除文字稍作删节外，基本照录张文，包括生卒年之误亦照录。

而刘文中则增加了廖名缙于江西设立兴中会分部的内容，其他内容亦引张永安先生的《拔贡廖名缙》，只在文字上稍作改写。

这就是笔者于此项辑佚工程初期所持有的作品：一文和一首半诗，且均系转抄，其中是否有误？一首半诗是否真系廖名缙佚作？笔者只能暂且将此内容先行收入，以后追本溯源再去考证。

**2. 束蕴请火，求助于各路高朋**

当然，在辑佚工程启动的初期虽收获甚微，却找到不少关于廖名缙生平的资料，让笔者对这位地方先哲有了进一步了解，同时也增强了搜集工作的信心和决心。2016 年 5 月，笔者辗转联系上了廖名缙的嫡亲孙女——广东肇庆学院国际交流处副处长廖萱女士，她给笔者发来廖名缙与太虚法师的四首唱酬之作和一首《宿鹿耳岩》，以及一首用作《船山学报》前题的《船山先生生日释菜诗》，这让笔者十分欣慰并信心倍增。同时笔者也由此受到启发：一个人的视野毕竟有限，何不拓展资源，向各路高朋发起求助？毕竟笔者在全国不少城市都有学生、朋友，果能襄助一臂之力，或许会有意外收获！

“求助令”发出不久，果然有了反馈。现居上海的校友张冬冬先生专程赴上海图书馆，搜寻到了廖名缙于光绪三十年（1904）在江西任职时的几份《江西官报》，其中有廖的奏牍及其职务升迁的任命书，张冬冬先生找到后又花钱复印并快递过来。这些资料非常珍贵且十分有用，不仅获得了当年廖名缙亲自撰写的难得一见的长篇奏牍，同时亦得到了廖在江西任军职时的原始史料，包括他上任伊始视察各兵营阅兵后向抚署的汇报及整改措施，以及对创建随营学堂和兵备学堂的建议，还有其由续备左军统领擢升为常备中军统领的任命书等十分珍贵的历史档案资料。

湖南大学岳麓书院的杨代春教授收到“求助令”后，根据笔者提供的线索，从美国哈佛大学汉和图书馆找来了清末湖南学政陆宝忠于光绪年间所编的《沅湘揽秀集》清刊本，其中收录有廖名缙20岁时参加光绪十三年丁亥（1887）科试获一等第一名的一文一诗，之后又通过他的弟子及朋友找到笔者有线索却苦无途径获取的佚文数篇（首），而且还发来他在几个电子资料库的用户名及密码，任由笔者畅游于浩瀚的古籍海洋中寻觅。

一次在北京大学图书馆网站搜到一篇文章，却没办法下载，因为他们不提供购买渠道，唯有北大校内师生才有下载权限。经过多方打听，竟然打听到笔者当年所带的一位新闻实习生况郁强正在北大读研，于是即刻联系，很快他就把这篇佚文下载发了过来。

此外，笔者还加了一些古籍书商的联系方式，一有线索就求助他们。笔者先后从他们那里购到不少资料。当然，有时所购的资料中并没有廖名缙的佚作。比如说，笔者找到熊希龄的一首诗《和笏唐〈五台杂诗〉原韵》，于是试图搜寻廖名缙的《五台杂诗》佚作。经多番折腾始终搜寻不到，却在旧书网上搜到一本《诗咏五台山》，介绍说其中收录有不少清代民国文人咏五台山的诗词。笔者抱着侥幸心理下单买下，书寄到后一翻阅，却发现该书并未收录廖名缙的《五台杂诗》。类似的事后来还发生过多次。

总之，这项佚文搜集工作得到了很多朋友的襄助。如廖名缙生前之同事好友罗正纬先生的嫡孙、广州大学的罗宏教授，吉首大学图书馆的王月娥教授，长沙的船山学社研究专家杨锡贵先生，以及笔者所加入的国学大师群中的朋友等，他们均在笔者的搜集过程中提供过或多或少的帮助。此外还有湖南师范大学的周秋光教授，虽然笔者从未与之谋面，亦无任何联系，但《佚文集》第七卷中廖名缙与熊希龄往来的电文，以及第五卷中熊公与廖公的唱和之作，绝大部分都得自周教授所编的《熊希龄集》。

### 3. 夙夜匪懈，役役于焚膏继晷

当然，通过朋友的相助所搜集到的佚作数量占比毕竟很小，大部分靠的是笔者 2016、2017 两年的焚膏继晷、夙夜不懈。其间每天伏案十多个小时，晚上要工作到凌晨 3 点以后，记忆中休息得最迟的一次关电脑时已近凌晨 5 点，平时早已没有了周末及节假日概念。

在此过程中，有时很沮丧。比如有一次笔者找到熊希龄次廖名缙原韵所和的三首词，知廖有三首词分别是《水调歌头·舟行入桃源》《贺新凉·青浪滩》《花犯》。要知道，廖名缙可是拥有“光宣间知兵词人”的雅号，然笔者当时却只搜集到他的一首《自度曲》，因此一看到熊希龄所和的这三首词，自然兴奋得不得了，当即在全国各大图书馆网站搜寻，同时又向各路高朋发出“求助令”，希望能找到廖的这三首佚词。可是数天过去之后，仍无半点音讯，那一刻真是沮丧至极！

但有时亦很亢奋，甚至因找到一篇文章或一首诗而独自于陋室之中抚掌大笑。比如当笔者从廖名缙的《〈又我斋联语集〉叙》一文中看到其晚号“瓠塘退士”之后，不久又于 1925 年 3 月的《国闻周刊》对北京报纸所做的统计中看到，廖于 1924 年创办的《平民新报》主办人姓名竟然署为“廖瓠塘”。于是尝试着在一家图书馆网站输入“廖瓠塘”三字，竟然一下子出现了一个“高阳台”篇名！笔者的心突然狂跳起来，因为“高阳台”是一个词牌名。意识到可能搜寻到廖名缙的佚词了，当即付款下载，打开一看，果然是廖当年发表在《文字同盟》上的一首词！那一刻，笔者独自一人在工作室里竟然拍案大笑起来。那种喜悦之情，旁人实难感同身受。

还有一次，当笔者在查阅《北京志》时，发现上面记载《平民新报》主办人之姓名是“廖瓠尊”，于是便又在上述那家图书馆再次尝试着搜索了一次，竟然一下子搜到十多首诗！我迫不及待地付款下载，再一次“得意忘形”地哈哈大笑。

### 4. 天道酬勤，始成于八卷真经

至2017年9月，经过近两年的艰难搜集，共获得大大小小共三百余篇（首）廖名缙先生的佚作，搜集工作到此基本告一段落。原本想通过廖名缙故里政府相关部门出面请相关学者来整理、校点，未果，于是只好又马不停蹄地开启整理、校点、注释的艰辛历程。

首先是整理工作。按说这项工作对笔者来说难度不大，因为所收集到的作品多数是刊本，尚有一部分系铅印，故其字迹较为清楚易识。但整理至廖名缙季女廖盛慈老人提供的其父《国风集评》手稿时，真是“整”苦了笔者。因为笔者不擅长书法，而手稿中除诗是以工整的馆阁体书写容易识别外，其余全是以行草繁体书写，且字体细小，其中有不少字笔者根本无法识别。所幸的是，泸溪书法家在州内首屈一指，其中一位有“湘西第一草”之雅号，此人便是湘西州书法家协会副主席李晓鹏先生。而晓鹏先生又是笔者多年之好友，因此当笔者求助于他时，他毫不犹豫地鼎力相助。那一段时间，晓鹏先生常常在网上陪笔者熬夜至凌晨一两点。

整理完之后，便是校点和注释。由于廖名缙全部佚作均以文言文书写，加之所用典故繁多，因此在注释过程中查证工作量相当之大。而诗赋作品更是深奥难解，如九十行长诗《辰州龙兴寺观明慈圣太后千佛袈裟歌》，不仅述及晚明的衰落至灭亡过程，而且涉及不少佛教典故。诗中随便挑一句都富含历史故事。如“炼石既完娲后天，布金还拜空王地”，前半句涉及明隆庆帝死后朝廷进入一个“主少国疑”的非常时期，李太后以非凡的智慧辅佐十岁登基的幼子朱翊钧稳定岌岌可危的局势；后半句则涉及须达长者以金布地买祇陀之园林，以建祇园精舍奉佛的佛教典故，同时又引出随后李太后耗巨资大建祇园禅林的历史故事……

从2017年9月始，至2018年12月整理、校点、注释工作初稿完成，此一年多时间里，笔者似孤独行者般艰难跋涉于此前从未涉及的陌生领域。初稿完成之后，又经过几个月的检查校正，到今天，八卷《佚文集》始得以正式出版面世。值此文结束之际，笔者借此机会，谨向这三年多时间里在辑佚过程中提供过帮助的朋友、兄弟致以深深的谢意！

张景龙敬撰于吉首大学

【注释】

①④⑤⑥廖名缙：《百槲溪堂文集》，台湾文听阁图书有限公司，2008年。

②罗学瓒：《罗学瓒诗文集》，中共株洲市委党史办编印，第21页。

③同上，第24页。

# 目　录

## 第一卷　文荟

入云山复修水星阁记 …… 3
《合河政纪》序 …… 6
《又我斋联语集》叙 …… 9
布在方策 …… 12
邵子《击壤集》书后 …… 17
古今圆径求周之率推演法详论 …… 21
入其疆，土地荒芜，遗老失贤，掊克在位，则有让 …… 24
水灾急赈刍言 …… 28
我对于各国退还庚子赔款须直接用于教育的意见 …… 31
悲宋君钝初 …… 33
存喜心者，天将夺汝之魄 …… 35
论国人宜注意谟罕默德式之佛教 …… 38
廖笏堂先生乩论佛学（一） …… 41
廖笏堂先生乩论佛学（二） …… 45
廖笏堂先生乩论佛学（三） …… 48
满月观音归国奇闻 …… 52
附　李圆净法师《满月观音归国奇闻》（译文） …… 54

南京栖霞山石大士显化记 …… 55
南京栖霞山石大士显化记（续） …… 59
甲子重修族谱叙 …… 64
已亥抄录族谱小叙 …… 68
历代勋贤录序 …… 71
历代勋贤录跋语 …… 73
永定河历代河流变迁说 …… 77
附　罗学瓒日记摘抄 …… 80
附　廖氏宗谱序（熊希龄） …… 84

## 第二卷　人物列传

小序 …… 89
孺慕琐录——貤封一品夫人先妣姚太夫人事略 …… 90
同治癸酉科拔贡先考事略 …… 104
元大宣仪使邵州刺史都巡公传赞 …… 111
太高祖世容公传赞 …… 113
高祖友智公传赞 …… 116
清兵部职方司掌印友尚公传赞 …… 120
赠荣禄大夫候选教谕显勋公传 …… 124
赠荣禄大夫候选教谕荣禄公传 …… 127
先王母唐太夫人事略 …… 130
从祖福文贤发四公合传 …… 133
伯父芷亭叔父香亭两公合传 …… 136
四叔父鹤鸣公五叔父云樵公合传 …… 138
先室赵夫人继室邓夫人合传 …… 141
附　廖氏八训八诫 …… 146

# 第三卷　轶闻琐录


序一 …… 149

序二 …… 151

麻溪铺头巾山 …… 153

楠木洞廖家坡 …… 156

花园坪 …… 158

齐家园 …… 159

葛木洞 …… 160

蛾眉湾人形山铁炉冲 …… 161

龙舟竞渡之案 …… 163

思乙簿 …… 165

李氏字派 …… 166

新桥旧肆 …… 167

书院均户 …… 168

南瓜饭 …… 169

断梳子 …… 170

文昌画像 …… 171

分粟赈饥 …… 172

张国玉先生 …… 173

莫让先生之命名 …… 174

松圃公 …… 175

三祖姑 …… 176

田太夫人外家 …… 177

余之父挚 …… 178

汪鹄秋祖姑丈 …… 179

嵩溪风景 …………………………………………………… 181
李午亭太姻丈 ……………………………………………… 182
凤仪先生 …………………………………………………… 183
老辈之礼节 ………………………………………………… 184
姑丈李瀛洲先生 …………………………………………… 185
乩仙 ………………………………………………………… 186
姚开源先生 ………………………………………………… 187
第二女弟之苦节 …………………………………………… 188

## 第四卷　学术讲稿

国家与社会 ………………………………………………… 193
论以仁存心、以礼存心 …………………………………… 201
复俞焘仁论学书 …………………………………………… 207
　附　与廖笏堂论学书（俞兆庆） ……………………… 216
读《张子正蒙注·动物篇》 ……………………………… 221
读《张子正蒙注·神化篇》 ……………………………… 226
读《张子正蒙注·动物篇》 ……………………………… 230
读《张子正蒙注·乐器篇》 ……………………………… 234
读《张子正蒙注·乐器篇》 ……………………………… 239
读《张子正蒙注·大心篇》 ……………………………… 243
读《张子正蒙注·天道篇》 ……………………………… 246
读《张子正蒙注·有德篇》 ……………………………… 250
续《张子正蒙注·诚明篇》 ……………………………… 254
读《张子正蒙注·至当篇》 ……………………………… 258
读《张子正蒙注·至当篇》 ……………………………… 262
世界哲学的宋学观 ………………………………………… 265

# 第五卷　诗词

春草 …… 271
宿鹿耳岩 …… 273
次韵太虚法师 …… 275
　附　读八指老人住持沩山诗感和（太虚） …… 279
　附　题大沩密印寺（八指头陀） …… 281
题《澹园余墨》 …… 283
题黄兴《挽道一弟作》 …… 286
　附　挽道一弟作（黄兴） …… 288
赋得阑斑碎玉养菖蒲 …… 289
沅江棹歌 …… 291
浦市所传廖氏原流十地名诗 …… 292
朗州杂感 …… 294
武陵赠陈伯弢即次其褒碧斋诗《丁未人日》韵 …… 298
送匏夫游归化 …… 303
都门 …… 305
岁不尽三日同通叔上江亭次通叔韵 …… 311
　附　癸丑岁不尽三日同瓠尊经香家上江亭遂登南城（惜诵） …… 313
题廉南湖《津楼惜别图》 …… 314
题侯疑始《吟诗填词图》 …… 316
题袁抱存《寒庐茗话图》 …… 318
奉题《湘楼听雨图》 …… 320
三月十八夜汽车过黄河桥 …… 322
宿汤山禅院 …… 323

汤山温泉 …… 324
春游 …… 326
船山先生生日释菜诗 …… 327
船山学社凝粹堂五图次萩原原韵奉和 …… 329
　附　凝粹堂五图咏有序（彭政枢） …… 334
船山先生生日雅集浩园恭述 …… 336
　附　和廖子笏堂浩园雅集释菜诗二十一韵（彭政枢） …… 340
萩原先生招同摅沧、仲恂、腴深、叔通诸同社集凝粹堂为消寒之会分韵得分字 …… 342
　附　笏堂先生以消寒分韵诗见视次韵奉和（彭政枢） …… 344
自度曲 …… 345
月华清 …… 348
　附　读廖瓠塘《月华清》词次韵奉答（陈嘉言） …… 350
高阳台 …… 351
辰州龙兴寺观明慈圣太后千佛袈裟歌 …… 353
咏小孤山 …… 363
**亲友唱酬诗词附录** …… 364
小序 …… 364
次韵酬廖笏棠（陈三立） …… 365
水调歌头·和廖笏唐《舟行入桃源》原韵（熊希龄） …… 367
贺新凉·和廖笏唐《青浪滩》原韵（熊希龄） …… 368
花犯·和伯弢、笏唐原韵（熊希龄） …… 370
再叠前韵和笏唐（熊希龄） …… 371
又再叠前韵（熊希龄） …… 372
和笏唐《五台杂诗》原韵（熊希龄） …… 372
题廖名缙遗照（熊希龄） …… 373

廖笏堂招饮莫愁湖上赋此为谢（陈衡恪）…………………… 375
赋奕山庄四咏为廖笏堂（陈衡恪）…………………………… 376
廖笏堂观察，吴子昂、陈子美两孝廉，黄宇澄广文招饮荫园，为癸卯同舟会，并饯杨君华生、李君倜君欧洲之行。予以病不克往，赋诗见意（梁焕奎）…………………………… 377
答廖笏堂（梁焕奎）……………………………………………… 380
廖笏堂观察筑瓠尊山馆，与予为邻，落成之日，放歌见赠，酬以此篇（梁焕奎）……………………………………………… 381
笏堂和予前诗，招饮山馆，汪提学酒酣高歌，复作是篇，兼赠提学及谭议长兄弟（梁焕奎）…………………………… 382
次张榕川《重游汉上琴台》原韵并柬廖笏堂同学（刘善涵）……………………………………………………………… 384
悼廖兄笏堂引序（黄尊三）…………………………………… 385
创化石古引序（黄尊三）……………………………………… 387
调寄苏幕遮·游湘西凤凰古城（廖盛慈）…………………… 388
拜谒熊公秉三故居（廖盛慈）………………………………… 388
先父故里湘西浦市古镇（廖盛慈）…………………………… 389
重游洞庭湖怀旧（廖盛慈）…………………………………… 389
忆童年在长沙东乡乐事（廖盛慈）…………………………… 390

## 第六卷　国风集评

小序……………………………………………………………… 395
**郑风** ……………………………………………………………… 396
缁衣（三章）……………………………………………………… 397
将仲子（三章）…………………………………………………… 399
叔于田（三章）…………………………………………………… 402

大叔于田（三章）…… 404

清人（三章）…… 406

羔裘（三章）…… 408

遵大路（二章）…… 410

女曰鸡鸣（三章）…… 412

有女同车（二章）…… 414

山有扶苏（二章）…… 416

萚兮（二章）…… 417

狡童（二章）…… 419

褰裳（二章）…… 421

丰（四章）…… 424

东门之墠（二章）…… 426

风雨（三章）…… 427

子衿（三章）…… 429

扬之水（二章）…… 431

出其东门（二章）…… 433

野有蔓草（二章）…… 434

溱洧（二章）…… 436

**唐风** …… 441

蟋蟀（三章）…… 442

山有枢（三章）…… 444

扬之水（三章）…… 445

椒聊（二章）…… 447

绸缪（三章）…… 448

杕杜（二章）…… 450

羔裘（二章）…… 452

鸨羽（三章）…… 454

无衣（二章）…… 456

有杕之杜（二章）…… 458
葛生（五章）…… 460
采苓（三章）…… 462
**秦风** …… 465
车邻（三章）…… 467
驷驖（三章）…… 469
小戎（三章）…… 470
蒹葭（三章）…… 471
终南（二章）…… 473
黄鸟（三章）…… 474
晨风（三章）…… 476
无衣（三章）…… 478
渭阳（二章）…… 481
权舆（二章）…… 483
**陈风** …… 486
宛丘（三章）…… 488
东门之枌（三章）…… 490
衡门（三章）…… 492
东门之池（三章）…… 493
东门之杨（二章）…… 494
墓门（二章）…… 495
防有鹊巢（二章）…… 497
月出（三章）…… 499
株林（二章）…… 500
泽陂（三章）…… 502

# 第七卷 电文书信

电文 …… 507
附 熊希龄就转呈西路学界诸公实业款之事来电 …… 507
关于湘销川盐事致财政部电 …… 507
附 财政部对电文的处理意见 …… 508
关于请使湘北兵尽数调出湘境致天津英租界熊希龄电 …… 508
关于请调劲兵三营及抚恤被灾各户致天津英租界熊希龄电 …… 509
关于永顺田伪司令部下袭击罗塔坪驻军事致天津英租界熊希龄电 …… 510
附 天津熊希龄复电 …… 511
关于请延停战期以利春耕救民于水火致天津英租界熊希龄电 …… 511
关于请示如何办理麻阳赈谷致天津英租界熊希龄电 …… 512
关于请令北军尽出湘境南方延长停战限期致天津英租界熊希龄电 …… 513
关于请电汤并巡按及湘财政厅速汇赈灾款致天津英租界熊希龄电 …… 514
附 熊希龄复电 …… 514
关于军情紧急请致函范师长调和军内意见致天津英租界熊希龄电 …… 515
附 熊希龄复电 …… 516

关于请明示从何处拨款二万元致天津英租界熊希龄电 …… 516
附 熊希龄复电 …… 517
关于请示如何接处樊鼎云索饷械一事致天津英租界熊希龄电 …… 517
关于印纸洋银已寄汇及闻熊欲请辞致天津英租界熊希龄电 …… 518
关于辰溪周文炳来电询船事致天津英租界熊希龄电 …… 519
关于省仓平粜谷由抚绥处先垫运费等事致天津英租界熊希龄电 …… 520
附 熊希龄复电 …… 520
关于赈款已到及询和议进展致天津英租界熊希龄电 …… 521
附 熊希龄复电 …… 521
关于清乡团练暂仍由抚绥处长兼办并借用快枪事致天津英租界熊希龄电 …… 522
关于使汤将军先令舒郭新军解散尔后北兵退境致天津英租界熊希龄电 …… 523
关于请使范师长缓调赵营长致天津英租界熊希龄电 …… 523
附 熊希龄复电 …… 524
就洪江来电合行转达致天津英租界熊希龄电 …… 524
关于古乾凤绥县厅独立及车军与矿警冲突致天津英租界熊希龄电 …… 525
关于请设法将赵营留住以保治安事致天津英租界熊希龄电 …… 525
关于古丈独立及黄子渊募到捐款事致天津英租界熊希

龄电 …………………………………………………………………… 526
关于西路灾情奇重乞设法筹款等事致天津英租界熊希龄电 …………………………………………………………………… 527
附　熊希龄复电 …………………………………………………… 528
关于匪盗袭舟抢劫枪支弹药事致天津英租界熊希龄电 …………………………………………………………………… 528
关于请示如何处理陈司令函致天津英租界熊希龄电 …………………………………………………………………… 529
附　熊希龄复电 …………………………………………………… 529
关于汇款二千元请电汉接洽致天津英租界熊希龄电 …………………………………………………………………… 530
关于请为报告书作序并寄近照事致天津英租界熊希龄电 …………………………………………………………………… 530
关于众知事逃离及凤凰独立等事致天津英租界熊希龄电 …………………………………………………………………… 531
附　熊希龄复电 …………………………………………………… 531
关于常辰设检疫所并特别医院致天津英租界熊希龄电 …………………………………………………………………… 532
关于湖南独立等事致天津英租界熊希龄电 ……………… 532
附　熊希龄复电 …………………………………………………… 533
关于撤退西路北军以救人民危祸致天津英租界熊希龄电 …………………………………………………………………… 533
附　熊希龄复电 …………………………………………………… 534
附　天津熊希龄告知黎元洪就职代理总统事来电 …………………………………………………………………… 534
关于范军驻城军饷告急致天津英租界熊希龄电 ………… 535
附　天津熊希龄就转国务院电并询常郡情形事来电 …………………………………………………………………… 536

关于恐南军至地方重扰请电容川及汤督事致天津英租界熊希龄电 …… 536
关于请转电中央明切解释以昭公道致天津英租界熊希龄电 …… 537
关于请电汤督用容川为辰沅道事致天津英租界熊希龄电 …… 537
关于请婉电范周为缗解释致天津英租界熊希龄电 …… 538
关于请电中央不可信谣传致天津英租界熊希龄电 …… 538
关于请径电总会代催会款致天津英租界熊希龄电 …… 539
关于请设法暂留北军一旅办理清乡事致天津英租界熊希龄电 …… 539
附　天津熊希龄复电 …… 540
附　天津熊希龄关于告知袁可暂留常办事来电 …… 540
附　天津熊希龄就暂留北军事再复电 …… 540
附　天津熊希龄就常德防务事转国务院电 …… 541
附　天津熊希龄关于推荐熊崇煦接任校长事来电 …… 541
关于西路将领拥兵之祸仍在调停致天津英租界熊希龄电 …… 542
关于请周筹谭延闿再为湘督事致天津英租界熊希龄电 …… 542
附　天津英租界熊希龄复电 …… 543
附　天津熊希龄为陈宧率北军入湘事来电 …… 544
关于银钱支绌事拟电各分处一律暂停是否可行致天津英租界熊希龄电 …… 546
关于请向黎总统言允缗辞职致天津英租界熊希龄电 …… 546
关于拟奉武陵辰沅两道直以隶诸中央致天津英租界熊

希龄电 ………………………………………………………………… 547
关于西门现杀北兵夺北械之事致天津英租界熊希龄电 ………………………………………………………………… 547
附　熊希龄复电 ………………………………………………… 548
关于各抚绥分处暂令停办致天津英租界熊希龄电 ……… 548
关于请致电湘督调缙北行致天津英租界熊希龄电 ……… 549
附　熊希龄复电 ………………………………………………… 549
关于请电湘督饬袁君无须带兵来接节事致天津英租界熊希龄电 …………………………………………………… 550
附　熊希龄复电 ………………………………………………… 550
关于请设法索还现洋及容军已到蒴尸溪事致天津英租界熊希龄电 …………………………………………………… 551
关于决意离常不日北上奉谒致天津英租界熊希龄电…… 552
附　常德胡善志就兄病逝熊廖厚喧事来电 ………………… 552
关于询用款情况致常德抚绥处电 …………………………… 553
附　天津熊希龄为告蜀事难为以回里为妥来电 ……… 553
附　天津熊希龄告蜀事难以速了请赴京来电 ………… 553
附　熊希龄请转告廖名纲先移乃兄眷属赴汉阳事致长沙周省长转刘艾唐电 ……………………………………………… 554
附　长沙任福黎就编辑总赈周报索湘督电文事来电 ………………………………………………………………… 554
关于已饬书记赶抄湘赈函电致长沙任寿国电 ………… 554
与熊希龄等关于请取消辰沅属苛税事致赵恒惕等电 ………………………………………………………………… 555
**书信** ……………………………………………………………… 556
廖笏堂居士为湘省提寺产复太虚法师书 ………………… 556
附　太虚法师致廖笏堂先生书 ………………………………… 558
附　太虚法师复廖居士书 ……………………………………… 559

# 第八卷 史料文献

**奏牍提案** …………………………………………………… 563
代统续备左军兼营务处拔贡廖名缙查阅分防营情形禀批 …………………………………………………… 563
附 抚批 …………………………………………………… 567
代统续备左军拔贡生廖名缙改拨公费禀 …………………… 569
附 署理江西巡抚部院夏批 …………………………………… 570
附 江西督销局办理认销章程批 ……………………………… 570
与吴剑丰等湘籍国会议员请求和会解决湖南善后事宜之提案 …………………………………………………… 571
**政府公报** …………………………………………………… 580
大总统指令第二百五十一号 ………………………………… 580
大总统指令第三百七十四号 ………………………………… 581
陆军总长段祺瑞呈大总统呈核前湘西宣慰使熊希龄呈湘西兵灾在公出力人员廖名缙等拟请给予奖章文（附单） …………………………………………………… 582
大总统令 …………………………………………………… 583
大总统令 …………………………………………………… 583
附 致段芝泉总理函（熊希龄） …………………………… 584
江西巡抚辕钞 ……………………………………………… 585
教志四卷一期纪事 ………………………………………… 585
**报纸文摘** …………………………………………………… 586
为举荐袁树勋为湘矿总公司总理事与刘仁熙等上湖南巡抚岑春蓂呈 …………………………………………………… 586
学界代表廖绅名缙演说词 …………………………………… 589

附　呜呼湘之路权与选举 …… 594
附　湘路风潮之电文 …… 595
与黄兴等发起中华民族大同会 …… 597
与黄兴等发起中华民族大同会募款公告 …… 599
在众议院提重要提案 …… 601
与熊希龄等旅京湘绅为请阻湘督押矿致大总统徐世昌呈文 …… 602
与梁焕彝等人同为杨昌济逝世启事 …… 604
与熊希龄等旅京湘绅痛陈和战利害致湘军将领暨各公法团电 …… 606

**廖名缙生平年表** …… 608
**后记** …… 623

# 第一卷　文芸

# 入云山复修水星阁记

**【题解】**

此文初载于1929年出版的《泸溪续修县志》，系廖名缙1920年应其少时同窗学友姚理堂函请，为其家乡湖南省泸溪县浦市镇入云山复修的水星阁而撰写的碑记。录自雷建喜编撰的《浦市》、《泸溪文史》第八辑《浦市镇》、1993年版《泸溪县志》以及2008年由刘朝银收藏整理重印的《泸溪续修县志》。此文标题"两书"中用的是《复修入云山水星阁序碑记》，而"两志"中用的是《入云山复修水星阁记》，本文题依"两志"。

文章来源之所以列出以上数种书、志，是因为在最初整理时发现《浦市》一书中所录是文似有断缺谬误，于是先后搜寻到多种版本，一步一步校勘，故而将各种版本来源均列于题解中（具体校勘过程详见本《佚文集》"后记"中相关内容）。

辰之为郡，万山蟠阻，临沅水而廛邑者，率蹙踠于惊涛闭谷之间[①]。惟浦口[②]一市，豁然开朗，山纡徐而水演漾，为数百里所仅见。

市中以产铁闻海内，峨舸巨艑，放洞庭，下长江，列夏口[③]，灌输乎之东南大半。有清道咸以前，海禁未弛，欧铁输入者盖鲜。市之人坑冶[④]起家，蹛财号数十万者踵相错[⑤]也。

生事既裕，则出所有以营浮图老氏[⑥]之宫，祇林绀宇[⑦]，遍市郭[⑧]而参差。郡县所治，莫咸与京[⑨]，而入云一山，矗立江渚。明洪武时建兴隆寺于其上，依山架构，既崇既丽。寺旁水星阁，觚棱金爵[⑩]，上出云霄，下临无地[⑪]。贾舶去来，咸远望以为近市之标准。咸丰末毁于兵。

同治初元，王父鼎五公偕学博李午亭[12]，谋诸市中耆老，倡募修复。经五十余年，入于民国，阁基下圮[13]，栏桷摧侧[14]，过岁抱危心焉[15]。爰有学友姚君理堂、康君渠仙等，劝募市中，谋作而新立。余方卸湖南左军统领事，客居长沙，以时乱避居穹山寺。经主持僧照升不远千里赍父老书来咨度[16]，余亟赞许，以道艰不克一返里门，襄兹美举，赖诸父老热忱毅力，未久遂告成功。是役也，经始于民国三年，落成于民国四年二月，董其役者[17]，姚君理堂也。

余时又以国会议员远羁京师，姚君走书索记。窃念余少丁家难，弱冠客游此寺，此阁实儿时追随先王父讲学栖迟[18]之地。今两鬓星星，归欤未卜，既感诸父老兴废举坠之功，益慨然于劳生蓬转[19]，未知税驾[20]于何时也。为书其端，概以贻之。

中华民国九年庚申冬月。

**【注释】**

①率蹲踞于惊涛闭谷之间：率，皆、都。蹲踞，踞伏之状。此句大意是，皆位于大河与狭窄的山谷之间。

②浦口：湖南省泸溪县浦市镇旧名。

③夏口：古镇名，即今湖北省武汉市武昌。武昌因位于夏水（汉水下游的古称）注入长江处，故旧称为夏口。

④坑冶：古时称金属矿藏的开采与冶炼，亦泛指矿藏。

⑤踵相错：比喻人数很多。

⑥浮图老氏：浮图，亦作“浮屠”，泛指佛教。所谓浮屠、浮图，皆系“佛陀”之异译。老氏，指老子，此为道教之别称。

⑦祇林绀宇：指佛寺禅院。

⑧遍市郭：《泸溪续修县志》为“编市郭”，《泸溪县志》为“偏市郭”。

⑨莫咸与京：不亚于京城。咸通“减”。

⑩觚棱金爵：觚棱，宫阙上转角处的瓦脊成方角棱瓣之形。金爵，屋上所饰铜凤。

⑪下临无地：意即“下，则看不见地面”。

⑫王父鼎五公偕学博李午亭：王父，祖父之敬称。文中“王父”指作者之祖父廖荣禄，字鼎五。学博，学官。李午亭，即作者的老师李六渠之父，亦即作者的姐夫李芷汀之祖，曾与作者之祖父廖荣禄同师辰中宿儒汪树芝先生。李曾任县学教谕，故称其“学博”。

⑬下圮：圮，破裂、坍塌。下圮，向下坍塌。

⑭栏桷摧侧：栏杆折断，且向一边倾斜。桷，方形的椽子。栏桷，栏杆、围栏。

⑮过岁抱危心焉：过岁，此即“度日”之意，引申为“每天路过时”。危心，忧虑恐惧。浦市入云山水星阁正位于大路上方石崖上，一旦坍塌，崖下过往的行人非常危险，因此居民从崖下经过时都抱着“危心”。

⑯赍父老书来咨度：赍，持、携带。咨度，咨询、商酌。此句大意是，带着家乡父老的书信前来相商。

⑰董其役者：董，监督、管理。其役，指这次复修工程。

⑱栖迟：游玩休憩。

⑲劳生蓬转：辛劳生活，流离飘零。蓬转，蓬草随风飞转。

⑳税驾：休息、栖止。

# 《合河政纪》序

**【题解】**

此文录自石荣暲著《合河政纪》，系廖名缙为该书所撰写之序言。石荣暲（1880—1962），原名修忠，字荩年，号靖弇，湖北阳新白沙铺石清人。1908 年从山西法政学堂毕业，后出任山西高等审判厅民庭庭长。1916 年任山西省兴县知事。1949 年后任中央文史研究馆馆员，系我国近现代著名方舆学家。《合河政纪》共有五篇序言，除作者自序外，另邀请了廖名缙、张荣楣、朱善元、傅文绮等四人作序，廖序为五序之首篇。

除《合河政纪》之外，石荣暲还编纂有《尼泊尔志略》《布鲁克巴志略》《哲孟雄志略》《元代征倭记》《平南国史略》《雪山探险记》以及《孔子年谱》《历代尊孔记》《古今藏书家考》《书林逸典》等。

牧令[①]为亲民之官，汉法三年大计，征其卓异入官侍从。明仿汉制，州县报最，内迁台谏[②]。故二代牧令诛锄奸暴，克举其职，吏治称为史册之冠。

满清入关，虑州县权重，守道藩臬，益以督抚，层层监察，缚束驰骤，一如辕下之驹[③]。吏之负才武而怀忠鲠者[④]，跬步必踬[⑤]，脂韦梯突[⑥]之流，相率而称干吏焉。宜其吏治之衰茶勿振也。

民国改元，去督抚臬府，易藩司为省长，其下独保道区令之。怀才负异者，宜可表见于一时，而十稔以来，南北构衅，兵乱相寻[⑦]，非军阀卵翼，几无过问政治之余地。唯山右[⑧]一省保境息民，祸乱不生，而吏治蒸蒸，论者谓为今日神州唯一完善之区，非虚语也。吾友阳新石大令荩年[⑨]，于民国五年间出宰兴邑[⑩]，其政通，其人和，其应兴应革之利弊，罔勿厘剔而规图之。既去官，虑良法之难于久而勿失也，编为《合河政纪》二卷，以诇[⑪]当世之从政。其用心民事，可谓至勤且远矣。

辛酉夏秋，余与大令同客京邸，朝夕桀谈，过从甚欢。间出是编相视，并属弁言卷首。余归农久矣，对于政治若村夫之语五都[⑫]，何能为荩公致一词？顾以荩公殷勤諈诿，又不可浅陋遽却其意，乃为书其端概于此。

噫！安得中国今日廿余行省，尽如阎督之于山西？又安得廿余行省千七百州县官，尽如荩公之于兴邑耶？为之拊卷慨然矣。

民国十年仲冬月下浣[⑬]，辰阳廖名缙叙于京西香山静宜园之半山亭。

**【注释】**

①牧令：州牧和县令，清代用为对知州、知县之习称。

②州县报最，内迁台谏：报最，亦作“举最”。旧时长官考察下属，把政绩最好的列名报告朝廷叫报最。内迁台谏，指调入京城任台谏之职。内迁，指自外官调任京职。台谏，系台官与谏官之合称。唐、宋侍御史、殿中侍御史与监察御史掌纠弹，通称为台官；谏议大夫、拾遗、补阙、正言掌规谏，通称谏官。

③辕下之驹：车辕下不惯驾车之幼马。此语大意是指，上面各级官员把下面州、县官当作不会驾车的幼马，层层监察监督，予以约束。

④吏之负才武而怀忠鲠者：忠诚耿直且身负文武之才的官员。忠鲠，亦作“忠梗”，忠诚耿直。

⑤跬步必蹶：跬步，举步、迈步。蹶，跌倒，喻受挫。形容

官员受束缚，一做事就会受挫。

⑥脂韦梯突：亦作“脂韦突梯”，指阿谀圆滑。

⑦兵乱相寻：兵灾连连。相寻，相继、接二连三。

⑧山右：山西旧时别称。山，太行山。

⑨吾友阳新石大令荩年：阳新，县名，位于湖北省东南部，隶属黄石市。石大令荩年，大令是旧时对县官之尊称，荩年则是石荣暲的字。

⑩出宰兴邑：出任（山西省）兴县县令。

⑪诇：刺探。

⑫五都：五方都会，泛指繁华都市。

⑬下浣：浣，洗濯。中国唐代定制，官吏十天一次休息沐浴，每月分为上浣、中浣、下浣，后借作上旬、中旬、下旬的别称。

# 《又我斋联语集》叙

**【题解】**

此文系廖名缙于1925年为民国参议院主事、众议院议员、联语家罗正纬（字达存）的联语集所作之序言。廖在长沙时，与罗公既是同事，又是好友，后同为众议院湖南籍议员。罗正纬著述颇多，除《又我斋联语集》外，还有《涵原诗存》《涵原文存》《中国学术纲要》《民族文化原理》《东西南北集》等。

世界有文字，国有其文学家，必有诗歌论说载之篇章，无中外一也。而创为声律对偶，俪青妃白[①]之文，则用仓颉[②]书体国所仅有。采用仓颉书体国，若日本，若朝鲜，若越南，若琉球，亘亚东陆海数万里，所在皆是。而取声律对偶法，揭联语于楹端，或写风怀，或当箴铭，又为吾中华民族之独有。

吾中华之有此体，创自何氏，今日亦莫得其考。其发现大抵在明嘉靖后，王阳明、史道邻手迹，今日收藏家往往而有，第其初[③]不过一二文人偶兴所至。善书者不必人人为之，以董华亭[④]、陈眉公[⑤]之工书，世未有传其楹帖真迹者，是其证也。有清一代，此风大盛。临池之士，如刘石庵[⑥]、王梦楼[⑦]、梁山舟[⑧]、何蝯叟[⑨]辈，生平所为书，无虑[⑩]数千百幅。王、何二氏皆常集古人诗词成语，及右军禊帖。平原[⑪]《争座位稿》[⑫]字辑为巾箱秘本，以应世人咄嗟之求，造语奇崛，往往出人言表。传世之广，亦其文词使然，非徒以书笔美也。

吾友湘潭罗达存君，究心经世[⑬]之学，蕲有以自效[⑭]，当时未尝沾沾为文人染翰之习，而才思勃茂，偶然吐词，多锤炼精湛之语。岁乙丑于役张垣[15]，为边帅[16]任演讲训俗事，劳而病，病而危，危而复愈。其病中多暇，撰楹帖百首，出以见示，词意警辟，如箴如颂。盖经历忧患，阅世有得，可以坐言、可以起行之词，非游心艺事[17]、取娱文宴者所可拟。达存取其一联，寄纸嘱书。余自五台归，以六月眠热炕，故病累月，腕弱不能书，第展玩君集，流连竟夕，为书其感想，并以此归之。语云："赠人以善，不若赠人以言。"达存持此册以赠宇内亲知，其功德不减恒沙七宝[18]，持用布施。异时余臂稍痊，终当为君呈拙，一挥秃管也。

民国乙丑冬日，瓠塘退士[19]廖名缙书于京师西城。

**【注释】**

①俪青妃白：亦作"取青妃白"。俪，成对。妃，同"配"。意即"以青配白"，喻文句对偶工整。

②仓颉：黄帝时期的造字史官。原姓侯冈，名颉，俗称仓颉先师。《说文解字》记载仓颉见鸟兽的足迹受启发，分类别异，加以搜集、整理和使用，在汉字创造的过程中起了重要作用，被尊为"造字圣人"。

③第其初：即"但最初"。第，但，表示转折。

④董华亭：即董其昌（1555—1636），字玄宰，号思白、香光居士，松江华亭人，世称董华亭，明代著名书画家。

⑤陈眉公：即陈继儒（1558—1639），字仲醇，号眉公、麋公，董其昌老乡，明代著名文学家、书画家。

⑥刘石庵：即刘墉（1719—1804），字崇如，号石庵，山东诸城人，清代政治家、书法家。

⑦王梦楼：即王文治（1730—1802），字禹卿，号梦楼，江苏丹徒（今镇江）人，清代诗人、书法家。

⑧梁山舟：1723—1825，字元颖，号山舟，又自署不翁、新吾长翁，浙江钱塘（今杭州）人，清代著名书法家。

⑨何蝯叟：即何绍基（1799—1873），字子贞，号东洲，晚号蝯叟，湖南道州（今道县）人。晚清著名书法家。道光十六年（1836）进士，官翰林院编修、四川学政。晚年主山东泺源、长沙城南诸书院。通经史，精小学、金石、碑版。

⑩无虑：大约、大概。

⑪平原：即颜真卿。颜真卿在任殿中侍御史期间，因受权臣杨国忠排斥，被贬为平原太守，世称“颜平原”。

⑫《争座位稿》：亦称《论座帖》《与郭仆射书》。唐广德二年（764）颜真卿书，与王羲之的《兰亭序》世有“双璧”之誉，又与《祭侄季明文稿》《祭伯父文稿》合称“颜氏三稿”。

⑬究心经世：究心，专心研究。经世，治理国事。

⑭蕲有以自效：以祈能为他人而出力。蕲，同“祈”，祈求。自效，愿意为别人献上自己的力量。

⑮张垣：即张家口。1925 年罗正纬在张家口服役。

⑯边帅：边防部队之统帅。此指时任西北边防督办的冯玉祥。

⑰游心艺事：专注于技艺。游心，留心。

⑱恒沙七宝：佛教语。恒沙，恒河沙。七宝，有几种说法，如《智度论十》曰：“有七种宝：金、银、毗琉璃、颇梨、车渠、马瑙、赤真珠。”

⑲退士：隐退之士。瓠塘退士乃廖名缙晚号。

# 布在方策

**【题解】**

此文系廖名缙参加光绪丁酉年（1897）考拔贡时的“钦命四书诗题”卷之一，录自《清代朱卷集成（407）》（顾廷龙主编，台湾成文出版社有限公司，1992 年）。“布在方策”出自《礼记·中庸》：“哀公问政，子曰：‘文武之政，布在方策。其人存，则其政举；其人亡，则其政息。’”方策即方册、简册、典籍，后亦指史册。

方策具存，文武之道未坠也[①]。夫方策布政，布文武也。方策之中有文武患[②]，方策之外无文武耳。

夏商忠质，而周用文称[③]，匪独百度昭明[④]也。创业之君例不暇文物为事，故崇文之目[⑤]、方略之馆[⑥]多成于再传，而后集于群儒之手。我周开国之初，一家父子，皆有圣作明述之才，故一时戎衣甫脱，典章既已大备，昭哉灿烂迄今，过故府者犹可于太史氏求之也。

文武之政果安在乎？《周南》为王化所基[⑦]，荇菜、钟琴[⑧]，初不过传诸宫监嫔娥之口，自风采辖轩，遂与清庙文王并入一朝之乐府。考治本者，不必疑《关雎》托兴为康王晏朝[⑨]之诗。《周书》无本纪之立，《武成》牳野[⑩]，不过一时羽檄露布[⑪]之文，自录归石室，遂与浑谟噩训[⑫]并垂千古之史宗。搜遗闻者，不必疑《泰誓》[⑬]中篇多古文伪出之语式。

观方策炜其布矣，入中秘而观宝笈，青纂丹经或侈陈夫符瑞[⑭]。至方策所纪，两圣人创制显庸[⑮]。所以开八百载久长之治者，初不外人官物曲[16]之理，并不借河出绛衣洛曜荣光为皇朝史宬[17]之饰。所以《周书》数倍典谟[18]，立政立官，颇烦秉笔之述载。不闻以白鱼赤乌[19]滥缀开国龙兴之记，则以知方策之所布者谨而严。披龙威而考异牒，野史稗官或不免于悠谬。至方策所陈，两圣人稽古右文[20]，所以贻三十世无疆之休[21]者尽纪乎？任佚彭篯[22]之手，并不借私家纂著、学士佚闻补昭代宪章之缺。所以国初最多遗老抱器陈畴[23]，颇传胜朝之掌故，不闻有残编遗帙，议我新王创制之非，则以知方策之所布也赅而备。且夫时局之日变也，氿国殊邻[24]，挟庞奇纷更之说，以乱我祖宗相沿之制，于此而方策是守有虑其滞而难行者。

然而周之方策无虑也。虑夷礼之难同也，有行人[25]以修世见之仪。虑方音之难达也，有象胥以司谕言之职[26]。虑通商之失利也，有司市以操阜货之权。推而询事有朝，实为议院之先声。敛欲[27]有司，早开印税之嚆矢[28]。公而志切从周，尚其取方策而圭臬奉之。且夫人心之日幻也，犁靬眩士[29]，殚奇淫要眇之思[30]，以夺我中区格致[31]之理，于此而方策是遵有虑其拙而难胜者。

然而周之方策无虑也。虑天算[32]之难精也，有周髀[33]以传仰矩之法。虑辨方之未审也，有南针以定行远之经。虑晷度[34]之未分也，有挈壶[35]以司刻漏之数。推而丱人物土[36]，矿务已探其本原。㮚氏煎金[37]，化学亦呈其崖略[38]。盖彼之夸为绝技者，皆我之导其权舆[39]也。公而情殷变鲁[40]，尚其取方策而金玉式之。

【注释】

①方策具存，文武之道未坠也：典籍都保存着，周文王和周武王的治国理政之道从未丢失。文武，周文王和周武王。

②文武患：指周文王和周武王治国之道中的缺陷。患，毛病或缺陷。

③称：权衡、衡量、比较。

④百度昭明：各种法制显明。百度，各种法制。

⑤崇文之目：崇尚文化之观点。目，看法。

⑥方略之馆：即方略馆，原指清代编纂方略等官修书之机构，此引为修书之所。

⑦《周南》为王化所基：《周南》，即《诗经》中的《周南》《召南》之一。基，依据、凭借。

⑧荇菜、钟琴：《诗经·周南·关雎》："参差荇菜，左右采之。窈窕淑女，琴瑟友之。参差荇菜，左右芼之。窈窕淑女，钟鼓乐之。"文中以荇菜、钟琴借指《关雎》诗。

⑨康王晏朝：康王，历史上称康王的有好几个，有周康王、楚康王、唐朝康王、宋朝康王等。此处当指周康王姬钊。晏朝，晚朝。

⑩《武成》牳野：《武成》所载牧野之战。《武成》系《尚书·周书》之篇名，记载武王伐纣的历史事件。牳野，亦作"牧野"。公元前1046年，武王在牧野打败商军，商朝灭亡。

⑪羽檄露布：羽檄，非常紧急的军事文书。露布，军旅文书。

⑫浑谟噩训：纯朴而严肃的谋略和训诫。浑、噩，分别为纯朴、严肃之意。

⑬《泰誓》：泰，《史记》作"太"，极大。公元前1048年武王伐纣，在孟津大会诸侯，武王向广大诸侯誓师，所以叫作《泰誓》。

⑭青纂丹经或侈陈夫符瑞：青，竹简。丹经，讲述炼丹术之书。青纂丹经，指以竹简所记的炼丹术。侈陈，夸张地陈列。符瑞，吉祥的征兆，多指帝王受命的征兆。

⑮创制显庸：创建制度显著。

⑯人官物曲：出自《礼记·礼器》："是故天时有生也，地理有宜也，人官有能也，物曲有利也。"

⑰史宬：皇史宬。古代的皇家档案馆，始建于明嘉靖年间。

⑱典谟：《尚书》中《尧典》《舜典》《大禹谟》《皋陶谟》等篇的并称。

⑲白鱼赤乌："乌"是传说中的瑞鸟。白色的鱼，红色的乌，均系祥瑞之兆。

⑳稽古右文：意即考察总结古代经验，重视弘扬文化教育。

㉑无疆之休：无限美好、无穷幸福。典出《尚书·太甲中》："皇天眷佑有商，俾嗣王克终厥德，实万世无疆之休。"

㉒彭籛：古大彭国的国君，亦作"彭祖"，传说活了八百岁。因其善于调制味道鲜美的雉羹（野鸡汤），献给帝尧食用，被帝尧封于大彭。

㉓抱器陈畴：抱器，比喻怀才待时。陈畴，进献计谋。

㉔汃国殊邻：指西方之国，远方异域。汃国，《尔雅》："东至于泰远，西至于汃国。"

㉕行人：古代官名，掌接待诸侯及诸侯之上卿之礼。

㉖有象胥以司谕言之职：象胥，古代官名，专司接待四方使者，亦指翻译人员。谕言，亦作"谕说"，意为晓谕、告知。

㉗敛欽：征税。

㉘嚆矢：原意为响箭，比喻为先声。因响箭发射时声先于箭，故常用以比喻事物的开端。

㉙犁靬眩士：犁靬的幻人。犁靬，西域古国名，亦作黎靬、犁鞬、牦靬、骊靬等，皆同音异字，当为音译之名。眩士，即幻人，变戏法的人，亦称眩人、眩者，今谓之魔术师。

㉚殚奇淫要眇之思：竭尽奇惑精微之念头。淫，迷惑。要眇，精深微妙。

㉛格致：格物致知之略称，指穷究事物的道理而求得知识。

㉜天算：天文历算。

㉝周髀：即盖天，我国古代一种天体学说，谓天像无柄之伞，地像无盖之盘。阐明其观点之著作有《周髀算经》，因书中

使用了勾股术测算天体运行里数，又相传成书于周公，故称“周髀”。

㉞晷度：投射在日晷仪上的日影长短的度数。

㉟挈壶：挈壶氏或挈壶正的略称，专掌知漏刻之官员。

㊱丱人物土：丱人观察土地。丱为“矿”字的古体。丱人为中国古代矿冶管理机构。物土，观察土地。

㊲㮚氏煎金：即㮚氏熔金。㮚氏，古代官名，掌冶铸量器。“㮚”系古代金工一种。《周礼·冬官考工记》：“攻金之工：筑、冶、凫、㮚、段、桃。”煎金，熔金。

㊳崖略：概略。

㊴权舆：起始。

㊵鲁：鲁国。

# 邵子《击壤集》书后

**【题解】**

此文亦系廖名缙参加光绪丁酉年（1897）考拔贡时的“钦命四书诗题”卷之一，录自《清代朱卷集成（407）》。邵子，即邵雍（1011—1077），字尧夫，谥康节，自号安乐先生、伊川翁，后人称百源先生。北宋哲学家、易学家。著有《皇极经世》《伊川击壤集》等。《击壤集》即《伊川击壤集》。

喜、怒、哀、乐、虑、叹、变、慹[①]、姚[②]、佚[③]、启、态[④]之十二者自然之情，不得已之机[⑤]也。迎其机，顺其情，譬则山林畏隹，风过窍穴，似鼻，似口，似耳，似枅，似圈，似臼，洼者，污者[⑥]，适各得其唱于唱喁[⑦]，小和大和之常。柅其机[⑧]，矫其情，不喜而喜，不怒而怒，不哀而哀，不乐而乐，擢德塞性[⑨]，强笑佯啼，譬则刵鼻，椓口，劓耳[⑩]，剖枅，破圈，塞臼，决洼，筑污，兹其去天倪[⑪]而远天籁也，吾不知其几千万里也。

昔者唐虞之世，鼓腹而游[⑫]，击壤而歌[⑬]，率其胸臆，抒其性情，无所为文字之工拙也，无所为声律之戾合也。矢口数语后，奉为风谣[⑭]之祖。降而三百篇[⑮]之所录，十五国[⑯]之所歌，田男桑女，戍卒穷嫠，伊郁于池麻、谷蓷[⑰]之下，抗声乎垝垣、墓门[⑱]之旁，非有通材《尔雅》[⑲]与之扬榷[⑳]而商兑也，非有词伯文宗[㉑]与之论定而别裁也。然而太史采之，以谱乐章。圣人录之，以当惩劝。下此乐府《妃呼豨》《恼公》《懊侬》之属，率皆方言里语，畅其意所欲言，而不失风人[㉒]之旨。流迨建安，格律始成典午[23]。六朝缋锦刻雕，溺文丧质。李唐诗称极盛而能自抒胸臆，拟古风谣者，长庆一集[24]而止。五季佻薄，盖无足言。

邵子生当北宋，冥观易数，抉奥钩元[25]，绍圣人知来藏往之学[26]，诗歌托兴盖其余事。乃观所著《击壤集》，词朴而理微，言近而指远，上符康衢之谣[27]，下契三百之教[28]。蒙音不察，辄以俚鄙为嫌，不思诗者达情者也。夏谚周谣，出自委巷妇孺之口，而后世引为雅。故必以俚鄙为嫌，则自建安以上，康衢以下，凡诸篇什，皆在可删，又何况于《击壤》一集乎？夫风诗之道，贞淫系焉。如其分者谓之贞，溢其分者谓之淫[29]。是故曹植之《白马》《名都》淫于姣好艳绮者也，灵运之石华、海月[30]淫于山水登游者也，李白之《上清宝鼎》淫于神仙荒怪者也，杜甫之拾橡、倚镵淫于饥寒颠踣者也，韩愈之天跳地踔淫于焚猎骋瞩[31]者也，苏轼之《仇池》《九华》淫于耳目玩娱者也。若是者，皆所谓言过其分而语溢其实者也。若是者，皆邵子之诗之所不许也。世之人读淫人之诗，志淫人之志，习而弗察，一有异乎是者，则群起非之，是何异习桑间濮上之俗，而嗤缩屋贞鳏[32]，以为不近人情也。

**【注释】**

①慹：畏惧、恐惧。

②姚：娇媚、美好。

③佚：放荡。

④忞：通“慝”，邪恶。

⑤不得已之机：不可终止这些欲望。机，存于内心的欲望、俗念。

⑥洼者，污者：低洼处，肮脏处。

⑦唱于唱喁：唱于，带领或倡导。唱喁，应和声。语出《庄子·齐物论》：“前者唱于，而随者唱喁。泠风则小和，飘风则

大和。”

⑧柅其机：阻止其欲念。柅，阻止。

⑨擢德塞性：拔高道德，抑制自然性情。

⑩刵鼻，椓口，劓耳：古代三种刑罚。刵鼻即削鼻，椓口即封口，劓耳即割耳。

⑪天倪：自然的分际。

⑫鼓腹而游：拍打肚皮四处游逛。形容闲暇无事，自得其乐。

⑬击壤而歌：击打土堆唱歌。比喻太平盛世，人人丰衣足食。

⑭风谣：泛指民间歌谣。

⑮三百篇：指《诗经》。

⑯十五国：《诗经》中的十五国风。

⑰池麻、谷蓷：借指《诗经》中的两个篇章。“池麻”指《诗经·陈风·东门之池》，其中有句：“东门之池，可以沤麻。”而“谷蓷”则指《诗经·王风·中谷有蓷》，其中有句：“中谷有蓷，暵其干矣。”

⑱垝垣、墓门：借指《诗经》中的两个篇章。“垝垣”指《诗经·卫风·氓》，其中有句：“乘彼垝垣，以望复关。”而“墓门”则指《诗经·陈风·墓门》。

⑲《尔雅》：中国历史上现已知的第一部词典。

⑳扬榷：略举大要、扼要论述。

㉑词伯文宗：词伯，指擅长文词的大家，亦称词宗。文宗，指备受尊崇的文章大家。

㉒风人：古代采集民歌风俗等以观民风的官员。

㉓典午：“司马”之隐语，借指晋朝。典，司也；午，马也。晋帝姓司马氏，后因以“典午”指晋朝。

㉔长庆一集：指《白氏长庆集》，唐代白居易作品集。该书原在唐穆宗长庆年间结集出版，故名。

㉕抉奥钩元：剖析奥秘，探取精微。

㉖绍圣人知来藏往之学：绍，继承。知来藏往，对未来之事有所预见，对过往之事心中了然。此句的大意是：要继承圣人既能预知未来又熟知过往历史的学养。

㉗康衢之谣：即《康衢谣》，古曲名，称颂盛世之歌，起于尧舜时期。

㉘三百之教：《诗经》之教。

㉙如其分者谓之贞，溢其分者谓之淫：意即分寸得当者谓之正，太过头则谓之淫。

㉚灵运之石华、海月：灵运，指南朝诗人谢灵运。石华、海月，出自谢灵运的《游赤石进帆海》诗句："扬帆采石华，挂席拾海月。"

㉛焚猎骋瞩：焚猎，焚林而猎。骋瞩，驰骋远瞩。

㉜缩屋贞鳏：即"缩屋称贞"之典，颜叔子与寡妇同室而避嫌的故事。

# 古今圆径求周之率推演法详论

**【题解】**

此文亦同上篇，录自《清代朱卷集成（407）》。原文无标题，系以试题为题，该试题为“圆径求周之率古疏今密，推演之法不一，究以何者为最简易？试详论之”。现标题为整理者据试题之意所拟。

径一周三[①]，法虽简易，然以量圆池十丈差一丈一尺有奇数极略矣。迨刘徽[②]创径一则周三一四有奇之率，较古虽密，然将觚[③]割之又割，因嫌其法过繁。至祖冲之[④]、赵友钦[⑤]，一则以圆容六边起算，一则以圆容四边起算，得数虽密，然必屡求句股[⑥]，迭次开方，又嫌其算之不捷。即如西人创六宗、三要、二简八线[⑦]，诸法不惟得数真，而且取用便，似可称善法矣。要最[⑧]难于立表，故圆径求周，欲求其得数精密，立法简易，验之器物莫如钱溉亭[⑨]论，夫算术莫如杜德美[⑩]。

何言钱术之美？若求周，自乘之数第将径自乘，而十乘之即得，较之屡割觚先立表者，孰难孰易矣。而其所得之数，又与张衡[⑪]圆周幂五、方周幂八，秦道古[⑫]径幂进位为周幂，谈阶平[⑬]径一则周三一六有奇相暗合，罗士琳[⑭]所以称其思之精也。

何言杜术之善？屡乘屡除，顷刻可得数十位，较之屡求句股、迭次开方者，繁简相去万倍矣。而其所得之数又极密，故释以尖锥[⑮]者有董方立[⑯]氏，释以《缀术》[⑰]者有胡静庵氏，奉为师资者有戴鄂士[⑱]、徐君青[⑲]、李秋纫[⑳]、曾栗诚[㉑]诸家，愈可见其术之善也。岂得因用杜术之朱小梁偶有伪误，遂信丁氏取忠[22]谓求至二十五位以后，与真数不能密合之言为确哉？故圆径求周，以钱、杜二家为最。

【注释】

①径一周三：古算学计算圆周率的近似比。

②刘徽：魏晋时期数学家，中国古典数学理论的奠基人之一，其著作《九章算术注》和《海岛算经》是中国最宝贵的数学遗产。

③瓟：古同“弧”，指圆周或曲线上任意一段。

④祖冲之：南北朝时期数学家、天文学家，其主要成就在数学、天文历法和机械制造三个领域。

⑤赵友钦：字子恭，自号缘督，宋末元初有重要成就的科学家。

⑥句股：即勾股。

⑦八线：我国古代数学名词，即三角函数之正弦、余弦、正切、余切、正割、余割六线及正矢、余矢二线。西人以六宗、三要、二简术求八线。详见清余熙《八线测表图说》。

⑧要最：最为重要，紧要。

⑨钱溉亭：1735—1790，名塘，字学渊，号溉亭，江苏嘉定人。乾隆四十五年（1780）进士，选江宁府学教授。著有《律吕古义》《泮宫雅乐释律》《说文声系》《淮南天文训补注》等。

⑩杜德美：清初来华的法国传教士，数学家。著有《周径密率》《求正弦正矢捷法》。

⑪张衡：78—139，字平子，河南南阳西鄂（今南阳石桥镇）人。东汉时期伟大的天文学家，为中国天文学、机械技术、地震学的发展作出了不可磨灭的贡献。在数学、地理、绘画和文学等方面，张衡也表现出了非凡的才能和广博的学识。

⑫秦道古：即秦九韶（约1208—约1261），字道古，南宋著

名数学家，与李冶、杨辉、朱世杰并称宋元数学四大家。

⑬谈阶平：即谈泰，字阶平，清代数学家。乾隆间举人，选授山阳县学教谕，转南汇县学训导。淹通经史，凡音律算数，无不精通。

⑭罗士琳：1789—1853，字次璆，号茗香，安徽歙县人，清代数学家。

⑮尖锥：即尖锥术，近代著名数学家李善兰所创，用以解决各种数学问题。

⑯董方立：即董祐诚（1791—1823），初名曾臣，字方立，号兰石，江苏阳湖（今常州）人，清代数学家。

⑰《缀术》：中国南北朝时期的一部算经，汇集了祖冲之和祖暅父子的数学研究成果，内容深奥难懂。该书曾在唐代被收入《算经十书》，成为唐代国子监算学课本。

⑱戴鄂士：即戴煦（1806—1860），初名邦棣，字鄂士，钱塘人，晚清数学家。

⑲徐君青：晚清数学家，发明屡乘屡除的对数。

⑳李秋轫：即李善兰（1811—1882），原名李心兰，字竟芳，号秋轫（一作秋纫），别号壬叔，浙江海宁人。中国近代著名的数学家、天文学家、力学家和植物学家，创立了二次平方根的幂级数展开式。

㉑曾栗诚：即曾纪鸿（1848—1881），字栗诚，曾国藩次子。同治中恩赏举人，晚清数学家。

㉒丁氏取忠：即丁取忠（1810—1877），字肃存，号果臣，又号云梧，长沙人，晚清数学家。

# 入其疆，土地荒芜，遗老失贤，揞克在位，则有让

**【题解】**

此文系廖名缙光绪丁亥年（1887）的科考卷，录自美国哈佛大学汉和图书馆珍藏的清刊本《沅湘揽秀集》。该书于光绪十四年（1888）由湖南学使陆宝忠（字伯葵）主编，湖南学院刊印。所收录的主要是该学使在任期间，乡试前巡回各府县举行科考时士子们的优秀试卷。书中收录了廖名缙的一文一诗，文即此文，编者在文题下标有“丁亥科试一等一名”。

入其疆，即进入诸侯国。遗老失贤，即遗弃老人，排斥贤者。掊克在位，即贪官在位。让，即谴责、责备、责问。

入疆行让[①]，天子之威也。盖自有五霸[②]，而天子之威杀焉。入疆行让，诸侯其敢不惩与？且封建者，与井田学校相维持者也[③]，而井田学校往往坏于封建之邦。听其坏而弗之惩，恐井田隳而野有惰民，学校废而朝多弊政，而封建亦因之不可问，是可[④]于行庆外观天子之入疆。

先王浚甸[⑤]之功，自膏腴以逮硗瘠[⑥]，罔不加之以经营。乃者属车所至[⑦]，行其野而尚烦芟柞之劳[⑧]，莅其境而不无污莱[⑨]之叹，则是举浚甸之功而废置之也。

先王作人之化[⑩]，自间党以迄朝廷，罔不严之以彰瘅[⑪]。乃者鸾辂所经，下焉莫睹弓车之逮[⑫]，上焉惟闻溪壑之求[⑬]，则是举作人之化而蔑弃之也。

土地宜辟，而今则荒芜矣。老宜养，贤宜尊，而今则遗失

矣。俊杰宜在位，而今则掊克是用矣。天子于是将何以处此？

谓帝藉躬耕[14]。予一人未尝忘耒耜[15]之勤，而复以田畯野虞[16]，时致警于郊邑园廛之地，属在疆臣，其曷弗懔而率也[17]？夫田功旷废，未必非主伯亚旅之愆[18]，然谁董之成而责可轻谢[19]也？玉帛肆觐[20]，而畚锸未施，尚其修农政而明不毛之罚[21]。

谓圆桥观听[22]。予一人方且崇更老[23]之职，而复以小廉大法[24]，时察吏于陈殷置辅[25]之余，惟尔疆吏，其曷弗则效也？夫政令烦苛，未必非积渐迁流[26]之故，然谁司之柄而势竟莫挽也？律度既同，而簠簋未饬[27]，尚其惩侯度而科不职之条[28]。

天子曰："吁！曷其奈何弗让？"圣主无震惊天下之心，而王章所在，断不容以姑息损天威。以兹之农失其业，士失其养，府史胥徒[29]失其任，姑为之原，不过见为庶政之偶弛。而让之中无宽典[30]焉，则真天威之凛也。

今日者列辟[31]传问罪之词，邻封遣要盟之使[32]，以天子之威，而诸侯用之。王章[33]不可复矣，而能勿隐然伤哉？王者有宰制天下之权，而圣量所溥[34]，仍不欲以严厉薄天恩。以兹之在田者不尚力，在野者不尚齿[35]，在国在朝者不尚德，欲加之罪，何难指为国本之尽隳[36]。而让之外无余责焉[37]，则真天恩之厚也。

今日者盟会申招携之语[38]，战陈假仁义之言，以天子之恩而诸侯市之，圣量不可觊矣，而能勿殷然望哉？进观诸侯之不朝[39]，是则天讨之所必及矣。

时任湖南学使陆伯葵卷尾批语：词气充沛，后二诠"让"字极有分寸。

**【注释】**

①入疆行让：即入疆问责，引为问责诸侯。

②五霸：指历史上的春秋五霸。

③与井田学校相维持者也：井田，即井田制。井田制是中国奴隶社会的土地国有制度，西周时盛行。按井田制统筹农事，让诸侯来协助管理民众，丰收时不骄奢，歉收时也不感到匮乏，同时设立学校推行教育，为公众做出谦恭礼让的榜样，这就可以使得上下左右和睦相处，祸乱不生。

④是可：只可。

⑤浚甸：即治理王田。

⑥自膏腴以逮硗瘠：膏腴，指（土地）肥沃；硗瘠，则指（土地）瘠薄。

⑦乃者属车所至：乃者，即近时。属车，指帝王出行时的侍从车。至，到。

⑧芟柞之劳：耕作之劳累。

⑨污莱：指田地荒废。

⑩作人之化：造就转化人才。

⑪彰瘅：彰善瘅恶之省称，意即表彰美善、憎恨邪恶。

⑫下焉莫睹弓车之逮：意为下看不到延聘贤人的车子所至。

⑬上焉惟闻溪壑之求：意为上却只闻贪得无厌之所求。

⑭帝藉躬耕：帝藉，亦作“帝籍”。指天子象征性地亲耕之田。此语意为天子亲自在“自己”的田里进行示范性耕种。

⑮耒耜：原指翻土农具，此借指耕种。

⑯野虞：古代掌管山林薮泽的官。

⑰其曷弗懔而率也：曷弗，怎么不。懔，害怕、恐惧。率，此为遵行、遵循之意。

⑱未必非主伯亚旅之愆：主、伯、亚、旅，即家长、长子、叔叔及众子弟。愆，罪过、过失。

⑲谢：认错道歉。

⑳玉帛肆觐：玉帛，指圭璋和束帛，古代祭祀、会盟、朝聘等均用之。肆觐，称见天子和诸侯之礼。

㉑尚其修农政而明不毛之罚：希望他们在制定有关农业的政策法令时，要明确对不种植物的惩罚。不毛，未加种植。

㉒圆桥观听：指古时官员和国子监学生聆听皇帝讲学。圆桥，古时皇帝讲学场所辟雍大殿外水池上的石桥。

㉓更老：三老五更的省称。相传古代统治者设三老五更，以尊养老人。

㉔小廉大法：旧时指大臣尽忠、小臣尽职。

㉕陈殷置辅：设正职和副职。

㉖积渐迁流：积渐，逐渐累积而成。迁流，演变、变化。

㉗簠簋未饬：此处为贪污之意。

㉘尚其惩侯度而科不职之条：希望他们修改君之法度而判不称职有罪。惩，修改、改定。侯度，为君之法度。

㉙府史胥徒：小吏和衙役。府史，古时管理财货文书出纳的小吏。

㉚让之中无宽典：问责之时无宽大之法令。

㉛列辟：诸侯、历代君主。

㉜邻封遣要盟之使：相邻的封地派来使要挟结盟。

㉝王章：王礼，天子的礼仪。

㉞溥：广大。

㉟在野者不尚齿：不在朝当官就不发言。

㊱国本之尽隳：立国之本全毁。

㊲而让之外无余责焉：而除责问之外就没有别的责任了。

㊳申招携之语：陈述安抚之语。

㊴进观诸侯之不朝：进了宫门诸侯竟不上朝。

# 水灾急赈刍言

**【题解】**

此文录自《佛化新青年》1924年第二卷第五、六期合刊，系该刊特稿《破天荒之中国水灾》之附篇，原题《附瓠尊君〈水灾急赈刍言〉》。廖名缙写于当年全国部分省遭遇特大水灾之后。瓠尊，廖名缙字号之一，亦用作笔名。

凡为人类而仆缘[①]于地球表面、生存于社会中间者，莫不各有所抱之主义。自个人主义、家族主义、部落主义，以至国家主义、民族主义、人道主义，揭櫫[②]不同，趋向亦因以各异。

个人主义极卑极劣。杨朱[③]为我，乃至拔一毛利天下而不为，孟轲氏讥为禽兽[④]，非苛也。蠢然一身，除饮食性欲外，生存世间，虽无其他目的，此唯禽兽为然耳。自个人主义以上，莫不含有多少牺牲小我、扶助他人之性质，发挥至于人道主义而其量以极。

个人主义以上，自家族以至国家民族各类主义，虽广狭不同，莫不各有一定之界限。唯人道主义，则合世界人类，圆颅方趾[⑤]，皆为同胞，更无幾微界限之可言。

各类主义，既各有界限，即界限以外，偶起竞争，皆可待之以敌方。唯人道主义，对于世界人类，既无界限，自无敌方之可言。

人类所患莫过于竞小嫌而忘大敌，人道主义之所以牺牲种界、牺牲国界者，岂果遂忘敌患乎？大敌当前，酷烈洪巨，苟非合人类而同编联盟军队之中，死亡覆灭，有千百万倍于巨炮毒烟之惨者。厥敌维何[6]？则自然界之海啸地震，亢旱洪水是矣。

日本地震也，俄国之荒旱也，为敌国，为与国[7]，皆牺牲其平日一切界限，慨然为同情之救助。此何以故？则以天行酷烈，人类公敌。无论国度若何，有时皆在所不免。故今日救人，即不啻异日之用以自救。

今日中国又以水灾告矣，湘、闽、鄂、赣已及东南之泰半[8]，直隶、绥远又复接踵而兴。我国朝野既先后组织赈灾机关，征诸日俄前例，东西各国，亦必有仁人义士救灾恤邻，起而与天行酷烈为作战计划者。区区下走，对于兹事尤有个人意见，窃愿贡献于在朝在野筹赈诸公之前焉。其事维何？即增加奢侈税，以供救济灾民是矣。

个人主义为人道主义之大敌，以其利己自封，不愿公益，个人主义之伸张，即人道主义之减缩，二者有绝对不能相容之势也。民国以来，个人主义非常发达。昔之名誉爵位，皆成祭余刍狗[9]，唯金钱娱乐，足为人生实际之享受。上而军阀伟人，下而官僚政客，一筵之设费致数十百金焉，一舆之饰费至数千万金焉。其他宫室园亭、姬侍优娼、书画骨董，所费更不可数计。尤其甚者，莫过于鸦片之复兴。种烟有税，运烟有税，尽以饱有枪阶级之私囊。对于强邻之责言，与人民之堕落，直若熟视而无睹。日来湘赣倡议，有仿照北京前次赈灾加抽路邮客货附捐之举。鄙意此项办法虽较凭空呼吁，得款觉有把握，然被灾地方，正宜减轻征徭，以资苏息。今乃加重担负，即被灾之人亦复在所难免，实与救恤灾区之道未免相背而驰。此法只可行之未被水省份，以为被灾数省之挹注[10]。其主要筹款方法，则莫如加重烟捐、酒捐、妓捐、屠捐、戏园捐、电影捐、澡堂捐、饭店捐，以及一切土造舶来、类于奢侈品之种种货捐。至于鸦片特税，即湖南一省，一年约计，已在千有余万之谱[11]。

合之各省，其数可知。此时宜由督理省长饬下所部，一切取资特税开支之项，暂时皆支半数，即以余下半数作为今日急赈之用，其期限但以一年为度。此法果行，在军队仍可维持饷糈，在灾民即已重庆更生⑫。较诸凭空呼号与加重路邮捐项者，相去奚啻⑬天壤耶？区区刍荛⑭，未识今日热心慈善诸公以为何如？

【注释】

①仆缘：附着。

②揭橥：标志、显示。

③杨朱：约前395—约前335，字子居，魏国（一说秦国）人，主张"贵己""重生""人人不损一毫"之思想，是道家杨朱学派的创始人。

④孟轲氏讥为禽兽：杨朱学说之思想中心实为"贵己"，或曰"为我"，因而遭到孟子的排斥与攻击。这也令后世学者望而却步，以致杨朱学说至秦汉时便销声匿迹。

⑤圆颅方趾：圆头方足。泛指人类。

⑥厥敌维何：此敌是什么？

⑦与国：盟国、友邦。

⑧泰半：大半。

⑨祭余刍狗：刍狗，古代祭祀时用草扎成的狗，常用来比喻贵贱合体之物。祭祀前很贵重，祭祀完后就成了垃圾，一钱不值。

⑩挹注：把液体盛出来再注入。此处指从未受灾省份把钱筹来，再送给受灾的省份。

⑪谱：指大致有把握。

⑫重庆更生：再度庆祝重获新生。

⑬奚啻：何止、岂止。

⑭刍荛：陋见。

# 我对于各国退还庚子赔款须直接用于教育的意见

**【题解】**

此文录自《新民国》杂志1924年第一卷第六期。廖名缙生前一直关注庚子赔款的去向和使用，早在他当众议院议员期间就多次提交过相关议案。据北京《顺天时报》1918年12月23日和1919年1月11日先后发布的《众议院议事日程》，这两次开议的议案中均有廖名缙提交的《请政府将没收德奥两国在华财产及庚子赔款提充奖学基金建议案》。

庚款须用于教育，已为全国一致的主张。彼军阀也知不能违反全国一致的主张，所以想出一条妙计，主张收庚款筑路，将路上收入的赢余办教育。此论一出，一般人们都上他的当了，所以近来有许多的议论，说军阀的用心固是可诛，但是他的理论却未必错。这便是上他当的证据。人们想想，军阀的满口公道，一肚子黑心，是不用说了，但是我们对于下列的两点是不是须注意的：

（一）俄、美纯粹的退还外，其余的谁不说“退款须用为利于两国间的事业”？这话表面上实在不错，因为人家道义的退还庚款，却不许他沾一点光，是说不过去的，但是实际上往往惟势力之是视。表面上享着退款的美名，骨子里是变相的利己政策。我们试看法国指定庚款大部分为回复中法实业银行的用途，反因此生出偿还现金法郎的要求，这不是最明白的证据？如果我们提出庚款用于教育以外的方面，尤其是实业，正是中了他们的下怀。这样看来，庚款筑路原则上便不能成立的。

（二）庚款是逐年退还的，筑路是一时须大宗用款的，如用为筑路，便须借款，便须将未筑之路先行抵押。这种弊害，只有整天睡在鼓里的军阀不知，人们是未有不知的。而且一国的退款，决不能适合用筑一条路。如果合起各国的退款来筑路，那正合着他们协谋的心理，尤其中他们的下怀。这样看来，庚款筑路原则上亦不能成立的。

此外的弊害，各方面已有极详尽的研究，极明白的表示，所以不再说了。总之，筑路是一事，我们也主张的，裁兵筑路是最好的办法。至于庚款，惟有直接用于教育一途，方可以外遏退款国的野心，内拒军阀的利用。

# 悲宋君钝初

**【题解】**

1913 年 3 月 20 日晚 10 点 45 分，奉袁世凯电召北上的宋教仁（字钝初，号渔父），在上海北站检票口突遭枪击，22 日凌晨不治身亡。此消息传出之后，全国舆论哗然，各新闻媒体对制造此暴行者进行了强烈抨击。廖名缙虽已退隐，执鞭教坛，然一直关注自己与辛亥战友们浴血推翻专制而建立的民主国体，如今见对中国民主政治建设最为重要的宋教仁先生被刺，不由得怒火焚心，在《大中华民国日报》上以“瓠尊”为笔名连发两篇评论，猛烈抨击制造这次惨案的幕后黑手和暗自幸灾乐祸的无耻政客。从“凶徒未获”一句看，本文当写于宋教仁刚刚被害而凶手尚未抓捕归案之前这段时间。

由徐血儿等人编著的《宋渔父》（第一集后编），在“宋先生被害后之舆论五”第九节，引《大中华民国日报》的四篇评论，以《悲宋君钝初》为题合成一大篇章。此四篇评论中，廖名缙独占两篇，四篇中之第二篇即是此篇。

古刺客何以称乎？必也所欲得手刃之人，擅威权，拥兵卫，始不得已而出于暗杀，豫让之于襄子[①]，孟轲之于秦政[②]是矣。若同为平民，并无一卒之卫，而袭杀于道途，此盗贼之行耳，匪盗贼胡以卑劣如是也。政治竞争，可以文字争，可以演说争，可以运动争，不闻其以枪也。即令以枪，择空旷地，彼此对击，如西人之决死可矣。今乃于车站之俦人广众之中施之，不顾残及旁观，此豺虎之行耳，匪豺虎胡以残酷如是也。

宋钝初在沪宁车站被刺，凶徒未获，不能遽断其由来，要其必出于反对者之所为无疑。然钝初自解职农林[3]后，孑然一身，自伍平民，又在人山人海之车站中，反对者乃要击于此，此直与盗贼豺虎遇耳。盗贼豺虎之横行，今日之民国乃真无望矣。昔英人当改革宗教时，英国国教与波力敦教[4]，几若不共戴天。一闻西班牙人寇，乃捐弃仇怨[5]，协力其击，卒破西军而夺其海权。今蒙藏之寇深矣，我国国人不唯不能效英民之同心，阋墙之衅[6]且加惨焉。呜呼，民国前途吾不忍言！

（录自《民国丛书》第三编《宋渔父》第一集后编）

**【注释】**

①豫让之于襄子：来源于《史记·刺客列传》中“士为知己者死”的典故。

②孟轲之于秦政：文中“孟轲”当系“荆轲”之误。此句源于“荆轲刺秦”的典故。

③解职农林：除去农林总长职位。

④波力敦教：今译为“加尔文教”，基督教新教的主要宗派之一。

⑤捐弃仇怨：放弃相互之仇怨。

⑥阋墙之衅：比喻内部相争。

# 存喜心者，天将夺汝之魄

**【题解】**

上篇题解中说到，由徐血儿等人编著的《宋渔父》（第一集后编），在“宋先生被害后之舆论五”第九节，引《大中华民国日报》的四篇评论，以《悲宋君钝初》为题合成一大篇章。此四篇评论中，廖名缙独占两篇，前篇是“大篇章”中的第二篇，而第四篇即是此篇。因整理者未能找到当年的《大中华民国日报》，故无从得知此二文在该报初发时为何标题。前篇即引“悲宋君钝初”为题，是篇则根据文意代拟此题。

自宋钝初被刺事发见后，如春霆骤发，疑云四布。全国人士，口有谈谈此事也，目有视视此事也，若有思思此事也。上自议院政府，中及报馆社会，下逮露党荼毒[①]，无不以此为唯一研究之资料。吾人持冷静观察，用演绎法约之，尽可以四类焉。四类维何？曰喜、怒、哀、惧是已。

喜者谁乎？反对共和之旧官僚，与一般以官僚为目的之政客是已。此辈无学问，无职业，但以做官为生活，假令有混合内阁之存在，不难企牛骥为一皂[②]。苟内阁必出于政党，彼辈将无啖饭[③]之地矣。钝初主张政党内阁，至死不变，一日被刺，是不啻去其喉中之梗也。云胡不喜？

怒者谁乎？民国为志士所造，流血诸先烈，事业未竟，全付诸未死之同志。遁初[④]以九死余生，幸逮今日，乃不死于前清专制之淫威，而死于今日冒昧妒忌者之手，吾党之发指身裂[⑤]，谓得已乎？

哀者谁乎？前年革命事起，危机四发，所谓大政治家、大建设家，要皆窜伏山陬，逃往租界。迨政府甫成，此辈如苍蝇逐臭，俄顷群集，五官神敏，实出一切动物之上。钝初以手创民国之伟人，竟尔厕身局外⑥，其出处之光明，志操之高尚，已为中外人士所共仰。故此次被刺，勿论党派之异同，交情之有无，莫不同声一哭，为国民哀，非为个人哀也。

惧者谁乎？民国今日，危如累卵，建设之望，端在人材。今政党林立，真能担任建设民国者，实难免凤毛麟角之叹。钝初在政治上之学识与其手腕，虽异己者不能不推为巨擘。语云：中流失船，千金一壶⑦。今并一壶而破之，前途危险，宁可言喻。又况杀机一发，报复无已。兴言及此，不寒而栗。此在今日深识忧国之士，固莫不抱兹同情矣。

虽然，怒与哀惧，咸为今日应有之情，若对此事而竟存喜心者，是直出乎天理人情之外。吾敢正告之曰：汝勿喜，汝愿民国之成立千人所指，无病而死。汝丧魂矣，天将夺汝之魄。

（录自《民国丛书》第三编《宋渔父》第一集后编）

**【注释】**

①露党茶毒：泛指社会底层。露党，指无家可归者、衣不蔽体者。茶毒，指茶馆和鸦片馆的人。

②不难企牛骥为一皂：会不难发现，庸人与贤士同处。牛骥为一皂，化成语“牛骥同皂”。皂，即牲口槽。

③啖饭：原意为“吃饭”，常用来讥讽人无用。

④遁初：是宋教仁之另一字号。

⑤吾党之发指身裂：吾党，我辈。发指身裂，形容愤怒至极。

⑥竟尔厕身局外：竟然置身局外。

⑦中流失船，千金一壶：《鹖冠子·学问》：“中河失船，一

壶千金。贵贱无常，时使物然。”陆佃解：“壶，匏也。佩之可以济涉，南人谓之腰舟。”

# 论国人宜注意谟罕默德式之佛教

【题解】

此文录自《佛化新青年》1924 年第二卷第五、六期合刊，系廖名缙为该刊撰写的佛教时评。廖晚年奉佛，佛学造诣深厚，曾受邀参与法源寺于 1923 年举办的佛诞 2950 年纪念活动，与世界佛学大师们同台为信徒们宣讲佛学。

谟罕默德，今译为穆罕默德（约 570—632），伊斯兰教创传者。

世界三大教士：曰佛，曰耶，曰回。佛、耶二氏，皆以宗教信仰立于国家政治之外，唯回教谟罕默德，独以国王而兼教主，故教权、政权混而为一。其始借以凌轹欧洲[①]，其后遂启百余年红十字教战之祸[②]，土尔其遂因以不振。

佛教西来，羌人翻为唐古忒文[③]，华人翻为汉文。唐古忒文所翻经典部数较少，汉文所翻精深浩瀚，足令瞿昙教义[④]放异彩于东方。唐古忒文仅行前后番藏间[⑤]，汉文经典则由中国而流被朝鲜、日本、安南、缅甸、暹罗、琉球诸国。今日印度衰息，佛教之赖以保存，足供世界研究者，唯吾汉经典之是资。

是故以佛教论，日本于印度为私淑[⑥]之弟子，于中国为亲炙[⑦]之门人。不图[⑧]近岁以来，日人每思转以佛教还传中国。清末福建厦门以日僧传教，致起交涉。浙江、湖南亦以建筑本愿寺事，引出多少纠葛。推日人之意，岂不知彼国佛教原自中土传入？中人信佛，何俟彼族之更劝？第以西人来华，多借传教以施侵掠中土之策，彼辈旁观眼热，遂忘其教从何来，而为此滑稽万分之国际手段耳。

考日本佛教，虽曰传自中国，顾往往牵涉政治之意味，大非佛氏清静无为之旨。缘其先历代天皇，耄期倦勤，多内禅⑨而为僧。嗣君莅国，大政所关，不废南宫之谘白⑩，故锁国时代，已有教主而兼君之势。明治开港，感受外人激刺，日本佛教乃以舍身赴敌、忠君爱国为惟一之训条，以视谟罕默德之以战死为即升天堂者，命意如出一辙。是故谓日本僧侣为谟罕默德式之佛教亦无不可。往岁日僧水野梅晓⑪，在长沙创办僧学堂，与湘人交好颇众。故老王湘绮⑫，亦与作文字之游。既归日本，乃著一书，名曰《湖南》，于湘中实业、政治、利源、弊薮，调查靡遗。湘人见其书者，始知彼虽僧侣，固一国家暗派之侦探也。此次庐山佛教联合会，又请日僧正佐伯氏为法相宗之演讲，该氏遂偕其同行木村氏作北京之游。日前中央公园之演讲“佛法与人生”，予虽未暇往聆听妙音，然窃愿其确为僧侣，真传佛法，本爱敌如己之量，推冤亲平等之心，与吾国缁俗四众，研求第一义谛，发扬东方文化，慎毋⑬以谟罕默德式之佛教，行水野梅晓氏之故智，庶不负吾人欢迎之热心，而可以实行亚洲民族之联合耳。

**【注释】**

①凌铄欧洲：意即欺压欧洲。

②红十字教战之祸：指公元1096年至1291年间的十字军东征。

③羌人翻为唐古忒文：羌人，古东方大族，形成于青藏高原、黄土高原地区，亦作氐羌、羌戎、西羌等。翻，翻译。唐古忒文，即藏文。唐古忒，亦作“唐古特”，系清初文献中对青藏地区及当地藏族的称谓。

④瞿昙教义：即佛教教义。瞿昙，即释种之姓。古来佛姓，

称瞿昙、甘蔗、日种、释迦、舍夷五种。

⑤前后番藏间：此泛指藏族地区。

⑥私淑：未能亲自受业但敬仰并承传其学术而尊之为师。

⑦亲炙：亲身受到教益。

⑧不图：不料。

⑨内禅：古代帝王传位给内定的继承人称内禅。后多指帝王活着时传位于子弟。

⑩南宫之谘白：南宫，宫殿名，原是周王朝的宫殿，历史上有名的汉高祖刘邦置酒南宫论三杰的故事就发生于此。谘白，此为请教之意。文中以“南宫之谘白”比喻日本新君去太上皇的居所问政。

⑪水野梅晓：1877—1949，日本僧人，广岛县人。曾致力于中日佛教文化的交流，是将日本佛教推广到中国的先驱。

⑫王湘绮：即王闿运（1833—1916），字壬秋，又字壬父，号湘绮，世称湘绮先生。晚清经学家、文学家。曾入幕曾国藩，后于1880年入川，主持成都尊经书院。继而主讲于长沙思贤讲舍、衡州船山书院、南昌高等学堂。授翰林院检讨，加侍读衔。中华民国成立后任清史馆馆长。与廖名缙系忘年之交。

⑬慎毋：千万不要。

# 廖笏堂先生乩论佛学（一）

**【题解】**

《廖笏堂先生乩论佛学》（一、二、三）原载于1927年《救世旬刊》，分三期（第四、五、六期）连载刊出。为尊重原发期刊，本卷仍以三篇录入。首篇题下标有“侍扶：悟恒广诚”。

乩论佛学，源于民间乩仙之说，指阴间的人应尘世凡人所请，临乩坛宣讲佛法。据《印光法师文钞续编·复理听涛》载：“明末，觉明妙行菩萨，以乩开导佛法。”据《救世旬刊》所载之三文后的按语称，此三篇佛论系廖名缙逝世后，其生前好友熊希龄等人因思念之，遂开坛请乩。“廖君至，高谈佛理，至四五夕不倦…… 兹将其已宣者，先行印出，俾世之研究佛学者一参证焉。”

此说以唯物论者看来不可思议，当属迷信之言。辑佚者推测，《救世旬刊》连载的这三篇论佛学文章，其来源当有两种可能：一是廖名缙生前于1923年法源寺举办的佛诞2950年纪念活动期间所宣讲的佛学论稿，被法源寺活动组织者统一收藏后适时刊出。这种可能性最大，因从其行文结构和语气看，确是宣讲佛学之论稿。另一种可能是，这三篇论稿或系廖名缙逝世前向该刊的投稿。无论哪种情况，最终《救世旬刊》以“乩论”为题加按语刊出，旨在一来增强其神秘感，二来聊慰熊希龄等友人对廖名缙的思念之情。

世言佛学空，我言佛学真实。佛从六根、六尘、六识[①]剖判而入，意为生灭万物根，识为分别万物根。具此二根，然后有天地万物，于是说五盛阴、六入、十二因果、十八界[2]内外空。此言万物惟识之事，又言四大无我，八万尘虫[3]可以消灭，三十三天[4]可以随心住依。佛言：经典依人住处，人依稻麦，稻麦依地住，地依水住，水依风住，风依空住，空无所住。但日月之在于空虚，日月依四天王住，四天王依兜瑟天住，兜瑟天依化乐天住，化乐天依他化自在天住，他化自在天依大梵天住，大梵天依忍辱温良住，忍辱温良依涅槃住，于此问曰无边涅槃，无所依住，涅槃灭绝，涅槃为最[5]。此言三界[6]惟心之事。至于正等正觉[7]，般若波罗蜜[8]乃言好心而去杂念，可以得佛之真实。譬如历家正玑衡[9]而得浑盖真器，以八线高弧测黄赤交而得天地历数三百六十度真形。佛以解脱慧而得灵明妙心，而得天下鬼神之真情。故浑盖[10]立，天地无以遁其形。般若生，天地鬼神无以遁其情，此之谓佛学真实。

历家言十二重天，以九重入算。佛家言三十三天，又言无央数天，即恒星天[11]耳。历家言静天，测量静天之根，寄之于地。又言土星之内，其动渐杀[12]，以及于地球，是谓不动之处。佛言大梵天[13]依忍辱温良住，即寄静天归于人心。人心之精微处，名曰般若，即不动地矣。

历家言细测火星，能割入日天金水二星。又时在日上，时在日下，使本天皆实体，焉能出入无碍？以重数[14]解之，不如以诸圆解之。佛言内外空，无实体之谓也。历家又言欲明诸圆之理，须详诸圆之重，必以至静不动以准之，然后知其盈缩。佛言功德遍满一方，余方亦广布无际无二，无限无碍，游戏此间而自娱乐，与梵天比丘皆共同也，即至静不动之准也。历家求难见之形，寄于静天，故不可欺其形。佛家以难知之情，类于己情，故不可欺其情。静天与诸圆之心不同，故有盈缩。佛心与十方之心，初无所异，故无增减。知一心知十方心，治一心即治十方心，故广说三界六道[15]也。历算借根于静天，佛学

求根于方寸。知历数之可凭，即知佛学真实矣。（未完）

（录自《救世旬刊》1927 年第四期）

【注释】

①六根、六尘、六识：六根，指六种感觉器官，即眼、耳、鼻、舌、身、意（或其认识能力），亦作“六情”；六尘，指色尘、声尘、香尘、味尘、触尘、法尘六境；六识，指六根的认识作用，即见、闻、嗅、味、触、知。

②十八界：六根、六尘、六识总为十八界。

③八万尘虫：意即很多尘世中的虫子。出自明代性祇的《毗尼日用录》：“佛观一碗水，八万四千虫。”喻喝掉一碗水，就等于要吃掉非常多的虫子，表达了佛有慈悲心。

④三十三天：梵语中“忉利天”译作三十三天。

⑤经典依人住处……涅槃为最：出自《中阿含梵志品阿伽罗诃那经第八》。其中梵志（志求梵天之法者）与佛有一问一答。文中此段内容为佛回答梵志之问。

⑥三界：凡生死往来之世界分为三：一、欲界，有淫欲与食欲二欲之有情住所。二、色界，色为质碍之义，有形之物质。三、无色界，此界无一色，无一物质的物，无身体，亦无宫殿国土，唯以心识住于深妙之禅定。

⑦正等正觉：“三藐三菩提”之新译。

⑧般若波罗蜜：即佛教徒必读必知的《心经》，全称为《摩诃般若波罗蜜多心经》。

⑨玑衡：即玑衡抚辰仪，是清代制造的八件大型铜铸天文仪器之一，也叫精密赤道浑仪。

⑩浑盖：即浑天说与盖天说之并称。

⑪恒星天：神的所在地。

⑫杀：终止、收束。

⑬大梵天：梵者清净之义，为离淫欲之色界诸天通名，今谓其中初禅天之王为大梵天。

⑭重数：数学名词，包括几何重数和代数重数。

⑮三界六道：三界之中有六道。六道，指地狱、饿鬼、畜生、阿修罗、人间、天上。此六者，乃众生轮回之道途，故曰六道。

# 廖笏堂先生乱论佛学（二）

前言佛之真实，皆从实验而来。世人之言，因未实验耳，即如儒家言廉，道家言俭。

佛游行世界，少欲知足。乞食一中[①]，衲衣坏色，瓶钵相随，若飞鸟之过太虚。居廉俭之极，于物少取，所以绝物累，惜物力。儒言天性，佛言法性，言天可尽，言法无尽。《洪范》[②]说貌言视听思心，《论语》说视听言动，佛言眼耳鼻舌身意，其学皆近取诸身，其用皆推极于天，是善性道者莫如佛。孔子言未知生焉知死。列子言善吾生乃所以善吾死。董子言人天世界，若虚而实，人常渐自淡淡于中，而以治乱之气，与流通相肴馔。晏子亦言晓游气之源，夫天地初辟，空洞无物，随气而生，遂成万有。然既知世之万物可以幻生，则知天堂地狱之非虚。既知善恶之感可以现面盎背[③]，则知轮回报应之非空。既知吾身有梦寐，则知幽冥有鬼神。佛言业[④]之生，莫重于意业，众生依业住。又言心持世界去，心拘引世间，以心为一法，能制御世间[⑤]，为最高法门。是善言生死莫如佛，佛之为佛，穷儒家之精微，尽历算格致之广大，岂是一方所得私？洵九十六道，为佛最尊[⑥]。吾读佞佛[⑦]之书，不知所以佞。读谤佛之书，亦不知所以谤。然而吾之赞佛，非笔所宣，乃心赞而已。

佛曰照彻也，非有非无，即色即空，体全杳冥，用澈神机[⑧]也。亦犹吾儒言清明在躬[⑨]，志气如神。儒者言佛顽空[⑩]，乃儒者不自解。盖六经不言空而得空性，佛言空而得实法。六经曰性曰道曰德，仁义礼智信，曰忠敬笃敬，曰危微精一[11]，皆无形可见，空性也。佛言六根、四大、三众界众生，皆有形可见，实法也。六经大义在爱人，佛大事在普济众生。儒言下学上达，佛言小乘大乘[12]，皆可与天人之际。儒言践实，菩萨言行空。惟践实故陈礼法，惟行空故设戒律。但礼法非孔，戒律非释。儒则自成道范而圣不借礼法而成，佛亦自趋正觉[13]而不借戒律而神，特寄言数以导俗，假施设而济众。未有天地，此理不无。复归浑沦，此理常存。故孔曰成性[14]存诚，佛曰涅槃[15]不坏，等无差别。但地分东西，故其应世之迹，稍有异耳。

然宗教大通，不出一性。见执虽异，不外一中。知其源则言鬼神可，不言鬼神亦可。言被缝掖[16]可，言被缁素亦可。是丹非素，真非真知矣。但各教咸依一天，言上帝，言造物主，言主宰，不出依赖性。惟佛独立三界，一无所依，独依自性，为天人师[17]，为天中天[18]。教曰圆宗[19]，氏曰大雄[20]，其所以圆与雄欤？

注：现世之人，皆曰平等，是与霸者争势力，不免人祸。佛言平等，是与天比德，天尚无违，与现世之言，当有霄壤之别也。（未完）

（录自《救世旬刊》1927年第五期）

【注释】

①一中：即日中一食之义。日食一餐，且于午时用。

②《洪范》：《尚书》篇名。

③现面盎背：即“睟面盎背”。指德性表现于外，而有温润之貌、敦厚之态。指有德者的仪态。

④业：佛教徒称一切行为、言语、思想为业，分别叫作身业、口业、意业，合称三业，包括善恶两面，一般专指恶业。

⑤心持世界去，心拘引世间，以心为一法，能制御世间：出

自《杂阿含经》卷三六。南传《增支部》今译为："世间被心所引导，被心所牵引，受生起之心所左右。"意谓心有宰制世间、牵引世界朝既定方向运动的巨大力量，心能执持、拘引、制御（管理）世界。

⑥洵九十六道，为佛最尊：《大智度论》二十三之文曰："人中宝者是佛，九十六种道法中宝者是佛法，一切众中宝是僧。"洵，确实、实在。

⑦佞佛：谄媚佛、讨好佛。

⑧用澈神机：以达心神。澈，通、达。神机，神异的禀赋、心神。

⑨清明在躬：形容人的心地光明正大，头脑清晰明辨。

⑩顽空：一种无知无觉、无思无为的虚无境界。

⑪危微精一：《尚书·大禹谟》"人心惟危，道心惟微，惟精惟一，允执厥中"的省称。

⑫小乘大乘：小乘佛法与大乘佛法。

⑬正觉：如来之实智，名为正觉。成佛曰成正觉。

⑭成性：即天性。

⑮涅槃：正觉的境界。在此境界，贪、嗔、痴与以经验为根据的我亦已灭尽，达到寂静、安稳和常在。

⑯缝掖：本意为大袖单衣，古儒者所服，此指儒者。

⑰天人师：如来十号之一。即为天与人之教师。

⑱天中天：佛之尊号。天为人之所尊，佛更为天之所尊，故曰天中天。

⑲圆宗：即圆满之宗旨。

⑳大雄：佛之德号。佛有大力，能伏四魔，故名大雄。

# 廖笏堂先生乱论佛学（三）

佛住世间无世间想，出世间无出世间想。住常寂光[①]中，而得方便施设，故其应帝王也。言王功德十种[②]，王方便五种[③]，其立教也。说五种法难[④]，得二净法能护世（注：二净法者，惭、愧也），其言神通也。言大千世界置一毛端[⑤]，其言微细也。言正见圆觉，其言鬼神也。言六道[⑥]皆有相，天龙八部[⑦]种种相。凡以明道[⑧]，或执神通、轮回、不娶、戒杀、议佛，不通于物者也。物皆有形，物各有道[⑨]。握道之端，持而措之耳。《易》之精义入神，关尹子[⑩]言：以我之精，合彼之精，两精相持，而神应之。一雌一雄，卵生。一牝一牡，胎生。形者彼之精，理者彼之神，爱者我之精，观者我之神。《阴符经》云：宇宙在乎手，万化生于身，神通之谓也。列子[⑪]曰：万物出于机，入于机。贾子[⑫]曰：忽而生人焉，何足控持？化为异物[⑬]已，亦何足惜？轮回之说也，惟不娶、不杀，为世法难。

佛有入世之智而不累物[⑭]，有出世之神而不离法。其剃度也，忘嗣续之俗谛，而有孝敬之大德。其茹素也，无滑和[⑮]粹智，而有博爱之广心，安得复以世法[⑯]议之？佛之尽性，既合于古，佛之格致，又合于今。其言天眼也，能辨水中微生物，犹今之显微镜。佛以专精炼目，西人以专精炼镜，其理一也。其言处胎也，穷尽一千九节八万尸虫[⑰]，即今之图生殖言胎盘。合信氏[⑱]以解剖得之，佛以尽性而明理亦同也。其言四天下也，即今之五大洲，详于邹衍[⑲]之谈天。其言恒河沙世界，即今之恒星行星环布天空，天公于璇玑[20]之际，悬应于千载之上，而在千载以下应之。非圣人万能曷克至此？佛道大昌，其在格致大明之代乎？儒家之学，犹如力田逢年[21]。佛家之学，必考地质之优劣、肥料之淡薄。同归一饱，而不可谓格致之学，无补于农术也。儒佛之比，亦若是而已。且释迦以王子脱屣荣爵[22]，辨波罗门违失，独承宗派，衍其传于震旦，东南洋、西藏、蒙古之间，咸皈礼向。不借势力而尊，不恃利诱而久，非大德大慧、深合人天，如何能臻此境哉？

或以戒杀绝欲为佛难，佛立三乘[23]，求人乘者与之言五戒[24]，求天乘者与之言十善[25]，求菩萨乘者与之言二百五十戒[26]。根器不同，教化亦殊，量才导引，不局一方，其道最宏。恒星行星，排列四空，如求佛乘者可以神游，又何虑托足大千、种类息绝哉？古之帝王，皆传心法，为治世公器。至孔孟而明，诸子始言法术，亦心法也。然圣贤之著书也，志在救世。我佛之说法也，亦在救世。圣圣相传，灯灯不灭，大道不亡。而今地球大通，宗教亦将大通。惟五族相争，正在热烈。各教教徒，囿于见闻，若无高上玄妙之法，如何统一？吾即曰：舍佛奚归？（完）

（录自《救世旬刊》1927 年第六期）

**【注释】**

①寂光：寂，真理之寂静；光，真智之光照。

②功德十种：即佛教十功德论。一精勤，二少欲知足，三有勇猛心，四多闻能与人说法，五无畏无恐，六戒律具足，七三昧成就，八智慧成就，九解脱成就，十解脱见慧成就。

③方便五种：进趣方便、善巧方便、善权方便、施造方便、集成方便。

④法难：佛教史上对三武一宗之厄的说法。指中国历史上北

魏太武帝、北周武帝、唐武宗、五代周世宗等四位皇帝排斥打击佛教之事。

⑤一毛端：极少之称。

⑥六道：与“六趣”同。即地狱、饿鬼、畜生、阿修罗、人间、天上。

⑦天龙八部：天众、龙众为八部众中之二众，八部之中以此为上首，故标举曰天龙八部。八部者，一天众，二龙众，三夜叉，四乾达婆，五阿修罗，六迦楼罗，七紧那罗，八摩睺罗伽。

⑧明道：明者真言之别名。真言之道法云明道。

⑨物各有道：万物均有其规律。

⑩关尹子：系以官代名。关，指老子出函谷关的关。守关之人称关令，名尹喜，与老子同时，乃先秦天下十豪之一。

⑪列子：约前450—前375，本名列御寇，周朝郑国圃田（今河南省郑州市）人。道家学派的杰出代表人物，先秦天下十豪之一。

⑫贾子：即贾谊（前200—前168），洛阳（今属河南）人，西汉初年著名政论家、文学家，时称贾生。其著作主要有散文和辞赋两类。散文的主要代表作有《过秦论》《论积贮疏》《陈政事疏》等。其辞赋以《吊屈原赋》《鹏鸟赋》最为著名。

⑬化为异物：指人去世，死亡。

⑭不累物：不带有任何物体。

⑮滑和：扰乱中和之道。

⑯世法：即世谛之法、世间之法、因缘生之法、可毁之法。

⑰八万尸虫：佛教语，说人的体内有八万尸虫。

⑱合信氏：即英国传教士合信（1816—1873）。合信是英国伦敦会在广州行医传教第一人，他于道光二十七年（1847）与纪里士卑牧师来到广州，次年开办了惠爱医院。他也是最早在中国翻译西医西药书籍的传教士。

⑲邹衍：约前305—前240，“邹”亦作“驺”，战国末期齐

国人。阴阳家代表人物，五行创始人。

⑳璇玑：此指北斗前四星。

㉑力田逢年：勤于农事又恰逢好年景。

㉒脱屣荣爵：视富贵如敝屣。脱屣，比喻看得很轻，无所顾恋，犹如脱掉鞋子。荣爵，指荣贵的爵位。

㉓三乘：即三种交通工具，佛教所说的三乘比喻运载众生度越生死到涅槃彼岸之三种法门。

㉔五戒：亦作“五诫”。佛教指在家信徒终身应遵守的五条戒律，即不杀生、不偷盗、不邪淫、不妄语、不饮酒。

㉕十善：十善业道。指身业修持不杀生、不偷盗、不邪淫，口业修持不妄语、不两舌、不绮语、不恶口，意业修持不贪、不嗔、不邪见，合称十善业道。

㉖二百五十戒：亦称具足戒。即佛制比丘所必须遵守之戒律。

# 满月观音归国奇闻

**【题解】**

此文录自1936年5月出版的《观音灵感近闻录》（李圆净编），《净土丛书》等均刊载了此文之各版本白话译文。

满月观音之“满月”，系指观音菩萨面相而言。佛教中有“面善圆净如满月”之说，因此满月观音形容此尊观音菩萨石像满面慈容。

益田玉成，日本东京化学家，民国十年来华，游南京之栖霞山，奉请观音大士满月面像，归国供养。

越二年，日本大地震①。江户雄都②，百廛煨烬③。君之四邻，咸罹凶灾，独其家以供奉大士故，幸获安全。

难后，梦大士令其奉像还山。于是遣人以旃坛④法供，远自日京，航海西渡。既至金陵下关，其友铃木增太郎偕男女善信，恭送慈像，返于栖霞之故岭。春山绀海，清净依然。万众同瞻，倾心膜拜。

是岁十月既望⑤，余以凤凰熊秉公⑥之约，自燕京南下，同游是山。展谒慈尊，获闻灵异。方丈若舜禅师，嘱为记其因缘，以彰圣迹云。廖名缙记。

**【注释】**

①日本大地震：据李圆净《观音灵感近闻录》书中《地震被火包围万人称圣免难》一文记载：“1923年，日本大地震，同时大火，死伤人数达三十余万，空前浩劫，全球震惊哀悼。东京被

服厂有大旷场，人们奔集避难者两万余人，而四周火燃漫天，空气中氧气烧尽，几乎全都窒息而死。”

②江户雄都：即东京都。12世纪初，是豪族江户氏的居馆，因此得名。长禄元年（1457），太田道灌开始修筑江户城。经过五个多世纪的发展，最终形成了现在的东京都。日本江户城遗址位于东京都中心千代田区，被日本政府指定为国家的“特别史迹”。1868年改名东京。

③百廛煨烬：各处商店都被大火烧尽。

④旃坛：旃，古代的一种赤色曲柄旗。坛，僧道进行宗教活动的场所。“旃坛”即旁边布有赤色旗帜的佛坛。

⑤既望：即十六日。阴历每月十五日称为望，望日的后一天称为既望。

⑥熊秉公：前民国政府总理熊希龄，字秉三，故称。

# 附　李圆净法师《满月观音归国奇闻》（译文）

益田玉成，日本东京化学家，民国十年（1921）来华，游南京栖霞山，奉请观音大士满月面像，归国供养。

两年后，日本大地震。东京许多地方都成为一片废墟，益田玉成家的四周邻居亦全都遭此凶灾，但唯独他家幸获安全。

难后不久，玉成梦见观音大士令其奉送此像回山。于是在做了一场虔诚的供养观音菩萨的佛事之后，便安排人远自日本东京，护送圣像航海西渡。至南京下关时，益田玉成的朋友铃木增太郎同男女善信一起，恭送圣像返回栖霞故岭。这里山清水秀，清净依然。万众同瞻，倾心膜拜。

这年十月既望，我受凤凰（地名）熊秉公之约，自北京南下，同游此山。有幸拜瞻慈尊，获闻此灵异。方丈若舜禅师嘱托我记下这尊观音满月面像重返栖霞山寺的殊胜因缘，以宣扬大士不可思议的灵验感应事迹。民国廖名缙记。

（录自李圆净《观音灵感近闻录》，1936年）

# 南京栖霞山石大士显化记

**【题解】**

此文首发于《时报》1924 年 1 月 20 日第四版，既而当年《海潮音》第五卷第一期和《世界佛教居士林林刊》第五期先后将其与续篇一起予以转载。

南京栖霞山位于南京市栖霞区，又名摄山。题中“石大士”指观音菩萨石像。大士，指佛和菩萨，此特指观音菩萨。显化，即神灵显现化身，指的是前篇《满月观音归国奇闻》一文中提到的 1923 年日本地震时，众生罹难，唯供奉满月观音的日本东京化学家益田玉成一家幸免的故事。

金陵摄山，形如巨伞，含裹周摄[①]，有悉怛多般怛罗[②]之意焉。自南齐明征君僧绍[③]，舍宅为栖霞寺，故是山亦蒙栖霞之称矣。林泉幽异，岩壑复深，以之栖遁安禅[④]，江介名蓝[⑤]，无出其右。

始征君既舍宅建寺，礼请故大德法度禅师[⑥]，宣讲无量寿经。感山石放光之异，于时四众云兴，檀施山积。征君次子仲璋君士，爰发大心[⑦]，于山左右岭，凿龛镂西方三圣[⑧]像，高四丈有奇。既而齐文惠太子[⑨]暨诸王姬，就岭更刻毗庐千佛[⑩]，道俗瞻礼，遂名此地为千佛岭云。

民国十年，日本东京化学家益田玉成君，来游栖霞，奉请观音大士满月面像，归国供养。越二年，日本大地震。江户雄部，百廛煨烬。君之四邻，咸罹凶灾，独君家以供养慈像故，幸获安全。难后，君复梦大士重谕，令其奉还山。于是君遣人以旃坛法供，远自日京，航海西渡。既至金陵下关，其友铃木增太郎以君命，偕男女善信，恭送慈像，返于栖霞之故岭。春山绀海，清净依然。万众同瞻，倾心膜拜。

是岁十月既望，余以凤凰熊秉公之约，自燕京南下，同游是山。展谒慈尊，获闻灵异。方丈若舜禅师，属为记其因缘，以彰圣迹。夫娑婆五浊[11]，本此土众生共业之所召，若既堕娑婆，复以国土种姓[12]，悉其族而更怀修罗瞋恨[13]之心，则共业转演，又于一世界、一洲土中而为一部族之加剧，所谓众生业力不可思议者，此类是矣。唯我西方极乐世界大慈大悲观世音菩萨，清净音闻，当机此土[14]。自无量阿僧祇劫[15]以来，能仁本愿[16]，矢以神通十力[17]，为五浊众生寻声救苦之慈主。虽在修罗群中，苟有一众生、一信念之加回向，即不恤如母忆子，立拔诸劫火，洞然苦海惊飓之际，然则西瞻牛贺[18]，东观震旦[19]，既生五浊世中，更将以其飞机、潜艇，互逞雄猜[20]，广造修罗杀业者，不亦可以废然思反[21]乎？（未完）

民国癸亥季冬月，武溪[22]廖名缙敬记。

（录自《时报》1924年1月20日）

**【注释】**

①含裹周摄：笼罩周边。周摄，周边。

②悉怛多般怛罗：佛学术语，意为白伞盖。

③明征君僧绍：即明僧绍（？—483），字承烈，平原郡鬲县（今山东德州市）人。南朝齐国隐士，著名经学家。宋文帝元嘉年间，不就朝廷征辟，隐居崂山，聚徒立学。淮北沦陷后，南渡长江，遁还摄山，筑栖霞精舍，后舍宅为寺，称栖霞寺。

④栖遁安禅：意为隐居打坐。栖遁，隐居、遁世。安禅，即静坐入定，俗称打坐。

⑤江介名蓝：即江南名寺。江介，有江岸、江左之意，此即

江左，亦即江南。名蓝，有名的伽蓝，意即名寺。

⑥法度禅师：即栖霞寺的开山祖师。

⑦大心：指大菩提心，乃求大菩提之广大愿心。

⑧西方三圣：又称阿弥陀三尊，中间是阿弥陀佛，左边为大势至菩萨，右边为观世音菩萨。

⑨齐文惠太子：即南朝齐文惠太子萧长懋。

⑩就岭更刻毗庐千佛：凭借山岭又刻了毗庐千佛像。毗庐千佛，此指栖霞山千佛岭，又名千佛岩，也叫千佛崖。位于凤翔峰西麓、栖霞寺后，与明征君碑、舍利塔合称“栖霞三宝”，相传为齐文惠太子暨诸王姬所刻，是南京唯一一处六朝佛教石刻遗迹。建于484年，历时27年始成规模。

⑪娑婆五浊：即“娑婆世界五浊恶世”。娑婆，意为堪忍、能忍、忍土。娑婆世界，意即这个世界的苦难令人无法忍受，可是众生偏偏执着不舍。五浊，五浊恶世，出自《悲华经》，指劫浊、众生浊、命浊、烦恼浊、见浊。

⑫种姓：一种古老的等级制度，源于印度教，又称瓦尔纳制度，是在后期吠陀时代形成的，具有3000多年历史。这一制度将人分为四个等级，即婆罗门、刹帝利、吠舍和首陀罗。婆罗门是原人之嘴，刹帝利是原人之双臂，吠舍是原人之大腿，首陀罗是原人之脚。至于贱民，则被排除在原人的身体之外。它是古代世界最典型、最森严的等级制度。

⑬修罗瞋恨：瞋恨，愤怒怨恨。修罗，系阿修罗的省称，亦被译作阿须伦、阿苏罗、阿素罗、阿素洛，意译作“无端”，形容丑陋之义。

⑭当机此土：当机，佛之说法，契当众生之根机而使之得益。此土，指娑婆世界。众生所住之娑婆世界称为此土，而他方世界则称为他土。

⑮阿僧祇劫：佛教用语，意思是无数极长之时节。

⑯能仁本愿：佛之本来心愿。能仁，系梵语的意译，即释迦

牟尼，意为有能力与仁义的智者。

⑰神通十力：神为不测之义，通为无碍之义。不可测又无碍之力，谓为神通或通力。十力，指佛及菩萨所具十种之力。此指如来十力。

⑱牛贺：西牛贺洲之省称。西牛贺洲，为佛教传说中四大部洲之一（另三洲为东胜神洲、南赡部洲、北俱芦洲）。

⑲震旦：古印度人对中国的称谓。

⑳雄猜：多疑。

㉑废然思反：即废然思返，指疑虑消除而回头。

㉒武溪：原系水名，旧名曰“旃溪”，乃湖南西部“五溪”之一。亦作镇名。廖名缙的家乡湖南省泸溪县，治武溪镇。

# 南京栖霞山石大士显化记（续）

**【题解】**

此文系前文之续篇，于《时报》1924年1月21日第四版接续前日发表。从续篇中可以看出，前文完稿之后，先送来访的朋友读过。朋友读完后，对文中所描写的玄幻之事提出质疑，认为是不符合科学的迷信之说。于是廖名缙又撰此续篇，并将两篇同时投往《时报》。《时报》将此两篇章于20日、21日分两期连载登出。未几，《海潮音》当年第五卷第一期和《世界佛教居士林林刊》当年第五期先后将两文合为一章予以转载。1931年8月出版的大型佛学丛刊《海潮音文库》第三编亦将其合为一章收录。

余草《石大士显化记》竟，客有过余而哈之者曰[①]：方今科学发明，人类迷信，破除应净。地震海啸，此自然界时有之现象。当其意外聚发，尧禹桀跖[②]，同归灰烬，岂一石雕偶所能为之左右？譬诸覆沃汤于蚁壤[③]，一刹那间，浮尸百万，其中之幸而获免者，要皆机会适然，初无理论之可言。此次日本巨灾，益田氏不过适逢幸运之一人。即其难后所梦，亦不过个人迷信心理，感生反影。今吾子乃附会缘饰[④]，故神其说，独不畏遗讥通方之士[⑤]耶？应之曰：唯唯否否[⑥]，是大不然。

夫放光动地[⑦]，为佛家本具之神力。《智度论》[⑧]云：入此三昧[⑨]，能种种回转此地，令六反震动[⑩]。《大般若经》又分六种，为动、涌、震、击、吼、爆。而六种变动中，复有所谓动、极动、等极动，涌、极涌、等极涌。震、击、吼、爆亦复如是。由是观之，佛力之能支配地动。考诸经论，信而有征，于益田氏乎何疑？

虽然，此犹就内典[11]而言也。试就哲学而言，宇宙间凡属于自然界者为机械的，属于心理界者为自由的。机械的为唯物论，心理的为唯心论。中古以还，唯心论既为唯物论所胜。至近世，达尔文、笛卡儿[12]、孔德[13]辈出，竟欲纳心理于机械之畴范，谓人类一切心理变迁，苟能详其历史过程之条件，测以算术，如推日至然，皆可即已知以求其未知之故。盖极端唯物论，至是已无可复加矣。然自十八世纪以来，持此说者，大师踵兴，反复探验，卒至彷徨歧路，未达目的之一部。及认识论出，谓万物初无本质，其灿列吾前者，不外吾人意识之象征。盖其论已入佛家万法唯识[14]之领域，第所了不过[15]成唯识论八识[16]中之前六耳。尚未能究及末那[17]，况第八之阿赖耶[18]乎？

至此次大战[19]前，德之倭铿[20]，法之柏克森[21]，遂确建及主知论[22]，对于宇宙生人[23]二观，皆欲根据直觉，加以说明。骎骎由前五现量[24]，有窥见第八现量之朕兆[25]。盖新唯心派[26]，皆经长日月科学之研讨，推求本体，杳不可得。迨拶逼既极[27]，一瞥灵光，异境忽开，竟欲起而直捉生命之核心。此正禅家所谓径路绝而风云通[28]，百尺竿头，将欲进步之一候。以视旧唯心论，徒为玄虚难究之形而上学者，相去奚啻霄壤[29]？

今益田氏以一念净信，大难当前，冥感天启，倏然而发现直觉之本能，或先机预识，或临事慧生，此感彼召，适得夫因果律中必然之定理。客顾疑为缘饰附会，勿乃夏虫不可语冰[30]，其犹抱彼有蓬之心[31]欤？客不能答，惘惘而退。为附识于此。

名缙又记。

（录自《时报》1924年1月21日）

【注释】

①客有过余而哈之者曰：有客人来探访我笑着说。过，拜

访、探访、看望。哈，笑。

②尧禹桀跖：意喻圣贤邪恶。此语化《荀子·荣辱》句："可以为尧禹，可以为桀跖。"

③覆沃汤于蚁壤：把热水倒在蚁穴中。

④今吾子乃附会缘饰：现在您在牵强文饰。吾子，古时对人的尊称。缘饰，即"文饰"。

⑤遗讥通方之士：意即贻笑大方。遗讥，见笑。通方，原指通晓道术，意即大方、方家。

⑥唯唯否否：形容虚与委蛇，佯应而不置可否。语见《史记·太史公自序》："太史公曰：'唯唯否否，不然。'"

⑦放光动地：佛教语，指发放光明和震动大地。佛教里说佛要说深妙的经典之前，通常先放光明并震动大地。

⑧《智度论》：《大智度论》的简称，亦作《智论》《大论》《摩诃般若波罗蜜经释论》，是大乘佛教中观派的重要论著。

⑨三昧：佛教语，梵文的音译，又译"三摩地"，意译为"正定"。形容摒除杂念，心不散乱，专注一境。

⑩六反震动：指大地震动的六种相状。依佛典所载，在释尊诞生、成道、说法或如来出现时，大地皆有六种震动。

⑪内典：即佛经。指释迦牟尼所说的一切法，也包括三藏十二部一切经典。因为佛法是心性内求的一门学问，所以称为内学。

⑫笛卡儿：即勒内·笛卡儿（1596—1650），法国哲学家、数学家、物理学家。

⑬孔德：即奥古斯特·孔德（1798—1857），法国著名的哲学家、社会学和实证主义创始人。他创立的实证主义学说是西方哲学由近代转入现代的重要标志之一。被尊称为"社会学之父"。

⑭万法唯识：佛教用语，亦称"一切唯识"，是古印度大乘佛教瑜伽行派和中国唯识宗的主要教义之一。唯识宗认为，宇宙间的万物，都不是独立存在的，而是由"识"变现出来的。

⑮第所了不过：意为绝不会超过。第，指次序。了不，绝不、全不。

⑯八识：佛教语。佛教认为，人间有情具足八个识：眼、耳、鼻、舌、身、意识和末那识（即意），第八识是阿赖耶识（即藏识）。

⑰末那：佛教语，即意根。八识中的第七识。

⑱阿赖耶：亦译作阿梨耶。八识中的第八识。

⑲此次大战：指第一次世界大战。

⑳倭铿：德国哲学家奥伊肯旧译名。奥伊肯系1908年诺贝尔文学奖得主。

㉑柏克森：英国哲学家，唯心主义者。1956年，柏克森写了《唯物哲学之研究》，连续印了17版，并翻译成了法文、德文等多国文字。后来他旅游至印度，在灵鹫山见到了大迦叶尊者，尊者整整给他传授了一年的佛法，于是他剃度出家。

㉒主知论：即教育学。

㉓宇宙生人：宇宙众生。

㉔骎骎由前五现量：很快由前五直觉。骎骎，指急速。现量，系古印度因明学和佛教用语，指感觉器官对事物的直接反映，即直觉。

㉕朕兆：征兆、预兆。

㉖新唯心派：即新唯心主义学派，其要义是心灵活动之外无真实界，心灵活动的产生和发展就是真实界的演变，这演变就是历史，也就是哲学。

㉗迨拶逼既极：等逼到极致时。拶逼，逼迫。

㉘径路绝而风云通：路径虽断绝人不能通行，风云却可畅通。

㉙相去奚啻霄壤：相差何止天壤（之别）。

㉚夏虫不可语冰：语出《庄子·外篇·秋水》："北海若曰：井蛙不可以语于海者，拘于虚也；夏虫不可以语于冰者，笃于时

也。”意思是不能和生长在夏天的虫谈论冬天的冰。比喻人囿于见闻，知识短浅。

㉛蓬之心：比喻知识浅薄，不能通达事理。出自《庄子·逍遥游》：“庄子（语惠子）曰：‘今子有五石之瓠，何不虑以为大樽而浮于江湖，而忧其瓠落无所容，则夫子犹有蓬之心也夫！’”

# 甲子重修族谱叙

**【题解】**

此文系廖名缙为《楚南邵辰廖氏宗谱》所撰写的弁言。此谱牒乃廖亲自编撰，于1926年冬由北京慈祥工厂印制而成。而弁言则系一篇精彩的谱论篇章。廖名缙于文中以宏阔的学术视阈及独到的学术视点，从中国取士制的改革进程切入，对自先秦至唐宋以来私家谱牒从无到有的过程，进行了高屋建瓴的论述与精到的解析，并对中国廖氏的起源播迁进行了精准叙述。

祖宗之所以乐有子孙者，为其继志述事，大门闾而传禋祀也。为祖宗而至于子孙不能举其名字，传其志行，在天有灵有隐恫[①]矣。子孙之所以仰祖宗者，在乎报本返始，绍前烈而述先芬[②]也。为子孙而至于祖宗之名字弗得，志行莫识，僇民[③]之恨无终穷矣。其在三代，宗法修明，士守世官，家有主器之长子，庙有享祀之公尸[④]，故支庶虽繁，而宗系不紊，传之十世、传之百世秩如[⑤]也。

秦汉以后，世官既废，宗法寖失，唯去古未远，故家遗族犹能保其宗祏[⑥]，传其家乘，子孙之不知祖宗所自出者盖寡。两晋至隋，去古虽远，乡举里选，承以九品中正取士之法[⑦]，必先门第，故世族官阀，姓氏谱牒当时咸所留意。宗法虽废，犹以选举制度相维相系，使人不至数典而忘祖。

唐宋以来，大宗旧法扫地无存，选举取士又复改从科目。民生其时，林林总总，群居萃处，叩以百年前若祖若宗之何出，瞠目而不知所对者比比[⑧]也。仁人孝子，恧然[⑨]内疚，于是私家谱牒兴焉，欧苏[⑩]族谱之作所以传逮今日而踵起未已也。

余家于元末明初，自闽而赣，自赣而楚，乱离播迁，初无谱牒之可征。前清乾隆三十一年，邵阳族人肇修族谱。阅九年[⑪]，辰州所属浦市、嵩溪、白岩各支，因户部职方掌印侍庭公[⑫]遣子文山由京归里，扫墓谒祠，转赴邵阳展访族人，始有参合族谱之举。顾[⑬]当时合谱虽成，刊印无多，浦市、嵩溪两派仅由文山公领取一谱。文山公无嗣，此谱不知更归谁手。

余家所藏，则清咸同间族伯父华中公手自节抄之略本。余己亥丁内艰[⑭]时，曾在浦市入云山寺嘱四弟名绳抄誊副本，思欲编纂成书，以贻后昆。旋以黔阳黄泽生军门[⑮]之召，遄赴长沙襄理军务，事遂中辍。

民国以来，兵祸结连，奔走东西，岁无宁晷[⑯]。岁次甲子，流寓京门者亦即八年。是夏，创办平民报社，自香山移居京城，偶发箧衍[⑰]，见抄本犹存，蟫蠹[⑱]又已过半。因念名缙遭时丧乱，患难余生，犬马之齿[⑲]，垂垂向尽，生平壮志，百无一偿。亦既仰愧先人，俯惭后裔[⑳]。使并此区区一姓私谱[㉑]，亦听其付诸散失，祖宗生我谓之何哉？爰取遗编，加以厘订。于原谱所有者，依宋元以来族谱旧例为之补纂增修，稍臻完备。至旧例所无，事有可以义起者，为之创立门类，成廖氏一家之书焉。亦不嫌见讥通人，谓我事不师古也。纂录既竟，因叙其端概如此。

民国十三年岁次甲子秋九月重阳前四日，二十代孙名缙敬撰于京师黑塔寺寓宅妙严世界之室。时江浙战事未平，直奉兵争正烈，迁儿才十岁，平儿未周晬[㉒]也。

（录自《楚南邵辰廖氏宗谱》，1926 年北京慈祥工厂印）

【注释】

①隐恫：难言之痛、深痛。

②绍前烈而述先芬：绍前烈，继承前人的功业。先芬，祖先的美德。

③僇民：受刑罚之人。

④公尸：古代天子祭祀，代被祭者的神灵而受祭的活人。由于以卿为尸，故称公尸。

⑤秩如：条理井然。

⑥宗祏：原指宗庙中藏神主的石室，此借指宗庙、宗祠。

⑦九品中正取士之法：即九品中正制。系魏晋南北朝时期的重要选官制度。三国时开始实行，隋唐时被废除。

⑧比比：比比皆是之缩语。

⑨恧然：形容惭愧的样子。

⑩欧苏：欧阳修与苏洵之并称。欧阳修所撰之《欧阳氏谱图》与苏洵所编的《苏氏族谱》，被称作欧、苏二体，是中国私家修谱的先例。特别是欧阳氏修谱的体例和原则，成为以后中国家谱、族谱的基本定式和范例。

⑪阅九年：过了九年。

⑫户部职方掌印侍庭公：作者之从高祖廖友尚，字侍庭，曾任乾隆年间户部职方司掌印，故称。此文中廖友尚表字为侍庭，而在本《佚文集》第二卷“人物列传”中廖友尚之表字为侍廷。

⑬顾：但、不过。

⑭己亥丁内艰：己亥，即光绪二十五年（1899）。丁内艰，丁母忧。丁外艰则是遭遇父亲丧事。

⑮黄泽生军门：黄泽生提督。黄泽生，即黄忠浩（1859—1911），字泽生，湖南黔阳人。清末实业家、教育家、军事家。辛亥革命时任湖南中路巡防军统领，因不肯反正而被革命军所杀。军门系清代对提督的尊称。黄忠浩曾于1907年统领湖北巡防军及荆襄水师，次年任四川兵备、教练两处总办，升提督。

⑯岁无宁晷：一年到头没有片刻安宁。

⑰箧衍：方形竹箱，盛物之器。

⑱蟫蠹：蟫，衣鱼，亦称蠹鱼，一种昆虫，体长而扁，常在衣服和书里，吃上面的糨糊和胶质物。蠹，蛀食器物的虫子。

⑲犬马之齿：意即自己的年龄。齿，年龄。犬马，古代臣子在君主前的自卑之称，或卑幼者在尊长前的自谦之称。

⑳俯惭后裔：愧对后人。

㉑使并此区区一姓私谱：假如连这区区一姓私谱。并，连。

㉒周晬：周岁。

# 己亥抄录族谱小叙

己亥二月，遭先妣姚太孺人之丧。守苦次[①]者一月，怆念十载春晖，客游负尽[②]，椎心泣血，罪大弥天。既取髫龄[③]以来婴娓[④]情状，书之短册，命曰《孺慕琐录[⑤]》。

越三月望七日[⑥]，乃得奉慈舆[⑦]祔先文林之兆[⑧]。爰偕从弟名绳[⑨]，假寓[⑩]入云山僧舍，去墓庐百步而遥便封树[⑪]也。哀恸稍暇，思欲撰次先孺人事略，稽颡[⑫]当世耆儒硕学，能以文章褒扬懿行者，乞之表而揭诸其阡[⑬]，乃叙世系，载考谱牒。而咸丰兵燹，家乘无征。于故箧中得节抄旧谱一册，零缣断楮[⑭]，霉蠹半焉，且旁行斜上[⑮]，法犹未备[⑯]，弁端之辞亦未雅驯[⑰]，卒卒固无以正也[⑱]。亟属名绳为缮副墨[⑳]，整齐而综饰之，则以俟诸异日。

光绪二十五年春尽日，丁酉科选贡朝考二等呈请以教谕选用二十代孙名缙敬序。

（录自《楚南邵辰廖氏宗谱》，1926 年北京慈祥工厂印）

【注释】

①苫次：旧指居亲丧的地方。

②怆念十载春晖，客游负尽：悲伤地想起十年在外游学，所承受慈母的养育之恩。春晖，旧时比喻父母的养育之恩。客游，此指作者在外游学。负尽，意即背负、承受了很多的某种感情，此文即指承受十年春晖。

③髫龄：幼年。

④婴娩：幼年时期。

⑤孺慕琐录：孺慕，子女追思、怀念父母。出自《礼记·檀弓下》："有子与子游立，见孺子慕者，有子谓子游曰：'予壹不知夫丧之踊也，予欲去之久矣。情在于斯，其是也夫?'"郑玄注："丧之踊，犹孺子之号慕。"后谓对父母的哀悼、悼念为"孺慕"。孺慕琐录，意即孝子追思先慈的点点滴滴。

⑥越三月望七日：过了三月二十二日。望七日，指农历每月二十二日。望日即每月十五日，望七日即十五后第七天。

⑦慈舆：原指母亲乘坐之车，此喻运母亲灵柩之车。

⑧祔先文林之兆：与先考合葬。祔，合葬。文林，即作者之父廖华菁。因其生前系候选直隶州判，死后受清廷封文林郎，故称。兆，此指墓地。

⑨爰偕从弟名绳：于是带着堂弟名绳。名绳，作者之堂弟廖名绳，亦作名纯。

⑩假寓：暂时寄住。

⑪封树："堆土为坟，植树为饰"，乃古代士以上的葬礼。

⑫稽颡：古代一种跪拜礼，屈膝下拜，以额触地，表示极度虔诚。

⑬乞之表而揭诸其阡：乞求撰写阡表（或墓表）。意指乞求能有这样的文章刻在墓表上予以彰显。表，表彰、显扬。揭，披露、发表、公布。阡，原指墓道或墓，此指阡表或墓表。阡表和墓表系竖于墓前或墓道内以表彰死者的石碑。

⑭零缣断楮：残破不全的书。缣、楮，指作书画的绢和纸，借指书画。

⑮旁行斜上：原指《史记》中的《三代世表》《十二诸侯年表》等，后泛指用表格形式排列的系表、谱牒等。

⑯法犹未备：不合规范。法，标准、规范。

⑰弁端之辞亦未雅驯：前言之文辞也不优雅。弁端，前言、序言。雅驯，文辞优美、典雅不俗。

⑱卒卒固无以正也：时间太仓促故而没有整理。卒卒，形容匆忙急迫。固，通“故”。正，通“整”。

⑲亟属名绳为缮副墨：赶紧嘱咐名绳工整地抄一个副本。

# 历代勋贤录序

**【题解】**

此文录自《楚南邵辰廖氏宗谱》，系该谱牒中《历代勋贤录》一章之小序。

家乘为史家者流。史贵征信[①]，孔子删书[②]，断自唐虞[③]，所以传信百世也。然春秋之例，信以传信，疑以传疑，良以集人成世[④]。所见异词，所闻异词，所传闻又异词，使其概屏弗书[⑤]。则轶闻故事先民所传，及我身而中绝，后之人必有流连太息，致恨于生世苦晚、文献无征者，是故网罗放失[⑥]，甄采遗文，良史于此，抑又不能无所事事焉。

欧苏族谱皆以断代为书，其义韪矣。然昭穆[⑦]难序，统系莫溯[⑧]。之前我祖我宗，必有所自出，强而加以序列不可也，缺而付诸屏弃亦不可也。欧苏族谱其犹有所未安乎？今取汉儒引经断狱[⑨]之义，于本支之世次可序者，法《尚书》例断代为之可也。于远祖之世次不可序者，法《春秋》例等诸传闻可也。又况廖无二姓，古语相传，是吾族勿论何支皆为一本所自出，迥非[⑩]刘、李、张、王诸大族之赐姓、冒姓者可拟。综而录之，叔安伯飂[⑪]以后庶免[⑫]在天之恫，而数典忘祖之讥，其亦可以少解乎？作《历代勋贤录》。

裔孙名缙敬撰。

**【注释】**

①征信：即“信而有征”，语出《左传·昭公八年》中的

“君子之言，信而有征，故怨远于其身”。征信，意即可验证其言为信实。

②孔子删书：即孔子删订《尚书》之说。

③唐虞：尧舜时期。唐即唐尧，虞即虞舜。

④良以集人成世：确实因集众人而成世。良，确实。以，因为、由于。

⑤概屏弗书：一概摒除不予记载。

⑥是故网罗放失：因此到处收集遗文佚闻。

⑦昭穆：古代宗法制度，宗庙或墓地的辈次排列规则和次序。始祖居中，以下父子（祖、父）递为昭穆，左为昭，右为穆。

⑧统系莫溯：宗族系统难以追溯。

⑨引经断狱：指两汉时儒家学者在审理案件过程中，引用《春秋》等儒家经典作为依据的司法活动。

⑩迥非：远非。

⑪叔安伯飂：即廖氏始祖。叔安，古飂（廖）国国君名。亦省称飂叔。伯飂，即伯廖，相传为周文王之子。

⑫庶免：但愿能免去。

# 历代勋贤录跋语

**【题解】**

此文录自《楚南邵辰廖氏宗谱》，系该谱牒中《历代勋贤录》一章之跋语。

我族在周秦以前占籍关陇[①]，三国而后，由秦而楚，而蜀，而闽。自南北朝历隋唐以至五季，瓜绵椒衍[②]，遍江淮、沅湘、章贡、汀漳诸流域。有宋以来，渐及岭表[③]。而龙门、伊洛[④]间，时有故家旧族存在其间。征诸志乘，我祖我宗，走马胥宇[⑤]，揆日卜宅[⑥]之迹历历可得。此三千年来，廖氏在禹域[⑦]中，对于地理上之关系则然也。

若其人文，在于成周[⑧]。本以宗室贵胄掌太卜、柱史[⑨]之官。而伯飂扰龙[⑩]，非有神威绝技，超逾等伦[⑪]，孰克当此？两汉之朝，兴平巨鹿[⑫]，用经术吏能显迹当时。而星纬推步[⑬]，北郭先生[⑭]独传绝学。蜀汉割据，公渊[⑮]从事，见推诸葛。中乡侯化[⑯]，遂以武功翊戴昭烈[⑰]。典午昏丧，戎翟猾夏[⑱]。实卿[⑲]、清虚[⑳]，远抗高蹈[㉑]，有陶令、穆生[㉒]之风。李唐五季，诗人迭作而洪，忠孝大节觥觥[㉓]。宋代科第，联翩入侍禁[㉔]。近出方州，当推顺昌为极盛[㉕]。而衡山称谦[㉖]，潜心性学，紫阳门下[㉗]，实称高足。雩都伯禹[㉘]，上承北郭，下启均卿[㉙]，堪舆之学，厥为后代所同师。朱明肇兴，巢县两侯[㉚]，翊赞真人，元功懋绩，史册焜彪，方诸韩彭之于汉[㉛]，马邓[㉜]之于光武，无多让焉。

今玄黄未定[㉝]，生民多艰，我子孙有闻鸡击楫[㉞]其人者乎？

先烈遥绳其祖武[35]焉，不必希踪[36]异族也。

中华民国十五年夏六月，裔孙名缙谨跋于京师西直门寓宅之忆春沤室。时久旱苦热，班禅佛求雨竟得甘霖，晨兴启户，视庭下喜见花竹葱然。唯念湖湘故里，兵燹方兴，复遭大水，三户之谶[37]，岂其又将复验于今日耶？哀哉惨矣！

【注释】

①关陇：指陕西关中和甘肃东部一带地区，因陇山（今甘肃六盘山）和关中而得名。

②瓜绵椒衍：繁衍昌盛，人丁兴旺。

③岭表：古地区名，即岭南、岭外。

④伊洛：伊水与洛水。此指伊洛流域。

⑤胥宇：即相宅。指查看可筑房屋的地基和方向。

⑥揆日卜宅：测日影以卜宅基风水。

⑦禹域：即中国。古代传说禹平水土，划分九州，指定名山、大川为各州疆界，后世因称中国为禹域。

⑧若其人文，在于成周：至于廖氏人文，则发端于东周城。

⑨太卜、柱史：古代官名。

⑩伯飂扰龙：伯飂畜龙。扰，畜养、豢养之意。

⑪等伦：同辈、同类。

⑫兴平巨鹿：兴平，东汉汉献帝刘协的第三个年号。巨鹿，郡名，秦置，汉因之。《风俗通义·姓氏篇》载："汉有廖觊为巨鹿太守。"故此巨鹿代指廖觊。

⑬星纬推步：天文星象推算历法。

⑭北郭先生：指东汉廖扶。廖扶因任北地太守的父亲受羌人入侵之事牵连而丧命一事，发誓不再做官，潜心研究经书典籍，对《韩诗》《欧阳尚书》研究透彻，尤其通晓天文之法、谶纬之道、风角之学和推演之术。《后汉书·方术传·廖扶》有载：廖扶感父以法丧身，惮为吏，终身不仕，时人因号为北郭先生。

⑮公渊：廖立，字公渊，荆州武陵临沅（今湖南常德）人。官至长水校尉，其才与凤雏庞统比肩，然却未被重用。

⑯中乡侯化：中乡侯廖化，三国时之蜀汉武将。

⑰翊戴昭烈：辅佐刘备。翊戴，辅佐拥戴。昭烈，指刘备。刘备谥号昭烈帝。

⑱戎翟猾夏：戎狄侵扰华夏。戎翟，即戎狄。

⑲实卿：廖棠，字实卿，东晋福建将乐县人，为闽之廖氏始祖。知名隐士，其品行高洁，才学出众，以教育为乐。

⑳清虚：廖冲。明郭棐《粤大记》卷二十五有载：廖冲，字清虚，梁陈时期桂阳人，初以儒术知名，举秀才，曾任郡主簿、西曹祭酒。

㉑远抗高躅：形容极其高尚之品行。高躅，指崇高的品行。

㉒穆生：汉代鲁人。据《汉书·楚元王刘交传》载：楚元王交敬礼穆生，常为设醴，后交孙戊嗣立，忘设醴，穆生知其意怠，遂去。

㉓觥觥：形容刚直。

㉔侍禁：职官名，有文武之分，为宫禁中侍奉之官。

㉕当推顺昌为极盛：顺昌，指福建顺昌府，此地以出了宋朝名臣廖刚、理学家廖德明等为荣。廖刚，字用中，号高峰居士，历任刑部侍郎、御史中丞、工部尚书，持身立朝，忧国爱民，对外力主抗敌御侮，对内全力慰抚百姓，为人刚正不阿。廖德明，字子晦，朱熹高足。廖理安亦发迹于顺昌，任江西吉安太守致仕，遂家于本郡太和县，为吴西太和廖氏始祖。

㉖衡山称谦：衡阳人廖谦。《中国人名异称大辞典》："廖谦，字益仲，一字德之。从朱熹讲学南岳，熹教以打破举子程文，专心理会学问，谦毅然承之。"

㉗紫阳门下：即朱子门下。紫阳系朱熹之别称。

㉘雩都伯禹：雩都的廖伯禹。

㉙均卿：即廖均卿（1350—1413），字兆保，号玉峰，明代

著名风水大师。

㉚巢县两侯：指明朝开国名将、安徽巢县人廖永安、廖永忠兄弟，前者被封为郧国公，后者被封为庆国公。

㉛方诸韩彭之于汉：相当于韩信、彭越之于西汉。

㉜马邓：指马援、邓禹，都是东汉初期名将。

㉝玄黄未定：玄为天色，黄为地色。此指战乱。

㉞闻鸡击楫：闻鸡起舞与中流击楫之省称。此两成语皆出自《晋书·祖逖传》。

㉟绳其祖武：继承先人的事业。

㊱希踪：能达到或比并。

㊲三户之谶：此语出自《史记·项羽本纪》："夫秦灭六国，楚最无罪，自怀王入秦不反，楚人怜之至今，故楚南公曰'楚虽三户，亡秦必楚'也。"关于三户，学界有争议，但无论其为何意，总归是楚为秦所灭。作者借此比喻湖湘故里恐将在兵燹和水灾中遭遇灭顶之灾。

# 永定河历代河流变迁说

**【题解】**

此文系廖名缙佚著《直隶五河历代河流沿革图说稿甲·永定河》中一重要篇章的残篇，十多年前北京某文物商拍成照片发给作者后人，冀其能高价购回该部佚著手稿。然因当时该文物商要价太高，作者后人一时拿不出，待后来筹得款项再与其联系时，手稿却已被人买走。

该文物商给作者后人共发了一个封面、全部目录以及该文残篇（未发完整）。据发来的目录显示，该书稿中包含自汉代至民国之河图共31幅，有图说共72篇，另有《永定河历代河流变迁说》《泉州渠说》《汉笥沟复通时代考》3篇。目前辑佚者除收集到《永定河历代河流变迁说》之残篇（仅汉代至明代，清代以后缺）外，余稿仍在某收藏家手中。

该文虽以十分工整的蝇头小楷所撰，然因拍摄效果欠佳，故字迹不甚清晰，个别地方非常模糊，难以辨认，整理者只能以“□”代之。

今永定河图，秦以前不见载籍。在汉曰治水，一曰㶟水。在唐曰无定河，在辽曰玉河，在金曰桑干河。在元曰卢沟河，一曰浑河，一曰小黄河。在明仍曰卢沟河，曰浑河，至清康熙三十七年始改今名。

此水北出蒙□，西自三晋，屈曲行千数百里，湍流迅悍，含杂泥沙，善淤喜决是其本性。然自石景山以上，峰峦夹束，势不得逞，塞北山右之毗盛且资其灌溉。一出平原，则长波飞

□，电掣霆奔，穿堤埝，湮田庐，昏垫告灾，史不胜纪。

今欲就数千年来一一详其变迁沿革之迹，书阙有间，诚虑无□不信。然就今日可考之书，可寻之迹，证以故老遗闻，田夫里谚，则自两汉以逮民国，其间漫决改徙，或载诸史乘，或录诸方志，大端粗粗亦有可得而言者。考中国纪述水道之书，以《尚书·禹贡》为最古。《禹贡》叙九州诸水初来，及今永定一河，虽经有“恒卫既从，大陆既作”之文，胡朏明作《禹贡锥指》亦但能指滱水为恒水、滹沱为卫水，究不足括永定于其中。

自《汉书》地理、河渠志纪载，治水、㶟水之称，按其经行，实自西山东出，东南经宛平县过南苑行今凤河道中，又东南至雍奴县西、武清县东北入北运河，又南流由章武（天津境）东趋入黄河以达海（此时黄河北派由今天津三岔口入海，见后图说）。魏时经流行汉时故道，自刘靖凿车箱渠引㶟水入高梁河，至潞县（今通县）合沽水，由笥沟（今北运河）东南流入海（此时黄河北派已徙至利津、千乘入海，故永定河不由河达海，见后图说）。盖汉时㶟水至此始分支流耳。及后魏郦道元注《水经》时，魏时㶟水经流及入高梁河之分支不变，故道唯笥沟已塞（见□注），㶟水自雍奴（今武清）合沽水、鲍丘水、㶟余水并川东行，由今蓟运河入海，此其异也。

隋唐书均无河渠志，永定河在当时经流改徙与否，无从征考。唯据《畿辅通志》称，元魏以后高梁河合㶟水之道塞，其经流历隋及唐未有改易。近人宜都杨守敬作《历代郡县沿革图》与此亦同，第考唐人诗有“可怜无定河边骨”之句，则知永定河在当时经流虽未大改，其小有迁徙之事，固在所不少矣。

辽以东胡入关，据有燕北，建蓟州为南京。当时引永定河水由今京南趋通县入北运河，至天津归黄河入海（辽时黄河北派复行汉时故道，由今天津三岔口入海）。唯因漕转东京、中京两道之饷，乃凿漕河，自王家务东南折至今蓟运河入海，长安客话所谓“青龙湾引河”，即辽时运河故道者此也。

金初犹仍辽旧，大定十一年，省臣奏复开西山金口，引桑干水由京北达通州，以通漕运。渠成，竟不胜舟。至二十五年，遣使塞之。其后开通济渠以便南漕，潞县改称通州，亦由是始。于是汉时笥沟至此复开，而旧时灅水至雍奴合众川东行之道，渐以湮绝（有《汉笥沟复通时代考》附后）。

元至正中，复开西山金口，引浑河经京南行百二十余里，至通州之南入北运河。然自辽金以来，因建都今北京之故，由西山至通州之河，屡开屡塞，皆以首都重要，卢沟来源过高，恐有暴涨致罹漂没耳。

明初，桑干河至卢沟桥下看丹口分而为二：一东达通州，至州南十三里之高丽庄入白河。一南流经固安至霸州合易水，南至天津丁字沽入海。永乐时，浑河改流，西南经固安、新城、雄县抵霸州，由大清河穿东淀至天津入直沽。嘉靖初，徙固安县北十余里，至纪家庄分而为二。万历时，又徙县西十余里，东南流经黄垡之北，折而东南入霸州界。其后四次变迁，终由郭家务东、贺尧营西，经信安、胜芳以入东淀。

# 附　罗学瓒日记摘抄

【题解】

此三篇日记摘录于中共株洲市委党史办 1994 年编印的《罗学瓒诗文集》，系罗学瓒生前于湖南省立第一师范学校学习期间所写，主要是记录其授业恩师、本《佚文集》作者廖名缙先生于课堂上的授课内容，以及在船山学社听完廖先生讲演后的感受。

廖名缙于 1914 年下半年至 1915 年上半年担任兑泽中学校长期间，同时兼任湖南省立第一师范学校修身课教师。其间给罗学瓒所在的八班授过课，当时毛泽东、蔡和森等都是该班学生。1918 年 4 月新民学会成立后，罗学瓒为第一批会员，并成为骨干。1922 年加入中国共产党，罗曾任中共浙江省委宣传部部长、省委书记。1930 年因叛徒出卖而光荣牺牲，年仅 37 岁。

罗学瓒 1893 年生于湖南湘潭（今株洲市天元区），1912 年考入湖南省立第四师范学校，后随该校并入湖南省立第一师范学校，成为廖名缙先生的学生。罗学瓒读书期间有写日记的习惯，他在一师遗存的日记中有三篇记述有与廖名缙相关的内容。按日期排序，其中第一篇和第三篇是记录廖先生授课的内容，第二篇是他在船山学社听廖先生讲演后的感受。

此三篇日记，在《罗学瓒诗文集》中的“日记”栏中被分别编在 1915 年和 1916 年。但是根据 1933 年 5 月出版的《船山学报》第二期“本社纪事”之“湖南船山学社大事记”所载“乙卯，民国四年（1915）……夏，社长廖名缙去职赴京。公推邵阳石广权继任主讲”。按《罗学瓒诗文集》所载的日期，这三篇日记均系廖先生去职离开长沙赴京任职后所写。但是作为日记，这种跨年补记的可能性极小，疑是该诗文集整理者在整理罗学瓒日记时不慎将年份弄错。因为1915年夏，廖先生应时任全国煤油矿督办熊希龄之召，去职赴北京担任全国煤油矿务处文案以襄助其事，是年10月10日及12月6日肯定不在长沙。廖先生1916年上半年担任武陵道道尹兼抚绥总处处长，身处常德，亦不在长沙，更不会在第一师范任教。由是此三篇日记的年份疑为1914年和1915年之误，而月份和日期应该不会有错。为尊重原诗文集整理者，此照录。文中“□”亦根据原诗文集照录。

## 一九一五年十月十日

人每以境遇艰难为词而不进德修业，其实古来大英雄、大圣贤，无一不从境遇艰难困苦中得来，如禹、汤、文、武、伊、周、孔、孟是也。孟子所谓天将降大任于斯人也，必先苦其心志，劳其筋骨，饿其体肤，空乏其身，行拂乱其所为。如此，则天之苦我，正所以成就我，未可以自暴自弃也。

人必欲有独立自营，不依赖别人性质。如某事当做，即立刻做去，丝毫不肯让人。如不当做，则毅然决然不做，富贵不能淫，威武不能屈。如此，然后可以有为。

孔子饭蔬食饮水，颜子箪瓢陋巷，一则乐在其中，一则不改其乐，然常人视之，此中究有何乐？周濂溪命二程录孔颜乐处，故吾人不可不求其乐之所在。盖常人之求乐，乐在体魄。圣贤乐道义，乐在精神。然体魄之乐在一时，乐去而苦生，乐少而苦多。而精神之乐，生亦乐也，死亦乐也。而乐不知生，故富贵贫贱不知为何物也。亦乐不知死，故死生患难亦茫乎其然也。知此可以与读书，可与言道耳。

以上廖笏堂先生言。

（录自《罗学瓒诗文集》第21页）

一九一五年十二月六日

廖名缙先生在船山学社演说云："倘一旦我祖国沦于外人，彼遂焚其诗书，塞其智识，苛征以苦之，重役以劳之，桎梏其手足，戕害其性灵。如非之黑奴，亦如今之苗瑶也。是我五千余年之乃祖若宗，永陷于沦丧，言行事功，尽归乌有。而我亦永堕地狱，子孙之靡有孑遗，尚无论也。于是时也，灵魂之痛苦为何如耶？绵绵无了期矣。今不欲救则已，必欲救国也，则不可不知保重灵魂而救自立之方也。"

余闻其言，精神振作，委靡之气不觉冰消，远大之志忽然兴起，慷慨激昂之言，足以令人兴起。

（录自《罗学瓒诗文集》第 24 页）

一九一六年五月九日

人之不善，不宜疾之恶之，正宜忧之悯之，以人之有不善不自知也。若疾之恶之，则我亦将陷于罪过，非圣人悲天悯人之道矣。

现世之教育家，有所谓贯注启发之法。贯注为客观的，启发为主观的。欧洲有谓大陆派，如法德等国，主持贯注之法也。所谓英国派，如英等，即主持启发之法也。要之，贯注实不如启发之善，孔子教人，随其人异其教，即启发之法也。

人之性质各有不同，或属于高明，或属于沉潜，实自天成，然皆可造圣人之域。

西人分为神经质、胆液汁、多血汁等。高明者即属胆液汁，沉潜者属神经汁，而多血汁则为下流社会矣。

欧洲之学分唯心唯物二大派，至今日德□□始行解决。而我国翟许行之徒近唯物派，老庄则近唯心派。孔子谓学而不思则罔，思而不学则殆。思属唯心，学属唯物，唯心即寓于唯物之中，我国已解数千年矣。

德国某某学者，谓矿物亦有性灵。今将一石破碎之如沙，每一沙子有一性灵。盖人以有性灵，故有感情，故能合群。而人之一身，亦不过以各细胞之性灵而组织之。当时星云气分，自太阳浮游空中，使无性灵，何以结成地体？不过动物之细胞有脑髓为之代表，而土石之性灵散于各细胞无代表之者，故吾人不觉耳。使异日有高度之显微镜发明，知其所以然也。据此，遂谓唯心寓于唯物之中，其立论虽新奇，然孟子谓形色天性也，形色属之唯物，天性属之唯心，固早已道破之矣。

西人谓同姓过六七代后，亦可以婚娶，如属诸姑姊妹，则虽异姓亦不可以通婚。

西人之妇人专以助丈夫为主，如劳动家或各有所职之丈夫，不能有余暇讲究学问，而妇人则将某日报纸、杂志、书籍等关于可参考研究者，概抄录汇集之，至星期日使丈夫参阅。

以上廖笏堂先生讲。

（录自《罗学瓒诗文集》第 24 页）

# 附　廖氏宗谱序

熊希龄

甲子秋，与瓠塘同客京邸，瓠塘辑其宗谱成，嘱余为弁言。余维敬宗收族，在古为人人应识之义，应尽之责。自欧风东渐，青年学子创为家庭革命之说，生我之爱，比于雠仇，何有于既疏且远之宗族？瓠塘此举，殆所谓生今世而行古道者欤？

夫人类之生，积家族而成社会，积社会而成国家。国于天地，必有其所与立之本，然后相维相系，历百千祀而继承勿敝。中国立国五千余年，圣哲垂训，皆以家族为施治之本。故曰：亲亲而仁民，仁民而爱物。又曰：国之本在家，君子不出家而成教于国。

三古以还，乱世贼民，何代蔑有？方其运丁百六，玄黄龙战，制度文为，系于国家之建设者，摧残破灭，不难扫地而无余。而一乡一邑，苟有世家故族，守其高曾矩矱，保其孝友懿行，则国可破而家不尽亡。有豪杰兴，振而导之，即三古之隆，不难复见于一朝历史所载。大乱以后，往往风俗敦厖，至于家给人足、夜户不扃者，胥是道也。

然则瓠塘此举，又岂唯一家一族之私幸而已哉？廖氏本南中旧族。余观是谱所载，自其先楚国公、德庆侯佐命朱明，功迈徐常，而赏不逮劳，当时嗟惜。未几，子若孙遂以建文之难，夷族殉国。支流末裔，窜籍湖湘辰中一族，世录儒官。其出而仕京朝、官行省者，亦不过守郎潜、典州郡，极而膺一道之监司，任一军之将领，无足以炫流俗而动乡里。而子弟恂谨，食德服畴，承承继继，历世之永在乡邦，盖罕其匹。方今邪说诐行，充塞仁义，兵祸结连，方兴未艾。廖氏虽远处五溪乎，守高曾之矩矱，保孝友之懿行，中国不亡，将有取其家法用为立国本原，因以返三古之郅治者。此谱中人，亦必有魁杰俊异，乘时迈迹，绍先烈而宏建树之俦焉，可断言也。

余老矣，遭时恇攘，流寓北都，欲归未克。瓠塘倘返丘园，试持吾语以诇其父老可乎？

民国十有三年岁次甲子秋九月重阳前二日，勋三位一等大绶宝光嘉禾章前国务总理凤凰熊希龄拜撰。

（录自《楚南邵辰廖氏宗谱》，1926 年北京慈祥工厂印）

**【作者简介】**

熊希龄（1870—1937），字秉三，别号明志阁主人、双清居士，湖南湘西凤凰人。22 岁中举，25 岁中进士，后点翰林。1898 年因参加百日维新运动被革职。1905 年为端方援引，充出洋考察宪政五大臣参赞。中华民国成立之后，曾于 1913 年担任过国务总理。晚年从事社会慈善活动，曾创办蜚声中外的北京香山慈幼院。1937 年 12 月 25 日于香港逝世，享年 68 岁。

# 第二卷　人物列传

# 小　序

**【题解】**

本卷所有文章均录自《楚南邵辰廖氏宗谱》，本文系该谱牒“本支先德传略”一节之小序，而本卷诸文与彼节内容一致，因沿用为本卷之小序。

人类为历史的动物，一乡一邑之间，必有二三故老轶事旧闻为时传诵，历数十百年而相沿弗绝者，况子孙之于祖父乎？

然改革之交，民户播迁，载籍沦亡，后之人虽欲识其祖宗之嘉言懿行，苦于搜考无从者多矣。余家经元明二季丧乱之余，家乘失传，以至历代祖宗但传名字，生卒、葬地犹或不能克举，更何论于生平之行事？

缙生也晚，我生以前不能得之于传闻者，亦既无可如何[①]。我生以后其犹幸获闻见者，倘不纂而录之，其胡以传云礽留规诲[②]乎？故排比其事，缀而存之[③]。若其称述详略，则时代远近相去不同，睹闻所及，各有所限，同为祖宗，固非敢以亲疏之情，从而生其敬怠也。作本支先德传略。

裔孙名缙敬撰。

**【注释】**

①无可如何：无可奈何。

②传云礽留规诲：云礽，远孙、后继者。规诲，规劝开导。

③缀而存之：撰写成章而留存下来。缀，组织文字以成篇章。

# 孺慕琐录

## ——貤封一品夫人先妣姚太夫人事略

**【题解】**

此文或曾三易其题。廖名缙在《己亥抄录族谱小叙》中述及此文时为《孺慕琐录》，而据廖之季女廖盛慈（太素）老人在其回忆录中记载，曾在家中见过单册手稿，题为《嫛婗琐薄》（据称此册毁于“文革”）。最后编入《楚南邵辰廖氏宗谱》时，则按谱牒惯例修改后，以《貤封一品夫人先妣姚太夫人事略》为题。在本《佚文集》中，辑佚者则以最初的《孺慕琐录》为主题，而以谱牒文题为副题。

夫人为古代命妇之封号。廖名缙升任江西常备新军统领期间，其原配赵氏受封夫人，经呈请朝廷移授其故母姚氏。遵当时新章，准超三阶请封为一品夫人。貤，古通“移”，貤封即移封，指旧时官员以自身所受的封爵名号呈请朝廷移授给亲族尊长。而太夫人原指列侯之母，后世凡官吏之母，不论存殁，亦称太夫人。

先妣姚太夫人，讳玉芝，世为湖南沅陵县之浦市江东村[①]人。曾祖讳荣琳，字贡禹，嘉庆某科举人，山东招远县知县。祖讳澍，字雨人，道光甲午科举人，广东南雄直隶州知州。父讳复亮，字伯寅，辰州府学优行廪膳生。姚于沅陵为望族，自辰溪以下，夹沅水而居者，且三四十里，丁口无虑万数。南雄公父子[②]既以文学科第出膺牧令，其教子弟明诗礼，崇退让，恂恂有万石君风[③]，以是邑人咸敬慕之。

先妣以道光二十三年生于江东里第，生三岁而失母，十有三岁而失父。先是，南雄公与湘乡曾文正[4]为同年友[5]。咸丰四年，粤匪扰湘[6]，文正方治军衡阳，南雄公破产募五百人往应之。

誓师之日，怪猋摧其大旗，于占为丧师。廪膳公[7]劝且缓发，不听。顾南雄公中岁举事，非倚廪膳公不办，度暂避可尼军行[8]，则去之泸溪。南雄公率部顺流下迹[9]之，得诸剧场望见，遥呼："亮来，汝而父左臂也，速行毋盭吾意[10]。"行则之常德，闻贼已破龙阳[11]，南雄公谋从间道趋曾军。湖南提督旧驻常德，时知府事、满洲景某睹事急，虑提督兵难恃[12]，苦乞助城守。南雄公哀而允之。未几，贼大至，众号十万，围常德城攻之急。南雄公以所部分守城西门。提督果阴通贼，启东门纳之。南雄公方据陴欲身殉[13]，廪膳公率两弟复伟、复俊泣涕跽请[14]曰："贼势乌合，非不可图，愿大人去此，别兴恢复之师，儿辈殉之可矣。"叱不许。则强以匹帛缒之下，南雄公得脱。其后卒以粤师捍贼岭表，廪膳公兄弟遂同及于难[15]。

初，廪膳公出为伯父[16]后，有孀母与本生母陈太恭人[17]并在堂。自师出，两母日盼捷音，及舆梓[18]归，家人秘不以闻，但于郊外张天幕营奠醊[19]。先妣以髫龄孤女，痛父叔殉难，茹血含冤，数濒于死。逮入侍两王母[20]，则又强笑承欢，扬扬亦若平时。姻党[21]惊叹，以为此成人之所难能矣。先王父教谕公闻其贤，因为先考纳聘焉。

咸丰十年冬十二月，太平军翼王石达开由宝庆[22]窜辰沅间。闻浦市繁富，纡道往掠之。时先妣年十七，先外曾王母陈太恭人与先四叔外王父别驾复举公[23]计曰："世乱如此，骨肉聚散，良未可必[24]。玉儿年已笄，业为廖氏妇，盍送诸彼，俾便携挈乎[25]？"议甫定，贼侦骑已入市，匆卒雇肩舆[26]，令别驾公送之渡江登岸。一舆夫遁，别驾公自舁以行[27]，询路人知先王父已挈家行[28]。追及之，再拜叮咛，挥泪而别。

承平后，先妣事先叔外王父若其所生，盖骨肉天性发于仓卒患难，尤足镂之没齿耳[29]。方乱极时，先王父携家窜万山中。先妣与李氏姑母[30]各怀利剪，藏襞绩间[31]，谓："急则死耳。"初未必其能生也。

翌年春，贼退，浦市已成瓦砾，吾家印家桥住宅岿然幸存。是春，学使白兰岩[32]先生按试辰中，先考补博士弟子员。先王父命为授室[33]。乱后井市萧条，百物无所取办，双烛扈酒，备礼而已。

咸丰末，浦地土寇起，先王父挈家避辰溪之田湾。时先妣有身，生先兄于石室中，未几遂殇。

同治改元，寇乱渐平。先外曾王父既由直隶州判以守城捍贼功擢知南雄直隶州，遣人迎取官眷。吾家则先王父母甫届中年，先考昆季五人唯伯父早世[34]，余皆雍容文学，思得借科第以黻承平。南雄公年逾六十，每粤中邮书至，蝇头小楷，神光奕奕，累千百言，所以慰藉我先王父母、勖励我先考妣者，至周且挚。

同治三年，先姊生，先王父母喜甚，谓："是儿之来，适如吾意也。"命之如意。越三年，名缙生。又三年，妹如心生。同治十二年癸酉科，先考以拔萃贡成均[35]，先三叔父同时补博士弟子员。于是粤难久平，万民复业，庆吊往还之仪更趋隆缛[36]。拔萃虽一乡贡，自非工文善书、英年倜荡[37]者例难与选。以故里党交羡，远近宾客登堂称贺者，弥月浃旬[38]，一须饷以酒筵。名缙才五岁，忆时方盛暑，先妣襁弱妹躞蹀[39]中厨，指挥庖人[40]，亲操刀匕以为之佐。名缙及先姊复执卷问字，絮絮膝下，先妣左瞻右顾，自朝至昃，曾靡倦容[41]。盖此时形虽劳而神固怡然耳。

其明年甲戌为拔贡朝考之年，先考公车计偕，虑旅用不给[42]，先妣则尽脱簪珥以佐其行。未几，弟道根生。先考廷试归，颇用伊郁，先妣数宽譬之，谓："以君高材盛年，前途固未可量。一击不中，当谋卷土，徒悒悒[43]胡为者？"先考辄为释然。翌年光绪改元，先考方再图计偕。濒行矣，忽婴寒疾，误茹庸医药[44]，转而咯血，沉绵数月，卒以不起。

先是，先妣自先考染疾后，日夜侍汤药，目不交睫者匝月[45]，以是柴毁骨立。姻娅[46]来问疾者，对之几不复识。至是一恸遂绝，家人灌救[47]久之始苏，苏复时时欲以身殉。先王父母乃亲诣[48]其室，泣语之曰："儿勿然，以汝贤明，上有垂白，下有黄口，当知今日吾家系汝一身。汝存则吾一家存，汝亡则吾一家亡耳。儿勿然，儿念死者，当为负身后之责也。"由是先妣乃欲殉不得矣。

吾家先世固饶于资[49]，自高曾以来，世业儒术，浸致寒薄。至先王父母，岁入谷石才二百，遭逢乱离，售削过半。及先考先叔父各有家室，育子女卒岁之需，已虑弗继。其后先考贡成均，赴廷考往来京邸，称贷累累。先王父母益惶然有生计之忧。

及名缙兄弟以次长成，束脩衣履月有所耗。于是先妣慨然曰："如此何以为生？吾虽女子，宁遂不能稍佐一家生事耶？"乃试为针黹，倩人鬻之坊市[50]。时里有富室嫁女，需缯绣，但求精妙，不吝重值。先妣为绣鞶帨裙襦[51]之属，富室得之大喜。以故所入钱常积数十百缗，日用次以勿匮。

盖先妣负绝人之慧，于古人嘉言懿行，入耳心通，历久不忘。工心计，虽田赋利率，毫厘忽微，顷刻得之，握筹持算者[52]，无其捷也。针绣尤所专长。尝记为某氏作镜屏一幅，寒流落日，岸柳萧疏，渔舠三五，容与[53]其间，一渔丈左手把棹，右手提鸬鹚掷浪花中，神情栩栩，如在目前，盖秋江晚渔图也。惜当时不知保存一二手泽，斯可憾耳。

先妣纯孝天生，既以早失怙恃[54]，则一移其心力以奉舅姑[55]。方同治朝，吾家鼎盛内外，康娱夙夜[56]，寝门婉顺[57]而已。光绪以来，先考昆弟相继逝殂，先王父母暮年衰疾，日忧生计。名缙辈抑又均在童骙，搘拄门户，繄惟先妣一人是赖[58]。遇事困难，先王父辄召之前，诹所应付[59]。先妣剖析事理，厘然砉然[60]。先王父倚如壮男，忧劳呻病，因以时减。生王母自奉俭薄，食不重味[61]。先妣念老人不可无颐养，取针黹所入，时时市甘旨[62]，视诸儿不在，强以进之。问所自来，必以外家馈贻对。盖审其悯妇艰窘，知耗一钱，固将却而弗进也。其曲体亲心，视于无形类如此[63]。

光绪壬午，先王父捐馆舍[64]。翌年，王母继之。先妣哀摧之余，又须勉筹祭葬。时家余薄田，仅供饘粥，戚党来唁者询所以为葬，泫然曰："鬻田耳。"或代忧来日[65]，则谓："此时但知有逝者，他何所恤矣[66]。"故先王父母之丧，吾家虽丁终窭[67]，而丧祭封树，无失荐绅士族礼，人以是益难之。

先妣虽生右族[68]，先外曾王父及先王父俱守古"无非无仪[69]"之训，不令女子就傅[70]。然先妣以天姿敏异，日侍祖若父侧，耳濡目染，卒成通识[71]。名缙辈甫离襁褓，即与说古今忠孝事，授唐人诗歌，迄今留印脑底，久而弥深。盖先入为主，母教之为效巨也。

先妣拊育诸子，爱惜逾其本身。平居布衣粗粝，偶一脔之甘，一尺之帛，奉堂上外，则概分之儿辈。然苟有过失而诃严谴，无少假贷[72]。尝谓："汝辈早岁失怙，吾名汝母，而实兼而父。汝辈流荡，即吾胡以见汝父地下乎？"言时辄为泣下。今名缙辈虽行能无似[73]，犹幸粗自树立，不至贻亏体辱亲之诮者，皆母教实始贻之耳。

先妣志意坚定，识量深广，往往有士大夫所弗逮。自名缙为童子[74]，就外傅所请益者，文艺耳[75]，于立身行己之道[76]，概乎其未有闻也。逮归侍慈帏[77]，闻吾母发一言，措一事，反而自省所为，每不觉愧汗之忽集。盖日在寝门渊渊乎？如侍大儒长德之前，曾莫测其涯际也。妇女恒情多慕荣利，光绪丁酉科名缙拔萃贡成均，弟道根[78]同时补博士员，先妣顾而叹曰："吾行年五十，所历极人间奇穷异险，都无所惧。大惧汝辈无成，即吾心血缕缕终付流水耳。今幸若此，但使此后一家团聚，汝兄弟教授乡里，衣食粗给，长守膝下足矣。若彼高官厚禄，非吾夙企，亦不欲汝兄弟为此汲汲[79]也。"其赋性恬淡，深怀止足，传所谓"不忮不求，何用不臧"者非欤？自先妣见背[80]，吾兄弟东西奔走，妄干禄利[81]，回念慈训，谓之何哉？

晚近妇女，喜为袨服时饰以夸贵盛，流俗踵效，世风因之益弊。先妣生平于金玉锦绮一无所嗜，凡物第取耐久而适用者。忆甲戌先考公车归里，购胡粉如胡桃者一丸，胜以瓷盏[82]。先妣置空筐中，经岁弗视。其后邻有乳儿患牙蛀者，取以药之，曰："此中冰麝能杀蛀也。"名缙游学鄂中，市素羔皮归献之，未能制以为裘。翌年归省，先妣为语："汝所奉羔皮，吾顷裘之矣[83]。"出视，则深青土绢耳。呜呼，此即先妣生平第一贵重、第一珍袭之服矣！

先妣青年守志[84]，虽曰生长宦族，然冰蘖[85]之苦，寻常奚逮其万一？生平最重节操，常谓人之所以异于禽兽者，以有节耳，人而无节，禽焉而已。见妇女之守志者，虽卑贱必崇敬之。稍或荡逾，虽崇贵必鄙弃之。南雄公之丧归，自粤中有娄姓妾携所生偕来，家人多贱视之。先妣独执卑幼礼，曰："吾钦其守志耳。"

名缙八龄失父，倚母为命。年十余读书里中，日手一卷，饥则索食，寒则索衣，未尝问所自来。先妣虑纷儿心，即亦不以拮据见告。尝遥夜孤灯，母绩儿读，低徊[86]身世凄然，顾名缙曰："儿知之乎？汝母生平一苦史也，儿幸能文，他日当为吾记之。吾三岁丧母，自念（弧）〔孤〕孽[87]，周旋于继母、诸世母间，听言观色，一一务博其欢心。汝外王父死国难，吾几无以为生。吾于寇难中来归汝家，崎岖荒谷，数濒死地。今日之生，盖出天幸。吾嫁时无母家一袭之衣，吾衣皆出自制。汝家盛时，祭祀宾客，岁用粗给，儿女衣履，各以责诸其母。吾生汝兄弟姊妹四人，日夜绩织，犹患弗给。故自身一青色布衫，着之十年，未尝能易。自汝父殁，吾葬汝王父母及汝父，当大事者凡三。吾事汝王父母及汝父者无他，热心悬悬，一语不欺，一物不私己耳。亢兹所言，汝必为吾记之。”

呜呼！艰难弘济、时穷节见若吾母者，其诸历史所载，困心衡虑之士[88]，托孤寄命之臣，虽事有巨细，时有古今，其为蒙难艰贞，之死靡渝，一焉而已。所恨名缙椎鲁无文[89]，不能纪述志行，传信当世，致吾母潜德幽光，隐而弗耀，斯百身莫赎之罪耳。

名缙有生以后，依母居且十余年。年十九，饩于庠[90]，邻县富人聘为帖括师[91]。由是遂离庭帏，然岁中必再归省。自辛卯游鄂，则间岁一归。其行率[92]于岁二月春水生时，附贾舶东下[93]。家本江皋，先妣每送儿行，携弟妹立岸际，欲别不忍，欲止不能，必遥望儿舟至森茫不辨乃已。至今思之，恸可言耶！

先妣体质素强，自迭经患难，重以儿女累之，四十后遂患失寐。名缙戊戌廷试，幸列二等，引见后呈请以校官用。念广文[94]虽贫，系官本籍，可借学斋奉菽水[95]。腊尽南旋，方幸老人体貌加丰，团圆守岁，稍补年来缺侍之愆。一夕，先妣忽语名缙曰：“儿今归矣。自汝北去，吾梦中闻人言，吾儿终不能归。刹那间，又似汝在吾前坚持之，一哭而觉胸际惊恸，固隐隐在也。儿今归矣，吾从兹殆可勿梦。然吾自审，吾心血已尽，必无享年久永之理。儿辈异日自能光复先业，惜吾已不及此耳。”言罢凄然。

名缙虽悲从中来，顾终以老人过虑之词，初未深为介意。不图翌年二月，先妣乃以中风不起矣，呜呼痛哉！千艰百难，集母一身，寸锦半甘，未及暂享，名缙腆颜人世，其将胡以自容于高厚[96]耶？

方疾剧时，药中须竹沥[97]。夜四鼓矣，名缙出前院自斩青竹，灼而取之。延停间，忽闻仙乐嘹亮，掠过屋之东角，五音繁会，历历可听，隐而复作者再。心知有异，急持竹沥入，则家人已嚎啕大作矣。

伊古贤哲圣善生也[98]，有自殁也有往[99]。先妣苦节纯孝，其不与草木风露同归澌灭，理有固然，无足异也。名缙碌碌半生，遭逢桑海，大惧老至善忘，无以垂宗乘而诒来裔。故述其涯略[100]，聊示子孙。若夫褒扬徽美[101]，作为志传，信古垂今，要当匍匐衔恤[102]，泥首当世文章巨公之门耳[103]。

先妣始封孺人，赠封一品夫人。葬浦市蛾眉湾人形山，与先考祔焉。

民国六年七月，简任四川永宁道道尹、二等嘉禾章、民国第二届国会众议院议员长男名缙谨述。

**【注释】**

①沅陵县之浦市江东村：即今湖南省泸溪县浦市古镇沅江东岸的江东村，新中国成立以前属湖南省怀化市沅陵县管辖，现属辰溪县孝坪镇管辖。

②南雄公父子：即广东南雄州知州姚澍及其父山东招远县令姚荣琳。廖名缙于文中以“南雄公”谓姚澍。

③恂恂有万石君风：恂恂，温顺恭谨。万石君，即汉代的石奋（前220—前124），字天威，号万石君。不通文学，恭谨无比。初为小吏，随侍汉高祖，后位列九卿，身为二千石，其四子皆官至二千石，父子加起来则有万石，因号为万石君。

④曾文正：晚清名臣、湘军统帅曾国藩（1811—1872），字

伯涵，号涤生，湖南湘乡人。官至两江总督、直隶总督、武英殿大学士，封一等毅勇侯，谥曰文正。

⑤同年友：此指同科中式者中之好友。同年，除同一年出生的人相互称谓外，亦用于同科中式者之互称。因曾国藩与姚澍同为道光甲午科举人，且二人私交甚笃，故称。

⑥粤匪扰湘：太平军进攻湖南。

⑦廪膳公：指廖名缙的外公姚复亮。因其为辰州府学优行廪膳生，故称。

⑧度暂避可尼军行：（廪膳公）认为暂时避开可以阻止发兵。尼，阻止、阻拦。

⑨迹：追踪。

⑩毋鳌吾意：别违逆为父的意愿。鳌，乖违、违背。

⑪龙阳：古县名，三国分汉寿置县，治所在今湖南汉寿，属武陵郡。

⑫虑提督兵难恃：考虑提督兵很难靠得住。

⑬方据陴欲身殉：正打算坚守女墙以身殉城。据陴，占据城上的矮墙。陴，即城上的矮墙，亦称“女墙”，俗称“墙垛子”。

⑭跽请：跪请。

⑮同及于难：同时阵亡遇难。

⑯出为伯父：过继伯父。姚澍之兄英年早逝，其嫂孀居，姚澍将长子姚复亮（即廖名缙的外公）过继其兄延续香火。

⑰太恭人：明清时四品官之母或祖母的封号。

⑱舆梓：车载棺木。梓，梓器，亦即棺木。

⑲但于郊外张天幕营奠醊：只在郊外扎帐篷进行奠酒。奠醊，奠酒。

⑳王母：祖母。

㉑姻党：姻族、亲戚。

㉒宝庆：邵阳旧称。

㉓别驾复举公：别驾，明清时乃通判之别称。复举公，即姚

澍之第四子、廖名缙之外公的四弟姚复举，因此文中称其为“先四叔外王父”。姚澍在浦市江东与原配陈氏共有四子：姚复亮、姚复伟、姚复俊及姚复举。在救曾国藩途中于常德助守城池失三子，四子姚复举后来任通判。故称。

㉔良未可必：安全没有保障。未可必，指不可预期必然如此。

㉕盍送诸彼，俾便携挈乎：何不送去廖家，使他们便于带着她呢？送诸彼，送她去他们家。诸，之于。彼，此即廖家。俾，使。携挈，带领。

㉖肩舆：轿子。

㉗自舁以行：自己抬着轿走。舁，抬。

㉘已挈家行：已经携家眷离开了。

㉙尤足镂之没齿耳：更足以铭刻终身啊！镂，雕刻。没齿，终身。

㉚李氏姑母：指后来嫁入李家的廖名缙的姑妈廖华萱。

㉛藏襞绩间：襞绩，指衣服上的褶裥。此指（将利剪）藏在衣服内。

㉜学使白兰岩：即白恩佑（1812—?），字兰岩，一字叔启，号石仙，晚号石翁，山西介休人。清朝官员，咸丰十一年（1861）任湖南学政。

㉝授室：娶妻。

㉞早世：早逝。

㉟拔萃贡成均：以优异成绩而入选拔贡生。拔萃，远超同类。贡成均，（作为人才）贡入国子监。此类人才称为“拔贡生”，意即通过选拔而产生的贡生（指不同于岁贡、例贡、恩贡等其他贡生），亦简称拔贡。

㊱庆吊往还之仪更趋隆缛：各种庆贺吊慰往来礼节更加隆重繁多。庆吊，庆贺与吊慰，亦指喜事与丧事。隆缛，隆重繁多。

㊲倜荡：放荡不羁。

㊳弥月浃旬：一月一旬。弥月，即满月。浃旬，即一旬。

㊴蹀躞：小步行走貌。

㊵庖人：厨师。

㊶自朝至昃，曾靡倦容：从早到晚，竟无倦容。昃，太阳偏向西方时。曾，竟、简直。靡，无。

㊷公车计偕，虑旅用不给：公车计偕，指举人赴京会试。不给，供给不足、匮乏。此句大意是，担心赴京会试路途费用不足。

㊸悒悒：忧郁。

㊹误茹庸医药：误服了庸医的药。

㊺匝月：满一个月。

㊻姻娅：指有婚姻关系的亲戚。

㊼灌救：灌药相救。

㊽诣：至、到。

㊾吾家先世固饶于资：我家先祖辈一直都财货富足。

㊿乃试为针黹，倩人鬻之坊市：针黹，针线活。倩人，请托别人。鬻，售卖。此句大意为，于是试着做针线活，托人在街市上售卖。

51鞶帨裙襦：腰带佩巾和裙子短袄之类。鞶帨，腰带和佩巾。裙襦，裙子和短袄。

52握筹持算者：筹，签筹。算，算子，亦称算筹。二者均是古代用来计算数目的器物。

53容与：随水波起伏动荡貌。

54早失怙恃：很早就失去了父母。怙，依靠、仗恃。怙恃，代称父母。

55舅姑：此指公婆。古时女称丈夫的父母为舅姑。

56康娱夙夜：逸乐朝夕。康娱，逸乐、安乐。夙夜，朝夕、日夜。

57寝门婉顺：内眷温柔和顺。寝门，内室之门，此借指内眷。

㊳揞拄门户，繄惟先妣一人是赖：揞拄，支撑、支持。繄，仅、只。此句大意是，支撑家庭，唯以先母一人为依靠。

㊴诹所应付：在一起商量应付。诹，在一起商量、询问。

㊵厘然砉然：清楚明了。厘然，有条理。砉然，分明貌。

㊶食不重味：用餐无须两种菜肴。

㊷市甘旨：购买美味的食物。

㊸其曲体亲心，视于无形类如此：曲体，原指弯腰，后多指深入体察。亲心，父母之心。视于无形，指做小辈的应当体察长辈的心意，哪怕长辈没有明确表示什么，也要能够从无声与无形中体察到长辈的意图。类如此，大都如此。此句大意是，她体察父母之心，大多是这样察于无形。

㊹捐馆舍：原意为抛弃馆舍，常作死亡之婉辞。

㊺或代忧来日：（亲朋）或为其担忧将来（生计）。代忧，替她担忧。

㊻此时但知有逝者，他何所恤矣：此时只知有逝去者，其他的还有什么可悯惜的呀！

㊼虽丁终窭：虽然家口境遇艰难。丁，人口、家口。终窭，境遇艰难。出自《诗经·邶风·北门》："出自北门，忧心殷殷。终窭且贫，莫知我艰。"

㊽右族：豪门大族。

㊾无非无仪：出自《诗经·小雅·斯干》："乃生女子……无非无仪，唯酒食是议。"无非，即无违，指顺从帖服。无仪，即不邪僻，喻行事温柔、不出格。

㊿就傅：指从师（就读）。

(71)通识：学识渊博之人。

(72)无少假贷：从无宽宥。

(73)行能无似：品行与才能不肖。行能，品行与才能。无似，谦辞，犹言不肖。

⑭童子：私塾学生。指考秀才之前于私塾学馆中就读的学生。童生应试合格者始为生员（秀才）。

⑮就外傅所请益者，文艺耳：就老师所请教的，撰述和写作方面的学问而已。请益，泛指向人请教，此指受教于塾师。

⑯于立身行己之道：对于处世为人、立身行事方面的道理。

⑰慈帷：旧时母亲的代称。亦作“慈闱”。

⑱道根：廖名缙之胞弟廖名纲，字道根。在廖名缙考上拔贡的同一年，其弟廖名纲也考上了秀才。

⑲汲汲：心情急切、急于得到。

⑳见背：死亡的婉称。

㉑妄干禄利：干，追求。此语大意是，虚妄地追求利禄。

㉒瓷奁：瓷质妆盒。奁，小型妆具。

㉓吾顷裘之矣：我最近做成毛皮衣穿上了。顷，最近、刚刚。裘，意为穿上毛皮衣。

㉔青年守志：青年守寡。守志，指女子不改嫁。廖名缙8岁时，其父英年早逝，其母年仅32岁。

㉕冰蘖：亦作“冰檗”“冰檗”，比喻寒苦而有操守。

㉖低徊：回顾、回味。

㉗（弧）〔孤〕孽：原文中“孤”字误为“弧”。孤孽，原指孤立无助的远臣和妾所生的庶子，此借指孤苦之人。

㉘困心衡虑之士：费心苦思之士。困心衡虑，意即费尽心力，经过艰苦的思考。出自《孟子·告子下》：“困于心，衡于虑，而后作。”

㉙椎鲁无文：自谦之辞，形容鲁钝而辞章没有文采。

㉚饩于庠：意思是，从学校领到伙食费，成了廪膳生。

㉛帖括师：即私塾老师。唐制，明经科以帖经试士，把经文贴去若干字，令应试者对答。后考生因帖经难记，乃总括经文编成歌诀，便于记诵应时，称帖括。

㉜率：一般说来、大约。

⑬附贾舶东下：搭乘商船东下。附，搭乘之意。贾舶，此指商船。东下，因沅江以浦市为起点系东流而下，故称东下。

⑭广文：广文先生之简称，泛指清苦闲散的儒学教官。

⑮菽水：豆与水，指所食唯豆和水，形容生活清苦。常指晚辈对长辈的供养。

⑯高厚：皇天后土，引申为天地之间。

⑰竹沥：竹汁。即用火炙烤淡竹或其他竹类后沥出的液汁，可入药。

⑱伊古贤哲圣善生也：伊为文言发语词，无义。善，通晓。善生，通晓生命之奥秘。

⑲有自殁也有往：自殁，自然消亡。往，佛教语，即往生，指命终时生于他方世界，通常又以往生为死之代用词。

⑩⑩涯略：概要。

⑩①若夫褒扬徽美：至于褒扬美德。若夫，至于。徽美，美好、美德。

⑩②要当匍匐衔恤：要当，自当、应当。衔恤，含哀、心怀忧伤。

⑩③泥首当世文章巨公之门耳：顿首于当今文章大家之门了。泥首，此指顿首至地。巨公，巨匠、大家。

# 同治癸酉科拔贡先考事略

【题解】

此文录自《楚南邵辰廖氏宗谱》，写于1917年7月。在谱牒中，此文原标题为《貤赠荣禄大夫同治癸酉科拔贡先考事略》，现标题为辑佚者简拟。

先考讳华菁，字竹亭，一字莪士。幼而颖异，奉先王父庭训，执笔为文，谨严有法度。清道咸间，太平军起粤中，东南骚乱，豪暴并兴，辰中僻在岩疆[①]，诸不逞[②]乘时剽掠。我家避乱数播迁，先王父念子弟非材武[③]莫可自保，乃聘拳师，命先考兄弟昼亲书史，夜习刀槊。久之，尽得其术，寻常技师无敢与较。故咸丰季年，翼王石达开兵过溆地，先考及先叔父皆帕首靴刀[④]，身卫家口出入寇难中，卒以获免[⑤]。名缙幼时犹见家藏古刀二柄，先王母常指谓，此当日尔父所佩，此当日尔叔所佩，国变后遂不审其何在矣。

先考年十七受知于学使白兰岩先生，补博士弟子员，再试高第食廪饩[⑥]，始从沅陵汪树芝先生游，继学诗古文辞于溆浦刘重甫先生。汪、刘皆辰中名宿，其教人先行能而后文艺。汪先生固先王父师，两世问业，重以姻娅。人以方颜曾之于孔门[⑦]，云吾家世隶学官，多藏儒先语录。

先考承父师训，早岁究心义理之学[⑧]，于名节礼教尤所矜重。成童时，随先王父橐笔[⑨]试有司。馆人[⑩]女有殊色，伺先考出，辄为东墙[⑪]之盼。峻拒之，掮屋贞鳏[⑫]，先王父外，未尝以语一人也。

性至孝友，平居承欢朝夕，凡可为养志之助[13]者，靡不惟力是视。偶堂上色似不豫[14]，则惶惶若弗可终日。拔萃后年且三十，先王父尝岁除被酒[15]，以催租事，有所诃问，犹长跽垂涕，非获命不敢起。其拊弟妹恩意曲至，先叔父香亭公与鹤鸣公接迹黉序[16]，皆先考亲所授业。而暇日谈谦[17]，纵横古今，抨弹[18]笑乐，极友怡怡之情，未尝以元兄师资稍用拘检。李氏姑[19]为先王母最所钟爱，已嫁矣，发际患疽，手制方剂，日往自为涤敷之。

与先妣相处十余年，宾敬不衰，有如一日。小儿女年未毁齿[20]，得间即导以义方之训[21]。名缙六岁就傅，七岁学帖括文。一日晨餐，先考以“君子食无求饱”句命试为破承[22]。名缙即释匕箸，濡豪构草以进。先考略一点窜，因为说疏食饮水、发愤忘食之义，名缙由是知饕餮为世间不才之一事。破承者，当时帖括文中，发端一二行之称也。又童子初学作书，塾中字型例用“一去二三里，烟村四五家”等文。初审其何出，幼时举以为问。先考曰：“孺子欲识此乎？此盖昔人于五言绝句中，限人入以自一讫十之数目字耳。”名缙为之恍然。呜呼！言犹在耳，孰知八龄孤儿所得于庭训者，遂乃如斯而已乎？

先考以文行[23]见重师友间，拔萃时，学使太仓廖仲山先生[24]期许至深，廷试报罢，殷殷为画过夏之策[25]。同年生如益阳王先生德基、善化皮先生锡瑞[26]、浏阳欧阳先生中鹄[27]，文字投赠，群相引重，而尤笃于布衣故旧之交。平时侃侃谔谔，遇缓急则推食解衣，倾身相扶助，无少靳惜。以是士无贤愚，语及先考，莫不目之为端人[28]，称之曰益友，其取重于时，非偶然也。

寇乱而后，古学芜废。士骛科举，往往掇巍科官侍从，舍四子[29]、讲章、礼部官韵[30]外，不能别举一线装书之名。先考生丁此时，出身既无他途，重以父师责望，自不能不简练揣摩，冀有所合。故所构帖括程式之文，累累裒为巨帙。然以名缙所见先人读残之书，除诸性理[31]语录外，若《庄子》，若《楚辞》，若司马《通鉴》、马氏《通考》、《昭明文选》，下逮唐宋诗文诸集，丹黄杂下[32]，编绝简脱[33]，即其致力之久可知。

惜兵火之余，当时著述不少概见。名缙有知后，仅由先妣传其一二小诗，如《晚渡浦江》之“徙倚篷窗暮色赊，归人待渡簇平沙”，《过浦峰寺》之“路曲林深叶作堆，禅关幽静足徘徊”。窥所蕲向[34]，大抵在庐陵、眉山之间。迄今亦难忆其全首。唯（戊）〔甲〕戌计偕[35]，有《北游日记》述往来鄂豫燕蓟之郊，涉汉渡河，旅途问津诸轶事，及春明客邸访古寻碑，与同时名宿唱酬赠答者綦详，今尚藏诸辰旧宅。此外则手书朝考大卷充箱盈箧，其书初学吴兴[36]，继祖平原[37]，点画丰硕，气象岩岩，望而知为学人端士之笔耳。

顾先考虽研宋儒理学，未尝标朱陆[38]门户，天机活泼，无怐瞀枯悴[39]之弊。方同治中叶，流亡既复，邑里重见承平。岁元宵，市中例有灯虎[40]之社。先考偕先世父辈常联袂入社，且射且覆[41]，偶获奇隽可喜者，评骘诧赏[42]，必午夜始休。

先考善洞箫，尝月夕江皋，倚风微弄，抑扬怨慕，悠然廛壒[43]之外。生平能饮，而未尝见其洪醉。喜莳菊，所居有隙地，必分畦列亩种植其间。春夏之交，晨夕灌溉花时，一樽独对，悠然有东篱南山之想焉。

颜道人者，工诗能画，黔产也，以避仇来浦，居市后之北极观。初至值寒冬，衣不掩体，先考即脱所着裘予之。其后数数资助，与论昆季之交。别数岁，则书来见招，盖已还俗，举乡闱作校官矣。复书允之，卒未果往也。

先考为人修干伟视，家居终岁，着布衣冠，自非庆吊，未尝御缯帛。性好洁，所居木榻竹几，泛扫拂拭[44]纤埃。事先王母时，为说稗官古记，可惊可喜事以娱之。小儿女辈环坐谛听，絮絮穷问，不以为烦。盖孝慈出于性真，非强饰所能为也。

以道光二十三年十二月十四日生，光绪元年十二月二十日卒，得年三十二岁。清封文林郎[45]，宣统元年覃恩[46]，以名缙在江西常备新军统领差内报效赈捐，以道员用，遵新章，准超三阶请封，例得貤赠荣禄大夫。葬浦市蛾眉湾人形山祖茔，首壬趾丙[47]。

民国六年七月，二等嘉禾章、湖南武陵道道尹、简任四川永宁道道尹、民国第二届国会众议院议员、国务院谘议长男名缙谨述。

**【注释】**

①岩疆：边远险要之地。

②不逞：泛指歹徒。

③材武：有才华与武艺的人。

④帕首靴刀：头裹帕，靴藏刀。

⑤卒以获免：最终得以避免（本可能发生的灾难）。

⑥再试高第食廪饩：明代府、州、县学生员最初每月都给膳食津贴，清沿其制。此句大意是，再试后以优异成绩获得公家发给生员的膳食津贴。

⑦人以方颜曾之于孔门：方，通“仿”。颜曾，即孔子弟子颜回和曾参的并称。颜回与其子颜歆，曾参与其父曾点，皆父子同师孔子。此句大意是，人们都认为是仿颜回和曾参父子皆师从孔子。

⑧义理之学：指宋明儒家周敦颐、邵雍、张载、程颢、程颐、朱熹、陆九渊、王守仁等人的哲学思想。

⑨橐笔：古代书史小吏，手持囊橐，簪笔于头，侍立于帝王大臣左右，以备随时记事，称作持橐簪笔，简称橐笔。文中借喻作者之父伺候其祖。

⑩馆人：古代掌管馆舍的人。馆舍即接待宾客的住所，此指参加考试的秀才们住的地方。

⑪东墙：出自成语“东墙窥宋”，比喻美貌女子倾心于男子。

⑫搐屋贞鳏：化自成语“缩屋称贞”，源于颜叔子与寡妇同居一室而坐怀不乱的故事。搐，抽。

⑬凡可为养志之助：养志，奉养父母能顺从其意志。此句大意为，凡可以为奉养父母且能顺从其意志者提供帮助。

⑭色似不豫：脸上现出不悦之色。

⑮尝岁除被酒：曾于除夕喝醉酒。

⑯接迹黉序：先后上学。接迹，足迹前后相接。黉序，古代的学校。

⑰谈谳：边宴饮边叙谈。

⑱抨弹：批评、攻击。

⑲李氏姑：嫁入李家的姑妈。指廖名缙之姑妈廖华萱。

⑳年未毁齿：指童年。即儿童乳牙未曾脱落，未曾换上新牙。

㉑义方之训：教人为人之道的训言。

㉒破承：科举时代八股文中的“破题”和“承题”，乃八股文开头最要紧的两股。

㉓文行：即文章与德行。

㉔学使太仓廖仲山先生：廖仲山，即廖寿恒（1839—1903），字仲山，晚号抑斋，福建汀州人，寄籍江苏嘉定（明弘治年间曾隶属太仓州）。清同治间进士，曾任湖南学政。

㉕为画过夏之策：画，筹谋、谋划之意。过夏之策，指夏季复习准备秋考。

㉖锡瑞：皮锡瑞（1850—1908），字鹿门，湖南善化（今长沙）人。举人出身，三应礼部试未中，遂潜心讲学著书。著有《经学历史》《经学通论》《今文尚书考证》等。

㉗欧阳先生中鹄：欧阳中鹄（1849—1911），字节吾，号瓣

姜，湖南浏阳人。同治十二年（1873）中举，第二年考授内阁中书，受户部主事谭继洵之聘，教其子嗣襄、嗣同。

㉘端人：正直之人。

㉙四子：即四子书。指《论语》《孟子》《大学》《中庸》四部儒家经典。

㉚礼部官韵：科举时代官定韵书中所定的韵，当时考试均以此为诗赋押韵的标准。

㉛性理：人性与天理。指宋儒性理之学。

㉜丹黄杂下：点校涂改密密麻麻。丹黄，指旧时点校书籍用朱笔书写，遇误字，涂以雌黄，故称点校文字的丹砂和雌黄为丹黄。

㉝编绝简脱：古时用以串联竹简片的皮条或绳子叫“编”。这种“编”如果断了，便称为“编绝”。简，即古时写有文字的竹简片，将这些竹简片用“编”按正确的顺序串联起来就成为一部书。而一旦“编绝”，则会出现“简脱”，最终会导致篇章、简册前后次序错乱。

㉞蕲向：地域方向。蕲，通“圻”，指边界。向，方向。

㉟唯（戊）〔甲〕戌计偕：计偕，指举人赴京会试。“戊戌计偕”是照录原文，但疑应为“甲戌计偕”，因为上一个戊戌年是1838年，廖父尚未出生，而下一个戊戌年要到1898年，廖父已经去世多年。廖父系同治癸酉科拔贡，按规制当系次年赴京朝考，而次年即甲戌年。这一点在其《清兵部职方司掌印友尚公传赞》文后的按语中，尚有“闻同治甲戌科先严赴京朝考”之语可征。此或是廖名缙误记为自己拔萃后计偕的年份。廖名缙系光绪丁酉科拔贡，次年计谐为戊戌年。

㊱吴兴：即著名书法家赵孟頫之得意书法作品《吴兴赋》。

㊲继祖平原：继而效法颜真卿。祖，效法。平原，指唐代名臣、著名书法家颜真卿。颜因受权臣杨国忠排斥，被贬为平原太守，故而世称颜平原。

㊳朱陆：朱，即朱熹。陆，即陆九渊。二人皆为宋代著名理学大家。

㊴怐愗枯悴：怐愗，即愚蒙，亦作“怐愁”。枯悴，即憔悴。

㊵灯虎：灯谜。

㊶且射且覆：射覆，古时的一种猜物游戏，亦常用以占卜。此引为猜灯谜。

㊷评骘诧赏：评定夸耀赞赏。评骘，评定之意。诧赏，意为夸耀赞赏。

㊸廛壒：喻指尘世、尘俗。

㊹泛扫拂拭：到处打扫擦拭。

㊺文林郎：文官散官名。隋置，取北齐征文学之士充文林馆之义。历代因之。

㊻覃恩：广施恩泽。旧时多用以称帝王对臣民的封赏、赦免等。

㊼首壬趾丙：指墓地朝向。罗盘上把全地域分成东西南北四方，又分成八卦，再把八卦分成二十四山，壬、丙均为二十四山之一。壬居北，丙居南，壬与丙刚好相对，首壬趾丙，即头北足南。

# 元大宣仪使邵州刺史都巡公传赞

公名都巡，字汝表，江西吉安泰和县人，为明德庆侯永忠公[①]从父，元延祐间官大宣仪使授邵州刺史[②]。因陈友谅[③]窃据湖南，道梗不能归，又见都梁[④]间山水明秀，遂卜邵州武攸之湛田[⑤]居焉。妣刘恭人、段恭人，旧谱详载，但生卒年月及葬地阙而不书。生三子德行、德文、德贞。此邵阳我族始迁开基之祖也。赞曰：

岳岳[⑥]我祖，坐制方州[⑦]。
怀柔绥抚，敷政攸攸[⑧]。
遭时丧乱，道路戈鉾。
丘园怅望，归去空讴[⑨]。
都梁明秀，可钓可游。
昔也轩冕[⑩]，今也迈轴[⑪]。
儿曹翊运[⑫]，尔公尔候。
义不二姓，耄遁爰休。
遂开大族，椒衍瓜稠。
褴荜既启，炜矣千秋。

名缙谨按：本谱历代勋贤录载，永乐朝进士知河间府谟[⑬]实为泰和人，计后都巡公之生相去不过数十年，意者[⑭]都巡公其谟公之高曾行辈[⑮]矣。

**【注释】**

①德庆侯永忠公：明朝开国功臣廖永忠。因鄱阳湖之战战功

卓著，朱元璋以漆牌书“功超群将，智迈雄师”赏赐给他，并在《平蜀文》中书“傅一廖二”之语，盛赞廖永忠功勋。明朝建立后封德庆侯。

②刺史：古代州级官职，文中为知州之别称。

③陈友谅：1320—1363，湖北沔阳人，元朝末年群雄之一。曾于1360年登基称帝，国号汉，改元大义，后为朱元璋所灭。

④都梁：即都梁山，在今湖南省邵阳市武冈县。武冈曾名都梁。

⑤武攸之湛田：武攸，即武冈县。湛田，即今湖南省邵阳市洞口县醪田镇湛田村。洞口在1952年置县以前一直属武冈县辖区。

⑥岳岳：挺立、耸立的样子。

⑦方州：本义州郡，此指邵州。

⑧敷政攸攸：亦作“敷政优优”。敷政，布政、施行教化。攸攸，宽和貌。

⑨归去空讴：空吟归去来兮。归去，化陶渊明《归去来兮辞》。比喻回不去（江西老家）了。

⑩轩冕：原指古时大夫以上官员的车乘和冕服，后借指官位爵禄，泛指为官。

⑪迈轴：即超然于官权之外。轴，枢要地位。

⑫翊运：护卫国运。

⑬知河间府谟：河间府太守廖谟，字子谟，明永乐朝进士，选翰林院庶吉士，历官长沙令、刑部主事、福建按察使、河间府知事等。

⑭意者：表示一种测度。

⑮高曾行辈：高祖、曾祖之辈。

# 太高祖世容公传赞

公讳世容，字子亮。祖京儒，娶姚孺人，生子二，复伟、复英公，分属蒙子[①]而难于嗣续，以弟子伟承其后，即公是也。

廖氏在明初自嗣德庆侯权公之弟升及子铭、钺，皆以从龙世胄[②]，敦《诗》说礼[③]，游方正学先生门[④]。靖难之役[⑤]，正学殉国，铭公以收师骸论死[⑥]。从父升、弟钺皆坐遣戍[⑦]，子孙流落戍所，守“燕贼篡位”之义[⑧]，世隐耕读。永乐以后，相戒无出干禄仕者。

公生五溪[⑨]间，宝先人旧训，历二百余年，族姓日繁，躬耕不足以事畜[⑩]，去而业商，操奇计赢本，其天才加以重然诺，尚义侠，商旅往来，宾至如归，以是营业大起，买田宅，致佣佃，衣租食税比于百户之封君[⑪]焉。既而生计益裕，门祚遂兴。元妣[⑫]杨孺人虽早世无出，继娶于林，有丈夫子三[⑬]，友学、友智、友明，皆头角森森[⑭]，卓然成立。孙曾嬗衍，遂乃借其余芘[⑮]，读书业儒，复三百年前旧传诗礼之家声。故在廖氏谱牒，崇德报功当推公为中兴矣。

公生康熙辛丑年，以乾隆癸卯三月卒于里第，其营业旧店相传在浦市新桥北街路东第二肆云。赞曰：

良贾居肆，货殖[⑯]贸迁。<br>
端木夷吾[⑰]，古有名贤。<br>
公生忠裔，隐于一廛。<br>
门业大启，儒服蝉嫣。<br>
明明我祖[⑱]，创业艰难。

式景遗烈[19]，率履勿愆[20]。

【注释】

①蒙子：蒙，愚昧、无知。蒙子即指心智不全者。

②从龙世胄：指开国元勋之贵族后裔。从龙，跟随帝王或领袖创业。世胄，世家子弟、贵族后裔。因德庆侯廖权、其弟廖升及其子廖铭、廖钺皆系明朝开国勋将庆国公廖永忠之后，故谓“从龙世胄”。

③敦《诗》说礼：即尚诗慕礼。敦，崇尚、注重。说，即“悦”，爱慕之意。

④游方正学先生门：求学于方孝孺先生之门。游，外出求学。方正学，即明代鸿儒方孝孺。因其在汉中府任教授时，蜀献王赐名其读书处为“正学”，亦称“正学先生”。方孝孺系明朝大臣、学者、文学家、散文家、思想家。

⑤靖难之役：亦称靖难之变，是建文元年（1399）至建文四年（1402）明朝统治阶级内部争夺帝位的战争。最终燕王朱棣胜出即位，是为明成祖。

⑥铭公以收师骸论死：铭公，即廖铭，明朝大儒、名臣方孝孺之门生，德庆侯（追封庆国公）廖永忠之孙。朱棣要方孝孺为其草拟即位诏书，方拒绝，被朱棣处以凌迟之刑。方死后，廖铭因为师收尸而被处死。

⑦皆坐遣戍：皆被定罪而放逐戍边。遣戍，指放逐罪人至边地、军台戍守。廖铭被处死后，其从父廖升及弟廖钺充军戍边。

⑧守“燕贼篡位”之义：“燕贼篡位”四字相传为方孝孺所书。史载：朱棣发动靖难之役夺得皇位后，要方孝孺为其撰写继位诏书，方执笔愤而疾书“燕贼篡位”四字，后被处以磔刑，且灭十族（为师收尸的廖铭乃方氏被灭之第十族）。廖氏后人发誓从此不仕明朝。文中“燕贼篡位”四字包含了方孝孺在此次事变中不畏强权、以身殉国以及廖铭为师收尸问死之义举。

⑨五溪：即沅水中上游的五大支流，最早见于《水经注》："武陵有五溪，谓雄溪、满溪、酉溪、沅溪、辰溪。"此五溪流域为少数民族聚居地，古称"五溪蛮"。此借指湖南西部地区。

⑩事畜：成语"仰事俯畜"的省略语。指侍奉父母，养育妻儿，维持一家生计。

⑪封君：有封地的贵族。

⑫元妣：元即原配。妣一般指母亲，亦可指祖母和祖母辈以上的女性祖先。文中元妣即谓作者太高祖廖世容的原配。

⑬有丈夫子三：有三个儿子。丈夫子，即儿子、男孩。古代子女通称子，男称丈夫子，女称女子子。

⑭头角森森：喻气概才华出众。头角，原指头额、额角，此指才华、气概。森森，形容繁密、出众。

⑮借其余芘：凭借其荫庇。芘，同"庇"。

⑯货殖：经商盈利。

⑰端木夷吾：两古人名。端木，即端木赐，乃孔子门人，善经商，很富裕，然"富贵而能谦恭守礼"，因而其家族一直很昌盛。夷吾，即管仲（管氏，名夷吾，字仲），春秋时期法家代表人物，中国古代著名的经济学家、哲学家、政治家、军事家。

⑱明明我祖：我勤勉的祖先。明明，此指勤勉。

⑲式景遗烈：榜样光明而遗留之烈节风操。式，楷模、榜样，此指廖氏前辈忠烈。景，光明。遗烈，前人遗留的烈节、风操。

⑳率履勿愆：遵循礼法而从无违失。率履，亦作"率礼"，遵循礼法。愆，违背、违失。

# 高祖友智公传赞

公讳友智，谱佚其字，为世容公之仲子。承先人余业，克俭克勤，信义日著，以硕德耆年为一乡祭酒[①]。有清高宗享国六十年，乾隆中，民俗敦厚，百物丰昌。公负过人之才，就先世经营拓而展之，奇赢所入，致田万亩，财富遂雄于邑。每过地方公益，官府征调，公踊跃输将，身为众率，父老子弟，咸信赖之。

乾隆末造，黔楚苗变，市地当出入之冲，匪众来去飘忽，人民数受劫掠，痛苦至不可言。维时[②]官府议筑城堡为御苗计，公乃毁家纾难[③]，首先捐募。未久而役以告成，一市室家，至是多获保全，感激讴思，于今勿替。

苗乱平后，辰沅永靖兵备道傅鼐献议，均民田以养屯兵[④]，取其余稻为泸、麻两县及乾、凤、永三厅[⑤]各建书院，以课士子。公复慨捐腴田，上佐军需。官府嘉之，保奖太学生，以为急公奉上之劝[⑥]。

泸溪书院建于浦市屯仓所在，取明蒋信[⑦]观澜亭旧名，命曰“观澜书院”。每年甄录士子，非均田户子弟，例不得辄与[⑧]。考试终[⑨]，有清世子孙世享其利者垂百余年。事具《轶闻琐录》，兹不重赘。

公性孝友，笃于天伦之爱，以弟友明早世无后，与兄友学公总角友于，怡怡白首终其身[⑩]，无幾微之争执。两房所生子侄，以麒麟、松柏、凤凰等字相次命名。子弟一堂，视伯叔父母如其所生，视兄弟亦各如其同怀[⑪]。乡里以是交相羡重，廖氏门祚，自是亦巩。

公既富甲乡里，念吾族先德，自德庆侯[12]后，既以儒行贞操垂名史册。前明一代，子孙守不仕之义[13]，流及有清。市朝虽更，而乱离播迁，无暇诗礼。今承平既久，家衖富康，岂可长令我子我孙不获通籍朝宁[14]？策明名清[15]时，乃厚修币，隆礼数，为先曾祖学博公[16]聘师教读。自是廖氏一门列学官，膺禄仕，传五世而弗替，实皆公启之云。赞曰：

有家之基[17]，维孝友于。
维公躬之，曾闵[18]之徒。
儒术醰粹[19]，传世一经。
维公启之，代有青衿[20]。
高曾矩矱[21]，爰暨苗裔。
皇路驰驱，踵兴继起。
报本返始，仰维勋贤。
百世勿坠，奉以明禋[22]。

**【注释】**

①祭酒：本为祭祀风俗，后引为宴席礼仪，需年长位尊者立主位，面南酹酒祭神开席。

②维时：斯时、当时。

③毁家纾难：语出《左传·庄公三十年》："斗谷於菟为令尹，自毁其家，以纾楚国之难。"杜预注："毁，灭；纾，缓也。"后以毁家纾难称不惜捐弃家产解救国难的行为。

④均民田以养屯兵：乃乾隆年间由严如熤首倡，后由傅鼐在湘西实施的仿北魏均田制的一种田地制度。即将苗汉边界田地以各种形式收归公有，分给屯兵种植，多余的田土招佃收租，以此手段，既养了随时可以弹压苗民的屯兵，国家又无须出任何粮饷，甚至余糈还可以额外增加地方财政收入。

⑤乾、凤、永三厅：乾州厅、凤凰厅、永绥厅，即今湖南省

湘西土家族苗族自治州的吉首市、凤凰县、花垣县。

⑥急公奉上之劝：急公，即热心公益。劝，努力、勤勉、出力。

⑦蒋信：字卿实，号道林，人称正学先生。湖南常德人，明嘉靖进士。授户部主事，转兵部员外郎，后任四川水利佥事，升贵州提学副使。

⑧辄与：任意给予。此指非均田户后人，书院不能随便给他们发放奖谷。据廖名缙在《轶闻琐录·书院均户》中记载，凡均田户后世子弟考入观澜书院读书后，公家每年都会给他们发放额外的奖谷一二十石，这样即使这些秀才家庭再困难，也可以保证其基本生活口粮。

⑨考试终：此指到1905年科举考试终止。

⑩总角友于，怡怡白首终其身：总角，童年。友于，兄弟友爱之义。怡怡，和睦的样子。

⑪同怀：同胞兄弟姐妹。

⑫德庆侯：明朝开国勋将廖永忠。明朝建立后封德庆侯，并授予世袭凭证，殁后其子廖权继承德庆侯爵位。南明弘光帝时，追封庆国公。

⑬不仕之义：廖铭为师方孝孺收尸问死，其从父廖升及弟廖钺充军戍边，廖氏一门发誓从此不仕明朝。

⑭通籍朝宁：在朝为官。通籍原指记名于门籍，可以进出宫门，后来称做官为通籍。朝宁，朝廷。

⑮策明名清：策，计谋、主意。名清，即明清，指明察。策明名清，意即打定主意，或计划既定。

⑯学博公：指廖名缙的曾祖廖显勋（字熙堂）。因其有候选教谕之衔，故称之“学博”，即学官。

⑰有家之基：即“家之基”。“有”字系词头，无义。

⑱曾闵：曾参（曾子）与闵损（闵子骞）之并称。二人皆孔子之弟子，以孝行著称。

⑲醲粹：醇厚、纯美。

⑳青衿：学子、秀才。青衿原意是青色衣领的深衣，古代学子的常服，借指读书人，明清亦指秀才。

㉑高曾矩矱：祖宗之规矩法度。高曾，高祖与曾祖，泛指祖宗。矩矱，规矩法度。

㉒明禋：蔡沈《书集传》："明，洁；禋，敬也，以事神之礼事公也。"

# 清兵部职方司掌印友尚公传赞

公讳友尚，字侍廷，为世任公第五子。世任公绩学敦行[①]，以名诸生教授乡里。子友仁、友宗、友正、友功，同时并为学官、弟子员。

公幼承家训，刻砺学问，以乾隆乙酉科由府学生员拔萃贡成均，廷试后遂留国子监肄业[②]。时祭酒为礼部尚书满洲观补亭先生[③]，因公敦厚老成，亟加器重，保送武英殿分校，得窥天禄、石渠[④]之秘。其学侈侈隆富，以博识多通闻名一时。御试授翰林院待诏[⑤]，寻举北闱[⑥]，升兵部职方司掌印。

乾隆戊子科钦点顺天乡试同考官[⑦]，闱中值重阳节，同僚登明远楼倡和[⑧]。公赋诗有“况复层楼望故乡”之句，盖即少陵[⑨]茱萸遍插、兄弟暌离之感，其笃于孝友可知。

二子显田、显森。田守墓庐[⑩]，食饩邑庠，有文誉。森以随宦寄籍顺天。公因廖氏迁湘时丁离乱，谱牒未修，虑承平既久，子姓日繁，同本之亲，往往有如路人，甚非所以承先志而遗后昆也。乃于癸巳秋命显田公归乡，访溆浦同族显登公，与商参谱事。

翌年，又命显森公赍诰封及观尚书谱序返湘，乃偕登公同赴邵阳黄堡敬展宗祠，得本支先茔碑志所在，合谱之举遂成。于是一本之亲由陌路仍归骨肉，族之人因以知敬宗收族[⑪]之不可已也。

先是，公举北闱时，有闽中廖氏讳瑛、字璞园者，以南城御史充同考官填榜时，见公姓名，深以为幸。闱后邀公过其宅，各叙支派，知为一祖所出，由是我族由闽而赣而湘之世系始明。

呜呼！报本追远[12]，人伦之大世道，陵夷[13]实自薄其所亲。始如尚公者，真吾族之亢宗[14]，而时世之型模欤？向非有公，吾辰廖氏数百祀之世系无由稽[15]矣。

然则吾族于公，不当奕世载思，而奉以不祧之祀[16]乎？惜公生世去今百有余年，嘉言懿行，不少概见。忆予髫龄尝于同县陈雅斋先生见公中式行卷[17]，其文清醇宕折，犹往复有前明成弘之风[18]。四十年来，世更桑海，今亦不知陈氏尚保此帙否？予少年馆嵩溪张氏时，去吾族人所居卓荦坪不过数里，时从父老访公遗迹，久之都无所得，惟传公宅旧居在东南高岭之背云。赞曰：

懿惟职方[19]，执戟曹郎[20]。
永怀一本[21]，肯构肯堂[22]。
搜佚萃涣，迪我前光。
族牒既合[23]，世系煌煌。
泽垂云礽[24]，功在宗祊。
绳绳继继[25]，勿或斁忘[26]。

族裔孙名缙敬撰。

名缙谨按：显田公以父命归守庐墓，载在谱牒。前清光绪中，缙年十九，授馆嵩溪张氏，去乾隆中叶不过百年，访其后裔已无存者。闻同治甲戌科先严赴京朝考时，尚有显森公子孙在。越二十四年，光绪戊戌科缙赴京朝考时访之，已不可得。

顷岁寄居京师，以修谱故登报招访，未有应者。岂森公之后亦已无存耶？抑降在舆台[27]，无复知书识字之人耶？否则转徙他往，别又著籍他省耶？盖不可得而知矣.

前年整理湖南会馆事，查访茶陵李文正墓田，问其子孙，亦已无人能言。明德之后，必有达人，此语岂欺我耶？

【注释】

①绩学敦行：绩学，指治理学问，亦指学问渊博。敦行，即笃行。

②肄业：修业、深造之意。

③观补亭先生：即索绰罗·观保，字伯容，号补亭，满洲旗人。乾隆丁巳进士，改庶吉士，授编修，累官礼部尚书，罢再起，授左都御史，谥文恭。乾隆皇帝的亲家，五阿哥永琪之岳父。

④天禄、石渠：天禄、石渠都是阁名，均为皇家藏书、校书之所。

⑤待诏：官名。明、清时，翰林院中置有待诏，掌校对章疏文史。

⑥寻举北闱：寻举，不久中举。北闱，明、清时期对顺天（今北京市）乡试的通称。廖友尚于乾隆乙酉科拔萃贡入国子监，不久又参加顺天乡试中举。

⑦同考官：明、清乡试、会试中协同主考或总裁阅卷之官员。

⑧倡和：以诗词相酬答。

⑨少陵：即汉宣帝的皇后许平君之墓，在今西安市南。因其规模比宣帝的杜陵小，故名少陵，又称杜陵南园。此借指长安郊外。

⑩田守墓庐：田，即廖显田。墓庐，亦作“庐墓”，原指墓旁之小屋。古人为守父母、师长之丧，筑室墓旁，居其中以守墓。此借指老家。

⑪敬宗收族：尊敬祖宗，把同族人聚集在一起。

⑫报本追远：受恩思报，追念远祖。

⑬陵夷：由盛到衰。

⑭亢宗：庇护宗族。后引申为光耀门楣。

⑮无由稽：没有办法考查。稽，考核、核查。

⑯不祧之祀：义同“不祧之祖”，指不迁入祧庙的祖先。比喻先祖中创立某种事业而受到尊崇之人。

⑰中式行卷：（坊肆所刻印的举人）中式的诗文卷。中式，指古代科举考试被录取或符合规格。行卷，一种科举文体。

⑱犹往复有前明成弘之风：往复，往而复来、循环不息。成弘，为明代年号成化与弘治的并称。此句大意是，仍然往复回环，有明代成弘之风。

⑲懿惟职方：懿惟，乃赞美之词，大意是美好者惟某某也。职方，指古代职掌方面之官。此指廖友尚，因其任过乾隆兵部职方司掌印。

⑳执戟曹郎：执戟，系唐代官名，与司阶、中候、司戈合称“四色官”。曹郎，即部曹，部属各司的官吏。仍指廖友尚。

㉑一本：同一根本。

㉒肯构肯堂：语意出《尚书·大诰》：以作室喻治政也。父已致法，子乃不肯为堂基，况肯构主屋乎？原意是儿子连房屋的地基都不肯做，哪里还谈得上肯盖房子。后反其意而用之，指修缮房屋，用来比喻子承父业。

㉓族牒既合：族牒，族谱。此句意指合谱。合谱指原本数个独立的家族，寻找到了一个共同的先祖，于是把数部族谱合成一部，几支族人在该先祖下合并，成为一个更大的家族体系。

㉔泽垂云礽：类同“泽被后世”。云礽，远孙，喻后继者。

㉕绳绳继继：亦作“继继绳绳”“继继承承”，意思是前后相承，延续不断。

㉖勿或斁忘：句中的“或”作“有”解。见《小尔雅·广言》：“或，有也。”勿或，即没有。斁忘，即终止和遗忘。此句意思是，没有终止和遗忘。

㉗舆台：古代十等人中两个低微等级的名称。舆为第六等，台为第十等。泛指操贱役者、奴仆。

# 赠荣禄大夫候选教谕显勋公传

公讳显凤，庠名显勋，字熙堂，为太学[①]友智公长子。母田太夫人以乾隆戊申三月生公于浦市里第[②]。公生而厚重安详，少年已如成人。方周晬，有丐僧垢涕裸露，佯狂行乞时隐语道水火灾劫事，未几辄验，市人呼为颠和尚[③]。一日过余家，保姆捧公立门侧。颠和尚夺之去，超跃入市西凤凰山中。林深涧绝，家人追之弗及，继而四出侦踪。日薄西崦，乃得之市西仙里桥。时盛暑，桥石灼行人踵[④]且焦，公赤身卧桥上，嬉笑自若，拊其背悠然而凉，人争异之。

他日，颠和尚复过吾家，指公语田太夫人曰："此儿将来文武双状元也。"久之，言卒无验。然辰中乡语，谓事之两可者曰"撞缘法"。公自少兼肄文武，初以武科试有司不售[⑤]。旋应文试，因得饩上庠[⑥]，贡成均。始悟双状元者，双撞缘法也。仙语固不可以常情测哉！

初，廖氏用贾业以财雄乡里。自太学公隆师重道，慷慨尚任，恤子姓[⑦]接迹黉宫，已蔚然成诗礼之族。至公而孜孜好礼，乐善不倦。中年后，以先祖辈习举子业，聘嵩溪族人鸿起为师，因遂赡其一家。鸿起固醇儒，其子名来亦以敦行劬学流闻州郡。吾家祖辈无内外长幼，皆称之为世兄，往来亲厚，四世未尝稍间，遵公遗训也。

公精医术，专诊贫乏，兼施药饵。以外科术非己所长，乃聘辰溪名医刘家泽于家，遇危难来求者，力代拯救。刘亦终老吾家，至今子孙用公遗言，岁时至祀，犹必及之。

公御下宽厚，而教子弟务严。敕臧获服役至数十年者[8]，少主人率以兄礼遇之。先王父荣禄公业冠而庠矣，与父仆语必称“某哥”，事偶失检，每惧为某哥所闻。盖承平时风俗敦庞，祖宗家法如是，子弟固莫敢或逾也。由今思之，此风可再得耶？

公年跻大耋，著作甚富。经咸丰赭乱[9]，多付煨烬。今存于家者，唯日记一册，字法古拙，杂记岁时节物、乡里酬酢诸琐事，中与嵩溪族人咏观音莲诗，又应桃源县某令医诊之请，在途杂咏诸诗。今犹忆其桃源县署赠某令诗之上半首云：“不必寻源自有源，桃花流水晋相传。武侯妙策灯虽杳，果老神工石已穿[10]。”不琢直写性灵，即襟抱冲和[11]。以此可见乾嘉时累朝熙洽[12]，薄海[13]欢愉。士大夫游艺之暇，多好习昆曲，《纳书楹》《缀白裘》[14]几于家有其书，父老相传。公善净剧，为一时冠，缘其秉质魁硕，音吐雄闳，自天授耳。以年月日卒，葬浦市峨眉湾人形山。

曾孙名缙敬撰。

**【注释】**

①太学：中国古代最高学府。廖显勋之父廖友智在辰沅永靖兵备道傅鼐均田时，“慨捐腴田，上佐军需。官府嘉之，保奖太学生”。

②里第：即宅第。

③颠和尚：即癫和尚。文中所述之癫和尚，相传来自浦市西南不远处代朝山上的寺庙，其法号、俗名皆不得而知。当地人传说某年该和尚一身污垢，手持一破碗、一双竹筷，数天不断在市中太平街往返疾走，边走边用竹筷敲着破碗，口中不停地急急念道：“一个人，两只眼。一个人，两只眼。……”然市民对此并不在意。三天后，此街段起火，数幢民居被烧殆尽。自此后那个街段被认为不祥，一直无人建房，留下“火烧坪”之名。火灾

后，市民才回想起癫和尚的隐语“一个人，两只眼”，就是一个“火”字，以筷敲碗意为“快走快走”（“筷子筷子”之谐音）。该癫和尚及其隐语道火灾劫事，在廖名缙家乡浦市镇一直流传至今。

④踵：脚后跟。

⑤不售：考试不中。

⑥上庠：指古代的大学。

⑦恤子姓：接济子孙。恤，救济。子姓，泛指子孙后辈。

⑧敕臧获服役至数十年者：敕，诫令、命令。臧获，系古代对奴婢的贱称。此句大意是，命令对在家服务数十年的下人。

⑨赭乱：赭寇之乱的省称。赭寇，当时官府对太平军的别称之一。

⑩果老神工石已穿：果老，指唐代方士张果，道家称果老先师，相传为八仙之一。神工石已穿，源自湖南省常德市桃源县境内的穿石山传说。相传沅江此流域曾有一条恶龙，为害当地百姓。一日，张果老以千斤铁篙撑一铁船前来降龙，最后掷铁篙不仅洞穿恶龙身躯，且将江边的岩峰也捅开了很大一个窟窿，由南至北足有三十丈宽，恰似洞开的一座天门。

⑪襟抱冲和：襟怀抱负，淡泊平和。

⑫熙洽：兴盛普及。

⑬薄海：借指普天之下。薄海原指接近海边，后泛指海内外广大地区。

⑭《纳书楹》《缀白裘》：《纳书楹》即《纳书楹曲谱》，为中国戏曲曲谱，清代苏州叶堂（字广明，又字广平，号怀庭）编著，成书于乾隆五十七年（1792）。《缀白裘》为清代刊印的戏曲剧本选集，收录当时剧场经常演出的昆曲和花部乱弹的零折戏，由钱德苍根据玩花主人的旧编本增删改订，陆续编成，并由他在苏州开设的宝仁堂刊行。

# 赠荣禄大夫候选教谕荣禄公传

公讳荣禄，字鼎五，父熙堂公箆室龙太夫人以嘉庆庚辰年十一月生公于浦市里第。初，熙堂公嫡室唐太夫人贤而无子，姑田太夫人悯之，命龙太夫人曰："他日汝有子坠地，可即归嫡室乳育之。"及公生，龙太夫人即以委之嫡室，已则故为疏惄，以体姑意。唐太夫人在世，公虽逾冠，初不知其庶出也。

公中身微髭，方面阔背，掌若沃丹。秉先世敦厚之风，治家处世，内严肃而外冲和。弱冠游庠，壮而食饩。为文老干扶疏，语无枝叶[①]。既屡困乡举，遂一意以教育子弟为事。名缙诸世父既承庭训，蜚声庠序，先考遂以同治癸酉登拔萃科，里党无不称公之善教，云公读书行已慕庞德[②]。

公之为人深怀止足，早岁席先世余业，不务封殖[③]，及诸子成名，家已渐落。然意谓后起有人，初不以治生拮据为念。光绪改元，先考及诸世父先后殂谢，诸孤辈又俱在童髫，公年逾五十，始慨然有八口抚畜之忧。夙精岐黄，师韩康[④]隐市，拟张药肆于市，携名缙辈读书其中，半医半贾，为膝下孀妇孤孙之助。

未几疾作，日渐增剧。性本善饮，常终夜不昧，命觞连引[⑤]，且饮且泣，感怀身世，泪与酒并。盖迟暮之年，忧伤逾度，遂不能克享期颐[⑥]矣。以光绪壬午夏卒于上湾李氏园庭，是年适由学使者岁贡成归[⑦]也。

公于名缙期望至深，钟爱尤逾诸儿。忆十龄操觚习帖括[⑧]，公亲为绳削[⑨]，每上一篇，未尝不色然而喜。常顾亲党谓：

“他日继吾家志业者，必是儿也。”

初，予家住市西印家桥老宅，与张芸榻先生望衡对宇[10]。名缙生之前夕，张先生梦二头陀，其一直入己宅，其一问此间廖氏所在。张指告之，遂入吾家。未几，张先生生孙。诘朝[11]，举以告公。公亦于是夕适有是梦，故公知名缙之生必有由也。

晚年教授乡里，所造就多文行敦饬之士。尝感子弟成材匪易，以为士族之于子弟，若寸椽不庇[12]，则幼年失学，未免流为劳动细民，堕其家世。若贻以卒岁之资，彼即安坐而食，成材者十无二三。善为计者，固莫如与以半年资粮，使彼既有所借，又须汲汲自谋，始无坐食损志之虑耳。闻者奉为格言。

公所交皆诚笃理学之士，于族孙凤仪茂才[13]、同邑明经[14]谭善楚先生为尤厚。名缙幼时随公赴郡试，见两先生朝夕过从倾谈，每至烛跋。除评骘文艺外，所语皆日用治生、立身切要之事，或杯酒为欢，崇论宏议，亦绝无近世喧豗[15]朋谑诸恶态，盖老辈典型犹存同光之交矣。

公性朴俭，生平衣冠器具喜取其敝，而旧者补葺完缮之，谓：“天下绝无弃材，暴殄者不之惜耳。”

公所学以儒先性理为归[16]，于诗歌非其所好，然偶有吟咏，亦自涉笔成趣。忆某年重九，偕朋辈登江干水星阁赋诗，有“三层宝阁堪栖凤，七曲文星欲占鳌”之句，即此可想其风致矣。葬浦市蛾眉湾人形山铁炉冲。

【注释】

①老干扶疏，语无枝叶：形容文章老到，分析缜密，语言精练。

②庞德：东汉末年名士，与徐庶、司马徽、诸葛亮、庞统等人交往密切，对诸葛亮、庞统等人早年影响较大，并得到诸葛亮的敬重。他不肯为官，隐居于鹿门山。

③不务封殖：不注意聚敛财货。

④韩康：字伯休，东汉人士，皇甫谧著《高士传》中人物，因卖药三十多年从不接受还价而为世人所知。后遂以韩康借指隐逸高士，亦泛指采药、卖药者。

⑤命觞连引：一杯接一杯饮酒。命觞，命酒、置酒。连引，连饮。

⑥期颐：百岁老人。期是期待，颐是供养，指百岁老人饮食起居不能自理，一切期待别人供养或照顾。古时称百岁为期颐之年。文中"不能克享期颐"乃去世之婉称。

⑦是年适由学使者岁贡成归：当年刚好学使选送他为岁贡成功归来。学使者即督学使者，亦即学政。而岁贡乃科举时代贡入国子监的生员之一。

⑧操觚习帖括：即学习写作八股文。觚，古代作书写用的木简。操觚，原指执简写字，后即指写文章。帖括，明、清时用指八股文。

⑨绳削：即木工弹墨、斧削，引申指纠正、修改。

⑩望衡对宇：屋对面。衡，用横木做门，引申义为门。宇，屋檐，引申义为屋。形容住处相距很近，可以互相望见。

⑪诘朝：同"诘旦"，即清晨。

⑫若寸椽不庇：哪怕寸长之椽庇护不到的话。比喻要是祖上稍微不能荫庇。椽，即放在檩上架着屋顶的木条。

⑬凤仪茂才：凤仪，即廖名来，字凤仪，辰溪嵩溪人。茂才，即秀才。

⑭明经：明、清时对贡生的尊称。

⑮喧豗：轰响。此喻纷纭、纷扰。

⑯以儒先性理为归：以宋儒性理之学为本。儒先，即先儒，此指宋儒。性理，指宋儒的性理之学。宋儒重言"性即理"，而明儒则重言"心即理"。归，根本、宗旨。

# 先王母唐太夫人事略

太夫人姓唐氏，系出古陶唐[①]后，浦市望族也。辰中以铁冶闻天下，有清道咸前，泰西[②]舶来之品未入中国，浦地用坑冶起家者，无虑数十姓，而瞿、唐二氏实为巨擘。每岁采山鼓铸[③]，峨舸大艑，载赴汉口，转售长江下游，民间刀剑，鼎铧犁钮，兵农工器之属，咸取资焉。

唐氏之商号曰“同盛”，营业之盛，在汉在浦与瞿氏伯仲焉。太夫人先世既用铁冶擅利辰中，至其祖若[④]父，皆以输边佐国，致官府道。其族有宣文公者，用科第官云南大理太守，政声卓卓，遗爱在民。晚归林下，余业师李六渠姻丈[⑤]犹及见之，谓公童颜鹤发，着朱履，从傔仆，笼俊鸽数十，往往于夕阳西下时，在市后清水坪一带临风放鸽，望之殆类神仙中人。

太夫人虽生积世贵盛之家，而勤俭贞孝出于天性。年及笄，归先王父郡博公[⑥]。逮事先曾王父母及庶妣龙夫人，郡博公锐意科名，曾王父督之严恒，终岁出就外傅[⑦]，寝门定省，悉以委诸中闺[⑧]。太夫人温恭婉顺，务得堂上欢，自曾王父母以下，咸怜爱之。既而生吾父昆季五人，先姑氏一人，教育劝勆，皆成德器。

咸丰辛酉，赭寇过浦[⑨]，太夫人佐先王父携家避万山中。贼遣侦骑搜山，濒于危殆者屡，卒能巢覆卵完[⑩]，重归故里，太夫人扶持之力为多也。既而吾父兄弟膺拔萃，游上庠，踵迹继兴，名闻州郡乡里，多为艳羡。太夫人抑然慊然[⑪]，综理家政，操作勤苦，自侪佣妪，若不知其为世家命妇之身者。待诸妇曲有恩礼，吾母妯娌，亦视姑若母。自名缙有知后十数年间，不闻室内幾微勃豀[12]之声。

抚爱诸孙，尤能训以义方。名缙三岁归自乳母家，即依太夫人为生，劬育之劳，过于吾母。然太夫人体力清健，每日辨色而兴[13]，自宾祭筐筥、米盐琐屑诸务，筹度配置，井井秩秩，未尝有一语之告劳。晚遭吾父吾叔父之痛[14]，忧伤惨怛，气体日亏。光绪壬午，王父捐馆舍，翌年太夫人亦遂弃养矣。

太夫人始有私蓄田数十亩在蚂蝗溪，归莫氏祖姑家佃种，后以吾父北上乏资，慨然售去，以资行囊。生平俭于自奉[15]，浣濯之衣服之十数年色尚鲜洁，佣人治米簸弃糠粃，必拾取之，蒸以为饼，屏家人而自食。子妇辈或阻之，太夫人輾然曰："此中固有甘味，汝辈自不觉耳。"

以嘉庆己卯年生，光绪癸未年孟冬月某日殁，葬浦市峨眉湾人形地。

孙男名缙撰。

【注释】

①陶唐：古帝名，即唐尧。帝喾之子，姓伊祁，名放勋。初封于陶，后徙于唐。

②泰西：旧时泛指西方诸国，一般指欧美各国。

③鼓铸：指鼓风扇火，冶炼金属，铸造器械或钱币等。

④若：及、到。

⑤姻丈：对姻亲长辈的尊称。因廖名缙之妹廖如心嫁其师李六渠之子李沅壁，故称其姻丈。

⑥郡博公：郡博，即郡博士，指府学学官，因廖荣禄系候选教谕，属学官衔，故称。

⑦出就外傅：离家就学于师。

⑧寝门定省，悉以委诸中闺：寝门，内室之门，此喻父母住处。寝门定省，指子女早晚向亲长问安。悉以委诸中闺，全部委

托于内室。因廖荣禄经常外出求学，因此早晚向父母请安之事就全部委托唐夫人代劳。

⑨赭寇过浦：太平军经过浦市。

⑩卒能巢覆卵完：最终能有惊无险。巢覆卵完，鸟窝虽翻倒，里面的鸟蛋却完好无损。

⑪慊然：不满足。宋苏洵《几策·审敌》：“是以虏日益骄，而贿日益增，迨今凡数十百万，而犹慊然未满其欲。”

⑫幾微勃谿：指细微争吵。幾微，细微、细小。勃谿，吵架、争斗。

⑬辨色而兴：天刚明就起床。辨色，指天色将明，能辨清东西的时候。兴，此为起床之意。

⑭晚遭吾父吾叔父之痛：因廖名缙的父叔多先于其祖父祖母离世，二老经历了数次白发人送黑发人之伤痛，故有此言。

⑮自奉：自身日常生活的供养。

# 从祖福文贤发四公合传

余生晚，所及见大父辈[①]，有从伯祖荣福公、叔祖荣文公、从叔祖荣贤公、族祖荣发公。

荣福公长身鹤步[②]，少日席先世余业，喜声歌游晏[③]，入粟国子生[④]，未尝谙家人生事。中年乏嗣，百祷弗获。浦俗艰嗣之家，其姻党多于秋节以西瓜馈之，取“瓜瓞绵绵”为征兰梦熊[⑤]预兆。沿习既久，踵事增华[⑥]，乃以小儿服锦绮，捧瓜坐绣舆中，胜以金玉、彩缯诸仪物，鼓吹羽葆[⑦]，前导后随。主家受之，酒食犒赠，豪者召优演剧，往往流连旬日，所费至为不赀。福公夫妇既富而无子，亲友循俗送瓜，尝一举耗至数百金。先王父母每非笑[⑧]之，而莫敢直谏。其后家道中落，子嗣久虚，乃以余季父华慕公承其祧。季父赤贫笃孝，名闻里党，语具别传，兹不复赘。

荣文公行四，余兄弟幼时皆呼之为四老。称祖辈曰第几老，浦市乡俗也。余及见公，实在同治末叶。公居市后火烧坪旧宅，有子曰华芹。父子皆嗜阿芙蓉[⑨]，贫不能娶，宗祧遂斩。幼时闻先王母言，公家盛时，以苏杭繁丽，心羡艳之。乃出巨资入山采燧石，载以大艑，渡洞庭，下长江，往贩其地。虽数获厚利，顾[⑩]多以游荡耗之。尝岁暮行贾归，以千金购吴中歌伎充媵侍。至青浪滩[⑪]，舟覆伎溺，尽丧其资，独公仅以身免，郎当而归[⑫]。吁，可鉴矣！

荣贤公居市后白莲溪，余辈呼为五老，有祖田可供耕种。公擅武，技娴弓马，与其长子华艺公俱游黉序。里中子弟有志此道者，多奉公父子为师。公善谐能饮，醉则讴诸杂曲，村俗寒伧，靡所不有。乡间岁首，农作未兴，好事者多聚村儿排演杂剧，鄙陋猥媟，往往不堪入目，公于此兴尤不浅。以名厕庠序[13]，尝为学官访闻，将予斥革，赖先王父缓颊，其事始寝。公卒后，华艺公亦殁。有子曰天保，已入军籍。公次子华葶、华莲两公，俱能安农业，长子孙[14]，然诗书之泽微矣。

荣发公居后街唐家弄北，以裱糊纸俑冥器为生。余及见公时，公年约四十余，傫然一身，无妻子家室。今亦不知何往矣。

【注释】

①所及见大父辈：所及见，指所能见到的。大父，即祖父。

②长身鹤步：意指身材修长，步如丹鹤悠迈。

③声歌游晏：意即诗词歌赋，游乐宴饮。声歌，指诗词歌赋等抒情遣怀的作品。游晏，亦作“晏游”，宴饮游乐之意。

④入粟国子生：捐为太学生。入粟，指交纳一定数额的金钱捐取功名。

⑤征兰梦熊：多生贵子。征兰，即取验于兰，语出《左传·宣公三年》：“郑文公有贱妾曰燕姞，梦天使与己兰，曰：‘余为伯儵。余，而祖也，以是为尔子。……’既而文公见之，与之兰而御之。辞曰：‘妾不才，幸而有子。将不信，敢征兰乎?’公曰：‘诺。’生穆公，名之曰兰。”杜预注：“惧将不见信，故欲计所赐兰为怀子月数。”遂用为典故，以称人有贵子。梦熊，古人以梦中见熊罴为生男的征兆，后以梦熊作生男的颂语。

⑥踵事增华：继承前人事业，使它更美好完善。

⑦鼓吹羽葆：鼓吹乐与以鸟羽连缀于柄头如盖状。多用于帝王仪仗或高官出行仪仗中。

⑧非笑：讥笑。

⑨阿芙蓉：即鸦片。唐朝时称罂粟即为阿芙蓉。

⑩顾：但。

⑪青浪滩：沅水数百险滩中最长最险恶的一段滩流，在湖南省沅陵县境内，当地有“船过青浪滩，闯出鬼门关”之说。廖名缙曾专门作《贺新凉·青浪滩》词一首，述其滩险流激之状，惜佚之。

⑫郎当而归：狼狈归来。郎当，即潦倒、狼狈。

⑬以名厕庠序：名字仍在学官名册中。厕，参与、混杂其中。庠序，学官、学校。

⑭长子孙：抚育子孙。长，抚育。

# 伯父芷亭叔父香亭两公合传

余祖唐太夫人生五子一女，吾父居仲氏。

伯父华兰公，字芷亭，幼而颖异，就家塾读书，坐卧一楼，至亲罕识其面。年十九，应县试列名案首。督学使者未及按临[①]，遽以疾殂，乡里多惋惜之。为文清矫拔俗，书法亦秀健殊常。尤工雕刻，身后遗物文字外，有竹制鸟笼一具，花纹楯槛[②]，镂刻精绝。余幼时常爱玩不释，祖妣每呼告："此汝伯父手泽，小子其勿轻毁!"今此物已不知何往矣。

叔父华芳公，字香亭，以道光二十六年丙午生，少吾父三岁。咸丰辛酉，太平军石达开过浦市，余祖父携家奔窜市后岩头山担竿寨诸山谷中。祖母虑乱中相失，饥毙堪虞，为家人各制小布袋一，内盛炒米、块盐系腰际。时叔父年十三，祖母与之袋，则腰刀帕首，与吾父先后左右卫家口于丛箐乱嶂之间。

同治癸酉，吾父登拔萃科，叔父即于是年补博士弟子员。生平嗜学不倦，而屡试秋闱，未博一第，命也。书法摹山谷老人[③]，得其神髓。工填词，喜为小令，戛戛独造[④]，有南唐李后主遗意。

为人天真烂漫，喜共儿辈剧谈[⑤]。同治中，时方承平，余家居峨眉中湾旧宅。秋冬永夜，叔父常招吾兄弟姊妹，就中闺与说稗官野史，诙诡谲怪可惊可愕之事。或儿辈就寐，则负送室外，呼某儿来也，释之去，率以为常。

少负胆勇，山陬林薮[⑥]，鬼物出没之区，在他人白昼不敢独过者，或赌之往，虽午夜不少却。中岁忽撄肺疾，年三十六岁遽先吾祖父母而逝。所生绅、纯两弟，皆以家境艰难，不克从事诗书，此事唯以期诸子孙辈之身矣。

祖父在日，常有就余兄弟中择一人为伯父立后之议。未及宝行[⑦]，遽捐馆舍，此事后日终当由我辈践之耳。

侄男名缙撰。

**【注释】**

①按临：巡视。

②楯槛：栏杆。

③山谷老人：即宋代著名文学家、书法家黄庭坚，字鲁直，号山谷道人，晚号涪翁，系盛极一时的江西诗派开山之祖，与杜甫、陈师道、陈与义素有“一祖三宗”（黄庭坚为其中一宗）之称。其书法亦能独树一格，为“宋四家”之一。

④戛戛独造：最具独创性。戛戛，指别出心裁，富有创造性。清梁绍壬《两般秋雨盦随笔·瓶水斋诗》：“诸联戛戛独造，真无一语拾人牙慧者。”

⑤剧谈：畅谈。

⑥山陬林薮：山间偏僻林深处。山陬，即山角落，借指山区偏僻处。

⑦宝行：施行的敬辞。

# 四叔父鹤鸣公五叔父云樵公合传

四叔父讳华幕，字鹤鸣，幼出祧于伯祖父荣福公。值家中落，叔父于市东岔条乡训蒙养亲[①]，终岁束脩所入才二三十金。值岁歉，往往饘粥不给，而堂上菽水必丰必备[②]，一时乡党有孝子之目[③]。

年二十余补县学生员，移馆于市中杨姓家。祖父命余就叔父受业，叔父督之严，而有善必奖。尝取马援书《诫兄子严敦书》命余作赋，赋成，叔父激赏之，逢人必告以为“吾兄绩学早世[④]，将来克继兄后者，必此子也”。

晚岁穷益甚，为嵩溪族人聘主家塾。余拔萃时，叔父犹及见之。逮余自江西统军归，则已归道山[⑤]，不及一承颜色矣。呜呼痛哉！

叔父娶于陈，有子四：名绪、名缵、名经、名纬。经、纬早夭，绪、缵又皆因贫失学。余自江西归，值叔母陈病危。余数往视疾，亲奉汤药。未几遂殂，棺衾殓葬，稍尽绵力。

念绪弟既已失学，为赎归蛾眉湾祖遗地数处，俾习园艺。缵弟年在幼冲，送令就学于市中康氏，而性情顽劣，训迪难施[⑥]。不识吾叔以醇儒大孝，天胡不佑其后耶？

未几，予复从事远游，二弟之音问遂沮[⑦]。入民国后，有人传其兄弟从军于川边陈遐龄[⑧]镇守使处。陈固予旧好，余为作书嘱托。卒以时乱道梗，终莫得其行踪所在。呜呼，余负叔父多矣！尚何言哉？

叔父著作甚富，后遗稿无存。唯记其为姑丈访购篷室[⑨]入苗乡时，有《天心寨》诗一首云：“险绝天心寨[10]，登临费跻攀。枯藤牵古树，怪石拗奇泉。苗妇金蚕蛊[11]，姎徒[12]杂锦斑。舞干[13]曾负固，回首信当年。”春容大雅，有盛唐人之风焉。

五叔父讳华薪，字云樵。余叔曾祖显庸公晚年无子，既以叔祖荣贤公为之嗣而继。叔曾祖母石氏，爱余五叔父聪慧，遂复螟蛉之为孙。

叔父天资绝人，以叔曾祖母溺爱，不令随诸兄读，故早年遂致失学，然书画音律，习之辄工[14]。中岁后始知向学，偶试笔为人作传记，风趣横生，往往似蒲柳泉[15]《聊斋志异》中文字，盖其文学天才虽遭屈抑，卒不可掩如此。

配黄氏，终身未尝孕育。继娶于杨，生子名缜。叔父殁后，家贫如洗，其母子皆收养余家。去年名缜已毕业于浦市公立小学，随李亦温弟北来，余为送入京师公立第一中学校。此子质中才，但性近憨呆，时好傻笑，未知及余身尚能见其有成否耶？

侄男名缙撰。

**【注释】**

①训蒙养亲：教幼童以奉养父母。训蒙，对幼儿进行的启蒙教育。

②而堂上菽水必丰必备：而对父母的供养一定都会准备充足。

③孝子之目：最孝之人。之目，为首之人。

④吾兄绩学早世：我哥哥学识渊博，但却英年早逝。绩学，指学问渊博。早世，过早逝世。

⑤已归道山：已经去世。旧时称人死为归道山。

⑥训迪难施：难以施教。训迪，教诲启迪。

⑦音问遂沮：音信就此中断。

⑧陈遐龄：1873—1950，字立鹤，号云皋，湖南辰州溆浦卢

峰镇人，于1894年中武举，民国初年曾任川边镇守使。

⑨篷室：旧时称妾。廖名缙家乡湘西浦市古镇家境好的人家，如果原配无生育，就会从乡下花钱买一女子为妾，以传宗接代，谓“购篷室”。

⑩天心寨：又名“天星寨”，位于今湖南省凤凰县禾库镇境内。

⑪蛊：一说为古代用毒虫所制的一种毒药。金蚕蛊即以金蚕为诸虫之一而制成的蛊。另一说为东亚和东南亚地区三大巫术之一，与之并称的另两样为湘西赶尸术和南洋降头术。

⑫姎徒：古代西南少数民族语，指男子相互间的称呼。《后汉书·南蛮西南夷列传》：“（蛮夷）名渠帅曰精夫，相呼为姎徒。今长沙武陵蛮是也。”

⑬舞干：即文德感化。出自《尚书·大禹谟》：“帝乃诞敷文德，舞干羽于两阶。七旬，有苗格。”后遂以舞干指文德感化。

⑭习之辄工：辄，总是、就。工，擅长。大意是，一旦学习了，就非常擅长。

⑮蒲柳泉：即蒲松龄。蒲松龄别号柳泉居士，故称。

# 先室赵夫人继室邓夫人合传

余生凡一议婚而三娶。年十五，先妣为聘于李，李于余家世为婚媾。少秋先生余父辈也，中年蹭蹬名场，喜延揽后进[①]。余十余岁读书入云山寺时，先生亦携其儿辈来习制举业，嘉余少年劬学，以女字焉[②]。翌年，余补博士弟子员，先生喜为赠金襴雀顶[③]，手自冠服之。未几，试竣返里，先妣方为余议婚期，而李女遽以疾殒，年甫十有五耳。

又明年，余娶于赵外舅辅臣[④]。先生辰之宿儒，先世起家商业，以财雄乡里。夫人其长女也，小字桂子，生而庄谨寡言，年十八来归。结婚甫一月，余即出馆嵩溪张氏。未几，以学使张燮钧[⑤]师咨送鄂垣[⑥]留学。自是一岁一归，或间岁一归，归未匝月，辄复外出。夫人侍先太夫人撑持门户，日受训育，一醯一豉，庋藏井井，名姑妇而实若母女。

余生平好作客游，自己亥先太夫人见背，余游益远益浪漫，不恤其家。庚子富有票一役[⑦]，余家为官兵抄掠，夫人携数龄弱女流离丧乱，几至无以为生。时余方领兵鄂中，亦以是案几遭不测，闻家难未能相救也。

其后，余游学日本，归而治军江右[⑧]。家境稍康，而皆未携眷属同往。及罢官[⑨]再出，夫人已殁于故里矣。综计夫人与余结缡十余年，聚首日月不及三岁。唯掌教龙标时，自春徂夏，相处半年。归自江右时，由岁腊至翌年秋，相处十月有奇，是余夫妇琴瑟在御[⑩]最长之时期也。夫人之殁，余方以事羁长沙，未能凭棺一哭，终身引为巨恨。

翌年，杖期[11]服满，续娶于邓。邓江陵世族，所谓“南蒋北邓[12]”，俱以高资世宦著闻大湖南北者也。余官浏阳学博时，外舅邓蔚楼先生方尉是邑[13]，相得甚欢，遂以夫人室余。

夫人名继梅，字萼贞，性温婉而行朴俭，归余时才十九。其明年，余监督湖南高等实业学堂[14]，夫人亦入长沙周南女塾[15]。嗣以生育日繁，遂至辍学。

余在省日久，授课各校，而外被举兼充抚署参议。遇地方与中央交涉事，众辄举为代表，令赴北京请愿或会议。以是终岁仆仆，日无宁晷，门以内事，自子女教育，以至米盐凌杂，一皆以委夫人。夫人勤勤恳恳，未曾有一语之告劳，一事之推委，盖习闻[16]先太夫人之教，其所由来者渐也。

余世居辰中，山水蟠沮，道路艰险，为异日子弟求学计，不得不迁居长沙。于是以束脩所入，薄治田园，竹篱茅舍，豚栅鸡栖，一一皆夫人佐余经营，三年布置粗就，余欣然有陶渊明“吾爱吾庐[17]”之意。

逮辛亥革命，余交卸湖南左路巡防军统领事，应黎都督[18]招，东下组织临时政府[19]。汉阳之役[20]，金陵之役[21]，出入锋镝，身命且在不恤[22]，一家八口赡养维护更唯夫人是赖矣。

民国（六、七）〔五、六〕年[23]，余先后赴武陵、川南两道尹任，夫人皆携子女避乱沪汉夷场间[24]，未尝与之偕往。戊午秋，余佐凤凰熊公[25]襄办直隶河工[26]，始由沪上迎眷至天津同居焉。

翌年，余当选第二届国会众议员，夫人乃随余旅京邸。时以南中丧乱[27]，于皇城后小筑“瓠园”，相期栖隐。遭皖直战争[28]，国会会期适届满。夫人念北都亦非乐土，长沙田园不可久荒，商于余，携儿辈遄返湘垣。即以是年冬构疾，终于湘雅医院，年甫三十有二耳。

始余四十无子，自谓门祚将绝，及夫人诞育诸女，复生迁儿，余家宗祊绝而复续。其后三弟[29]生怡儿，余续娶任氏生平儿，门祚之兴，从此可卜。惜吾母及两妇俱不及见，为可悲耳。

夫名缙撰。

【注释】

①喜挺揽后进：延揽，招致收揽。后进，后辈。意思是喜欢跟后辈交朋友。

②以女字焉：意即以女相许。字，指女子许嫁。

③金襕雀顶：秀才衣冠。金襕，金色襕袍。襕，襕袍，一种上下衣相连的服装，明、清时为秀才、举人之公服。雀顶，清代举人和生员的冠饰。《清会典·礼部五·官员士庶冠服》："生员冠用银雀顶，带用乌角圆版，银镶边。"

④余娶于赵外舅辅臣：我娶了岳父赵辅臣的女儿。《尔雅·释亲》："妻之父为外舅，妻之母为外姑。"

⑤张燮钧：即张亨嘉（1847—1911），字燮钧，号铁君，福建侯官人。光绪九年（1883）进士，值南书房，官至礼部左侍郎，督浙江学政。

⑥鄂垣：湖北。指廖名缙于1891年就读于刚刚建立的湖北两湖书院。

⑦庚子富有票一役：指1900年唐才常领导的自立军起义。庚子，1900年。富有票，清末唐才常组织的会党"富有山堂"所散发的宣传票券，上书救国保民的政治宗旨，作为会员凭证。因自立军人手一张，故自立军起义官方称"富有票案"。

⑧江右：此指江西。

⑨罢官：被撤职。廖名缙于日本留学时，加入孙中山领导的兴中会。1904年归国后，在江西任左协军统领，驻师吉安。据江西同盟会主盟人蔡复灵在《我所知道的同盟会江西支部》一文中记述，当时廖名缙于吉安成立了兴中会分部。1906年，廖已升任

江西常备中军统领，其间参与策划了著名的萍浏醴起义。但因起义消息提前泄露，为革命力量免受更大损失，廖名缙暗中遣散革命同志。事后上司怀疑到他，但查无实据，不能查办，只好将其革职归里。

⑩琴瑟在御：女弹琴，男鼓瑟，喻夫妻情笃和好。语出《诗经·郑风·女曰鸡鸣》："琴瑟在御，莫不静好。"

⑪杖期：旧时一种服丧礼制。父母不在时，妻亡，夫为妻服杖期一年。杖，为居丧时拿的棒。

⑫南蒋北邓：以洞庭湖为界，南蒋，指临澧的安福蒋家，以大财阀蒋光业为代表；北邓，指江陵的沙市邓家，以超级富豪邓子彝为代表。此蒋、邓二氏系洞庭湖南北两大豪门世族。

⑬方尉是邑：正在此地当县尉。

⑭余监督湖南高等实业学堂：我任湖南高等实业学堂校长。监督，即校长。中华民国成立前，学校称学堂，而校长则称监督。湖南高等实业学堂，湖南最早的一所多科性高等工业学校，创办于1903年。

⑮周南女塾：即周南女中。1905年，朱剑凡"毁家兴学"，将长沙泰安里私宅改成校舍，办周氏家塾，最初只收本族亲属，后扩大招外姓女生。1910年，正式定校名为周南女子师范学堂。1916年，改为湖南私立周南女子中学，成为湖南第一所正规女校。

⑯习闻：常闻。

⑰吾爱吾庐：我爱我家。庐，泛指简陋居室。典出陶渊明《读山海经》："孟夏草木长，绕屋树扶疏。众鸟欣有托，吾亦爱吾庐。"

⑱黎都督：黎元洪（1864—1928），字宋卿，湖北黄陂人。1911年武昌起义后，被革命党人推举为湖北都督。

⑲东下组织临时政府：东下，东行。我国地势西北高东南低，故习惯称东行为东下，与西上相对。临时政府指的是中华民

国临时政府。廖名缙系民国初各省都督府代表联合会 43 名成员之一，参与组建中华民国临时政府，制定中华民国第一部具有宪法性质的文件《中华民国临时政府组织大纲》，并作为湖南省投票人参加了中华民国临时大总统的选举。

⑳汉阳之役：辛亥革命中最为残酷的阳夏之战，亦称汉阳保卫战。

㉑金陵之役：指辛亥革命中的南京光复战。

㉒身命且在不恤：身命，身家性命。不恤，不顾及、不顾惜。

㉓民国（六、七）〔五、六〕年：据本《佚文集》第七卷中廖名缙与熊希龄的电文，以及第八卷中关于任命廖名缙署四川永宁道道尹的“大总统令”，此时间系误记，正确时间应为“民国五、六年”。

㉔避乱沪汉夷场间：沪汉夷场指上海和武汉租界。夷场，亦作洋场，指租界。1917 年，军阀混战，湖南督军傅良佐弃城溃逃，长沙城内人心惶惶。廖名缙担心家人安危，嘱其弟廖名纲将家人送往汉沪租界暂避。

㉕凤凰熊公：即中华民国前国务总理熊希龄。因熊希龄是湖南凤凰人，故称。

㉖襄办直隶河工：襄办，协助办理。1917 年 8 月，直隶各县发生特大水灾，熊希龄被特派督办京畿一带水灾河工善后事宜，熊致电廖赴津襄助于他。

㉗南中丧乱：南中，南方。此指 1917—1918 年间的护法战争。

㉘皖直战争：亦作直皖战争。指的是发生于 1920 年 7 月 14 日，以段祺瑞为首的皖系军阀和以吴佩孚、曹锟为首的直系军阀，为争夺北京政府统治权在京津地区进行的战争。

㉙三弟：廖名缙唯一之胞弟廖名纲，字道根。廖本只有名纲一个亲弟，但因其在廖氏兄弟大排行中排第三，故谓之三弟。

# 附　廖氏八训八诫

**【题解】**

括号中文字为辑佚者根据“八训八诫”之内容简化。

## 八　训

吾子孙事亲当如戎州洪公龙门琚公之孝；（事亲要孝）
吾子孙事主当如顺昌澄公将乐居素公之忠；（事主要忠）
吾子孙处兄弟当如顺昌迟过遂蘧四公之友；（兄弟要友）
吾子孙为儒当如衡阳谦公衡山偁公之正；（为儒要正）
吾子孙读书当如桂阳冲公连州颙公之博；（读书要博）
吾子孙临民当如巨鹿觊公晋江正叔公之仁；（临民要仁）
吾子孙为将当如蜀化公巢永安永忠公之勇；（为将要勇）
吾子孙学艺当如平兴扶公云都瑀公之精。（学艺要精）

## 八　诫

崇邪说败彝伦非吾孙子也；（一诫崇邪说败彝伦）
弃正业习游惰非吾孙子也；（二诫弃正业习游惰）
好货财轻信义非吾孙子也；（三诫好货财轻信义）
听妇言疏手足非吾孙子也；（四诫听妇言疏手足）
远正人亲邪辟非吾孙子也；（五诫远正人亲邪辟）
急私利害公德非吾孙子也；（六诫急私利害公德）
逞巧诈好争讼非吾孙子也；（七诫逞巧诈好争讼）
恃血气习斗狠非吾孙子也；（八诫恃血气习斗狠）

民国十三年秋九月，名缙瓠塘氏补撰于京师黑塔寺宅。

# 第三卷 轶闻琐录

# 序　一

**【题解】**

此卷各篇均录自《楚南邵辰廖氏宗谱》，此文系该谱牒中《茔域志略》一章之小序。由于该卷内容为“轶闻琐录”，而谱牒中《茔域志略》与《轶闻琐录》两章内容接近，因而将此二章诸篇编为同一卷，引《轶闻琐录》章名为卷名，而将两章之小序分作“序一”“序二”。

传称古不墓祭[①]，以魂升魄降，祖宗之灵依主不依墓也[②]。然五父之衢[③]，孔子所悲，子孙之不可忽于先世丘墓，其义盖昭昭矣。

夫霜露之感贵贱同，然士大夫既有家庙，岁时荐新，自可致其焄蒿[④]，凄怆之忧，若在氓庶[⑤]，不几无以自达乎？是故事以义起，墓祭之兴，不以事不师古而废也。

吾家茔墓，自元以来，盖六百年矣，散在辰、宝两郡[⑥]数百里内者不知凡几。而吾浦一支，则仅在附近市镇十里、二十里之间，然数百年来，人事代更，废修培而缺展祀[⑦]者多矣。不亟录之[⑧]，后世将有叩之而不识其地者。作《茔域志略》。

裔孙名缙敬撰。

**【注释】**

①古不墓祭：远古时不祭墓。据唐杜佑《通典》载：“三代以前无墓祭，至秦代，始起寝陵于墓侧。”

②依主不依墓也：主，此指逝者之牌位。意思是（祖宗之

灵）不依墓地而依牌位。

③五父之衢：道路名，在今山东曲阜市东南。据《礼记·檀弓》载："孔子少孤，不知其墓，殡于五父之衢。"

④焄蒿：指祭祀时祭品所发出的气味，亦作"蒿焄"。此借指祭祀。

⑤氓庶：百姓。

⑥辰、宝两郡：辰州与宝庆两府。宝庆即今湖南邵阳市。

⑦展祀：扫墓祭祀。

⑧不亟录之：若不赶快记录下来。

# 序　二

《书》有之“聪听祖考之彝训[①]”，《诗》有之“绳其祖武[②]”，此凡为子孙者，所宜懔懔也。顾所以能为子若孙听且绳者，必恃此祖训祖武之犹能相传，而勿失士大夫上下古今，胸罗全史，淹雅鸿博[③]，著闻当世。叩以百年前若祖若宗之嘉言懿行，往往不能举其一事而道其片词，无他，家乘靡征，前无作者，后之人固莫得而述[④]也。

昔陶靖节[⑤]“悦亲戚之情话[⑥]”，杨子云[⑦]、颜延年[⑧]、潘安仁[⑨]皆善述其祖德。缙生恨晚，与吾游者，其言其行，吾闻之见之。与吾祖父游者，吾或闻之见之，或闻之而不及见之。与吾高曾游者，吾闻之而遂不获见之。高曾上不百余年，已如历史。以前鸿荒[⑩]茫渺，求之故籍，求之遗老，幸而获其一言一行，欣喜过望，已不啻图球共璧之可宝[⑪]。王逸少[⑫]序兰亭稧事[⑬]，以为后之视今，亦犹今之视昔。更百余年，我子我孙，求我今日所见所闻，亦必等诸图球共璧，可断言也。然则及我今日其又可无述乎？作《轶闻琐录》。

裔孙名缙敬撰。

**【注释】**

①聪听祖考之彝训：语出《尚书·酒诰》：“聪听祖考之彝训。”孔传：“言子孙皆聪听父祖之常教。”彝训，日常之教训。

②绳其祖武：原意是沿着祖先的足迹继续前进，亦即继承祖业。绳，续。武，足迹。

③淹雅鸿博：宽宏儒雅，学识渊博。

④固莫得而述：因此没法述说。

⑤陶靖节：即陶渊明。因陶公私谥“靖节”，故世称靖节先生。

⑥悦亲戚之情话：出自陶渊明的《归去来兮辞》：“悦亲戚之情话，乐琴书以消忧。”悦，取悦。情话，此指知心话。

⑦杨子云：即扬雄（前53—18），一作杨雄，字子云，西汉文学家、学者。

⑧颜延年：即颜延之（384—456），字延年，南朝宋文学家。

⑨潘安仁：即潘岳（247—300），亦名潘安，字安仁，西晋文学家。

⑩鸿荒：亦作“洪荒”，指混沌初开之世。

⑪已不啻图球共璧之可宝：球璧，泛指珍宝。此句意为，已不异于珍宝一般值得珍爱。

⑫王逸少：即王羲之（303—361，一作307—365，又作321—379），字逸少，东晋著名书法家，有“书圣”之称，代表作有《兰亭序》等。

⑬兰亭稧事：稧事，亦作“禊事”。指三月上巳在兰亭举行的一次修禊活动，亦是当地文人雅集于兰亭的文化活动。

# 麻溪铺头巾山

**【题解】**

此文写于1926年。题中“麻溪铺”系辰州廖氏始祖廖志祥茔域所在地。由于文中称其属沅陵县，因此极易与现今湖南省怀化市沅陵县的麻溪铺混淆。根据文中所述之距离及位置，此麻溪铺并非彼麻溪铺，而系今湖南省泸溪县浦市镇麻溪口村。麻溪口在浦市下游十余里处，临沅江北岸，附近有一村落名廖家村，且有一溪流注入沅江，与此文中所述完全吻合。

历史上浦市及周边乡域曾属沅陵县辖。《宋史》卷四百九十四有载：“沅陵之浦口，地平衍膏腴。”《元史》卷二十七亦有载：“丁亥，罢沅陵县浦口千户所。”其中的“浦口”即浦市旧称。明、清至民国初，浦市镇归属较复杂，沅陵和泸溪两县曾同时在浦市镇设过巡检司（沅陵为“池蓬巡检司”，泸溪为“溪洞巡检司”），康熙年间才将两县设于浦市的巡检司撤销，改由辰州通判直管。直到民国四年（1915）省府下令将浦市全镇及沅江西岸地划归泸溪后，浦市镇及其周边乡域才全属泸溪县管辖。此文中所述之“麻溪铺属沅陵县”系旧制，因廖名缙撰写此文时离开家乡近三十年，离开长沙定居北京亦已整十载，故对麻溪铺后来归属之更易或许不很清楚。

麻溪铺位于浦市镇下游十五里，临沅水之北岸。此谓北岸而非西岸，是因为浦市地处沅江西岸，但沅江在浦市入云山下向东拐去，于是地处浦市下游的麻溪铺便处于沅水之北岸。而如今的沅陵县麻溪铺镇则距浦市有百余里之遥，且地处沅江东岸十余里的地方。可见此文中所述之距浦市镇十五里，处沅江北岸的麻溪铺，非现今沅陵县之麻溪铺，当为泸溪县浦市镇麻溪口。

麻溪铺属沅陵县，在浦市镇下游十五里，临沅水之北岸。溪流入沅，石桥亘之，桥侧有廖姓村落。此中人历世以耕稼为业，樵山钓溪，不涉尘市，有世外桃源之风，其字派皆在我辈之上。同治朝浦市已无友字、显字两派，而彼处字派轮取，甫及于此。

沿溪上行里许，一山岿然，状类儒巾，即头巾山也。山开阳阿[①]，俗名灯盏坨。祖茔数十家，志祥公之碑在焉。碑不甚隆，而字迹尚明，记其葬此年月为元末时矣。

山富煤矿，名缙幼时闻父辈尝言，咸丰时，因土人掘煤，吾家恐伤地脉，禁之不止，曾与构讼者累年，其后讼事得直[②]，官虽示禁，而土人恃蛮横抗，开掘自若。往岁父辈尝偕嵩溪族众登山祭扫，焚其煤工所构茅棚数所。土人鸣锣聚众，持械来攻。父辈踉跄奔逃，几于不免。

名缙游泮[③]之年，亦尝偕叔父云樵公及绅、纲诸弟一往拜扫，仍见土人挖掘煤窿者数处。彼时以人少势孤，不能过问。今相隔四十年矣，未知族人尚有问及此事者否？

按：头巾山为我族迁浦始祖所葬，为我与辰、溆二族公共发祥之地，决不能任人斫害，为子孙者置之不问。时我先人既争讼不决，名缙又弱冠离乡，前清时以游学海外，归而统兵服官，率远在数千里外，未能岁时祭扫，长依先人丘墓。民国以来，丧乱频仍。余羁旅北都，忽忽十年，年齿日衰，去乡益远。常念时局稍平，终当以垂暮之年，遄返家园，省视垄墓，应修复者修复之，应诉理者诉理之，庶以稍尽为人子孙者之职。顾今日强藩割据，寇盗纵横江湖，满地烽火连天，太平景象恐非吾身所能重睹，此则不能不以俟诸后世子孙矣。

**【注释】**

①山开阳阿：指山朝东向。阳阿，古代神话传说中的山名，朝阳初升时所经之处。

②讼事得直：原败诉方上诉后改判胜诉。

③游泮：明、清科举制度，经州县考试录取为生员者就读于学宫，称游泮。

# 楠木洞廖家坡

楠木洞属泸溪县，在浦市镇西北三里许。由市后清水坪经古牛岩花园坪，以至五经坡，高三里许，山半有古营垒遗址，昔时土酋姚三老据此以抗官军。野老相传，语多荒怪，邑乘无征，等诸齐谐[①]可矣。

山路陡绝，山顶作丫髻形，髻丫隘处甫能通骑。逾岭西转至楠木村，村左为楠木洞，洞右有平冈焉，形如覆釜，古称廖家坡。此地于千岭万壑中，忽呈丰衍秀夷之峦头[②]，形家[③]最所贵异。我祖葬此时，意必有名堪舆家如杨救贫、廖金精其人为寻脉点穴，而后得此也。

光绪乙酉，名缙曾偕叔父云樵公、姑丈李瀛洲先生及绅、纲、纯三弟，以春正月往展先茔，祭扫之余，就洞口汲泉炊饭。叔父、姑丈方共小酌，余弟兄辈秉烛入洞，历探盘龙石、千丘田、猪圈门诸胜。末至一处，石柱双立，其大数抱，中喷瀑布，骇目惊心。转侧间灯烛熄灭，默念“上有悬岩，下有深潭”，举步即陷绝境，兄弟二人相与枯坐待死。

此时日已向暮，叔父、姑丈偕绅弟等在洞口探视，瞥见伟丈夫高数十尺，背负竹篓，携一绿衣女子，赴石壁阴处冉冉而没。顷之，大声发于洞底，如迅雷巨炮，震人耳鼓，惊沮不敢复入。往觅村人，适值新岁，皆相率出猎。比夜半[④]，始得数十人，各携灯火，相偕入洞，分途搜寻，幸而得出，重庆更生[⑤]。

归途至五经坡顶，已闻村鸡喔喔，东方既白。俯视城郭，皆在晓雾蒙蒙中，未知蜃楼海市，视此正复奚如[⑥]？

抵家，则先慈倚闾伫立，望眼欲穿，讶问何以此时始归？告以故，惊极而涕。始知人子奉父母身，临深履薄[⑦]，不可不时怀戒慎恐惧之心也。

余归后拟作《楠木洞游记》摹勒洞壁，以告后之游者，记虽构就，至今未能上石也。

【注释】

①等诸齐谐：等同于各类奇闻逸事。等，等同。齐谐，《庄子·逍遥游》："齐谐者，志怪者也。"

②峦头：风水学术语，指山脉的形势。

③形家：以选择宅基、墓地为业的人。

④比夜半：等到半夜时分。

⑤重庆更生：再庆新生。

⑥奚如：如何、怎样。

⑦临深履薄：意即如临深渊，如履薄冰。

# 花园坪

【题解】

花园坪在廖名缙老家湖南省泸溪县浦市镇西北郊五经坡脚下，属浦市镇岩门溪村，如今这里是一个村庄。

花园坪在市北三四里许，余祖妣外家[①]唐氏宗祠在焉。祠外倚山隙地[②]，奇石林立，因构园亭，故此地遂得花园坪之名。

园后即唐氏先茔，相传此地为颠和尚所点。下窆[③]时，颠和尚坐大椅上，忽连人带椅颠翻而下，大呼“倒插金钗”而去。葬后，唐氏衰替，而女家独旺，人谓金钗之谶不爽云。

【注释】

①外家：女子出嫁后称娘家为外家。

②倚山隙地：近山的空地。隙地，指空隙的地带，即空地。

③下窆：下葬。

# 齐家园

齐家园在浦市永定门[①]外，其地与九母殿[②]相近，属泸溪县境，三世祖仲贵公葬此。

名缙十余龄时，曾随先四叔父云樵公至此祭扫。墓已半塌，碑志尚存。西北为菜圃，东南逼大道。

墓近数百年，子孙疏远，岁时祭扫，恒付缺如[③]，故土人得而恣其侵占。樵采之禁，封树之役[④]，不能不以俟之我子孙耳。

**【注释】**

①浦市永定门：原系廖名缙的老家浦市古镇镇西南旧时护镇城墙的一座城门，现已毁，无存。

②九母殿：在浦市古镇原永定门外，与帝主宫、苏州馆相邻。

③恒付缺如：长期欠缺。

④樵采之禁，封树之役：意指禁止砍伐，修坟植树之事。

# 葛木洞

葛木洞属泸溪县境，在浦市北三里许。由古牛岩花园坪顺石路北行，有亭焉，俗称葛木洞亭子。渡溪上山，不半里，至茔地。山多奇石，玲珑剔透，美者不让太湖。

光绪末，余由江西卸任常备军统领归，买宅沅水湄，小构园亭，尝取石于此。其地与本市杨徽五先生家茔界相联，杨为世交。老辈谓取石有碍风水，予遂因而中止。

山临清溪，溯溪上行，有瀑布焉。乱山辏集，四临绝壁，一水由百丈岩巅喷薄直下，冲啮壁根，因成巨潭，卷雪跳珠，白日雷殷。向南石涧，宽才丈许，瀑满潭溢，清流一道，即从此屈曲而去。其间石栈高下，可履可坐。潭中多龟、鱼、虾、蛙之属。上则藤萝交阴，杂花四缀。下则荇藻石发，参差萦拂。夏日坐此，凉入心脾。余每祭扫，以其余时必偕家人至此一游。此地俗称锅子潭，与柳子厚《永州山水记》[①]中所谓钴鉧潭[②]者，同一因形命名意耳。

**【注释】**

①柳子厚《永州山水记》：柳子厚，即柳宗元（773—819），字子厚，河东解（今山西运城市西南）人，唐代文学家、哲学家，“唐宋八大家”之一。《永州山水记》即柳宗元被贬湖南永州期间所著之系列山水游记。

②钴鉧潭：柳宗元在永州写的八篇山水游记《永州八记》中第二篇所述之潭。钴鉧，熨斗。钴鉧潭，形状像熨斗的水潭。

# 蛾眉湾人形山铁炉冲

蛾眉湾属泸溪县，在浦市镇之北头，浦溆[①]弯环，云物明秀，其形宛若修蛾之眉，故谓之蛾眉湾矣。湾头有山，如人端坐，称人形山，庄正严肃，不可狎玩。

沅水南来，抵山麓折而东。登山骋望，则山川相缪，郁乎苍苍[②]。巫黔之木材，五溪之舸舰，如凫如雁，顺流直下，长年三老[③]打桨相向，皆作鞠躬拱揖之状。而估舶过市，例必斩牲酹江，以祈神祐，俗谓之打神福。打神福时，祭江者必植香烛于舷篷之唇[④]。相传旧时堪舆家谓，此地“朝有千人作揖，暮有万人栽香”，必为子孙显贵之征。

山麓有黔王宫，祀唐将南霁云[⑤]。岁时迎赛[⑥]，锦伞银舆，鼓乐阗阗，充闾溢巷，承平景象，至今如在目前。

山左为入云山寺，梵宇琳宫，备极庄严。寺外古树参天，亏蔽赤日。寺脚直插江心，有水星阁矗立其上，绣槛雕甍[⑦]，无风铃语，实为沅水流域佛刹之冠。

此寺原名龙兴寺，创于明洪武时。碑载捐建功德人名，以余家为最多。余祖、余父及诸叔伯，下逮余身，皆尝读书其中。寺之僧与余论世交焉。

此山旧有余家墓田数亩，在入云山寺之右，岁久失业[⑧]。光绪末，余自江西交卸军统[⑨]归，修理先茔，思赎归，以业主索价过奢，力所未逮。乃购入云山寺迤东山田十余亩，并赎归先世出典之蛾眉下湾渡船口旧日老屋地基三处，以为异时建墓庐、供祭扫之用。今时乱如此，区区微愿，遂恐终虚。为人子孙，轻弃先垄，我祖我宗，亦复何贵有此后裔耶？思之令人颡泚盈盈[10]也。

**【注释】**

①浦溆：水边。

②山川相缪，郁乎苍苍：山水环绕，一片苍翠。出自宋苏轼《赤壁赋》："西望夏口，东望武昌，山川相缪，郁乎苍苍。"

③长年三老：篙师和舵工。唐杜甫《拨闷》诗："长年三老遥怜汝，捩舵开头捷有神。"仇兆鳌注："蔡注：峡中以篙师为长年，舵工为三老。"

④舷篷之唇：船篷的边缘。唇，边缘。

⑤唐将南霁云：唐朝玄宗、肃宗时期著名将领南霁云（712—757），因排行第八，人称南八，勇武过人。在安史之乱中，协助张巡镇守睢阳（今河南商丘），屡建奇功。后睢阳陷落，南霁云宁死不降，慨然就义。浦市一带建有多处黔王宫，供奉南霁云。

⑥岁时迎赛：岁时，每年到一定时候。迎赛，迎神赛会之省称。湘西泸溪县浦市地区每年农历三月初六（据说这一天为南霁云之冥诞）都要举办大型抬黑龙迎神赛会，即用仪仗和鼓乐等把黑龙菩萨（南霁云）神像从黔王宫中迎出神庙，举行祭会，抬出周游街巷，以求其保佑风调雨顺、消灾赐福。

⑦绣槛雕甍：形容建筑装饰华丽。绣槛，彩绘细致的栏杆。雕甍，有浮雕装饰的屋脊。

⑧失业：丧失产业。

⑨军统：常备中军统领之简称。廖名缙曾于1904—1906年在江西省任常备中军统领。

⑩颡泚盈盈：惭愧不已。

# 龙舟竞渡之案

**【题解】**

此文在记述廖氏辰溪嵩溪、溆浦白岩二支去浦原因的同时，书写了湘西浦市当地传承千年的民俗活动——龙舟赛。龙舟赛各地都有，然浦市龙舟赛却独具特色。其赛事系横江而渡，开赛亦无须有人发令，双方甚至无须对话即可开赛，但同色旗队之间从不相斗，而且比赛并无终点线，临岸时以头桡手谁先跳桡（即最前面的桡手跳下船）为胜者。胜方会以各种形式羞辱对方，输者气不过时双方即会出现械斗，甚至会出现人员伤亡。廖名缙在文中记述，廖氏嵩溪、白岩二支当初均居浦市，都是因在龙舟赛上与人斗殴伤人惹上官司而避难外迁。

有意思的是，廖名缙在文中还写到他对屈原《九章·涉江》中的“枉渚”所在地即是浦市的推测，并指出具体位置乃入云山下，“沅水湾环，或谓即《楚辞》之‘枉渚’”。

龙舟吊屈，相传最古沅水流域此风尤盛。盖三闾怀沙虽在汨罗，而辰阳、枉渚，实其憔悴行吟最悲最久之地。浦市地接辰阳，沅水湾环，或谓即《楚辞》之“枉渚①”。

每岁端阳龙舟赛会，上自渔潭，下至马嘴岩②，亘三四十里间，红白分旗，拏轻舟而来竞者以数十计。余族旧居市尾之蛾眉湾，丁口繁盛，以一姓独出一舟，集丁壮之工操楫、善游泳者相与竞赛。盖自祖宗以来，即已故事相沿。唯五溪之间尚气好武，往往因竞渡夺镖，酿成械斗，官吏禁之而不止。

余家老谱所载，辰、溆二县所属嵩溪、白岩两族，其祖皆居浦市，皆因竞渡伤人，官中捕拿，遂致流离颠沛，著籍异县[③]。考嵩溪始迁祖景胜公，白岩始祖景德公，与我四世祖景开公同为兄弟，推其年代，当在有明隆庆、万历之间。尔时承平日久，休养生息。我四世祖兄弟辈心皆材武壮盛，矜侠任气，以致成此大狱，室家摧毁，几于骨肉不保，此后世子孙所宜引为鉴诫者。然去邠邑岐[④]，患难播迁，正古人蹶兴创业之资[⑤]，辰、溆二族今日所以丁口发达胜于浦市者，亦未始不以此也。

**【注释】**

①枉渚：河中弯形的小洲或弯环的水岸。枉，弯曲。渚，水中的小洲或水边。屈原《九章·涉江》中有“朝发枉渚兮，夕宿辰阳”句。根据屈原所乘舲船逆水行舟的速度及朝发夕至的时间测算，其距离最多五十里左右的水路，刚好是浦市至辰阳的距离。并且无论将“枉渚”看作弯环的江岸还是水中的小洲，都正好与浦市的地形相符。廖名缙由此推测浦市即屈原《涉江》中所提及的“枉渚”。

②上自渔潭，下至马嘴岩：渔潭和马嘴岩是沅江流域浦市上游不远的一处地名和下游不远的一处景点名。

③著籍异县：落户异县。著籍，落户。

④去邠邑岐：指异地而居，重建家园。典出周太王避戎，率周族从邠地迁于岐山周原，首建周国，继而创立周朝的故事。

⑤正古人蹶兴创业之资：证古人崛起创业之资。正，通“证”，证实。蹶，挫折。蹶兴，指遇挫折后在逆境中奋起。

# 思乙簿

浦地尚醮祠[①]，道士为人家修斋醮[②]祈冥福者，例有荐神之表疏[③]，其末必书子孙名氏，乡俗命曰“思乙簿”，不知所取何义。余家旧藏思乙簿一册，列名者“京”字、“复”字两派，计不下百有余人一支。如此合族，可想故知。

竞渡伤人后，吾族犹自蕃盛[④]。不识二百年来，浦族萧条，何以遂至于是，岂人类与植物同一迁地为良之理耶?

**【注释】**

①尚醮祠：崇尚斋醮祭祷。醮祠，斋醮祭祷。

②修斋醮：一种道教仪式。道士身着金丝银线的道袍，手持各异法器，吟唱着古老的曲调，在坛场里翩翩起舞，谓之依科演教，简称科教，亦即做法事，俗称做道场。

③表疏：泛指奏章。

④蕃盛：繁茂、兴旺。

# 李氏字派

李表叔云衢，祖代由兰溪迁浦，失其族谱。其子孙命名，字派为余祖父所代定，盖出余曾外祖母[①]之请云。

**【注释】**

①余曾外祖母：据廖名缙在《孺慕琐录》中所述，其曾外祖母有两位，一位系广东南雄直隶州知州姚澍之妻陈氏，另一位则系姚澍之嫂李氏。李氏出自浦市镇豪门李氏一族。姚澍因其兄英年早逝无后，遂以其长子姚复亮为兄延续香火，由是李氏亦为廖名缙之曾外祖母。此处当指李姓曾外祖母。

# 新桥旧肆

余太高祖世容公以商业起家，高祖友智公继之，经营日盛，遂致巨富。

旧肆在市北德星桥（俗称新桥）头，所贩油、盐、粮食诸货，而以桐油为大宗，以桐油固浦市特产。陕西、汉口之客挟巨资来市采购，运售长江流域，为涂饰家屋船舶之用，岁出亿万计。

余家肆中桐油，皆取自市北小麻、岩头山、担竿寨等处。故余家祖产尚有小麻、石朝玺等典售田亩，闻系当日负债抵偿之物。自余曾祖弃贾而儒，遂以此肆为祖姑母赠嫁莫氏之奁资。莫氏又传三代，易其店牌为“新盛”云。

# 书院均户

乾隆末年，有苗变之役[①]，浦市为苗匪所出入。辰沅永靖道傅重庵[②]观察办理平苗善后事，均民田，饷屯兵[③]，以其余为地方建书院、课士子焉。三厅而外，泸溪、麻阳二县皆在均田之列。

余家高祖友智公有田万亩，实浦市均户巨擘。两百年来，余家祖孙父子岁应观澜书院课试，卷面必填“均户廖友智”字样。考入肄业，岁可得奖谷一二十硕，寒士饘粥因以无虑。盖食我旧德，即以当服我先畴[④]。民国后，书院改为学校，告朔之饩羊[⑤]无存矣。

**【注释】**

①苗变之役：指乾州厅（今吉首市）平陇人吴八月于清乾嘉年间领导的苗民反清起义。

②傅重庵：即傅鼐（1758—1811），字重庵，顺天（今北京）宛平人。清朝大臣，时任辰沅永靖兵备道员。

③屯兵：原指屯田垦荒的军队，平时垦荒种田，有军务时则作战。但浦市的守城屯兵无须垦荒，他们所种之田主要是由浦市当地热心公益的富商们所捐献。

④服我先畴：种我先人所遗的田地。服畴，即种田。先畴，指先人所遗的田地。

⑤告朔之饩羊：周代天子于每年冬季把第二年朔政分赐诸侯，诸侯于月初祭庙受朔政称为告朔。饩羊则是每月初一诸侯举行告朔之礼祭祖庙时用为祭品之羊。文中以告朔之饩羊，比喻原先可从官府所得的奖谷。

# 南瓜饭

乾嘉时，浦地与余家同为富户者，有杨、李二姓，亦皆饶于田产。

乡俗每岁秋成，田东[①]征租于佃。视岁谷丰歉，用东佃均分法[②]。佃户欲获某田，先日报告田东。翌晨，由田东派丁下乡，分取租谷。田多者必雇临时佣工，日数十百人。维时秋阳酷烈，例予雇工以蔽日之具，杨氏斗笠，李氏以纸伞。雇工分租回，皆径领一日佣赁而去。唯我家则煮瓜烹豆，更为具一晚膳焉。故时人为之语曰："杨家斗篷李家伞，廖家有顿南瓜饭。"盖豆区釜钟[③]，亦祖泽留贻之一事耳。

**【注释】**

①田东：田主，俗称地主。

②东佃均分法：地主招佃时的一种方法，由地主和佃户双方根据佃户所选的田地情况确定次年所交租谷的数量。

③豆区釜钟：原指春秋时期齐国的四种量器。据《晏子春秋·内篇问下》载："齐旧四量，豆区釜钟。四升为豆，各自其四，以登于釜。釜十则钟。陈氏三量皆登一焉，钟乃大矣。"当陈氏借给百姓粮时，则"以家量贷，而以公量收之"。因此百姓人心所向，逐渐归于陈氏。文中以四种量器比喻比别人多予民一点好处，就赢得了人心。

# 断桅子

余家旧宅在市西后街李家衖西口之左右，墙壁峻整，厅堂宏邃，连甍接栋，占街衢之东西面者几遍[①]。余曾祖旧居则在衖左出口转角处，门前有双旗竿。

旧例贡成均者[②]，得领官币，为建明经坊[③]，并立旗竿之用。此则余曾祖熙堂公应贡时建筑物也，兵火以后，仅余半段，故市人又称其地为断桅子云。

【注释】

①几遍：几乎遍布。

②贡成均者：贡入国子监之贡生，如拔贡、岁贡等。廖氏五代人之内曾出过四个拔贡、九个岁贡。

③明经坊：旧时为表彰科第所立的牌坊。明经，即明、清时对贡生的尊称。

# 文昌画像

**【题解】**

文昌，乃文昌帝君之省称。文昌帝君亦称梓潼帝君。由于文昌帝君有秀才宗师之称，因此旧时儒生常将其画像挂在家中祀之。

咸丰时，余祖父鼎五公居印家桥宅，实为余所生之地。太平军扰浦，全家避乱山中，宅为匪军所占。匪去，置火药于浴斛，柱香火其中，将俟去远而爆毁之。

贼退，余父由山中归时则香熄，而药不发。视神龛上，亦载火药于铜垆，香炷其上，已焦燃矣，因壁上文昌像轴下覆而熄。故余家以神实祐助，世奉此画像不废。余幼时此轴破碎，已不堪张挂，犹卷而供之神龛之傍，今亦不知其何往矣。

## 分粟赈饥

道光己酉年，东南大饥，赤地数千里。余家藏粟尚多，余祖发之。除备家人饘粥外，胥[①]以分给亲邻，所全活者甚众。至今市人犹能言之。

**【注释】**

①胥：都、全部。

# 张国玉先生

张国玉先生设造纸厂、米酒店于下湾之渡船口。余祖馆入云寺时[①]，每过其肆，必中途小憩，与谈乡曲琐事。先生善谐能饮，以贾人而具名士风流，实为吾祖酒友之一。

**【注释】**

①余祖馆入云寺时：廖名缙的祖父廖荣禄在家境尚未败落时，曾在入云寺学馆任塾师。至几个儿子先后英年早逝后，为资助寡媳孤孙生计，才在市中开药肆，半医半贾，同时在其肆中教授幼年的廖名缙及其他孙儿们。

# 莫让先生之命名

表叔父莫先生应武试，求余父命名。余父谓世间命名，唯莫姓最难，以吉语皆可变成反语也。既而矍然[①]曰：“得之矣！吾命子[②]以‘让’。”先盖名而不姓，可表谦德；姓而兼名，可表勇德，以应武试，尤为相宜云。

**【注释】**

①矍然：跃然。

②子：你。用于尊称对方（通常指男性）。

# 松圃公

族伯父华夏公，字松圃。其家初本寒薄，得拔贡后，将计偕入都，亲友赠程仪[①]，积二百金。因事梗不克北上，乃以此金渐营商业。辰溪地产茶油，公每岁于茶实[②]未熟时，贷钱山农，秋收茶实，取孳息焉。积数十年，竟至富冠一乡。

为人敦厚严重[③]，生平笑比河清[④]，族中子弟多惮见之。惟余至，则公款以客礼，留之饭，蒸臈豚腊，备极乡味之丰甘，每语余曰："汝我所喜也。"盖余少时，学使按临，每试必冠其曹[⑤]。公之奖，借以文学[⑥]励族众耳。

**【注释】**

①程仪：旧时赠送旅行者的路费。亦称"程敬"。

②茶实：茶籽之异名。

③严重：指为人严肃稳重。

④笑比河清：河，黄河。语出《宋史·包拯传》："立朝刚毅，贵戚宦官为之敛手，闻者皆惮之。人以包拯笑比黄河清。"意指想要见到包拯一笑，简直就如想要见到黄河水变清一样难。形容一个人态度严肃，鲜露笑容。

⑤冠其曹：冠，居首。曹，众人。意为胜过其他人。

⑥文学：文章博学。

# 三祖姑

余有三祖姑，一适张，一适李，一适莫。张、李皆居市。张氏无后。李氏有一子，以装裱书画为业，颇擅技巧。莫氏设肆新桥城内，世营染业。其家本居市蚂蝗溪[1]，今子孙犹能世守农商之业。

**【注释】**

①蚂蝗溪：今湖南省泸溪县浦市镇马王溪村，位于浦市镇西十余里。

# 田太夫人外家

余高祖妣田太夫人之外家，居市后古牛岩[①]之田家村。村废，族姓迁居村东半里许之后弄[②]。同治中，先王父居中湾桥子坑宅。时西院即邻后弄，田氏舅犹与余家往来，相称以老表，然则皆农家者流矣。

**【注释】**

①古牛岩：地名。浦市镇西北向约三里处花园坪附近。

②后弄：浦市镇街道旧胡同名。

# 余之父挚

余所知余父生平兰谱之友①，唯乾州杨秋帆先生、同里吉景焕先生、黔阳廖先生②。杨为（勇）〔刚〕介公昌泗③之孙，以荫生作部郎④，是余父在北京日所识⑤。

吉先生殁，余父为作挽联云："黄土无情埋玉树，白头有恨折琼枝。"盖先生捐馆时，尚有老母在堂云。以上皆闻之先母姚太夫人者。

**【注释】**

①兰谱之友：金兰之交。兰谱，即金兰谱，指结拜兄弟时互相交换的帖子，上面写着自己家族的谱系。

②黔阳廖先生：指湘西黔阳著名诗人廖玉琅（1843—1912），字环陔，龙标安江（今湖南省怀化市洪江市安江镇）人。廖玉琅有诗集《澹园余墨》传世，其中录有廖名缙为该诗集题写的七绝四首。

③（勇）〔刚〕介公昌泗：即杨昌泗（1783—1858），字廉泉，湖南乾州（今湖南省湘西自治州吉首市）人。清道光间以武生擢至总兵。咸丰间从攻太平军于湖北，累擢至延绥镇总兵。后赴豫镇压捻军，卒于途中。谥刚介。然廖名缙文中记述为"勇介"，《旧典备征》卷五及《中国名人志》第十二卷等则为"刚介"。

④荫生作部郎：荫生指上代有功勋被特许为具有任官资格的人。部郎则指旧时中央六部中的郎官。

⑤是余父在北京日所识：廖名缙的父亲廖华菁于同治癸酉年拔萃贡成均，次年赴京朝考，在此期间所识。

# 汪鹄秋祖姑丈

**【题解】**

汪鹄秋，名魁，字鹄秋，辰中宿儒汪树芝之子。有文才，性情乖张，然屡试不第。曾入幕李元度、席保田军中，平贵州金竹乱后，因功而获授教谕之职。晚年主讲浦市观澜书院，廖名缙之父、伯、叔考中秀才后，均于该书院肄业。

余祖姑丈汪鹄秋先生，熙志明经[①]，树芝先生子也，余父昆季皆师事之。

先生工书能诗。少时佐李次青[②]、席砚香[③]诸帅平贵州金竹乱[④]，以功叙教谕[⑤]。暮年归里，主讲浦市观澜书院最久。

为人跌宕[⑥]酒诗，不拘边幅。在军日尝醉登席公之床，手摩其顶，如杜工部[⑦]之于严节度[⑧]谓严挺之乃有此儿[⑨]也。(李)〔席〕公[⑩]不以为忤，然生平蹭蹬基此矣。

诗笔超妙似李太白，客游中赠答颇富，以不自矜重散殆尽。予仅记其游浦峰寺二断句云："箬篷[⑪]载酒过江来，满寺顽云拨不开。"风概即此可想。

有子曰松生，幼极颖慧，学未成而遽夭，汪氏遂以无后。

临澧鲍蓉泉学博曾采其诗入《黔游集》，余少时在长沙见之题为《咏蝶》辞，则不复能记矣。

**【注释】**

①熙志明经：立志入贡成均。熙，兴起。熙志，立志。

②李次青：即李元度（1821—1887），字次青，自号天岳山

樵，晚号超然老人，湖南平江人。著作等身的儒将，早年为曾国藩幕僚，后官至贵州布政使。

③席砚香：即席宝田（1829—1889），字研芗，一字砚香，湖南东安人。清末湘军将领。以诸生从军，转战湖南，败石达开，解宝庆围，同治间擒洪仁玕、洪天贵福，六年入贵州镇压苗民起义，用兵五年，克台拱，擒张秀眉，累功官至布政使，赠太子少保。

④贵州金竹乱：即咸丰五年（1855）爆发的黔东南苗民大起义。这场起义一直延续到同治十一年（1872），以苗军兵败乌东，其首领张秀眉被席宝田擒获，押往长沙斩首而告结束。

⑤以功叙教谕：意即论功授予教谕职。叙，按功提升、任用。

⑥跌宕：放纵、不拘束。

⑦杜工部：即唐代诗人杜甫。因其曾在剑南节度府任参谋，加检校工部员外郎，故称之为杜工部。

⑧严节度：即严武（726—765），字季鹰，华州华阴（今陕西华阴）人。唐朝中期大臣、诗人，中书侍郎严挺之之子。杜甫因安史之乱流寓成都，时任剑南节度使的严武委他为参谋，任检校工部员外郎。

⑨严挺之乃有此儿：语出《旧唐书·杜甫传》："尝凭醉登武之床，瞪视武曰：'严挺之乃有此儿！'武虽急暴，不以为忤。"大意是，严挺之居然有你这样的儿子！

⑩（李）〔席〕公：根据文意，此处应为席公。

⑪箬篷：用箬叶等编制的船篷。

# 嵩溪风景

**【题解】**

嵩溪乃旧地名，在今湖南省辰溪县修溪镇境内。浦市廖景胜及其后人，因龙舟赛与人斗殴伤人惹上官司之后，就一直避居于此，嵩溪便成了浦市廖氏辰溪一支之发祥地。

嵩溪卓荦坪风景绝佳，为吾族景胜公后裔所居，前临广阜，后拥层峦。山腹有石洞，喷泉瀌瀌，流而为溪。溪发源处，奇石林立，天然似云林①画幅。余少时馆牛栏坪②张氏，相去才数里，课余往游，每至辄留连不忍遽去云。

**【注释】**

①云林：即元代画家、诗人倪瓒（1306或1301—1374），初名珽，字元镇，号云林子，以画山水、墨竹见长。

②牛栏坪：隶属湖南省辰溪县修溪镇，毗邻嵩溪。

# 李午亭太姻丈

李午亭先生为天全州牧[①]光宣公之子，与余祖同师汪树芝先生。其子六渠、云阶两先生，又与余父同师汪鹄秋先生。余长姊如意即适六渠公长子芷汀兄，而六渠先生又为名缙之师。

同治中，两家所居同在蛾眉湾，父辈朝夕过从，几无虚日。甲戌，余父朝考，北上艰于资斧[②]，午亭先生实襄助之。今其家式微矣，唯吾师六渠姻丈出继子子玉君，尚能继其世云。

**【注释】**

①天全州牧：天全州知州。天全州位于今四川省雅安市天全县一带，清雍正以前为高氏土司统治，清雍正六年（1728）改土归流设天全州。

②艰于资斧：缺少旅费。资斧，旅费、盘缠。

# 凤仪先生

嵩溪族兄凤仪先生，名名来，亦余父辈之师。古貌古心，数数往来余家，所谈皆身心性命之学。有两子盛祜、盛祺，皆英挺能文，惜并夭折。

# 老辈之礼节

余祖父年逾六旬，灯下能于红笺[①]上作小楷，为生徒改政[②]文字，未尝草书。

岁时贺节，必亲踵姻戚长辈之门。江东村姚氏、印家桥李氏，余两外曾祖母在日，每岁朝[③]，吾祖登堂展拜，修子侄礼，必恭必谨。余虽年幼，今犹忆之。此风可再睹耶？噫！

【注释】

①红笺：红色笺纸，古时多用以题写诗词或做名片等。

②改政：改正。

③每岁朝：每岁旦，指每年阴历正月初一。

# 姑丈李瀛洲先生

余姑母[①]适李瀛洲先生，中年无子，姑母以奁资代置簉室。既而终不孕育，乃取弟妇子[②]奎宸为嗣，堕地即襁送姑母家。

儿时善病，余姑母抱持调护，常终夜不寝。病愈，弟妇又以细故龃龉，数数索还[③]。艰难百折，始获成立[④]。李氏不绝，姑母一人力也。

瀛洲先生不事家人生产[⑤]，善风角星命之术。能作擘窠书[⑥]，又喜莳花木，饲禽鱼。姑母赞之，有白首相庄[⑦]之乐云。

**【注释】**

①余姑母：指廖名缙的姑妈廖华萱。

②弟妇子：即侄子。

③以细故龃龉，数数索还：以小事借故抵触，屡次想把孩子要回去。细故，细小而不值得计较的事。龃龉，指不相投合、抵触。数数，即屡次、常常。

④始获成立：指孩子终于过继成功。

⑤不事家人生产：此指不从事一般人所从事的生计。

⑥擘窠书：即大字书法，或谓擘窠书法。擘窠，指大字。

⑦相庄：即夫妻之间相互尊重。

# 乩　仙

余在天津河工署①，尝倩人②请乩仙作笔录。吾母降坛，告余现居兜率天③，从事念佛，属余速修净土④。询吾父托生何处，则言：汝父生平品学交修，没后仍归人道，托生河南顾氏，现在处境甚好，不必悬念云。

**【注释】**

①余在天津河工署：1917 年直隶大水灾之后，廖名缙被调往直隶河工处担任修理五河图志总纂、直隶水利委员会文案。河工署设天津。

②倩人：请托别人。

③兜率天：佛教谓天分许多层，第四层叫兜率天，此天的内院是弥勒菩萨的净土，外院是众生所居之处。

④修净土：指修佛。

# 姚开源先生

先生浦之老儒，为人古貌古心，喜究方伎，医卜星相无所不习。始与先王父共应童子试[①]，其后先王父游庠食饩，先生与先考昆季应童子试。先王父为签押署保[②]于其试卷，既而先考保之，既而余又保之，盖至是年七十余矣。终其身，卒未能青一衿[③]，可哀也。

**【注释】**

①童子试：指科举制度中的低级考试。童生应试合格者始为生员。俗称“考秀才”。

②签押署保：指担保人在考生试卷上签字画押署名担保。此乃古时为防止考生作弊而采取的一项措施。在清代，为了防范替考，给考生发放院试卷结票，类似于现在的准考证，上面写有考生的曾祖、祖父、父亲、老师、邻居的名字，还需要两位担保人画押，以备在领取考卷时查验考生的真实身份，一旦被查出替考，将祸及全家，殃及邻里。

③未能青一衿：连秀才也未曾考取过。青衿，原指古代学子和明、清时秀才的常服，借指考上秀才。

# 第二女弟之苦节

**【题解】**

此文是廖名缙为记述其妹廖如心的悲苦遭遇而著。古时称妹妹为“女弟”，姐姐为“女兄”，类似的如孙女称为“女孙”等。因廖名缙尚有一堂妹如情比如心大，如心在大排行中为其二妹，故称如心为“第二女弟”。

其妹廖如心一生凄苦，结婚仅一年时间，孩子尚在襁褓之中，其夫因赌博欠债而远避他乡，从此杳如黄鹤，如心孤苦一人抚育孩子。廖名缙心疼妹妹，将老家的果园及房产均留给了如心。总算盼到孩子长大后学业有成，执业上海并成了家，廖名缙认为妹妹总算有了安慰。

然而廖名缙不知道的是，就在他去世的当年秋天（廖于1927年春去世），他的外甥李奇茂（春坡）亦英年早逝于上海，留下孀居多年从此无依无靠的母亲廖如心，以及李的妻子熊素玉和刚满两岁的孤女李隽英（又名李毅）。

堪舆之说，不足尽信。然先贤如朱晦庵[①]、曾涤生[②]辈，多言之津津。理之所无，往往事之所有。

余家蛾眉湾人形山祖茔，相传风水于女子不利。自余祖姑、姑母所适皆未昌盛，至先太夫人姚所生女兄一，女弟一。女兄曰如意，女弟曰如心。三叔母李所生女弟一，曰如情。

如意适先业师李六渠先生之长子，名沅璧。结婚未三年，夫妇俱早逝。如情适其姨母之子吉复晋。吉之先，浦地巨富也，近亦式微中落，日忧生计。而遭逢之厄，尤以如心为最甚。

如心亦适李氏婿，曰壁采。总角时与余同学于鹤鸣叔父，既而弃儒肄商。丰貌翩翩，书法遒润，不失世族子弟风格，先太夫人极怜爱之。

结婚甫岁，生子奇茂，方在襁褓，乃以负博进[3]故弃家远遁，至今莫可踪迹。其家一贫如洗，母子伶仃，几至无以自存。赖如心苦守寒孀，艰辛摧挫，百折不回者，历两朝三十余年。今幸茂甥苦学有成，生计自立，娶妇可望延宗，如心之心斯为稍慰。唯时丁丧乱[4]，茂甥执业沪上，余亦远客京师，念子思兄，未免老而弥苦耳。

**【注释】**

①朱晦庵：朱熹，字元晦，又字仲晦，号晦庵。

②曾涤生：曾国藩，号涤生。

③以负博进：因欠赌债。博进，赌博所用的钱。

④时丁丧乱：时逢政局动乱。丁，遭逢、遇到。

# 第四卷　学术讲稿

# 国家与社会

**【题解】**

此文录自1915年8月20日出版的《船山学报》第一期，系廖名缙在该社的首场讲学内容。此文发表时虽系1915年8月，然其开讲时间则系1914年6月21日，当时《船山学报》尚未创办。

据该学报录自当年6月的长沙《大公报》消息称："民国三年六月十四日，船山学社开始会讲，社员之热心者冒雨而至。"但当天并未进行学术会讲，而是由该社主要创办人、总理刘人熙（号蔚庐），向所有社员及到场的社会"耆彦胜流"，报告发起学社之经过及开办学社之宗旨。真正的首期学术会讲是在一周后的6月21日，主讲人是总理刘人熙和社长廖名缙，此文便是廖名缙那次讲学的讲稿。

此文于《船山学报》刊登时未拟标题，辑佚整理者根据文章内容，以其开篇时的"国家与社会"一语代拟此题。

国家与社会，其组织同于有机体之生物，此今日研究国家社会学者所公认也。

生物之发达，秩序渐进，然或六气[①]之淫，四时之变，与为缘感，而生物以病，病不可无以药之，俞跗扁仓[②]，种种之方剂起焉。故方剂者所以药生物之病，畀之[③]复于健康者也。

国家社会之发达，秩序渐进，然或奇邪[④]之论，狂嫧[⑤]之俗，与为缘感，而国家社会以病，病不可无以药之，圣哲仁贤，种种之学说兴焉。故学说者所以药国家社会之病，畀之复于宁谧者也。

船山先生生明清改革之交，目睹当时国家社会之惨黩[6]，发愤著书，冒大难、犯大险而不辞。其学说皆患难生死之余，创巨痛深，如布帛菽粟之直质[7]，如雷霆猋霰之惊悚。遗书数十百种，有清中叶以前，无敢刊布一二者。发乱[8]既平，禁纲稍疏，遗书渐出。中国学者，始知濂溪而后，湘衡停峙[9]间，复产命世[10]之大儒。湖表[11]人士，景慕邦贤，读船山书，因而摹想其为人。故清季国俗媮靡[12]，而湘士用倔强闻[13]，皆渐濡先生之化于不自觉耳。

国体改变，是我国无上光荣之事，然弊亦乘之，六籍泥涂[14]，五经刍狗[15]，家习强权之说，人师蹻跖之行[16]，沧海横流，陆沉无日。我辈逃山窜海之余，追忆先生遗书，愈觉鞭辟向里[17]，施之今日，尤为针对时病之方剂。此蔚庐先生[18]所以有开社讲学之举也。缙虽谫陋无以[19]，然幼诵先生遗书，忾慕殷拳[20]。今日勉厕[21]社员，谨粗举先生著书行事之最足拯救时弊者，得四事焉。贡诸同社，倘可切劘[22]，匡所不逮[23]，有厚幸焉。

四事维何？一曰砺廉耻，一曰明责任，一曰惩慆逸，一曰祛顽旧。曷言乎砺廉耻也[24]？共和初建，开国之勋，震耀中外，固已揭日月以行矣。然暴徒乘之，争权劫利，廉耻道丧，此固为仁人君子之所哀悼，南北统一，宜若可与更始[25]矣。然而附膻[26]之徒，蚁聚蜂屯，贿托钻营之旧染，仍未能一律湔除。哀哉民国，宁堪此辈更破坏耶？惟我船山，守贞抱义，甘伏岩阿[27]。新丰折臂[28]，却蒲轮以自残[29]。谢女沉江，演龙舟而为剧[30]。救人道于不敝，留国维之一线。肃霜[31]识羽，劲草知风，是之谓矣。假令今日热中腼颜[32]之夫，因先生之遭逢，想先生之志行，廉顽立懦[33]，其庶几乎？此吾社表章[34]先生之所以刻不容已也。

曷言乎明责任也？自俗士误读进化论及天演之学说，以人为脊椎之动物，上祖猿狙[35]，吾人失其自尊自重之心，视先圣位育参赞[36]之说为虚诞。于是秉彝攸好[37]、含醇负性[38]之人类，仅与翾毛蠕动者同为肉体生活之竞争，弱肉强食，浸致有今兹社会凶惨之现象。严复氏[39]近乃极力主张学校读经之说，其贶[40]我民国不少也。船山之学，根本张子[41]乾坤中处民胞物与[42]之旨，信之甚笃，而执之极坚。吾辈社员，苟能[43]阐先生之遗说，知吾人受命于天，畀以完全之牲灵，应自负完全之责任，小之不外尽吾性中所固有，庶几正学[44]复昌，重离[45]再曜，禹域[46]神州，五百年名世，或有绝而复续之望乎！

曷言乎惩慆逸[47]也？晚清之季，异说坌兴[48]，又有为今日厉阶[49]之一者，则文明程度愈进，生活程度愈高之说是也。此其结果，在于社会，为浮华，为奢逸，为最后之贫竭。十年前梁启超氏介之尤力，今其结果，一一实现矣，又不得谓非通人[50]之弊也。船山先生当末世，转徙穷乡，艰辛刻苦，实见明季国亡，由于患贫。患贫之祸，则又中叶以还，宫廷之土木游幸，士夫之书画骨董，逸游玩愒[51]，有以致之。故其尚论古人，虽以苏轼氏之贤，责备引戒，无少假借。盖书画骨董之苏轼，固有与船山并世者，钱谦益[52]、吴伟业[53]皆其人也。船山惟深鄙钱、吴，故不恤借苏氏发愤[54]耳。今民国之患贫，社会之慆逸，安得起船山[55]而一救之？

曷言乎祛顽旧也？世界进化，必由革新，此自东西历史之公例。十九世纪，列强锐意变革，中国以顽旧自封，独落文明潮流之后。庚子以来，亦既认鼎新为国是，故近十稔间，国势虽一落千丈，民智实一日千里。善因时者，在因其所长，舍其所短，不可矫枉过正。而适得其枉，推极端复旧者之用意，不过惩前此暴徒之败耳。不知暴徒之败以暴败，非以新败也。以伪新败，非以真新败也。船山先生祖孔孟而宗宋儒，浅夫目论，荒经蔑古，或妄谓笃于守旧矣。岂知先生通达治体[56]，崇尚日新，实为古人儒者所仅见。观其论史之文，于唐之王伾[57]、王叔文[58]，有平议焉，于宋之王安石、吕惠卿[59]，无苛词焉，可以窥其用意所在矣。我辈今日讲学，以旧道德为本根，以新政艺为筏柮[60]，其能得先生之意乎？

要之，国家之病患，常因时势而发生，集社讲学者之立言，贵因时势而施治。我辈今日以救时为目的，船山学说，实目今救时之良方。盖一代改革之初，武力所慑，廉耻道丧，正学沦淹，得志者多慆淫而逸乐，失志者率竖守以自全，古今虽异，其揆一[61]也。然则本社于国家改革之初，所以阐扬船山学说者，岂徒以其为乡邦先贤，礼宜崇信而已哉？

抑更有进于诸君者。国家、社会同为法人，法人之有生命也，与自然之个人等。个人卫生之法，衣食、起居、运动之贵得其宜是矣。国家社会卫生之法，法律、政治、教育之贵得其宜是矣。顾个人卫生纵曲尽调摄[62]，极其生命之期，不过百年上下止尔。国家社会之卫生，苟失其宜，剿而绝之可也。伊古灭国灭种之事，史不绝书也。苟得其宜，则法人生命之延，实可终天地而无纪[63]。是故古之圣贤豪杰、志士仁人，处天步艰难[64]、国势漂摇之秋，往往捐弃个人以拯此国家社会于危亡，彼固深思熟虑，知其所失者眇而所全者巨也。读船山诗“七尺从天乞活埋”之语，盖庶几乎！盖庶几乎！

【注释】

①六气：指影响身体健康的六种致病因素，即阴、阳、风、雨、晦、明，是最早由秦国名医医和提出的“六气病源”学说。

②俞跗扁仓：俞跗等名医。俞跗，一作俞柎，上古医家，相传擅长外科手术，是黄帝的臣子。扁仓，古代名医扁鹊、仓公之并称。此处泛指名医。

③畀之：予之。

④奇邪：诡诈，邪伪不正。

⑤狂嫚：骄恣轻慢。

⑥惨黩：亦作“黪黩”。形容昏暗的样子。

⑦直质：正直朴实的资质。

⑧发乱：即太平军之乱。因太平天国成员皆披头散发，故称。亦称“长毛”。

⑨停峙：停息和耸立。

⑩命世：著闻于当世。典出《汉书》卷三十六《楚元王列传》：“圣人不出，其间必有命世者焉。”多用以称誉有治国之才者。

⑪湖表：湖南。

⑫清季国俗媮靡：清季，清末。媮靡，靡衣媮食，指奢侈的生活。

⑬湘士用倔强闻：湖南的知识分子以顽强执着而著称。用，因、以。闻，出名。

⑭六籍泥涂：六经受到轻贱。六籍，六经。泥涂，视为污浊，轻贱。

⑮五经刍狗：五经成了需要时用之、不需要则弃之的东西。

⑯蹻跖之行：盗贼之行。蹻跖，古代大盗庄蹻与盗跖的并称，泛指盗贼。

⑰鞭辟向里：分析透彻，深入精微。

⑱蔚庐先生：即船山学社主要倡办人刘人熙（1844—1919），字艮生，号蔚庐，浏阳人。光绪三年（1877）进士，官至广西道台。后返湘任湖南教育总会会长，创办船山学社。后任湖南督军兼省长。著有《刘人熙日记》《蔚庐文集》。

⑲谫陋无以：自谦语，意为浅薄无已。

⑳忾慕殷拳：深切地欣喜而仰慕。忾慕，欣喜而羡慕。

㉑勉厕：自谦语，意即勉强参杂于其中。

㉒切劘：切磨，切磋相正。

㉓匡所不逮：纠正不足之处。匡，纠正。不逮，不足之处、过错。

㉔曷言乎砺廉耻也：什么叫砺廉耻呢？

㉕宜若可以更始：宜若，似乎、好像。更始，重新开始。

㉖附膻：比喻依附恶势力。

㉗岩阿：亦称岩腹，指山岩的凹折处。

㉘新丰折臂：源自白居易的诗《新丰折臂翁》。此诗通过一位新丰折臂老人之自述，谴责唐玄宗对南诏国进行的不义战争。

㉙却蒲轮而自残：蒲轮，用蒲草裹轮的车子，转动时震动较小，古时常用于封禅或迎接贤士。却蒲轮，意即拒绝前来接贤之车。此典出自王船山为拒绝归顺张献忠而自残的故事。张献忠攻占衡阳之后，想招揽贤士归己所用，欲请王船山归顺于他。船山躲避，于是张就抓了王父。王船山为救父而在自己身上刺了很多刀，且敷上毒药，然后请人抬着去见张献忠。

㉚谢女沉江，演龙舟而为剧：此指王船山撰写的《龙舟会》杂剧。该剧改编自唐代李公佐的传奇小说《谢小娥传》，表现烈女谢小娥为报父夫之冤仇而女扮男装潜入仇家为仆，最后成功报仇雪恨的故事。沉江，故事开头谢小娥被匪徒从船上沉入江中，幸为人所救。

㉛肃霜：即肃爽，形容秋天气候清朗。出自《诗经·豳风·七月》："九月肃霜，十月涤场。"

㉜腼颜：厚颜。

㉝廉顽立懦：意思是高尚的节操可以激励人振奋向上。语出《孟子·万章下》："故闻伯夷之风者，顽夫廉，懦夫有立志。"

㉞表章：表彰。

㉟猿狙：猿猴。

㊱位育参赞：中和位育与参赞化育之省称，均出自《中庸》，是儒家的核心要义。前者意为各守其分，适应处境，以达不偏不倚，谐调适度。后者意为参与协助天地而教化培育。

㊲秉彝攸好：秉持日常美德。秉彝，持执常道。

㊳含醇负性：指纯朴而有个性。醇，指道德风尚的淳厚质朴。负性，指有个性。

㊴严复氏：即严复（1854—1921），中国近代启蒙思想家、翻译家。《天演论》译者。曾留学英国。中日甲午战争后，发表《论世变之亟》《救亡决论》等文，主张学习西方，维新变法。

㊵贶：赠、赐。

㊶张子：即张载（1020—1077），字子厚，凤翔郿县（今陕西眉县）横渠镇人。北宋思想家、教育家，理学创始人之一，北宋五子之一。著作有《正蒙》《易说》《经学理窟》等。

㊷民胞物与：意即民为同胞，物为同类，一切皆为上天所赐。泛指爱人和一切物类。出自宋张载《西铭》："民吾同胞，物吾与也。"

㊸苟能：如果能、假使能。

㊹正学：合乎正道的学说，指儒学。

㊺重离：即太阳。《隋书·音乐志下》："重离得位，芒种在时。"

㊻禹域：指中国。古代传说禹平水土，划分九州，指定名山大川为各州疆界，后世因称中国为禹域。

㊼慆逸：纵情游乐，贪图安逸。

㊽坌兴：意即尘嚣直上。坌，指尘土，此处引申为涌出之状。

㊾厉阶：祸端。

㊿通人：学识渊博通达的人。

51逸游玩愒：义同"慆逸"。

52钱谦益：1582—1664，字受之，号牧斋，晚号蒙叟、东涧遗老，学者称虞山先生。清初诗坛的盟主之一。系明末东林党的领袖之一，明亡后降清，为礼部侍郎。

53吴伟业：1609—1672，字骏公，号梅村，别署鹿樵生、灌隐主人、大云道人，江苏太仓人。明末清初著名诗人。

(54)故不恤借苏氏发愤：因此不惜借苏轼来泄一下愤。不恤，不顾及、不顾惜。

(55)起船山：使船山复活。起，使（死者）复活之意。

(56)治体：治国的纲领、要旨等。

(57)王伾：? —805，杭州（今属浙江）人。唐代大臣，二王八司马之一。

(58)王叔文：753—806，越州山阴（今浙江绍兴）人。唐代中期政治家、改革家。

(59)吕惠卿：1032—1111，字吉甫，号恩祖，泉州晋江（今福建泉州）人。北宋宰相，政治改革家，曾是王安石变法中的二号人物。

(60)筏柮：划筏所用的短桨。

(61)揆一：准则一致。揆，准则、原则。

(62)曲尽调摄：曲尽，竭尽。调摄，调理保养。此语意为竭尽全力调理保养。

(63)无纪：即无极。形容没有尽头。

(64)天步艰难：形容国运维艰。

# 论以仁存心、以礼存心

**【题解】**

此文录自1915年9月20日出版的《船山学报》第二期，系廖名缙于1914年7月5日船山学社举办第四场会讲时之讲稿。原文于《船山学报》刊登时无标题，辑佚整理者根据文章内容及其开篇语意代拟此标题。

前次会讲，闻蔚庐先生以仁存心、以礼存心之说，归后涵泳细绎[①]，若有启发。今特就教诸公，倘荷匡逮[②]，所深幸焉。

蒙以四端之性，发自子舆氏[③]。孔门教人，只是言仁言礼，然仁礼又非二事。《论语》言："克己复礼为仁，一日克己复礼，天下归仁焉。"《中庸》言："仁者人也，亲亲为大[④]。义者宜也，尊贤为大。亲亲之杀[⑤]，尊贤之等，礼所生也。"依此看去，克己复礼而仁归，仁亲尊贤而礼生。孔门教人，归究止是[⑥]一仁字，礼也者，又不过求仁之途术耳。传称群言淆乱，折衷于圣。《论语》为诸经中纯粹以精之书，《学而》一章为孔子自叙，犹之迁史之有叙传[⑦]。其下二章，一反一正，均系言仁，明明揭出孔教真正宗纲矣。

天命谓性，率性谓道[⑧]。道之大原，虽出于天，而其发现，则自人与人相见始（此汉儒相人偶之通义[⑨]）。

尧、桀之仁、暴亦殊矣，今使[⑩]彼二君者，独生深山穷谷、孤岛绝屿之中，自幼少以至老死，曾无与接为缘之一人，则善、恶之性无所表，即仁、暴之行无所区，唯自人与人相见而施受取与生焉。施受取与生，而厚薄温冷之情起焉。由是而演为一群之治乱，成为一国之存亡者，胥系此也[11]。

人为自营[12]之动物，充其自营之量，可以人人皆化为豺虎，原人[13]之社会，盖即未离此态矣。然而天生人类，原畀以主宰万物之权，即赋之主宰万物之性。（此不仅维皇降衷[14]，推理的论说，可谓证据。近日欧西进化论僵石[15]史中，实见地层构造，当人类未生数期[16]以前，即生出种种人类应用之物，亦若造物真主创造世界，预定稿本，某期应令何物出生，某期应令何物出生，要皆以备末后人类之应用。然则谓人类降生，一出自然之演进，造物真主初无特别之意，可乎?）有圣人出，本天所以赋我之性，行天所以畀我之权，于是离万物而建人类独有之社会，役万物而供人类共用之生活，然后群治兴焉，国家立焉，遂以成今日之世界矣。

夫所谓本天赋之性，行天赋之权者，何也？仁是也。今人读书，病在不加体贴，仁、智等字，随口滑过，以为不过道德之名词。其实仁字之义，至精至湛。就其先天而言，仁者壬[17]也。草木秋获，结为仁实，胚毳[18]外被，中含一点幺匿[19]微妙，而造物大生广生之意于是焉寓。此幺匿微妙之一点，梏之剥之，可以尽蹙[20]生机，绝天理而使熄，滋之长之，可以发皇[21]美满，成干霄[22]之茂荫，而益衍其大生广生之传。此犹於穆[23]之精，圆颅同秉[24]，而或桀或尧，则亦听其为矣。就其后天而言，仁者人也。二五[25]灵淑，所以异于翾飞蠕动之伦者，盖在乎此。（昔欧人某氏研究伦理学，为人下一定义曰：人者，两足无毛之动物也。德国大学教授某氏讲授心理学时，持一去毛之鸡，举示生徒曰：诸生视吾此物，与某氏所言之人何似乎？全场生徒不觉同时失笑。）耶之博爱，释之慈悲，视吾儒之忠恕[26]，虽醇驳有间，（忠恕即仁之妙用。故孔子之道，以仁为本，而一贯之传，又曰忠恕。）要其窥见天之所以畀赋吾人之性与权者，则无不同耳。（耶、释知仁，而不知所以推行此仁之途术，故修齐治平之序，位育参赞之功，为吾儒所独有。）近日嗜新忘本之士，动曰中国社会之腐败，由无宗教上之信仰，孔子非宗教之说，浅夫瞀士[27]，一倡百和。其言以为凡言宗教者，必抱悲观主义，必其舍现在而为身后之希望，耶之末日审判，释之天堂地狱，回之咕嚫经[28]，所言悉此义也。孔子为乐天的，为现世主义，观其与仲由[29]语生死人鬼之辞，其不能成为宗教章章矣。噫，是何言欤？（此对外国宗教而言。）

夫宗教云者何，以其行可宗仰，而言足垂为教训也。耶、释欲用其仁而择术未审[30]，故不免借永生极乐之说欣动众生，彼其视众生皆以为轮转五浊[31]，可悲可悯，故非以我出世必不能救在世之人类。是犹视众生与我为二物，是其所谓仁者，犹属在我一隅，而徐待扩及众生也。吾儒之道，一视同仁，无间物我，故孔子“斯人吾与[32]”，孟子“万物皆备”，张子言“民吾同胞[33]”。盖知仁之为仁，弥纶六合[34]，为圣为愚，无乎不在，修齐治平，不过尽其推暨之力[35]，位育参赞，曾非越乎性量所有[36]。故修身可以俟命，尽己即以事天，其为道也，大中而至正[37]，其为教也，易知而简能[38]，异日大同[39]实见，放乎东海，放乎西海，天覆地载，血气之伦[40]，莫不教化而同宗仰，尚何宗教不宗教之足议耶？

**【注释】**

①涵泳紬绎：意为深入领会，理出头绪。

②倘荷匡逮：此为谦语，相当于若蒙教正等意。

③蒙以四端之性，发自子舆氏：蒙以，谦语，相当于“愚以为”。蒙，乃“我”的谦辞。四端，即儒家称应有的四种德行，即：恻隐之心，仁之端也；羞恶之心，义之端也；辞让之心，礼之端也；是非之心，智之端也。“四端说”是孟子思想的一个重要内容，也是他对先秦儒学理论的一个重要贡献。子舆氏，即孟子。此句大意为，愚以为四端之性出自孟子。

④亲亲为大：爱父母为大。第一个“亲”字，即亲近、亲爱。第二个“亲”字，即父母。

⑤杀：等差。

⑥归究止是：归究，归纳探究。止是，只是、仅是。

⑦迁史之有叙传：迁史，《史记》的别称。叙传，系文体名，即作者自述的传记，以记述家世、生平为主，兼及编纂旨趣、体例等。《汉书》即有叙传一篇，分上下两卷。

⑧天命谓性，率性谓道：即《中庸》开篇“天命之谓性，率性之谓道，修道之谓教”中的前两句。意即上天的指令即为人性的内容，遵循本性亦属于道的内容。

⑨偶之通义：偶，适应、投合。通义，即普遍适用的道理与法则。

⑩使：假如、如果。

⑪胥系此也：胥，全、都、皆。此句意为，都是如此啊！

⑫自营：为自己打算，营私。

⑬原人：原始人。

⑭维皇降衷：维，亦作“惟”。出自《尚书·汤诰》：“惟皇上帝，降衷于下民。”降衷，施善、降福。

⑮僵石：指化石。

⑯数期：指数个地质期。期，为地质年代单位。

⑰壬：妊娠、孕育。

⑱毳：鸟兽的细毛。

⑲幺匿：意为个体、个人。

⑳蹙：压缩。

㉑发皇：发达兴盛。

㉒干霄：高入云霄。

㉓於穆：於，文言叹词，表示感叹的语气。穆，指美好。

㉔圆颅同秉：圆颅，即头颅，此处借指人类。此语意为人类共持。

㉕二五：指阴阳五行。宋周敦颐《太极图说》：“五行之生也，各一其性。无极之真，二五之精，妙合而凝。乾道成男，坤道成女。二气交感，化生万物。”曹端述解：“二，阴阳也。五，五行也。”

㉖忠恕：儒家的一种道德规范。忠，谓尽心为人；恕，谓推己及人。孔门的弟子以“忠恕”作为贯通孔子学说的核心内容，是“仁”的具体运用。

㉗浅夫瞀士：浅陋暗昧之人。

㉘咕噸经：《古兰经》的旧译。

㉙仲由：前542—前480，字子路，亦字季路，鲁国卞（今山东泗水东南）人。孔门十哲之一，受儒教祭祀，以政事见称。

㉚择术未审：所选用的方法不严谨。

㉛五浊：五种恶浊行为。佛教认为尘世中充满五种浑浊不净，此五浊乃劫浊、见浊、烦恼浊、众生浊和命浊。

㉜斯人吾与：斯人，代词，这种人。吾与，即吾侪、我辈，指自己的伙伴。

㉝民吾同胞：此语出自宋张载《西铭》：“民吾同胞，物吾与也。”

㉞弥纶六合：意即统摄天下。弥纶，即统摄、笼盖。六合，即天下、人世间。

㉟推暨之力：即推己及人之能力。在儒家忠恕之论中，用自己的心推及他人就是恕。

㊱曾非越乎性量所有：性量，指天性之量。此句大意是，无不是超越天赋能量之所限。喻指尽己所能。在儒家忠恕之论中，尽己即为忠。

㊲大中而至正：意即极为公正，不偏不倚。出自明王守仁《传习录》：“不知先生居夷三载，处困养静，精一之功，固已超入圣域，粹然大中至正之归矣。”

㊳易知而简能：语出《周易·系辞上》：“乾以易知，坤以简

能。易则易知，简则易从。”意即乾坤始物、生物的道理平易而不神秘，人人容易知晓、容易遵从。

㊴大同：战国到汉初儒学家们提出的一种理想的社会制度。

㊵血气之伦：天下苍生。指一切有生命之物。血气，指生命。伦，即辈、类。

# 复俞恧仁论学书

**【题解】**

此文录自1915年11月20日出版的《船山学报》第四期，系廖名缙对俞恧仁《与廖笏堂论学书》（以下简称《论学书》）之回复。按说廖名缙的书信应编排在本佚文集的“电文书信”卷中，但考虑到其内容与船山学社讲学密切相关，说是书信，实乃一篇上乘的学术论稿，因而一并编入本卷之中。

俞恧仁的《论学书》虽是写给廖名缙，却并非针对其个人，实为对船山学社和船山学说之质疑。因而学社总理刘人熙，请廖名缙就其《论学书》中所提出的质疑与问题予以回复。

在该复函中，廖名缙以大量的历史事实和诸子百家之学理，就俞恧仁在《论学书》中对学社的创立、讲学及船山学说等提出的六大“请益”（实为质疑），以及三大问题一一作了回复。细读《复俞恧仁论学书》和俞恧仁《与廖笏堂论学书》，对于后学探讨船山学说不无裨益。

恧公大师足下：

日前辱承惠书[①]，适方会讲学社，同社诸子，传观嗟叹，以谓风雨鸡鸣[②]，吾道果不孤也。比由主席浏阳刘先生属付写定[③]，将以刊诸社报通论之门。一昨过社[④]，始得索回原函，职此之故[⑤]，遂稽裁答[⑥]。勿罪勿罪！

窃维[⑦]讲学之为世诟病久矣。上者启清流[⑧]禁锢之祸，下者构门户党援[⑨]之私。往史所陈，昭其在册。唯学问之道，不厌研商。栾皃[⑩]含律，待叩寸莛[⑪]。伏审来教[⑫]，论列于汉、宋、明、清聚徒讲学之事。钒析利弊，足资龟鉴[13]。道义之爱，能勿感心？惟五国之囚[14]，归狱濂洛[15]。闯献之乱，责难东林[16]。习斋[17]所见，实近周内[18]。假令九京可作[19]，恐未足服周程顾高[20]之心耳。

夫治乱兴衰，要关运会[21]。世愈晦盲[22]，在上之纲维益弛[23]，则在下之讲明益亟[24]。如颜氏[25]言，将尼山聚徒[26]，遂阶春秋篡弑之厉[27]，子舆论道，乃植战国昏垫[28]之萌乎？信如是也，彼青衣行酒[29]，典午并无皋比之师[30]，石俑出河[31]，胡元乃绝立雪之迹[32]。颜氏于此，抑又何说？

至若船山言学，远祢洙泗[33]，近祧横渠[34]，实以知礼成性，为关学[35]所独阐。故表彰《正蒙》[36]，上比尼山之赞《易》[37]，下类郭象之注《庄》[38]，推未尽之藏，达难显之隐，名为疏释，实乃作述。其于《周易》，则有《大象解》《稗疏》《考异》《内外传》等之各著，遗书具在，倘非不敢直揭易理者欤？

若夫性与天道，不可得闻[39]，《论语》所载，厥有明征，而究非秘而不宣，如姚江天泉传道[40]之诞，特下学上达，一贯之通，必俟曾子真积力久[41]时耳。否则夫子雅言《诗》《书》执礼[42]，维皇阴骘，秉彝攸好，何莫非[43]训诂雅颂之文？既雅言矣，安所谓不可得闻耶？

来教又以威斗篡刘[44]，金轮代李[45]，皆有号称学子、伪造符命之人[46]。下至鲁斋、百诗、朏明、艮庭[47]之流，或以道学，或以经师，率先效顺于新朝。因疑一代开国，执经谈道，常多弋官射利[48]之徒，此惩羹吹齑[49]之见也。伏胜传经[50]，非干利禄。王通教授，终隐河汾[51]。近而梨洲、夏峰[52]以逮敝社宗祀之船山，何莫非遭逢百六，以翼经[53]传道为遁无闷之行耶？此真来教所云不能一概抹杀者矣。

若夫龙川才士[54]，本难语于身心性命之学。龙溪狂禅，自甘溺于瞿陀悉旦之波[55]。其说其人，初非船山之所许，即非敝社之所论。

至于船山学说不取姚江，而生平教人，并未划知行为两事，特以知之非艰，行之维艰。义本古训，《中庸》言不明不行，理虽互根，事各有当，以救其顿悟[56]之失耳。故敝社讲学大旨，虽本程朱，要未尝稍涉评击陆王[57]之事，非漫为调停也。

来教又以沟合中外为现今时势所必需，似虑拘守讲章，奉一先生言，未足为应时济变之具，此真古人所谓“心醉六经，目营四海”矣。敝社自会讲以来，即以事理双显为穷经之指南，中外古今，期于一致。兹承明教，益用自励。

他若来教所示思想界之问题，则敝社讲学，方企以世界的哲学观互为印证，尚未敢蚁穴自封。物质界问题，则敝社讲学，方企移固有国粹为今日实业家必需之道德，抑未敢课虚叩寂[58]。又如改良政治之说，则敝社实仿湖州遗意[59]，分为哲学、政学二科，固尝有研究政策而不干预政事之宣言矣。

综而言之，欲固国基，先长人格。故同人会讲，亦思合内外之道，得时措之宜，特恐道力浅薄，不免望洋之叹耳。方今内治待饬，外患骤乘，患贫患弱，异口同声。而病中之病，根中之根，则尤在道德堕落、社会腐败之一事。同人等漆室悲吟，杞忧未已，但思以一箪为盐池之投[60]，撮土作宣瓠之塞[61]，卫衔蚊负[62]，不自知其力之不逮也。倘荷大君子谅其谫陋，鉴此愚颛，不恤齿牙，锡之规诲[63]，或者五阴[64]硕果，值春阳以回荣，一壶中流，遭筏柮而得渡，黄裔之幸，抑亦仁人志士之贶也。

临书神驰，无任祷企。附上讲演稿一编，乞赐教示为荷。敬复，肃请道安。名缙百拜。

**【注释】**

①辱承惠书：用于回信中对受人来信的谦语。

②风雨鸡鸣：指风雨交加的晚上听到鸡叫。比喻天气恶劣，

听到鸡鸣似乎希望就在眼前。

③“比由”句：比，近。浏阳刘先生，指船山学社主要发起人刘人熙，刘氏系浏阳人。属付，同“嘱咐”，吩咐。

④一昨过社：一昨，指前些日子。过社，来到船山学社。

⑤职此之故：由于这个缘故。

⑥遂稽裁答：意为回复延迟。稽，拖延。裁答，回信答复。

⑦窃维：此为表示个人想法的谦辞。窃，用作表示自己的谦辞。维，思考。

⑧清流：晚清统治阶级内部的一个政治派别。他们评议时政，上疏言事，弹劾大臣，指斥宦官，对外反对列强蚕食，对内主张整饬纲纪。

⑨党援：指相互结援相助的党群。

⑩栾凫：钟。《周礼·冬官考工记》：“凫氏为钟，两栾谓之铣。”钟口两角为栾。

⑪寸莛：莛，棍棒。寸莛即寸长之棍，系作者之谦语，比喻能力有限。

⑫伏审来教：伏审，俯身慎思。伏，谦语。审，意指仔细思考、反复推究。来教，称对方来信的敬语。

⑬龟鉴：比喻可供人对照学习的榜样或引以为戒的教训。

⑭五国之囚：此指北宋灭亡后被俘而囚禁于依兰五国城的徽、钦二帝。

⑮归狱濂洛：归罪于濂洛学派。归狱，归罪。濂洛，指北宋理学的两个学派。濂，指濂溪周敦颐。洛，指洛阳程颢、程颐。

⑯东林：指明朝末年以江南士大夫为首的东林党。东林党系朋党而非近代所指的政党。

⑰习斋：即颜元（1635—1704），字易直，又字浑然，号习斋，博野（今属河北）人。清初思想家、教育家，颜李学派之创始人。

⑱周内：亦作“周纳”，意为罗织罪状，陷人于罪。

⑲假令九京可作：假令，假设。九京，即地下、九泉，此乃称逝者之婉辞。可作，即再生、复生。此句大意是，假如死者可以复生的话。

⑳周程顾高：此为五位古哲之并称。周程，指的是三个人，即北宋时期理学代表人物周敦颐和程颢、程颐。顾高，指的是明末东林党首领顾宪成和高攀龙。

㉑要关运会：要关，主要关乎、主要在于。运会，时运际会、时势。

㉒晦盲：社会黑暗、世道混乱。

㉓纲维益弛：纲维，法度。弛，懈怠、松懈。此语意指法度更加松懈。

㉔讲明益亟：亟，急切。此语意指对法度的解释就更加要及时。

㉕颜氏：即颜元，亦即前文出现的“习斋”。

㉖尼山聚徒：指孔子聚徒讲学。尼山乃孔子出生地，原名尼丘山。孔子父母“祷于尼丘得孔子”，所以孔子名丘字仲尼，后人避孔子讳，将此山称为“尼山”。尼山在此借指孔子。

㉗遂阶春秋篡弑之厉：遂，竟然。阶，由来。春秋篡弑，即春秋时期的三十六起弑君篡位事件。此句大意是，竟然将孔子聚徒讲学看作是导致春秋时期篡位弑君事件的祸端。

㉘昏垫：即陷溺。指困于水灾之中。

㉙青衣行酒：指晋怀帝被俘受辱事。事见《晋书·孝怀帝纪》：“刘聪大会，使帝着青衣行酒。侍中庾珉号哭，聪恶之。”行酒，指依次给人酙酒。

㉚皋比之师：讲学之师。皋比，即虎皮，古人坐虎皮讲学，后因以指讲席，此处借指讲学。

㉛石偷出河：借指元末红巾军起义。元至正十一年（1351）四月，朝廷强征民夫修治黄河决口。民工挖河时，发现有一独眼石人（系韩山童、刘福通事先埋于河滩），流传于民间的谣谚

“石人一只眼，挑动黄河天下反”得以应验。此时，韩山童、刘福通乘机在河北永年县白鹿庄聚众三千人，杀白马黑牛，盟誓起义，以头裹红巾作标记，称红巾军。

㉜胡元乃绝立雪之迹：胡元，对元朝的贬称。立雪，程门立雪之省称，比喻敬师笃学。此句大意是，元朝敬师笃学之事已然绝迹。意指元朝并没有讲学，依然出现了“石俑出河”、红巾军起义。

㉝洙泗：指孔子。洙泗，洙水和泗水之合称。古时二水自今山东省泗水县北合流而下，至曲阜北，又分为二水，洙水在北，泗水在南。孔子在洙泗之间聚徒讲学，后因以“洙泗”代称孔子及儒家。

㉞横渠：指北宋理学家张载。因张载系凤翔郿县（今陕西眉县）横渠镇人，世称横渠先生。

㉟关学：张载所创立的一个理学学派。关学是儒家重要学派，因其创始人张载是关中人，故称“关学”。又因张载世称横渠先生，故又有“横渠之学”的说法。

㊱《正蒙》：张载晚年的著作，该书彰显其理论全貌。

㊲尼山之赞《易》：指孔子赞易学。孔子在《礼记·经解》中称赞易学曰：“洁静精微，《易》教也。”据说这是孔子在整理《周易》时对其所作的评价。

㊳郭象之注《庄》：指郭象注《庄子》。郭象（？—312），字子玄，河南洛阳人，西晋哲学家。

㊴若夫性与天道，不可得闻：至于人性和天道的言论，是没法听到的。语出《论语·公冶长》：“子贡曰：‘夫子之文章，可得而闻也；夫子之言性与天道，不可得而闻也。’”

㊵姚江天泉传道：指王守仁在浙江会稽天泉桥上与弟子王畿、钱德洪就“四句教”的师徒对话，亦称“天泉证道”。

㊶曾子真积力久：意即曾子认真积累力量很久。曾子把孔子的思想和学问授给弟子，上承孔子之道，下开思孟学派，对孔子

的思想一以贯之。

㊷夫子雅言《诗》《书》执礼：夫子以雅言诵读《诗》《书》和赞礼。

㊸何莫非：反问的组合，哪里不、什么不、谁不。

㊹威斗篡刘：即王莽篡汉。指的是西汉末年王莽篡夺汉朝政权建立新朝的历史事件。

㊺金轮代李：指武则天篡李唐而称帝。据《旧唐书·则天皇后纪》，武则天于长寿二年（693）“秋九月，上加金轮圣神皇帝号，大赦天下”。所以后人称武则天为“金轮皇帝”。

㊻号称学子、伪造符命之人：前者（王莽篡汉）指公元8年（居摄三年）太学生哀章制作铜匮，内藏《天帝行玺金匮图》与《赤帝行玺某传予黄帝金策书》，伪托汉高祖遗命，令王莽称帝。后者（武则天篡唐）指公元691年僧法明等撰《大云经》四卷，说武则天是弥勒佛化身下凡，应为天下之主。

㊼鲁斋、百诗、朏明、艮庭：此为元、清两代四位经学家的字号。鲁斋，即许衡（1209—1281），字仲平，号鲁斋，河内（今河南沁阳）人。宋元之际学者，著作有《鲁斋遗书》等。百诗，即阎若璩（1636—1704），字百诗，号潜丘，山西太原人。长于考据，撰《古文尚书疏证》，确证东晋梅赜所献《古文尚书》和《尚书孔氏传》出于伪作。朏明，即胡渭（1633—1714），字朏明，号东樵，浙江德清人。著有《禹贡锥指》《易图明辨》《洪范正论》《大学翼真》等。艮庭，即江声（1721—1799），字鳄涛，改字叔沄，号艮庭，江苏元和（今苏州）人。著有《尚书集注音疏》《六书说》《恒星说》《论语质》等。

㊽弋官射利：谋官获利。弋，射而取之。

㊾惩羹吹齑：羹，用肉、菜等煮成的汤。齑，细切的冷食肉菜。原意指被热汤烫过嘴，吃冷食时也要吹一吹。比喻受到过教训，遇事过分小心。

㊿伏胜传经：伏胜，亦称伏生，济南（郡治今山东章丘西）

人。西汉今文《尚书》的最早传授者。汉文帝时，派晁错向他学《尚书》，相传伏生女曾帮助传授。西汉的《尚书》学者，都出其门下。今本今文《尚书》二十八篇，即由他传授而存。

(51)王通教授，终隐河汾：王通（584—617），字仲淹，门人私谥文中子，绛州龙门（今山西河津）人。隋朝著名儒学家、教育家、思想家。仁寿三年（603），王通至长安见隋文帝，上《太平十二策》，文帝大悦，而公卿不悦，故不得用，遂赋《东征之歌》而归。隐居河汾十余年间，续修六经，讲学授业，弟子千余人。

(52)梨洲、夏峰：两位明末清初著名学者。梨洲，即黄宗羲（1610—1695），字太冲，号南雷，学者称梨洲先生，浙江余姚人。明清之际经学家、史学家、思想家，提出“天下为主，君为客”的民主思想。夏峰，即孙奇逢（1584—1675），字启泰，一字钟元。晚年讲学于辉县夏峰村二十余年，从者甚众，世称夏峰先生。明清之际学者。明亡，清廷屡召不仕，人称孙征君。与李颙、黄宗羲齐名，并称明末清初三大儒。

(53)翼经：辅助经书（如述史之类）。

(54)龙川才士：即陈亮（1143—1194），字同甫，学者称龙川先生，婺州永康（今属浙江）人。南宋思想家、文学家。他创立的永康学派，与朱熹为代表的性命之学相对立，主张义利双行，王霸并用。

(55)“龙溪狂禅”二句：龙溪狂禅，指龙溪心学。龙溪，即王畿（1498—1583），字汝中，号龙溪，学者称龙溪先生，山阴（今浙江绍兴）人。他师事王守仁，为王门七派中浙中派创始人。瞿陀悉旦，指佛学。王畿认为要在先天心体上立根，就必须“以无念为宗”，此论与禅宗慧能的“以无念为宗”思想如出一辙。

(56)顿悟：指王阳明著名的龙场顿悟。

(57)陆王：南宋陆九渊和明代王阳明之并称。

(58)课虚叩寂：形容构思作文的状态。语出西晋陆机《文赋》：

“课虚无以责有，叩寂寞而求音。”

⑤⑨湖州遗意：比喻成竹在胸。湖州，即文同（1018—1079），字与可，自号笑笑先生，人称石室先生。北宋画家、诗人。元丰初出知湖州，未到任而卒，人称文湖州。文同擅画墨竹，主张画竹必先“胸成成竹”。他时常观察竹子的生长变化，因此画出的竹子各具形态，栩栩如生。

⑥⓪一箪为盐池之投：意指投入一只竹箪以期救盐池之咸。语出《太平御览》卷七五七引孔融《同岁论》：“敝箪径尺，不足以救盐池之咸。”

⑥①撮土作宣瓠之塞：意指想以一撮土去堵塞轰鸣的壶口之水。宣，同“喧”，声音大而嘈杂。瓠，通“壶”，此指著名的黄河壶口瀑布。

⑥②卫衔蚊负：此为两个典故略语合称。卫衔，指的是精卫衔微木填海。陶渊明《读山海经·其十》：“精卫衔微木，将以填沧海。”蚊负，指的是使蚊负山。《庄子·应帝王》：“其于治天下也，犹涉海凿河而使蚊负山也。”

⑥③锡之规诲：客套语，意即赐予规劝教诲。锡，通“赐”。

⑥④五阴：佛教用语，即一色阴、二受阴、三想阴、四行阴、五识阴。

# 附　与廖笏堂论学书

俞兆庆

【题解】

此文录自1915年10月20日出版的《船山学报》第三期，系俞兆庆致廖名缙之“论学书”。

俞兆庆，字悫仁，亦作悫人，长沙人，曾于1904年上半年在廖名缙之前担任过湖南高等学堂监督。其著作有《除弊说》《法律本原论》《文化小学诗歌》等。

俞兆庆在该“论学书”中对历代文人讲学提出了质疑，且极有针对性地指出，王船山先生“因慨然有志于圣功……惟不敢直揭易理”，并发问船山学社“若当此极紊乱、至浅化之时……其如何深入显出尽情势之万变耶?”而针对船山学社研究政策而不干预政事之宣言，俞在“论学书”中进言道：“学说因政治而发生，则只能补偏而救弊，其效浅。政治为学说所转移，始能有自然之生气。”其诸多观点可圈可点。

笏堂大师足下：

前奉环章，以事稽迟作答，甚罪甚罪。喻以船山讲学或有撰著所谓得见似人者而喜耳，其不敢上辱明教，夫何复言。但以今日之事，山颓木坏，禽息兽烈，结聚于大空之间，极人生至不幸，舍讲学殆无根本之疗。诸君子倡之于前，而不能以一笺之复，为河海泰山之助，是岂人之性也哉？窃谓前事不忘，后事之师，人世进步，决无止境，故敢历举前代讲学之得失，以为今日借鉴焉。

光武中兴，数引公卿郎将讲论经理，夜分乃寐。当时功臣如邓禹习《诗》，贾复习《书》，马援受《齐诗》，耿弇治《诗经》，寇恂、冯异通《左氏春秋》，此类名臣，殆不胜数。其后高密郑君为一代大师，郑兴父子、贾逵、马融之徒，皆开门讲学，弟子多至万数千人。因而三代以下，风俗醇美无过东京。逮至末造，学风所播，铸成党人，风节铮然，古今莫匹。

赵宋经五季之后，士夫廉耻丧亡。安定崛起，设学湖州。泰山退居，聚徒数百。徂徕之徒，师事惟谨。实开宋学之先河。范高平、欧阳庐陵诸贤，以谠论倡于朝，士夫群以名节相尚。靖康之难，大学诸生陈东、欧阳澈辈，伏阙上书，请诛六贼，起李纲，却金人，志士勤王，临难不屈。南渡之后，朱、张、吕、陆四派并起，永嘉又龂龂其间，虽稍有异同，总不离道德名节。延及末造，文文山、谢叠山固足以振拔一世，而风雨崖山，忠节相望，学风之甚，乃足以与日月争光。

明初诸儒，皆朱子门人之支流余裔。故燕王之祸，方孝孺、铁铉诸人，临难不屈，见于史册者殆数百人，瓜蔓抄至一家十族八百余人而不悔，学风之效极矣。至陈献章、王守仁，始分两派，宗献章者曰白沙之学，孤行独诣，宗守仁者曰姚江之学，门徒遍天下。其后东林诸子，尤得力于姚江，故皆矫然风节。

国变既起，忠义之师，遍于东南，贩夫愚妇，皂隶乞人，皆知死义，振古铄今，谁曰不宜？然则历数前代之讲学，莫不足干树名节，为人道中流之砥柱，彰彰不可掩矣，独立达之效，又不可不踌躇满志耳。范滂诣钩党狱，谓其子曰：吾欲使汝为恶，则恶不可为，欲使汝为善，则我不为恶。正人君子，始终不免于屠戮。终汉之世，生灵涂炭者，亦数十年。颜习斋讥二宋讲学君子之无能，谓学风虽盛，终不免以二帝畀金，以汴京与豫，以少帝入海，以玉玺与元。言虽过谑，而实则终无以自解。

有明之祸尤酷，自方正学赤族，至于思宗末年，凡正人之立朝者，重则悬首西市，轻则廷杖戍边，几几无一能免。虽再接再厉，不可狎视，卒不免皆张李之屠，延及民生亿万。此皆非讲学极盛之世乎？

士君子心天地之心，固以永世太平无苦众生为极则者也。然则贤人君子，鸡鸣风雨，舍命不渝，讲学不误，而所讲之学有未尽合乎？盈虚消息之故耶？且时至今日，时局之艰难，人心之散漫，是非善恶，竟至不能分明，较宋明之末代尤万万焉。苟非熟思而审处之，其效或远逊于前古，其敝也或较前古为更甚，此所为亟亟焉欲有所请益耳。

建始为船山学舍，注重船山微言大义，思诣物则可知。但船山当日适朱学趋于训诂之始，陆学王学，渐至讹舛，流为禅寂。时则大乱蜂起，群盗如毛，因慨然有志于圣功，探源立极，诚为卓识，惟不敢直揭易理。故极推张子正蒙之学，如皎日丽天，无幽不烛。所以示人以从入之途，苦心孤诣，百世之下犹将见之，所难者夫子之言性与天道不可得闻。圣门高足尚复如此，若当此极紊乱、至浅化之时，辄高谈性理以发明船山之志，其如何深入显出尽情势之万变耶？此当请益者一也。

若辅以他学，不拘拘于一先生之说，在国粹直莫如尊经，则有两说：一谓六经之文为当时典制告诫者十之五六，别有事实理解难明者十居二三，为万世立法者不过十之一二，必欲选择注释，谈言微中，殊非易易。一谓细味经文，其足为我注脚者实属途途是道，必以为高远难幾，势必俭素而少兴会。然则此两说皆当慎所择矣。此当请益者二也。

西汉循吏，东京名流，既莫非通经致用，然莽、歆之徒，何尝不以校勘释诂为能，此犹曰一二人之作伪也。新莽居摄，献符瑞者数十万。武周时，傅游艺一受显秩，而上表请改唐为周者六万，皆莘莘学子也。厥后许衡之流，且未能满于人意。

清代经学，号称极盛。阎若璩、胡渭之流，实为一代开创之师。而若璩于徐乾学开局于洞庭东山，嗣移嘉善后归昆山，无役不从，几如清客。渭于圣祖南巡，撰承平颂，献诸行在。马骕著《左传事纬》及《绎史》，顾宁人亟赞之，乃所市者不过顺治己亥进士。惠周惕之《易传》《春秋问》《三礼问》，江艮庭之《尚书集注音疏》，尤极精诣，有辅群经，而不过易一六品顶戴。及新朝进士训诂之师类多如此，为世诟病，不亦宜乎？然其有关于微言大义者，又岂能一概抹煞？惟究应如何去取，执简御繁，方与时适。此应请益者三也。

宋儒理学，不仅如颜习斋所讥，即强毅伟大如陈同甫亦云：举世安于君父之仇，方且高谈性命。自以为正心诚意之传。冷语冰人，乃至如此。然平心论之，凡学者气节之盛，莫不本于理学宗风。历考古今人物，自能得之。惟究应如何损益，就中发挥光大。此当请益者四也。

姚江讲学，示人以知行合一，滴水不漏。至心斋、龙溪之流，学皆尊悟，渐把良知作佛性看，悬空期个悟，终成玩弄。黄梨洲斥为操戈入室，不诬也。宜乎日趋日下，摭拾口头，转相奖借，谈空说有，流为狂禅，满街皆是圣人，酒色财气不碍菩提路。因而当时儒者，皆思有所改革，船山亦其一也。然阳明学说实鉴于宋儒专意把持此心之弊，故力主脚脚踏实，使理学与事功相为表里，岂能因噎废食？此当请益者五也。

西学之入，肇自甲午，东鳞西爪，杯水车薪，加以讹传杂还，译笔支离，言之似属新奇，习之实无所借。乃欲沟合中外，创为至精莫破之学说，诚属难能。然按时势以立言，又何能不宽眼界？此当请益者六也。

以上略举数端见例，其他诸子百家之可采者尚多，辞繁不杀，不必备举。所最难决者，将于诸说之外，别创一义以求适乎？抑或节取一家或数家之说而新之乎？或收纳万流，调和各家之说，取精而用宏乎？又就国情而论，心绪亦极复杂矣。姑再拉杂言之。

撮千年来之普通教义，不外入孝出弟也，秉礼守义也，安分自好也，谨身节用、廉洁自爱也，明哲保身也，常存敬畏、不犯刑辟、不干天怒也，多行善事、广积阴功也。凡家庭、社会、师长之宣导者，从不敢越此范围。即今所谓修身伦理教科亦不过至此而止，其狭隘乃至此耶？此思想界之问题一也。

今欧洲浪战，无非生计问题。我国人背仁绝义，荡廉弃耻，亦无非生计问题。若舍孔子富教之训，欲人人咸入首阳以鸣高，此不可必得之数也。故舍学说而浪言生计，其弊也愚。学说而不能影响生机，其为学也亦仅矣。此物质界之问题又一也。

讲学者非为干禄，黄口孺子皆知之，夫何待言？然不能改良政治，讲学何益？西儒之言曰：政府者有害之物，不得已而存之。然则存之而已乎？故敢断言曰：学而不能改良政治，爱护民生，则此学可以不讲。前代讲学所以无终效者，即与政治相冲突。今则俨然代议，不可不自爱惜矣。故敢进以一言：学说因政治而发生，则只能补偏而救弊，其效浅。政治为学说所转移，始能有自然之生气。此实用界之问题又一也。

夫学理糅杂不可也，单寒亦不可也。大君子抱经世之志，有时会之忧，上接船山，下开来学，必有成竹在胸。故敢竭其所虑，率意疾书，以博莞尔。如有刷印书志，见惠一二，示我周行，不胜幸甚！若如来札之索近日所作，以备采择，则深山野人，何从取以塞责乎？可谓期许太过矣。敬谢不敏，复候道履，书不尽意。

# 读《张子正蒙注·动物篇》

【题解】

本文录自1915年10月20日《船山学报》第三期，系廖名缙在船山学社于1914年9月20日举办的第十五期学术会讲时的讲稿。

子张子[①]曰：凡物能相感者，鬼神施受也。

子王子释之曰：魄丽于形[②]，鬼之属。魂营于气[③]，神之属。此鬼神之在物者也。魄主受，魂主施，鬼神之性情也。物各为一物，而神气之往来于虚者，原通一于细缊之气[④]。故施者不吝施，受者乐得其受。所以同声相应，同气相求[⑤]，琥珀拾芥[⑥]，磁石引铁，不知其所以然而感。圣人感人心而天下和平，亦惟其固有可感之性也。

蒙[⑦]按：天地之初，大和[⑧]细缊而已，有清通而不可象之神[⑨]，即不能不有散殊而可象之气。所谓游气纷扰，合而成质者是也。所谓是皆不得已而然也。惟自气有散殊，于是毗阴毗阳，刚柔、厚薄、清浊之分殊焉。同为乾父坤母之子，而各得其一体，克制攻取所不能免。克制攻取之事起，遂并忘其乾父坤母，细缊太和之本体，而各执形气之偏以相竞，此宇宙治乱[⑩]之大源所由生也。有圣人出，禀阴阳之性而无所毗[⑪]，赋形气之质而无所偏。于客形变化之后，独能认太虚[⑫]无形之体。于客感物交之后，独能见至静无感之源。所谓天地合撰[⑬]，上下同流，则乾坤之肖子[⑭]，而民物之所托命矣。夫大圆性海[⑮]之说，释氏所称，吾儒弗道，然太和细缊，实为魂施魄受之共祖。使其物各一物，而初无通一之原，则声应气求[16]之事绝，珀旨[17]磁吸之理熄，即圣人感人之术穷，而天下和平为终不可能之事矣。唯释氏虽已窥人物一原之理，而未尝究修齐治平之术，则其说终归于惝恍[18]，而其效只成为寂灭耳。

天下治乱之故，万变不穷，而其要可两言以括之，无他，即人与人互相损而天下乱，人与人互相益而天下治是矣。亘古以来，治日常少，乱日常多，亦以人类之好为相损者多，而好为相益者少耳。虽然，此非人类本然之性也。宇宙既启太虚健顺[19]之德，其在于天者，显而为元亨利贞[20]之理，其降于人者，发而为仁义体智之性。性善之说所以亘古今而莫之能易，其有时蔽于气质而不能无戾[21]者，则皆后起之事，不能诬其本原之所在。故圣人之教天下，其事不外乎继善而成性，其理实本诸斯人之吾与。此子王子“物各一物，神气来，通一絪缊”之说[22]，真乃直掇道蕴也。近西人有所谓借以太[23]而传烟士批里纯[24]者，有所谓借催眠术而施之天眼通者，浅人矜为创获，其实有能逾吾子张子“凡物相感，鬼神施受”之理乎？

子张子曰：独见独闻，虽小异，怪也，出于疾与妄也。共见共闻，虽大异，诚也，出阴阳之正也。

子王子释之曰：目眚则空中生华[25]，风眩则蝉鸣于耳。不仰观俯察，鉴古知今，而唯挟偶然意见所弋获，而据为道教，与之同也，疾风迅雷，非常之甚矣。而共见共闻，阴阳之正，运于太虚，人不能察耳。放君伐暴[26]，成非常之事。制礼作乐，陈非常之观。皆体阴阳必然之撰，晓然与天下后世正告之，而无思不服。

蒙按：此为学道而歧者言耳，卮言破道[27]，小智害义，皆不知天下有共见共闻之真理，而以独见独闻误之耳。要而言之，则皆妄而已矣，皆不诚而已矣。妄则眚眩皆为实境，世界之真理蔽，而邪说诐行[28]，因之充塞仁义矣。诚则风霆不过大块之嘘噫[29]，帝谓通而叛援、欣羡之情息矣[30]。

夫人生所需，曰真与美。非真则世界无由开，非美则世界无由明。雷霆之阗也，古以为神矣，可以祸福斯人矣，究其真，则形气相轧耳，非真有列缺阿香之闪尸[31]而妖露也。自其真既得，于是取之以通邮焉，以医疾焉，以烛夜焉，真之至而美亦备焉矣。天王之圣也，古以为经矣，大义无所于逃矣，究其真，则人类公仆耳，非真有绿图赤符[32]之生是使独也。自其真既得，于是有代议之政焉，有民选之制焉，有成文宪法之规定焉，真之至而美亦备焉矣。故曰：疾风暴雨，非常甚矣，要不过阴阳之正耳[33]。放伐制作，非常甚矣，要不过体阴阳之撰耳。藏往知来[34]，子王子其几于圣乎！

**【注释】**

①子张子：老师张子。指北宋思想家张载。子是古人对老师的尊称，下面的“子王子”同理。

②魄丽于形：魄附着于形。丽，依附、附着。

③魂营于气：魂萦绕于气。营，围绕、缠绕。

④细缊之气：高亨注：“细缊借为氤氲，阴阳二气交融也……天之阳气与地之阴气交融，则万物之化均遍。”

⑤同声相应，同气相求：指同样的声音能产生共鸣，同样的气味会相互融合，即同类的事物相互感应。

⑥琥珀拾芥：芥，小草，引申为轻微纤细的东西。琥珀摩擦后生电，能吸引细小的东西。比喻互相感应。

⑦蒙：自称谦辞，类似“愚”。

⑧大和：太和。指冲和之气。

⑨有清通而不可象之神：出自张载《正蒙·太和篇》：“散殊而可象为气，清通而不可象为神。”此为张载对气在本始状态上给出的“象”化理解。清通，即清和通泰。

⑩治乱：安定与动乱。

⑪无所毗：无所附。毗，依附。

⑫太虚：古代哲学概念，指宇宙万物最原始的实体——气。

⑬天地合撰：意即天地同变。撰，此指天地阴阳等自然现象的变化规律。

⑭肖子：在志趣等方面与其父一样的儿子。

⑮大圆性海：大圆，意即天。性海，佛教语，指真如之理性深广如海。

⑯声应气求：指情投意合或志同道合的人彼此间相互呼应或唱和。

⑰珀旨：指琥珀经摩擦后吸引细物时发出的感应信号。珀，指琥珀。旨，意图、命令。

⑱惝恍：形容模糊不清。

⑲太虚健顺：指太虚之气的两体。张载《易说·系辞下》："太虚之气，阴阳一物也；然而有两体，健顺而已。"

⑳元亨利贞：此为《易经》中的四德，取自于自然界植物始、长、收、藏的生长过程。元、亨、利、贞对应春、夏、秋、冬，即植物的发芽、生长、结果、收藏。

㉑无戾：不违背、不违反。

㉒"此子王子"句：源自王船山《张子正蒙注·太和篇》："物各为一物，而神气之往来于虚者，原通一于絪缊之气。故施者不吝施，受者乐其受。所以同声相应，同气相求。琥珀拾芥，磁石引铁，不知其所以然而感。"

㉓以太：近代康有为、谭嗣同、孙中山等使用的哲学名词，是物理学名词的借用。康有为在《孟子微》中把"以太"与"仁""不忍人之心"等道德观念等同起来。

㉔烟士批里纯：英语"inspiration"的音译，意为灵感。梁启超《烟士披里纯》："烟士披里纯者，发于思想感情最高潮之一刹那顷。"

㉕目眚则空中生华：目眚，指一种眼病，即目生翳。空中生

华，指见空中如花者浮动。意思是名虚空华，比喻事物之无实体。

㉖放君伐暴：对残暴的君主进行驱逐并讨伐。语见孟子的“暴君放伐论”。

㉗卮言破道：卮言，随和人意，指无主见之言。破道，败坏道德。

㉘诐行：偏邪不正的行为。

㉙风霆不过大块之嘘噫：风霆，狂风和暴雷。大块，大自然、大地。《庄子·齐物论》：“夫大块噫气，其名为风。”此句大意是，狂风和暴雷不过是大自然的叹息。

㉚“帝谓”句：此句化用《诗经·大雅·皇矣》：“帝谓文王，无然畔援，无然歆羡。”句中的“帝”指主宰一切的上帝。通，明白、懂得。叛援，意指跋扈。此句大意是，上帝说，明白之后，所有跋扈、贪慕之情就消失了。

㉛列缺阿香之闪尸：列缺，指高空中闪电所现的空隙。阿香，指神话传说中推雷车的女神。闪尸，形容忽隐忽现的样子。

㉜绿图赤符：绿图，即箓图，指预言人世祸福之书。赤符，赤伏符之简称，原指新莽末年谶纬家所造符箓，谓刘秀上应天命，当继汉统为帝，后亦泛指帝王受命的符瑞。

㉝要不过阴阳之正耳：要，要点。正，正中。此句大意是，要点不过是阴阳交汇之正中而已。

㉞藏往知来：对以往了然于心，对未来有所预见。

# 读《张子正蒙注·神化篇》

【题解】

此文录自1915年12月20日出版的《船山学报》第五期，系廖名缙在船山学社于1914年10月11日举办的第十八期学术会讲时的讲稿。

神，天德。化，天道。

蒙按：六合[1]之外，圣人存而不论。六合之内，圣人论而不议。庄生洸恣[2]，此语乃为道通[3]。夫世界初民，莫不首先考求庶汇凭生之所自[4]。婆罗之梵天[5]，创世纪之用土造人[6]，所以与中国黄土抟人[7]之说，先书纪而并起也。然官骸之形，比拟造物，实为原人知识蒙昧之时征。中国载籍所传，虽不免尚沿遗说，如“玄鸟生商[8]”“履帝武敏歆[9]”之类，但亦经生解释之误，不足以为类也。宋儒讲学，专言理气。六合以外者，固付诸存而不论之列。即六合以内者，亦实行论而不议之法。虽朱晦翁以《易》为卜筮之书，不令及门[10]研习，未免矫枉过正。然而横渠专言神化[11]，而其为言曰：神，天德。化，天道。皆以天德在人、天化在人者言之。取之当体[12]而已足也，不测之谓神[13]。子王子曰：不测者，有其象，无其形，非可以比类广引[14]而拟之。指其本体，曰诚，曰天，曰仁，一言而尽之矣。中国文明之进化，允为世界之先河，即此亦其一端矣。

虚明照鉴，神之明也。

蒙按：须知虚明照鉴，不是释氏真空中“法雷”“慧日”[15]之喻。彼所谓真空者，遗形[16]所谓虚明者，明善[17]以复初也。

子王子曰：太虚不滞于形，故大明[18]秩序不紊。君子不滞于意，故贞明[19]而事理不迷。又曰：照鉴者，不假审察而自知，谓为不知道，得乎？

天下之动，神鼓之也。

蒙按：自欧洲格致家[20]盘恩・亚力山大，创为敦里雷兴之说（即“原力”），折衷于唯心、唯物之间，在近日哲学中，实为别开生面。其说以为力之大原有五：一机械动力，一原块动力，一微点磨切动力，一流质动力。人之精神，直与电气同类，其思想言论与绘画音乐等，皆不过此力之弥纶。而五种之力原[21]，又无不同出于太阳。是说也，美人李雅各[22]驳之，以为彼固视人类性灵[23]，等于其体质，究与赫胥黎等唯物论何殊？夫日为力原，日之所原，又为何物？故造物万能之说，族无文野[24]，不能异也。然或推本于耳闻目见物质，与悬拟为声欬[25]谆谆之上帝，非失之粗，则失之罔[26]。何如太和细缊、鬼神屈伸之物质迹象，而又不落虚空耶？子王子曰：天以神御气，而时行物生。人以神感物，而移风易俗。神者，所以感物之神而类应者也，此真贯天人之义[27]矣。

辞不鼓舞，则不足尽神。

蒙按：近日文明各国，以演说为专门之学。凡大宗教家、大政治家，其事业之成功，莫不得力于演说。盖人类联合，恃其热情与挚感，未有无联合人群之力而能建树事业者，未有无热情挚感之表示而有联合人群者。而热情挚感之表示，又非文字歌谣所可尽。故演说之鼓舞，所以不容或已[28]也。张子谓：辞不鼓舞，不足尽神。诚知动天下之匪易[29]耳。子王子曰：君子之有辞，不徇闻见，不立标榜，尽其心，专其气，言皆心之所出。而气无浮阻，则神著于辞，虽愚不肖，不能不兴起焉。若袭取剿说[30]，则仁义忠孝之言，人且迂视之，而漠然不应，不足以鼓舞。唯其神不存也，则又进于修辞立诚[31]之域矣。

【注释】

①六合：即天、地、东、南、西、北。泛指普天之下。

②庄生洸恣：庄子洸洋恣肆。庄生，即庄周（庄子）。洸恣，洸洋恣肆之略写，指言辞或文章豪放不拘。

③道通：即庄子《齐物论》的核心哲学思想“道通为一”。庄子认为，“道”主宰万物，万物臣服于“道”，如此就构成了一个浑然天成、和谐一体的大千世界。

④莫不首先考求庶汇凭生之所自：庶汇，庶类、万类，泛指天地万物。此句大意是，莫不首先考求天地万物生命之由来。

⑤婆罗之梵天：系印度婆罗门教的创造之神。

⑥创世纪之用土造人：即《圣经》中所介绍的人类的起源，上帝用泥土造人（亚当）。

⑦黄土抟人：女娲捏土造人。

⑧玄鸟生商：相传有娀氏女简狄与二女行浴，有玄鸟飞过堕其卵，简狄取而吞食，因而怀孕生契，契为商人始祖。

⑨履帝武敏歆：出自《诗经·大雅·生民》：“履帝武敏歆，攸介攸止，载震载夙。”闻一多《姜嫄履大人迹考》：“帝实即代表上帝之神尸。神尸舞于前，姜嫄尾随其后，践神尸之迹而舞，其事可乐，故曰‘履帝武敏歆’，犹言与尸伴舞而心甚悦喜也。”

⑩及门：指其门徒、弟子。

⑪神化：此指神妙地潜移默化。语出《周易·系辞下》：“神而化之，使民宜之。”

⑫体：本体。与“用”相对。“体”与“用”是中国古典哲学的一对范畴。

⑬不测之谓神：见《周易·系辞上》：“阴阳不测之谓神。”不测，不可知。

⑭比类广引：取象比类，广泛引证。所谓取象比类，就是以象进行比类，特点是只要外象同，即使本质不同，也可类比。

⑮真空中“法雷”“慧日”：此为佛教语。真空，一般指超出

一切色相意识界限的境界。法雷，比喻佛法如雷，能惊觉群迷，故称。慧日，指普照一切的法慧、佛慧。

⑯遗形：超脱形骸，精神进入忘我境界。

⑰明善：南宋吕祖泰《讲学类记》："何谓明善？即诚字之初功。"

⑱大明：此指太阳。

⑲贞明：坚贞贤明。

⑳格致家：清末指自然科学家。

㉑力原：即力源。

㉒李雅各：亦译作"理雅各"或"李雅葛"（James Legge，1815—1897），近代英国著名汉学家，曾任香港英华书院校长，伦敦布道会传教士。他是第一个系统研究、翻译中国古代经典的人。从1861年到1886年的26年间，他将四书五经等中国古代主要典籍全部译出。廖名缙此谓"美人"而不谓"英人"，或有二因：一是将英美学人统称"美人"或"美儒"（如后文）；二是理雅各在来华之前于1841年7月13日获美国纽约大学授予的神学名誉博士学位，或因此而谓其"美人"。

㉓性灵：指内心世界。

㉔族无文野：种族无论文明还是野蛮。

㉕声欬：指所发的声音。

㉖非失之粗，则失之罔：不是错在疏忽，就是错在欺骗。粗，疏忽、不周密。罔，蒙蔽、欺骗。

㉗天人之义：即天人之道，亦即天地万物之情。

㉘不容或已：不能有丝毫停止。

㉙动天下之匪易：要感动天下并非易事。动，感动、鼓动、引动。

㉚袭取剿说：沿用抄袭别人的言论。袭取，即沿袭取用。剿说，指抄袭别人的言论为己说。

㉛修辞立诚：撰文要表现作者的真实意图，不可作虚饰浮文。

# 读《张子正蒙注·动物篇》

**【题解】**

此文录自1916年1月20日出版的《船山学报》第六期，系廖名缙在船山学社于1914年11月1日举办的第二十一期学术会讲时的讲稿，其主题跟《船山学报》第三期刊登的作者于9月20日举办的第十五期学术会讲时的内容相似，标题相同，但内容及阐述方式有所不同。不知是《船山学报》将同一篇讲稿分两次刊登，抑或是作者于船山著作的同一篇目中选取两个不同的侧重点分别阐讲。不过无论是怎样一种情况，本卷仍按《船山学报》所发表日期顺序编排。以下若有类似情况亦按此处理，不再另行说明。

寤，形开而志交诸外也。梦，形闭而气专乎内也。

船山曰：开者伸也，闭者屈也。志交诸外而气舒，气专于内而志隐。则神亦藏而不灵，神随志而动止者也。

梦时形为无意识之动作，心亦为无意识之动作。故寐者不唯所以息其形，亦且所以息其心。

常人梦无意识，寤有意识，操则存，舍则亡也[①]。圣人寤有意识，梦亦有意识，朝乾夕惕[②]，一气孔神[③]也（如孔子之寝不尸[④]梦见周公是）。狂人梦无意识，寤亦无意识，则夜气[⑤]之存，梏亡[⑥]既尽，终生一梦而已矣。

积狂人之无意识而几于禽，积众人之有意识无意识而终于人，积圣人之纯有意识无无意识则人天通。

东山演禅师送徒行脚[⑦]，教以提个话头[⑧]，昼参夜参，不可坐在无事甲[9]里，又不可蒲团上死坐。若杂念转斗[10]转多，轻轻放下，下地走一遭，再上蒲团，开两眼，捏两拳，竖起脊梁，依前提个话头，便觉清凉，如一锅沸汤掺一勺冷水相似，如此做工夫，定有到家[11]时节云云。此亦恐气专乎内，神藏志隐，肉体将为精神之司令。故硬坐禅截断睡魔，不知“有伸无屈天地无”是理，即人类亦何能有此事？故唯戒慎恐惧，瞬养息存[12]，在于寤者既能剿绝肉欲之萌动，斯在于梦者肉体自不能发非理之命令。文王之梦非熊[13]，孔子之梦周公[14]，庄生之梦蝴蝶[15]，楚襄之梦神女[16]，亦各从其昼之所习焉而已。故观梦可以知人也。

寤，所以知新于耳目。梦，所缘旧于习心[17]。

船山曰：开则与神化相接，耳目为心效日新之用[18]。闭则守耳目之知而困于形中，习为主而性不能持权，故习心之累烈矣哉！

人之寐也，志隐神藏，他物或得入而据之矣。如近日催眠术之类是。然因习心所积，缘染[19]既深，其寐也亦未免志隐神藏，则以觉随触，一切思想动作，不啻外物入而为主。若是者谓之不待施术之催眠人矣。故《中庸》之“莫见莫显[20]”“戒欺求慊[21]”，孟子之“必有事焉而勿正，心勿忘[22]”，凡所以防习心之缘旧者至矣。

梦为原人进化一大障碍，种种之迷信由此而起（由原人知识幼稚，误认为梦与寤为一境，故牛首蛇身种种之梦象，遂转而成神话时代之历史），种种之真理由此而阏。即开明至三代[23]，而掌梦、占梦仍设专官，“熊罴”“虺蜴”“众鱼旐旟”俨然载之经传[24]。盖由不知习心之累，遂误肉体之命令与神志之命令为同物耳。唯夫子“甚矣吾衰[25]”之叹，乃根本生理学[26]以立言，与前古迷信之谈迥异。观于曲肱而枕[27]，寝则不尸，盖犹检束其官骸，所以防习心之缘旧者至矣。

**【注释】**

①操则存，舍则亡也：把握好就存在，放弃就消失了。

②朝乾夕惕：形容一天到晚勤奋谨慎，没有一点疏忽懈怠。

③一气孔神：一气通神。类若《列子》所谓“心合于气，气合于神”。一，专一。孔，通达。

④寝不尸：睡觉时不沉睡。尸，如尸体一般，比喻沉睡。

⑤夜气：儒家指晚上静思所产生的良知善念。

⑥梏亡：丧失。

⑦东山演禅师送徒行脚：东山演，即法演（约1025—1104），俗姓邓，绵州巴西（今四川绵阳）人，自幼出家（一说年三十五始弃家祝发）。晚年应请住持黄梅东山五祖寺，直到宋徽宗崇宁三年（1104）八十岁圆寂。行脚，亦作“游方”，指僧侣无一定的居所，或为寻访名师，或为自我修持，或为教化他人而广游四方。游方之僧，即称为“行脚僧”，与禅宗参禅学道的云水同义。

⑧话头：即“话头禅”，是宋代以后流行的禅修方法，借助看话头的方式达到明心见性。

⑨无事甲：不思不想，安于无为无事之状态。

⑩转斗：原指转战，此指各种杂念在脑海中纷乱不已。

⑪到家：达到相当高的水平。

⑫瞬养息存：指时刻注意修炼养性，并将所得存于心中。

⑬文王之梦非熊：非熊，指姜太公，源自“飞熊入梦”之典。周文王做了一个梦，梦见一只生有双翅的异兽飞进自己的怀中，后来文王果然在渭水之阳遇见吕尚。后遂以“非熊”指吕尚（姜太公），亦泛指辅助国政的贤人。

⑭孔子之梦周公：《论语》：“子曰：‘甚矣吾衰也！久矣吾不复梦见周公。’”根据孔子此语，可见他以前梦见过周公，且不止一次。从孔子此话中看，孔子认为自己久不梦见周公是因为自己年衰体弱。

⑮庄生之梦蝴蝶：“庄周梦蝶”的故事见《庄子·齐物论》

的结尾，讲的是庄子做了一个梦，梦见自己变成了一只蝴蝶，翩然飞舞在花丛草地上，轻松惬意，全然忘记自己本是庄周。

⑯楚襄之梦神女：出自战国末期辞赋家宋玉创作的《神女赋》："楚襄王与宋玉游于云梦之浦，使玉赋高唐之事。其夜玉寝，果梦与神女遇，其状甚丽，玉异之。明日，以白王。"

⑰习心：指人依据日常经验而虚妄地断定、追逐外在事物的习惯之心。习心是依本心的作用而产生，又与本心有根本区别。

⑱耳目为心效日新之用：此语大意是，耳朵和眼睛起到每日为心摄取新信息之功用。

⑲缘染：指缘旧之影响。

⑳莫见莫显：从最隐蔽、最细微的言行上就能看出一个人的品质。出自《礼记·中庸》："莫见乎隐，莫显乎微，故君子慎其独也。"

㉑戒欺求慊：戒除欺骗而求得内心快乐。慊，此处通"惬"。

㉒必有事焉而勿正，心勿忘：出自《孟子·公孙丑上》："必有事焉而勿正，心勿忘，勿助长也。"孙奭疏："谓必有事于集义而不可止也。"正，同"止"。

㉓即开明至三代：开明，此为从野蛮进化到文明之意。三代，是对中国历史上的夏、商、周三个朝代的合称。此句大意是，当从野蛮进入文明，直到夏、商、周三朝时。

㉔"熊罴"句：熊罴，见《诗经·小雅·斯干》："大人占之，维熊维罴，男子之祥。"虺蜴，见《诗经·小雅·正月》："哀今之人，胡为虺蜴。"众鱼旐旟，见《诗经·小雅·无羊》："牧人乃梦，众维鱼矣，旐维旟矣。大人占之，众维鱼矣，实维丰年；旐维旟矣，室家溱溱。"

㉕甚矣吾衰：我衰老得很厉害呀！

㉖根本生理学：基础生理学。

㉗曲肱而枕：枕着弯曲的胳膊睡觉。形容人生活恬淡，无忧无虑。

# 读《张子正蒙注·乐器篇》

**【题解】**

此文录自1916年1月20日出版的《船山学报》第六期，系廖名缙在船山学社于1914年11月8日举办的第二十二期学术会讲时的讲稿。

幽赞[①]天地之道，非圣人而能之哉？

船山曰：凡有其理而未形，待人而明之者皆幽也。圣人知化之有神，存乎变合而化可显，故能助天地而终其用。

宇宙之理，灿乎大备。无幽不显，亦显不幽。众人得其显而忘其幽，滞于象矣[②]。畸人窥其幽而不能显[③]，骛于虚矣。大哉圣人，知化之有神，存乎变合，而化可显[④]，人类之本性尽，天地之大用彰矣。

诗人谓“后稷之穑，有相之道[⑤]”，赞育[⑥]之一端也。

船山曰：天能生之，地能成之，而斟酌饱满以全二气之粹美者，人之能也。穑有可丰美之道而未尽昭著，后稷因天之能尽地之利以人能合而成之。凡圣人所以用天地之神而化其已成之质，使充实光辉若此。此为格致[⑦]之理，亦为进化之原则。

美儒李雅葛之言曰：“真实”二字，本为同物。实者真在心之外也，真者实在心之内也。实乃心外之物形，真乃心内之物影。故心内之影与心外之形，必合而归一以成人之智性，即其心内之影符应于心外之形而已。此格致之真实也，至人之言语行为，亦与其智性相配，则为道德之真实矣。穑可丰美，所谓实也，心外之物形也。后稷因天能尽地利以人能合成之，所谓真也，心内之物影也。然则后稷之相天非他，即其心内之影符应于心外之形而已，牛顿之明吸力也，瓦特之究蒸汽也。时有古今，理有精粗，其所以成赞育之功、用天地之神而化其已成之质、使日即于充实光辉者，其揆一也。

格致而后意诚，诚意必先致格，内与外交相为用。《大学》之言，视美儒尤精。

贤者仕禄，非迫于饥寒，不恭莫甚焉。

船山曰：孔子为委吏、乘田[8]，免于饥寒则去之。此伶官非以贫故而谓世不足与有为[9]，仕于贫贱，不恭之甚矣。

尝怪古人为贫而仕之义，以为果其为贫，商可也，工可也，农可也，奚其仕[10]？仕而为贫，不几为官为市乎[11]？继而思之，古者四民分业[12]，而士以仕为事，得时大行其夙愿也。若夫巷遇无期，时乎有待，又不能改其志业，则唯以自食其力为养晦俟时[13]之计。故“会计之当，牛羊茁长[14]”，究其乘田、委吏之分，所谓“既廪称事[15]”也。号之仕者，特其假名耳，后世不明此义，业仕矣，而又时为枳鸾笯凤[16]之状，用自表异。毕吏部之卧瓮[17]，嵇中散之习锻[18]，较诸《简兮》之硕人[19]而又过，其去圣人之道亦远矣。

日出而阴升自西，日迎而会之，雨之候也。喻婚姻之得礼者也。

船山曰：阳迎阴，男下女，以崇廉节也。

阳动阴静，阳施阴受，天地之原则固尔，非故抑阴而尊阳也。顺其原则而制为婚姻之礼，则廉节自崇。

日西矣而阴生于东，喻婚姻之失道者也。

船山曰：朝跻于西，崇朝其雨[20]，正而和也。蝃蝀在东，莫之敢指[21]，不正之气也。张子此说为长。朱子谓虹蜺天地之淫气[22]，不知微雨漾日光而成虹，人见之然尔，非实有虹也。言虹饮于井[23]者，野人之说。

婚姻失道，至今日而已极。要其弊皆由不知动静、施受之原则，故廉节丧而淫嬻孅也。太阳七色光，可用三角玻璃之分光器而显之，雨点映射日光而成虹蜺，同此一理，此近日欧洲科学家实验所获之成绩也。不图数百年前分光之器欧土犹未发明，船山乃以瞑悟得之，其诸用天地之神化其已成之质者乎？谓此亦船山赞育之一端可也。

【注释】

①幽赞：使隐微难见者明显。

②“众人得其显”二句：众人得知其形便忘了其理，这是止步于现象。幽，此指隐于现象之中的道理。象，现象。

③畸人窥其幽而不能显：奇人异士知其理却不能将其显扬。畸人，即有独特志行、不同流俗之人。

④“大哉圣人”四句：大意是，伟大的圣人才知晓天地自然之中存在神妙的潜移默化，并能将其总结归纳且显扬。

⑤后稷之穑，有相之道：出自《诗经·大雅·生民》：“诞后稷之穑，有相之道。”后稷，尧舜时期掌管农业之官，周朝始祖。穑，收割谷物，泛作耕作。有相之道，谓有帮助它们长得更茂盛的方法。

⑥赞育：窥其幽而能显。

⑦格致：格物致知的略语，指考察事物的原理法则而总结为理性知识。

⑧委吏、乘田：委吏，古时管理粮仓的小官。乘田，管理牧场养六畜的小吏。

⑨“此伶官”句：此句大意是，这乐官不说（孔子）是因贫困的缘故而说世道不足以令其有所作为。伶官，即乐官。此指师襄，亦称师襄子，乃春秋时鲁国的乐官（一说是卫国的乐官）。孔子曾向他学习弹琴，是孔子年轻时的老师之一。

⑩奚其仕：为什么他们要做官呢？

⑪“仕而为贫”二句：大意是，因贫困而入仕，不是差不多当官即做买卖吗？

⑫四民分业：春秋时齐国管仲提出的政治改革，即把商人提高到与士、农、工同等重要的社会地位，推行一系列轻税、免税、服务等措施，于是齐国出现了“商贾归齐如流水”的经济局面。

⑬养晦俟时：韬光养晦，以待时机。

⑭会计之当，牛羊茁长：孔子在当委吏时，每笔账目都清清楚楚。在当乘田时，所养的牛羊也都长得非常壮实。

⑮既廪称事：报酬与贡献对等。既廪，指古代官府所发的给养。既，通“饩”。称事，与事功相当。

⑯枳鸾筊凤：困于刺篱与笼中的鸾凤。枳，指带刺的小乔木，在园林中多栽做绿篱或做屏障树。筊，鸟笼。

⑰毕吏部之卧瓮：此即“吏部眠”之典故。出自《晋书·毕卓传》：“太兴末，为吏部郎，常饮酒废职。比舍郎酿熟，卓因醉夜至其瓮间盗饮之，为掌酒者所缚，明旦视之，乃毕吏部也，遽释其缚。”

⑱嵇中散之习锻：嵇中散，即嵇康（224—263），字叔夜。三国时期思想家、音乐家、文学家，竹林七贤之一，曹操的曾孙女婿，官至中散大夫，世称嵇中散。后隐居不仕，每天喜欢在后园柳树下打铁。习锻，指惯于打铁。

⑲《简兮》之硕人：《简兮》为《诗经·邶风》中的篇名，是“刺不用贤”之作。诗中之“硕人”即身材高大的舞师，比喻卫国君主用为伶官的诸位贤人。

⑳“朝隮于西”二句：出自《诗经·鄘风·蝃蝀》。朝，早晨。隮，虹。于西，出现于西方。崇朝，即从天亮到早餐时，指整个早晨。此句大意是，早晨彩虹出现在西方，整个早上都会下雨。

㉑“蝃蝀在东”二句：语源同上。蝃蝀，即彩虹，亦称美人

虹。此句意为，彩虹出现在东方，没人敢用手去指。

㉒朱子谓虹蜺天地之淫气：此句指的是朱熹在《诗集传》中所说的“虹也，日与雨交，倏然成，质似有血气之类，乃阴阳之气不当交而生者，盖天地之淫气也”。

㉓虹饮于井：出自《汉书·燕剌王刘旦传》：“是时天雨，虹下属宫中，饮井水，井水竭。”古人迷信，以为虹是有生命的怪物。

# 读《张子正蒙注·乐器篇》

**【题解】**

此文录自1916年1月20日出版的《船山学报》第六期，系廖名缙在船山学社于1914年11月15日举办的第二十三期学术会讲时的讲稿。此篇讲稿从标题到内容到阐述方式均可看出系第二十二期讲学内容的续篇。

《狼跋》[①]美周公不失其圣，卒能感人心于和平也。

船山曰：庸人处变而不知自裁[②]以礼，其贤者则改节降志，以自贬损而免患，若郭子仪[③]是矣。圣人达于屈伸之感，而贞其大常[④]，静正而物自感[⑤]。心无私累，则物我之气俱顺。人心之和平，公心和平化之也。

庸人处变，贤者改节。非庸人中而有贤者，实贤者中之有庸人也。郭子仪前之陈平[⑥]、周勃[⑦]，郭子仪后之曾国藩、胡林翼[⑧]，皆当世之贤者也。学业既未尽同，人格亦不一致，均不能不“降志贬损”以免患。此君主专制之积威使然，亦可见势不能不变为共和也。船山此语，因偏见全[⑨]。若毕其词，必曰其不贤者，则专恣跋扈，倒行逆施而自逞，若王敦[⑩]、桓温[⑪]是矣。彼其功高不赏，亦未尝无周公东征《狼跋》致咏[⑫]之象。所少者，“公孙硕肤，赤舄几几[⑬]”之度耳。若举外史言之，拿破仑、地亚士[⑭]，王敦、桓温之流也，佐治·华盛顿则周公矣。故中国今日之欲为华盛顿者，其惟师周公而后可。

唐棣[⑮]枝类棘，枝随节屈曲，其华一偏一反。

船山曰：向外生者偏，内出者反。

左右相矫，因得全体均正。偏喻管、蔡失道[16]，正喻周公诛殛[17]。言我岂不思兄弟之爱，以权宜合义，主在远者耳。

船山曰：所击者国家之大。

以国家为前提，故管、蔡虽亲诛殛之，而无所于疑。管、蔡既平，方且众建亲戚，屏藩王室，不以管、蔡之前车，而稍存犹豫焉。周公之反，止如其偏之量也[18]。否则吴楚七国之祸[19]，黄台抱蔓[20]之叹，不至汉唐而始发矣，安得周公起而救今日之中国耶？

鹤鸣而子和，言出之善者欤？

船山曰：善则物必应[21]。

鹤鸣鱼潜[22]，畏声闻之不臧者欤？

船山曰：鹤鸣而声闻于天，鱼潜而或在渚，不善则不可掩也。故必善其鸣而慎其潜，乃以得臧，取喻同而义异。《易》以言好仁之益，《诗》以示恶不仁之警。

言出善而天下应，不惟其言已也。必其未言之先，具天性相感之理，而后应者无疑，同声相应，由于同气之相求也。天下有慈母之言，而子生反感乎？故鹤鸣在阴，其子和之。今之为上者，欲施文告于吾民，必也其先有保民如赤之诚乎？

鹤之鸣也，不期闻天而闻天。鱼之潜也，不期在渚而在渚。为不善者，虽有种种名义之假托，而司马之心，路人皆知。人之亲己，如见肺肝，此诚何益之有乎？

**【注释】**

①《狼跋》：《诗经·豳风》中的篇名，被认为是赞美周公的诗作。

②自裁：自己做决定。

③郭子仪：697—781，华州郑县（今陕西省渭南市华州区）人。唐代著名政治家、军事家。在安史之乱中功勋卓著，被封代国公。大历十四年（779）被尊为“尚父”，进位太尉、中书令。

④大常：本性、常道。

⑤静正而物自感：静正，即恬淡平和而趋于纯正。物，辨识、选择。此句大意是，恬淡平和而选择自己的感觉。

⑥陈平：汉初大臣。陈胜起义后，先投魏王咎，后随项羽入关。不久归刘邦，任护军中尉，建议用反间计使项羽去谋士范增，并以爵位笼络大将韩信，均被刘邦采纳。汉朝建立后，被封为曲逆侯。

⑦周勃：汉初大臣。秦末从刘邦起义，以军功为将军，封绛侯。吕后时，任太尉。吕后死，他与陈平定计，入北军号召将士拥护刘氏，诛杀企图发动叛乱的诸吕，迎立文帝，任右丞相。

⑧胡林翼：1812—1861，字贶生，号润芝，湖南益阳人。胡林翼善治军，官至湖北巡抚。在太平军势盛时，他曾创厘金以充裕财用，政绩卓著，卒谥文忠。著有《读史兵略》等。

⑨因偏见全：类同“知微见著”。

⑩王敦：266—324，字处仲，临沂（今山东临沂）人，王导的从弟，晋武帝的女婿。西晋亡，举族避乱江南，和从兄王导同在元帝朝做大官，主持国政。官至征南大将军，拜侍中，领江州牧，恃功专横，后举兵反，中途病死。

⑪桓温：312—373，字元子，谯国龙亢（今安徽省怀远县龙亢镇）人。东晋政治家、军事家、权臣，谯国桓氏代表人物。因溯江而上灭成汉政权而名声大振，又三次出兵北伐（北伐前秦、羌族姚襄、前燕），战功累累，后独揽朝政十余年。

⑫周公东征《狼跋》致咏：周公东征，指的是武王死后，成王年少，武王之弟周公旦恐诸侯反叛，于是摄政当国。管叔、蔡叔等兄弟疑周公，与纣王之子武庚一起作乱，史称“管蔡之乱”。周公团结召公奭，亲率大军东征平叛，“伐诛武庚、管叔，放蔡叔”（见《史记·周本纪》）。而“《狼跋》致咏”意思是“致《狼跋》咏颂”。朱熹《诗集传》认为此诗赞美周公摄政，虽遭四方流言、幼主致疑，却处变不惊，王业终成，而又功成还政，

圣德无瑕。

⑬公孙硕肤，赤舄几几：出自《诗经·豳风·狼跋》。公孙，系古时对贵族的称呼。硕肤，形容大腹便便貌。赤舄，以金为饰的红鞋，常为古代贵族所穿。几几，鞋尖弯曲貌。此句诗大意为，公孙挺着大肚囊，脚穿红鞋稳步踏。

⑭地亚士：即路易-阿道夫·梯也尔（1797—1877），早期亦译为“爹亚士”，法国政治家、历史学家。

⑮唐棣：植物名，又称扶移、红栒子。

⑯管、蔡失道：即历史上的“三监之乱”，亦称作“管、蔡之乱”或“武庚之乱”。武王灭商后，分封纣王之子武庚于殷，利用他统治殷民。同时派其兄弟管叔、蔡叔、霍叔在殷都附近建立邶、鄘、卫三国以监视武庚，史称“三监”。武王灭商后不久即病逝，周公旦摄政，引起管叔、蔡叔及其群弟的疑忌，武庚见机拉拢，发动叛乱。

⑰周公诛殛：指周公讨伐“三监”。

⑱“周公之反”二句：反，回击、反击。止，仅、只。偏之量，比喻管、蔡等反叛者。此句大意是，周公的反击，仅限于管、蔡等反叛者而已。

⑲吴楚七国之祸：汉景帝三年（前154），为了反对朝廷的削藩政策，吴王刘濞联合楚、赵、胶西、胶东、济南、淄川等六国共同发动了大规模叛乱。

⑳黄台抱蔓：典出唐李贤《黄台瓜辞》：“种瓜黄台下，瓜熟子离离。一摘使瓜好，再摘使瓜稀。三摘犹自可，摘绝抱蔓归。”该诗系唐朝章怀太子李贤借物喻人，奉劝其母后武则天不要对亲生儿女们赶尽杀绝。

㉑善则物必应：善言必受众人拥戴。物，此指他人、众人。

㉒鹤鸣鱼潜：出自《诗经·小雅·鹤鸣》：“鹤鸣于九皋，声闻于野。鱼潜在渊，或在于渚。”

# 读《张子正蒙注·大心篇》

**【题解】**

此文录自1917年4月20日出版的《船山学报》第七期，系廖名缙在船山学社于1914年12月20日举办的第二十八期学术会讲时的讲稿。

大其心，则能体天下之物。物有未体，心为有外[①]。

船山先生曰：大其心，非故扩之使游于荒远也。天下之物，相感而可通者，吾心皆有其理，唯意欲蔽之则小尔。由其法象[②]，推其神化，达之于万物一源之本，则所以知明处当[③]者，条理无不见矣。天下之物皆用也，吾心其体也，尽心以循之，则体立而用自无穷。

万殊合为一本也[④]，知一本而体立，知万殊而用见。中国哲学之发明此义最早，乃近日一孔之新学家，或称为归纳、演绎，或命曰拓都、幺匿[⑤]，矜炫夸诧，以为此欧儒之伦理学，实为吾中国前古圣哲所未言，是何异藏弘璧而慕碔砆[⑥]耶!

世人之心，止于见闻之狭。圣人尽性，不以见闻梏其心，其视天下无一物非我。

闻见，习也。习之所知者，善且有穷，况不善乎[⑦]？尽性者极吾心虚灵[⑧]，不昧良能，举而与天下万物所从出之理合而知其大始[⑨]，则天下之物与我同源，而待我以应而成。故尽孝而后父为吾父，尽忠而后君为吾君，无一物之不自我成也。非感于闻见，触名思义、触事求通之得谓之知能也。

极端之唯物学派，其立论以为官骸触感以外无心知，故人类性灵，随身体发达衰减而互异。信如所言，是人类生世，纯为客观作用，更无丝毫主观之存在矣。夫美恶是非，由于官骸之触感而起，固也。然试问触而能感者何物乎？人身为十余种原质结合而成，试问若盐若钙，取作人形，能感于搔抑而稍生痛痒之情乎？故官骸见闻外之别有一物在可断言也。其物唯何？性灵是矣。至于性灵多寡之量，随身体之发达衰减而异。此则前日讲席所论三棱分光器透过之作用耳，器小则发现之光量小，器大则发现之光量大。又若性灵衰减，则分光器之剥暗[⑩]使然矣。

【注释】

①物有未体，心为有外：若有一物不能体知，则因其心不足于合天心。心为有外，见张载《正蒙·大心篇》："天大无外，故有外之心不足于合天心。"

②法象：古代哲学术语，即对自然界一切事物现象之总称。

③知明处当：知晓明了且处事得当。

④万殊合为一本也：把各种事物归于同一根本。万殊，各种不同的事物。一本，同一根本。

⑤拓都、幺匿：拓都，英文"total"之音译，意为总体、团体。幺匿，英文"unit"之音译，意为单元、单位。

⑥藏弘璧而慕碔砆：弘璧，传说中周王朝八宝之一。据《尚书·顾命》记载，周康王即位，从周成王那里继承了八件国宝，东西序各有四件，其中"弘璧"就是西序四宝之一。碔砆，指似玉之石，然非真玉。此句大意是，家藏珍宝（而不识）却羡慕别人的假货。

⑦"习之所知者"三句：闻见所得到的知识，即使通晓亦有穷尽之时，何况还不通晓呢？

⑧虚灵：宁静坦荡而有智慧。

⑨大始：开始形成万物时的混沌之气。《周易·系辞上》：

“乾知大始，坤作成物。”

⑩剥暗：变暗。剥，衰微、减少。

# 读《张子正蒙注·天道篇》

**【题解】**

此文录自1917年8月20日出版的《船山学报》第八期，系廖名缙在船山学社于1915年1月24日举办的第三十期学术会讲时的讲稿。

天道四时行，百物生，无非至教[①]。圣人之动[②]，无非至德，夫何言哉？

船山曰：天言教者，天之曲成万物[③]，各正性命，非以自成其德也。圣言德者，圣人动无非善，非为立教而设，只以自成其德，然而学者之所学在此也。

此解《论语》“予欲无言”之旨[④]。大抵世间要眇[⑤]微至之理，均不能以言语为形容，此在一才一艺之微且然（如大匠不能使巧力之类），况其关于天人相与，至德要道之巨乎？夫言者所以为教也，然而时行物生[⑥]，受阴阳屈伸浮沉之升降之教，亘古初无愆慝[⑦]，而未闻彼有敦敦之命，故无言之教，是谓至教。圣人与天地合撰，其动无非至德，故日用饮食，咸为过化存神[⑧]所在，夫亦何事于烦言？审是而六经且糟粕矣[⑨]，矧其下焉者乎？（按：此不可误为断除文字语言之禅理。）

天体物不遗[⑩]，犹仁体事无不在也[⑪]。

船山曰：天以太虚为体，而太和之絪缊充满焉，故无物不体之以为性命。仁以无欲为体，而视听言动之节文[⑫]生焉，故无事不体之以为心理之安。天者仁之全体，仁者天之心，一[⑬]也。

仁以无欲为体，故求仁无他术，去欲而已。然别声被色[14]，全恃官体之知能。人之官体受于天，其别声被色之知能亦受于天，则人之有欲，天实畀之，假令无之，且并不能成其为人。故配偶而制之以六体[15]，饮醽而闲之以献拜，即仁即欲，亦即欲即仁也。《语》曰："克己复礼为仁。"己者欲也，克者胜也，言胜欲但在复之于礼，斯欲已变而为仁矣。先师武冈邓保之[16]先生往岁讲学武昌，尝谓晦翁、象山[17]持论多有异同[18]，由其所标"主敬""主静"[19]，先落偏际耳。其实古圣传心，只一"中"字，允执厥中[20]，尧以命舜，舜以命禹，汤称执中。自文、武、周以至孔子，道在中庸。中者，所以矫气质而使正，非以劓气质而使灭也。讲经者抱定"中"字，何人复能相攻？程朱见不及此，宜其开千年来儒学同室操戈之衅也。

视听言动，皆可为导欲之媒，而加之节文，则非礼勿言、非礼勿动、非礼勿听、非礼勿视之事矣。学者伺得此处，视释氏无耳、鼻、舌之说，直是生吞活剥，不值识者一笑。

【注释】

①无非至教：无一不是最好的教导。无非，即无一不是。至教，极致之教。

②圣人之动：圣人的行为。

③天之曲成万物：上天以诸法生成万物。曲成，多方设法使有成就。《周易·系辞上》："曲成万物而不遗。"

④此解《论语》"予欲无言"之旨：予欲无言，出自《论语·阳货》："子曰：'予欲无言。'子贡曰：'子如不言，则小子何述焉？'子曰：'天何言哉？四时行焉，百物生焉，天何言哉？'"此句大意是，这便是解答《论语》中"予欲无言"之要旨。

⑤要眇：亦作"要妙"，精深微妙。

⑥时行物生："四时行，百物生"之简语。

⑦愆慝：罪恶。愆，罪过。慝，邪恶。

⑧过化存神：意思是圣人所到之处，人民无不被感化，而永远受其精神影响。语出《孟子·尽心上》："夫君子所过者化，所存者神，上下与天地同流。"

⑨审是而六经且糟粕矣：如此推究，连六经都是糟粕了。

⑩天体物不遗：体物，生长养育万物。《礼记·中庸》："体物而不可遗。"此句大意是，天无一遗漏地生长养育万物。

⑪犹仁体事无不在也：事，此与"物"意同。《玉篇》："物，事也。"此句大意是，就像"仁"一样无不体现在每一事物之中。

⑫节文：礼节、仪式。

⑬一：一样，同样的道理。

⑭别声被色：识别声音和分辨颜色。被色，一种旧说，即人秉五行而生，五行有色，故人亦受色。

⑮故配偶而制之以六体：六体，乃婚姻六体之俗。据《礼记》和《仪礼》记载，六体包括纳采、问名、纳吉、纳征、请期、迎亲，概括了从议婚到完婚的全部过程并形成定式。此句大意是，因而婚配形成了六体俗制。

⑯邓保之：邓绎，又名邓辅绎（1831—1900），字保之，湖南武冈人。曾先后主讲长沙校经堂、河南致用书院等。光绪二十年至二十一年（1894—1895），邓任教湖北两湖书院期间，曾是廖名缙的授业恩师。著有《藻川堂文集》《藻川堂诗集》《云山读书记》《易说管窥》《曹郎载笔》《行军杂记》《约言》等，时称"通儒"。

⑰象山：即陆九渊（1139—1193），字子静，人称象山先生，抚州金溪（今属江西）人。南宋哲学家，心学创始人，其理论为王阳明所继承和发展，即"陆王心学"之"陆"。

⑱持论多有异同：朱熹和陆九渊常因学术观点不一致而引起不快，好在九渊之兄九龄为人谦和，常将二人可能发生的争执化

解于无形。

⑲“主敬”“主静”：在治学上，朱熹“主敬”，即培养自我支配的能力、小心谨慎的道德态度、精神专一或始终如一的态度；而陆九渊则“主静”，即依赖于静坐以悟得心体。

⑳允执厥中：言行符合不偏不倚的中正之道。

# 读《张子正蒙注·有德篇》

**【题解】**

此文录自1917年8月20日出版的《船山学报》第八期，系廖名缙在船山学社于1915年1月31日举办的第三十一期学术会讲时的讲稿。原稿标题仅“有德篇”三字，现标题为辑佚整理者根据其他同类文章标题形式仿拟。

有德者必有言，能为有也。

船山曰：言以垂世立教，兴起天下，而天下赖之，圣贤所以死而不亡。

人类之有语言，实其雄长万物[①]、宰制世界唯一之原力，以其能通德类情，联万众而合为一气，人群之大业由此生也。若即其言而著之书策，则垂世立教之事兴焉。死而不亡，殆船山自况之意欤[②]？

殷纣之智足饰非，少正卯之言伪而辩[③]，王莽之善摹训诰，曹操之工为乐府，其言非无可观，然以云垂世立教得乎[④]？盖无本之言，虽有而实不能为有也。

社会进化，由乎[⑤]人与人之以语言相续，故虽圣圣殊时，贤贤异代，而在人类进化史中，不啻父子遗命之递及，言之关系吾人大矣哉！

志于仁而无恶[⑥]，能为无也。

船山曰：不以己私累天下，天下无所损，安而忘之。张子此言，以警学者至矣。纵欲趋利，则天下求无其人而不得，是人类之狼虿[⑦]也。

独修之士，遁世不知，或目转为并世者之所厄，遂不能无吾道非耶之疑[8]。如是，则信心退而道力隳矣。不知仁为皇降之彝[9]，实人类性分所固有。我操其大顺者，而犹虑人之逆，假令操其逆者，人于我将复何如乎[10]？故志仁即以无恶，足以鼓好修之气而不馁，抑亦人类自然感召之理也。

言形则卜如响。

船山曰：言形，谓可名言所疑，使卜人治告鬼神[11]，无暗昧不可言之隐。

《论语》言仁，《中庸》言诚，诚者求仁之途术[12]，故曰“诚性存存，道义之门[13]”。以是[14]知蔽固之私心，不能默然以达于性与天道[15]。

船山曰：性者，神之凝于人[16]。天道，神之化也。蔽固者为习气利欲[17]所蔽，虽有测度性天之智，而为所固隘[18]，必且有意与天违之隐。不得已而托于默以自匿，是其求明之心，早与性天之廓然大公[19]昭示无隐者相违，亦犹怀私而不能昌言者，卜而神不告也。陆王之学，多所秘藏，与释氏握拳竖拂[20]，同其诡闷，盖弗能洞开心意，以通极于天则[21]，故若明若暗，无由[22]测性天之实也。

至诚未有不动，不诚未有能动[23]。诚之所至，金石可开，豚鱼可格[24]，况明神乎？尧墙舜羹[25]，文琴旦梦[26]，无时无地非一诚所贯注，即无事无物不可与性天相质证。惟气欲[27]未净，辄用测度[28]，勿论其私心谬误也。即平旦偶见，而存养[29]无素，俄顷惶疚，转念一生，依然故我，求其达于性与天道，不知其相去几千万里矣。

陆、王、释氏，未必尽为习气利欲之所蔽，然其测度性天，实有类于师心自用[30]者之所为，欲见性天之实得乎？

**【注释】**

①雄长万物：称霸万物。

②“死而不亡”二句：据廖名缙在其《船山先生生日释菜诗》中自注：“‘三百年以我为贤，五百年以我为圣’，船山先生正命时遗言也。衡湘父老至今传之。”自况，自比。

③少正卯之言伪而辩：少正卯（？—前496），春秋时鲁国人。传说与孔子同时在鲁聚徒讲学，以致“孔子之门三盈三虚”。后来荀子在《宥坐》篇中，谓孔子任鲁司寇时，“三月而诛少正卯”。此事后来有人说有，有人说无，由是成了一桩延续两千多年无定论的学案。

④然以云垂世立教得乎：然而称传世立教合适吗？得，正确、适合。

⑤由乎：凭借、经过。

⑥志于仁而无恶：语出《论语·里仁》：“子曰：‘苟志于仁矣，无恶也。’”大意是，如果下决心要做一名仁者，就不会有恶劣的表现。

⑦狼虿：豺狼毒虫。虿，蝎子一类的毒虫。

⑧遂不能无吾道非耶之疑：遂，竟然。道，即学术或宗教之思想体系。此句大意是，竟然对自身的思想体系（或学说）是否正确有所质疑。

⑨皇降之彝：天赋常伦。

⑩复何如乎：又怎样呢？

⑪使卜人治告鬼神：王夫之《张子正蒙注》原文系“使卜人正告鬼神”，而《船山学报》第八期所载此文时为“使卜人治告鬼神”。

⑫途术：途径与方法。

⑬诚性存存，道义之门：存存，即“存之又存”。道义之门，即入道之门。此句意为，努力不断求诚，便可步入道义之门。

⑭以是：因此。

⑮性与天道：人性与天道。

⑯性者，神之凝于人：人性，乃上天赋之于人。

⑰习气利欲：陋习与对私利之欲望。习气，一般指旧时代遗留下来的陋习。

⑱固隘：执意隐瞒。固，一再、执意。隘，此处引申为隐瞒。

⑲廓然大公：指心地开阔，大公无私。程颢《定性书》："故君子之学，莫若廓然而大公，物来而顺应。"

⑳竖拂：指高僧谈禅说理时竖起拂尘，用以难倒对方。

㉑天则：天道、自然法则。

㉒无由：没有办法。

㉓"至诚未有不动"二句：其中的两个"动"字均系感动之意。此句大意是，至诚没有不能感动人的，不诚没有能感动人的。

㉔豚鱼可格：豚鱼可感。豚鱼，即豚和鱼，多比喻微贱之物。格，感通、感动。

㉕尧墙舜羹：典出《后汉书·李固传》："昔尧殂之后，舜仰慕三年，坐则见尧于墙，食则睹尧于羹。"后以"羹墙"为追念前辈或仰慕圣贤之意。

㉖文琴旦梦：文琴，源自"师文鼓琴，四时易令"。指郑国乐师文潜心学琴，其琴技神妙，以致弹琴时能让四季时令发生变化。旦梦，典出《庄子·齐物论》："梦饮酒者，旦而哭泣；梦哭泣者，旦而田猎。方其梦也，不知其梦也。"比喻梦者难以分辨现实与梦境。

㉗气欲：习气利欲之简语。

㉘辄用测度：总是猜测。辄，总是、就。

㉙存养：存心养性之略语，指保存本心，培养善性，乃儒家的一种修养方法。

㉚师心自用：形容自以为是，固执己见，不肯接受别人的正确意见。典出颜之推《颜氏家训·勉学》："见有闭门读书，师心自是，稠人广座，谬误差失者多矣。"

# 续《张子正蒙注·诚明篇》

【题解】

此文录自1917年8月20日出版的《船山学报》第八期，系廖名缙在船山学社于1915年2月7日举办的第三十二期学术会讲时的讲稿。

此文在《船山学报》第八期上题为“续《张子正蒙注·诚明篇》”。一般而言，既为续篇，必有前篇。然辑佚者在《船山学报》的各期中反复查寻，均未能找到，但发现《船山学报》第一卷第七期、第二十五期讲演稿目录中有廖名缙姓名，可正文中却未发现文章，未知是否与此文前篇有关。还有一种情况就是，或许标题中的“续”乃“读”之误。但无论如何，在情况未明时，为尊重《船山学报》原稿计，此篇仍原题照录，并在此作一说明。

性于人无不善[①]。

船山曰：乾道变化，各正性命[②]，理气一源[③]，而各有所合于天，无非善也。而就一物言之，则不善者多矣。唯人则全具健顺五常[④]之理，善者人之独也。

性善性恶之辨，历数千年而未定。持调停之说者，或以为有善有恶，或以为无善无恶，实按之而俱不能通。强作解人者，又或以为孟子之言性善，告子[⑤]之言性恶，概属落于边际，固不若[⑥]孔子性近习远之说，为得人性之真。不知性无不善，孔孟初无二议，言善者性之理，言近者性之象。必如论者所言，孔子之性近习远，其去无善无恶者几何？夫乾道变化，各正性命，民之秉彝，好是懿德[7]。六经所载，何莫非孔言性善之铁证[8]？即何莫非孟氏立说所由本？论者纷纷，病在不读六经之故耳。

德儒黑智儿[9]有言，但观人类之两手，即知天所畀以主宰万物之意，此即船山所谓"善者人之独也"之理。不谓[10]达尔文辈，乃必取灵长万物之人类[11]，而以之下侪于猿狙，何耶[12]？系其善反[13]不善反而已。

船山曰：攻取之气，逐物而往，恒不知反善[14]。反者用物之感，不为物引以去，而敛之以体其湛一[15]，则天理著矣。此"操存舍亡"之幾[16]也。

为性恶之说者，以为人性皆善，则天下可以无学修，国家可以无教育。岂知孔孟言性善，正以励天下之学修而实证教育可能之理。若曰善者，汝性所自有，吾责汝[17]取外物而有之，汝犹可以旁贷，吾责汝审汝所固有而保持之[18]，则天下无能发异议矣。近世学者，推究"教育"二字之语，原在拉文[19]，其义为"引出"。可见人类德智，皆其得之于性生。施教育者，不过因所固有而发挥之。真理所在，中外圣哲所见，无不略同也。

最近欧洲哲学家晓宾赫恩持论，谓人类教育，能施之于其身体智识，而不能施之于其心情。盖谓审美心与道德心，非教育可能之事。原来道德心多者，自然成为道德学。原来生产道德心薄者，自然成为不道德家。此种学说，初颇倾动一时（按：即李翱[20]"性有善有不善"之说），近经实验教育家之研究，其说已全归失败矣。

近日教育家又有主张人为教育动物之说，谓禽兽天生之本能或视人为优[21]，如鱼出卵而自营，犬附地而能行之类，皆为人类所不逮。然试取鱼、犬而施之教育，则最终之成绩，不过其最初之本能。人之初生，一蠕虫耳。教育成功，则可以参天地而赞化育[22]。此教育于人所以号万能也，此人类所以独为教育之动物也。此其说又微近无善无恶之意，然万物经教育，均不能大变其本能，人独不然，是即人类性善之明征矣。

【注释】

①性于人无不善：性，此指天地之性。天地本性是清澈纯一的，是善的根源。这种善的根源，是每个人都具有的。

②乾道变化，各正性命：自然之道周而复始，万物发展变化各归其根本。

③理气一源：此即船山先生在《读四书大全说》中提到的“理气无分体”，且被认为是天理论的核心。

④健顺五常：健顺，即乾坤。乾代表刚健，坤则代表和顺，因言“乾健坤顺”，简称“健顺”。五常，指的是仁、义、礼、智、信。

⑤告子：名不详，一说名不害。战国时期道家思想家，以道为本，兼容儒道。曾与孟子就人性问题进行过辩论，认为人性跟水一样，“水无分于东西”，性也“无分于善不善”。其言论见《孟子·告子》篇。

⑥固不若：肯定不如。

⑦民之秉彝，好是懿德：民众秉持常伦，喜欢如此美德。

⑧何莫非孔言性善之铁证：怎么不是孔子所言性本善之铁证呢？

⑨德儒黑智儿：德国哲学家黑格尔。

⑩不谓：不料、不意。

⑪乃必取灵长万物之人类：乃，竟然。灵长，此处引申为同类动物中出类拔萃的。此句大意是，竟然一定要取万物中出类拔萃的人类。

⑫而以之下侪于猿狙，何耶：如此下比于猿猴，为什么呢？侪，等同、并列。

⑬善反：善归本心。

⑭恒不知反善：常不知回心向善。恒，常常、经常。反善，回心向善。

⑮湛一：沉静合一。

⑯此“操存舍亡”之幾：这跟“操则存，舍则亡”的道理差不多。

⑰责汝：要求你。

⑱“吾责汝”句：我希望你明白你自身所固有（的品质），从而保持之。审汝，明白你自己。

⑲原在拉文：来源于拉丁文。

⑳李翱：772—841，字习之，唐陇西成纪（今甘肃秦安东）人。一生崇儒排佛，认为孔子是“圣人之大者也”，主张人们的言行都应以儒家的“中道”为标准。所著《复性书》，糅合儒、佛两家思想，认为人性天生为善。

㉑视人为优：比人更优。视，比较。

㉒参天地而赞化育：大意是，与天地并立为三而赞助天地化育万物。语出《中庸》：“唯天下至诚，为能尽其性；能尽其性，则能尽人之性；能尽人之性，则能尽物之性；能尽物之性，则可以赞天地之化育；可以赞天地之化育，则可以与天地参矣。”参，同“叁”，即三。

# 读《张子正蒙注·至当篇》

**【题解】**

此文录自1917年8月20日出版的《船山学报》第八期，系廖名缙在船山学社于1915年2月28日举办的第三十四期学术会讲时的讲稿。

大人者，有容物，无去物[①]，有爱物，无殉物[②]，天之道然。

船山曰：大人不离物以自高，不绝物以自洁，广爱以全仁，而不违道以干誉[③]，皆顺天之理以行也。

人因社会而保生命，即因社会而有人格，故吾人断无去社会而独立生存之理。陈蔡之厄[④]，丧家之嘲[⑤]，社会之危辱圣人者至矣。而斯人吾与，终不忍视人类为鸟兽之群，使其稍怀愤嫉，则沮溺[⑥]招隐，早已把臂入林矣。故合清任和[⑦]，而始为圣之时也。

公山可往，志在东周[⑧]，恃我有可以东周公山者在也，否则临河固尝返驾矣。南子可见，不嫌内谒[⑨]，恃我断非内谒之人也，否则从井固不救人[⑩]矣。

虎豹与麟凤并畜，而余庆余殃[⑪]之理，千古不爽，天道不诚可见乎？

或问：天之聪明，胡弗创一有麟凤而无虎豹之世界？应之曰：如是，则世间有雨露而无霜霰，可乎？

天以直养万物。

船山曰：万物并育于天地之间，天顺其理而养之，无所择于灵蠢清浊，挠其种性，而可致养[12]也。

天之大德，在万物并育。天之妙用，在世界进化。故天为万物立一大例，使之及时而生，不问其为灵，为蠢，为清，为浊，仁也，所以使之并育也。天又为万物立一大例，使之及时而死，不问其为灵，为蠢，为清，为浊，亦仁也，所以使之进化也。故言其常，则旱潦风雹，为岁时屡见之灾。言其变，则山喷川枯，为历史仅见之祸。人类方震栗惨悼[13]，而自天之所以生灭地球者言之，则不过球团发育中必历之一候。此殆类[14]小儿生育期中，每历数旬，必有一度之蒸热耳。故天地不与圣同其忧，不必同，亦必不能同也。

代天而理物者，曲成而不害其直，斯尽道[15]。

船山曰：道立于广大，而化之以神，则天下之人，无不可感。天下之物，无不可用。愚明柔强，治教皆洽[16]。声色货利，仁义皆行[17]焉。非有所必去，有所或殉也。若老释之徒，绝物以孤立[18]，而殉人以示爱，违天自用[19]，不祥久矣。

人类之所以灵于万物者，在其能自得师。换言之，即富于模仿性耳。万物虽各有本能，而鸟不能仿鱼之潜，牛不能拟马之鸣。唯人类则酷好模拟，小之鸡鸣狗盗，大之飞机潜艇，举万物所能为者，人无不能之。固谓人类之进化，由其富于模拟之性可也。唯模拟之方至赜[20]，古者落叶造舟，蜘蛛制网，以至崆峒广成之访[21]，皆人类能自得师之证，而其大原[22]则不外于师天。盖唯师天，故能代天而理物也，即近日原则原理之证，何以异此乎？

曲成而不害其直，此中最须体会。盖天道广大，见其管，而误认全体，则虎豹霜霰[23]，固专以杀物为能矣。

天为万物设生之大例[24]，万物既已受之。天为万物设死之大例，万物无能逃之。然于此既生未死之间，或未免中道而夭折焉，则物自为之，而天不任咎[25]，何者？既生未死之间，天固畀人类以弥缝缺憾之知能也。故人虽藐尔，而实与天地参（国之生死与个人同）。

【注释】

①大人者，有容物，无去物：德行高尚的人，有包容之心，不会随便摒弃什么。大人，此处指德行高尚的人。

②有爱物，无殉物：有自己喜爱的人，不会随便断绝人际交往。殉物，根据文中所引王船山释语为“绝物”，即断绝人际交往。

③干誉：求取名誉。语出《尚书·大禹谟》：“罔违道以干百姓之誉。”后以“干誉”谓求取名誉，含贬义。

④陈蔡之厄：原指孔子及其弟子从陈国到蔡国的途中被围困、断绝粮食的事，后比喻旅途中遇到食宿上的困难。

⑤丧家之嘲：丧家，丧家之犬之略语。此指郑人对子贡描绘孔子形象时，嘲笑他为丧家之狗。典出《史记·孔子世家》：“郑人或谓子贡曰：‘东门有人，其颡似尧，其项类皋陶，其肩类子产，然自要以下不及禹三寸，累累若丧家之狗。’子贡以实告孔子。孔子欣然笑曰：‘形状，末也。而谓似丧家之狗，然哉！然哉！’”

⑥沮溺：即长沮和桀溺两人之合称。长沮、桀溺均为春秋时的隐士。此处泛指隐士。

⑦合清任和：聚精英亦不排斥曲从世俗之人。“清”“和”之义见张载《正蒙·至当篇》：“清为异物，和为徇物。”异物，原意为珍奇之物，此引为精英。徇物，曲从世俗。

⑧公山可往，志在东周：公山，指季氏家臣公山不狃（亦作弗扰、不扰）。公山据费邑叛季氏，召孔子前去辅佐。子路劝孔子不要去，孔子则说自己可以去公山处，而去的目的，是想在东方复兴周德。（见《论语·阳货》）

⑨南子可见，不嫌内谒：南子，系春秋时期有名的美人，卫

国国君卫灵公的妻子，名声很不好。南子听说孔子在卫国，便召见他。孔子认为可以去见南子，不必避忌其名声。嫌，避忌。

⑩从井固不救人：意为徒然危害自己而对别人没有好处。化自成语“从井救人”，指跳到井里去救人（指救不了人反而自己也陷入井中）。

⑪余庆余殃：余庆，先代的遗泽。余殃，后患。语出《周易·坤》：“积善之家，必有余庆；积不善之家，必有余殃。”

⑫致养：得到养育。

⑬震栗惨悼：恐惧颤抖，凄惨悲痛。

⑭殆类：差不多类似。

⑮曲成而不害其直，斯尽道：委曲成全而又不违天理，即是尽天道了。不害其直，指不违天理。

⑯愚明柔强，治教皆洽：愚者、智者、弱者、强者，治理和教化都和谐融洽。

⑰声色货利，仁义皆行：对贪恋歌舞、女色、钱财、私利者，也都施以仁义。

⑱若老释之徒，绝物以孤立：就像道教徒、佛教徒一样，把自己与尘世隔绝而孤立起来。老释，老子和释迦牟尼之简称，亦即道、佛之并称。

⑲违天自用：有违天道而自以为是。

⑳至赜：极其深奥微妙。赜，深奥。

㉑崆峒广成之访：指传说中黄帝赴崆峒山造访广成子的典故。广成，即广成子，古代传说中的仙人。见晋葛洪《神仙传·广成子》：“广成子者，古之仙人也。居崆峒山石室之中。黄帝闻而造焉。”

㉒大原：根源、根本。

㉓霜霰：本义为霜与霰，文中喻恶势力。

㉔大例：通则、通例。

㉕任咎：承担罪过或罪责。

# 读《张子正蒙注·至当篇》

**【题解】**

此文录自1917年8月20日出版的《船山学报》第八期，系廖名缙在船山学社于1915年3月14日举办的第三十六期学术会讲时的讲稿，当是上篇的续篇。廖名缙既分作两次阐讲，本卷亦不与前篇合二为一，仍按《船山学报》发表顺序编排。

志大则财大、事业大，故曰可大，又曰富有。志久则气久、德性久，故曰可久，又曰日新。

船山曰：志立则学思从之，故才日益而聪明盛，成乎富有。志之笃，则气从其志，以不倦而日新。盖言学者德业之始终，一以志为大小久暂之区量[①]，故《大学》教人必以知止[②]为始。孔子之圣，唯志学之异于人也。天载物则神化感通[③]之事，下学[④]虽所不逮，而必至焉，不可尼于近小，以苶[⑤]其气而弃其才也。

富有日新[⑥]，为极端进化论之示。现今世界文明，强大之族，莫不标此为轨涂[⑦]，而竭力以竞赴之。唯我国则贫竭日旧，适与世界公共之轨涂为背驰。而推其故，则皆由于全国民志之不振。夫伟大坚忍，为国民立脚之要点。试观泰西民族，重瀛环阻[⑧]，其至亚洲也，冒万死而必传其教，冒万死而必通其商，冒万死而必殖其民。若是者何哉？凡以其伟大坚忍之志为之耳。换言之，则皆其可大可久之志为之耳。我国今日自朝宁以逮氓黎，上则架满而度日，下则苟且以偷安，恣穴中之鼠斗，夸蜉蝣之衣裳[⑨]。其内讧也似波兰，其颓放也类朝鲜。守此不变，覆种丧邦，适为天然莫逃之公例。故今日讲学，不必远搜异闻、博征西籍也。作吾可大可久之志，起吾富有日新之业，沦胥[10]之免，其在斯乎[11]！其在斯乎！

此次同社讲友曹君志明应本社征文，引同学陈君昌之言曰：责任心者，生于境遇与爱情，不视其人之能力。故懦女遇火，抱婴子而逃，虽猛虎不能撼其勇。此真责任心之原体用乎？予读之而喟然曰：审懦女之救子，中国今日何惧乎？特患其不视国家真为吾子耳[12]。加富洱[13]以意国为爱妻，所以卒复罗马，可以兴矣。又曰爱子之情，禽类同具，斯天地生生不息之原力，世界所以终不毁灭也。唯大人则能拓而广之，充类[14]而尽之，尼山之“大同”[15]，子舆之“兼善”[16]，横渠之“民胞物与”，何莫非此也？

**【注释】**

①区量：区别衡量。

②知止：出自《礼记·大学》：“大学之道……在止于至善。知止而后有定，定而后能静……”

③感通：感觉通达。亦作“感畅”。

④下学：最差的学习。见《文子·道德》：“上学以神听，中学以心听，下学以耳听。”

⑤苶：疲倦、精神不振。

⑥富有日新：大业盛德。出自《易传》：“富有之谓大业，日新之谓盛德，生生之谓易。”

⑦轨涂：轨途。

⑧重瀛环阻：重洋环阻。重瀛，亦泛指海外各地。

⑨蜉蝣之衣裳：漂亮的衣裳。出自《诗经·曹风·蜉蝣》：“蜉蝣之羽，衣裳楚楚。”蜉蝣，一种昆虫，幼虫生活在水中，成虫褐绿色，有四翅，生存期极短。

⑩沦胥：沦丧。

⑪其在斯乎：就在此一举呀！

⑫“特患其”句：最担心他们不将国家视为自己的孩子呀！

⑬加富洱：即卡米洛·奔索·迪·加富尔伯爵（1810—1861），意大利政治家，意大利统一运动的领导人物，也是后来成立的意大利王国的第一任首相。

⑭充类：推究同类事理。出自《孟子·万章下》：“夫谓非其有而取之者，盗也，充类至义之尽也。”

⑮尼山之“大同”：指孔子提出的大道之行、天下为公的社会政治理想。尼山，指孔子诞生地尼丘山，此处借指孔子。

⑯子舆之“兼善”：指孟子提出的“穷则独善其身，达则兼善天下”。子舆，即孟子。

# 世界哲学的宋学观

**【题解】**

此文录自1917年8月20日出版的《船山学报》第八期，系廖名缙在船山学社于1915年3月14日举办的第三十六期学术会讲时的两篇讲稿之一。

宋学是以中晚唐的儒学复兴为前导，由韩愈、李翱开启的将儒学思想由外转而向内，援佛道以证儒理，通过两宋理学家多方共同努力而创建的中国封建社会后期最为精致、最为完备的理论体系。由于该思想体系以“理”为宇宙最高本体，以“理”为哲学思辨结构的最高范畴，因而被称为“理学”。该思想体系虽以儒家礼法、伦理为核心，却因其融合佛道思想精粹而区别于原始儒学，是以亦被称为“新儒学”。

宋以前，中国哲学多主实践的、社会伦理的。至宋后，始有自然的、超社会的学理出现。于是，考宇宙天地之本体，察鬼神幽明之原理，究人间性情之奥秘，学问价值从此大增矣。

试回顾前代学者，有如两汉诸儒，修专门之业，传习一经，师弟[①]授受，墨守旧说，不敢稍生异见。虽马融[②]、郑玄[③]、王肃[④]之徒，号称大师，亦不过统该众说，注释诸经而已，其后专经业废。

降逮李唐，学者又就汉注而加以疏解，演绎周详，委曲旁引[⑤]。虽琐屑繁冗，不免生人厌倦，而上世名物度数，借以推明，不可谓非汉唐诸儒之功。其间学者讲习遗经，因以说明修己治人之道，不立异说，不植朋党。独扬雄[⑥]、王通[⑦]、韩愈[⑧]

之辈，自任甚重[9]，蔑视诸儒，唯其著述，不过模拟古说，排斥诸子，要未有超轶前圣、改进后人之力。盖自周末以来，学者抱残守阙，以为世界事理，至周孔[10]而已尽。

后来学者，但于周孔之书，加以说明，即以淑身[11]治人而有余，故笺疏注释蔚然千年学术之大宗。虽有异说新见，卓然可称者盖鲜[12]。夫物极必反，运会实然。有汉唐学者专为文字上之解释，遂有宋代以后专为精神上之阐明。一动一反，其由来盖非偶矣。加之宋自开国以来，即有奖励学术之倾向。太祖惩唐季藩镇过重，驯致君弱臣强之弊，故大政方针，专抑武臣而登文学，数幸国子监，增修学舍，修十哲之祀，画七十二贤及先儒二十二人之像于两庑[13]，道学之风，从此已启。太宗、真宗皆勤典学，仁宗立四门学[14]，以士庶子弟为生员。皇祐[15]末，以胡瑗[16]讲书国子监，取湖学[17]经义、治事为大学分科之法。故南渡[18]以后，宗社偏安，而学制尚自可观，宜乎南北两宋名臣硕儒蔚然辈出也。

下有反动之征兆，上有学术之奖励，遂使学者耽[19]向内的思索，而佛理与儒理的关系，因之而生。太祖尊崇儒教，同时又有保护佛教之令，刊学大藏经，岁度僧尼无算。仁宗寻修禅学，天下学者，靡然从风[20]，无不究心内典[21]。欧阳修之称居衲，司马光之号禅偶，王安石、苏洵、苏轼之流，莫不耽心禅悦[22]，作为赞颂。盖宋以后中国哲学，其表面为儒、佛之战真场，其实际则二宗之新化合物耳。

**【注释】**

①师弟：老师及其弟子。

②马融：79—166，字季长，右扶风茂陵（今陕西兴平东北）人。东汉时期著名经学家、文学家。曾任校书郎、议郎、南郡太守等职。

③郑玄：127—200，字康成，北海高密（今山东省高密市）

人。东汉儒学家、经学大师。以古文经说为主，兼采今文经说，遍注群经，成为汉代经学的集大成者，世称“郑学”。

④王肃：195—256，字子雍，东海郡郯县（今山东临沂市郯城西南）人。三国时期著名经学家。他以深厚的文化底蕴，借鉴《礼记》《左传》《国语》等，编撰《孔子家语》等，其所注经学在魏晋时期被称作“王学”。

⑤委曲旁引：详细引证。委曲，此为详细周详之意。旁引，即验证或引证。

⑥扬雄：前53—18，字子云，蜀郡成都（今四川成都）人。西汉文学家、学者。曾仿《论语》作《法言》，仿《易经》作《太玄》。

⑦王通：584—617，字仲淹，门人私谥文中子，绛州龙门（今山西河津）人。隋朝著名儒学家、教育家、思想家。

⑧韩愈：768—824，字退之，河南河阳（今河南孟州南）人。唐代杰出的文学家、哲学家。有《昌黎先生集》等。

⑨自任甚重：自信满满。自任，自信、自用。

⑩周孔：周公和孔子的合称。

⑪淑身：以善修身。

⑫卓然可称者盖鲜：卓越可称道者恐怕极为少见。卓然，卓越。盖，大概、恐怕。鲜，罕见。

⑬两庑：此处特指文庙中先贤从祀之处。

⑭四门学：中国古代的中央官学。北魏太和二十年（496）创立四门小学，初设于京师四门，后与太学同在一处。隋唐四门学为大学程度，隶国子监，传授儒家经典，性质与国子学、太学同，唯学生家庭官品较低。北宋亦设，旋废。

⑮皇祐：宋仁宗赵祯的年号。

⑯胡瑗：993—1059，字翼之。北宋初学者、教育家。因世居陕西路的安定堡，学者称安定先生。

⑰湖学：胡瑗执教湖州，分经义与事务两科，其弟子多至数

千人，时称“湖学”。

⑱南渡：南迁。此处指宋高宗渡长江迁于南方建都。

⑲耽：沉溺。

⑳靡然从风：群起效尤而成风气。

㉑究心内典：专心研究佛学经典。究心，专心研究。内典，内学经典，此指佛学经典。因为佛法是一门心性内求的学问，所以称为内学。

㉒禅悦：修佛者在修习时所享受到的愉悦和快乐。

# 廖名缙佚文集

下

廖名缙　著

张景龙　辑佚　校注

湘西民族文库

岳麓書社 · 长沙

# 第五卷　诗词

# 春　草

**【题解】**

此四诗系廖名缙光绪丁酉（1897）科拔萃贡成均时的“钦命四书诗题”答卷之一，录自《清代朱卷集成（407）》（顾廷龙主编，台湾成文出版社有限公司，1992 年）。

## 一

子规啼转千山绿，一色苕苕接玉门。
远道春牵游子梦，南朝雨洗美人魂。
碧连遥水疑无影，黄入斜阳乍有痕。
最是前溪溪上好，踏莎日日挈芳尊。

## 二

嫩晴乍吐殢云苏，村后村前鸟自呼。
几处烧痕遮断岸，一溪花影入平芜[①]。
饯春苦雨连三月，打桨新波接五湖。
记否当日白学士[②]，一年一度忆荣枯。

## 三

鸡鸣埭下烟初洗，濯锦坊边草乍侵。
杜若半江迷暮雨，蓍蒓一寸抱春心。
江郎[③]南浦情如许，谢客西堂[④]句莫寻。
柳外高楼休独上，天涯容易动离襟。

## 四

落尽梨棠水拍堤，芳洲婳影向空迷。
半衫泼酒春才重，一笛骄风日又西。
遗迹渐迷秦垒[⑤]在，浓青直贴远天低。
王孙每到江南路，惆怅路桥百感凄。

**【注释】**

①平芜：指草木丛生的平旷原野。

②白学士：即白居易。白居易官至翰林学士、左赞善大夫，因而有“白学士”之称。

③江郎：指南朝诗人江淹。

④谢客西堂：出自明朝诗人吴兆的《秦淮斗草篇》：“空生谢客西堂梦，徒怨湘娥南浦离。”谢客，送客。西堂，西厢之前堂，或泛指西边堂屋。

⑤秦垒：即秦壁。指战国时秦军筑的防御工事，唐时名“秦长垒”。

# 宿鹿耳岩

**【题解】**

《宿鹿耳岩》录自1993年版《泸溪县志》。鹿耳岩，地名，亦称鹿儿洞、鹿泉洞，位于廖名缙家乡湖南省泸溪县浦市镇境内麻溪口附近沅江北岸。

行舟入沅水，寸步皆滩险。
朝发舒溪[①]头，暮宿白岩间。
维舟向绝壁，藤萝苍然晚。
爱此石隙中，莺窿深且玩。
微风激潭水，琴筑[②]声清婉。
夜深渔火来，岩际江殷显。
照见鹿儿穴，双孔何宛宛[③]。
胡公昔蝼屈[④]，抱膝此吟遣。
想当抱琴时，万古尘襟浣。
寂寞三百年，荒江屡兵燹。
风物自清修，洞口黄云掩。
来此一宵中，怀古增辗转。

**【注释】**

①舒溪：地名。在湖南省怀化市沅陵县境内。

②筑：一种古代弦乐器，形似琴，有十三弦，弦下有柱。

③双孔何宛宛：双孔，指岸上的两座洞口。何，此系语气词。宛宛，清晰可见的样子。

④胡公昔蠖屈：胡公，即明朝人胡鳌。胡鳌系今湖南省辰溪县烂泥村人（一说沅陵胡家溪人）。烂泥村位于鹿儿洞对岸不远的地方，曾属沅陵县，因此在一些人物介绍中称胡公为沅陵人。胡鳌系明嘉靖壬辰（1532）进士，知乐安县，调吉水，入为御史。谪盐城丞，未几迁知廉州，历茂威副使。著有《胡御史诗集》。相传胡鳌当年怀才不遇不得志时，常到鹿儿洞，一个人在洞中独自吟诗，以排遣心中的郁闷。蠖屈，形容像尺蠖一样的屈曲之形，比喻怀才不遇。

# 次韵太虚法师

**【题解】**

此四诗录自太虚法师《潮音草舍诗存外集》。据诗序中“民国七年，寇毁沩山……越五载……比岁伏处宛平西山”推算，此诗当作于1923年至1924年间。

民国七年，寇毁沩山[①]，千年法物，沦为墟莽。越五载，太虚法师说法长沙，父老请复沩宗[②]，师慨然许诺，将图兴作。先是，光绪中叶，故大德八指头陀[③]来主是山，兴怀陵谷，曾赋长句四律，载在遗编。师得戒于八指，既承众请，义无他诿，因和指公[④]前诗，普示四众，将以企祖庭[⑤]之冥资，结胜因于檀信，甚盛事也。余自庚申南游，别师圣明湖上。比岁伏处宛平西山[⑥]，故交缁素，久断知闻。忽由适适居士转寄瑶章，开卷再啐，欢喜无量。谨次原韵，乞师印可[⑦]。

## 一

认得吾心是道场，岂因劫火坏真常。
拈余粒米珠仍在，摘后山茶树尚香。
惠远种莲迟结社[⑧]，南能腰石待舂粮[⑨]。
名山一代关兴废，法乳[⑩]终看百丈长。

## 二

末法众生业海深，祇园谁解布黄金[⑪]。

空闻魔焰摧鸡苑[12]，无复经声出鹤林。
劫运难销僧法佛[13]，义天[14]终炳去来今。
华严弹指成楼阁，只在天龙护道心。

三

娑婆[15]回入喜公来，清众法筵次第开。
锡杖飞时龙捧钵[16]，袈裟覆处鸟诛莱。
现身刹土空无相，弘法僧祇愿未灰。
认取仰山[17]今再世，湘南遗老未须哀。

四

婆子烧庵[18]案又新，凭将定力转风轮。
阎浮[19]不碍成金界，宝土终应住化人。
窣堵波[20]倾还涌地，芬陀利[21]萎又重春。
深心愿奉千尘刹，普结人天最胜因。

**【注释】**

①沩山：系大沩山之主体，地处湖南省长沙市宁乡市西部，有千年古刹密印寺，是中国佛教禅宗五派之一的沩仰宗祖庭。

②沩宗：即沩仰宗。

③八指头陀：即释敬安（1851—1912），字寄禅，俗名黄读山，中华佛教总会首任会长。曾于宁波阿育王寺佛舍利塔前燃二指，并剜臂肉燃灯供佛，自此号“八指头陀”。他擅诗词，有“僧侣诗人”之称，先后出版了诗集《嚼梅吟》《八指头陀诗集》《白梅诗》等。

④指公：即八指头陀。

⑤祖庭：此指佛教宗派祖师常住、弘法或归葬的寺院。

⑥比岁伏处宛平西山：比岁，近年；伏处，隐居；宛平，旧县名，治所在北京西城区，此借指北京。廖名缙 1918 年至 1920

年任国会众议院议员期间寓居北京，1920 年届满后回湖南长沙短期居住，旋于 1921 年再赴北京，任香山慈幼院副院长，之后即定居北京。香山即位于北京西山东麓。

⑦印可：佛家指经印证而认可。亦泛指同意认可。

⑧惠远种莲迟结社：惠远，即慧远（334—416），东晋僧人、学者。俗姓贾，雁门楼烦（今山西宁武附近）人。早年博通六经，尤善老庄，后从道安出家，精般若性空之学。太元六年（381）入庐山，在东林寺广收弟子，传播般若学和禅学，使禅法流行于江南各地。相传曾与十八高贤共结莲社，同修净业，倡弥陀净土法门。后世净土宗人推尊为初祖。著有《法性论》《沙门不敬王者论》《庐山记》等。种莲，指慧远等人曾掘池种白莲的故事，此亦即“莲社”名之由来。

⑨南能腰石待舂粮：南能，即“南能北秀”之惠能，亦作慧能。腰石，即坠腰石。“腰石舂米”典出《六祖坛经》：“次日祖潜至碓坊，见能腰石舂米。”

⑩法乳：指佛学精义。《涅槃经》曰：“饮我法乳，长养法身。”

⑪布黄金：指佛教中须达长者以黄金布地，买地建祇园精舍之故事。

⑫鸡苑：即鸡园。泛指佛寺。

⑬僧法佛：亦作“佛法僧”。着相而言，僧，指出家人；法，指经典；佛，指佛像。着义而言，“佛法僧”代表自性“觉正净”，即：“佛”代表“自性觉”；“法”代表“自性正”；“僧”代表“自性清净”。

⑭义天：佛教中的“四天”之一。佛教之“四天”指：一世间天，二生天，三净天，四义天。

⑮娑婆：佛教语，意为忍土、忍界，即大千世界。

⑯龙捧钵：指皇帝乞食。

⑰仰山：即慧寂禅师，因曾修行于江西大仰山而得名，为佛

教禅宗沩仰宗始祖之一。

⑱婆子烧庵：即佛教故事“婆子烧庵”案。据《佛学大辞典》：“昔有婆子供养一庵主经二十年，常使一二八女子送饭奉侍。一日使抱定曰：‘正与么时如何?’主曰：‘枯木倚寒严，三冬无暖气。’女子归，举似于婆，婆曰：‘我二十年只供养个俗汉。’遂令遣去，烧却庵。”

⑲阎浮：亦称“阎浮提”“南阎浮提”，为须弥山四方的四洲之一。泛指人间世界。

⑳窣堵波：亦作“窣堵坡”，即佛塔。

㉑芬陀利：即大白莲花，亦是佛的另一种名称。

# 附　读八指老人住持沩山诗感和

太　虚

**【题解】**

此为太虚法师原诗四首，录自《太虚大师全集》，印顺文教基金会编，中华佛典宝库2008年出版。

## 一

此亦千年古剧场，兴兴废废感无常。
僧园已历三灾劫，佛土仍留五分香。
恰似世家遭变没，更须因地集资粮。
却怜沩水久枯涸，应续灵源一派长。

## 二

踢倒净瓶山入深，食余橡栗贱黄金。
慧泉石笕引成沼，禅窟玉枝抽满林。
孤月光吞空即色，群峦翠锁古犹今。
牯牛牧得全身白，大地山河总是心。

## 三

自从裴相叩禅来，祐祖堂堂法席开。
峰顶毗卢吞刹海，镬头波若辟蒿莱。
宋清重建兴朝运，新旧三烧痛劫灰。
八指老人遗句在，于今一读一回哀。

## 四

袈裟一拭泪痕新，瓦砾堆中转法轮。
蛇虎遮留怀古德，象龙围绕待何人？
曾闻优钵香如海，传说栴檀枝又春。
最是吉祥殊胜地，福田谁种大雄因？

# 附 题大沩密印寺

八指头陀

**【题解】**

此为八指头陀原诗四首，录自《八指头陀诗文集》，梅季点校，岳麓书社 1984 年版。

一

灵祐禅师古道场，象龙蹴踏岂寻常？
毗卢峰势凌霄峻，优钵罗华遍界香。
此日天人争送供，当时橡栗拾为粮。
净瓶踢倒浑闲事，赢得沩宗一法长。

二

唐时宰相裴公美，曾舍伽蓝布地金。
石笕引泉来法乳，梅檀留荫护禅林。
悠悠空翠澄昏晓，扰扰浮尘混古今。
欲续真灯传佛印，几人能证妙明心？

三

赵宋名臣问法来，高僧竖拂讲筵开。
天章宸翰凌云日，绀宇琳宫辟草莱。
尽向华严窥法界[自注]，谁从烧劫辩陈灰？
可堪明社陵夷日，一炷人天百万哀。

自注：寺前华严坪，即华严阁故址。相传有神僧于此放光，示现华严法界。

## 四

圣代龙兴象教新，佛心天子转祥轮。
金襕法服来丹陛，宝藏瑶函出紫宸。
万古沩源流不尽，千年灵杏树长春[自注]。
愿将微妙伽陀颂，留作生生赞佛因。

自注：寺后有祐祖手植杏树一株，六十余围，中生梅檀杂木数枝。相传树之荣枯，为寺中盛衰之征云。

# 题《澹园余墨》

**【题解】**

《澹园余墨》为廖名缙族叔廖玉琅的诗集。廖玉琅（1843—1912），字环陔，龙标安江（今湖南省怀化市洪江市安江镇）人，清末湘西著名诗人。

《澹园余墨》收有六十三首廖玉琅诗作。除前有海军陆战队团长马鸿炳题字以及海军陆战队旅长林秉周、廖玉琅女婿段幼燧作序以外，还有廖名缙所题诗集前的七绝四首。

此四首诗从各首诗意看，似仅第二首是专为廖玉琅诗集所题，余三首当为廖名缙任龙标书院山长期间与廖玉琅的唱酬之作，廖玉琅之女婿1942年编印《澹园余墨》时一并收入。

一

一舸霜晴上硖洲[①]，南邦耆献[②]数名流。
天将诗老终岩穴，锦水黔山要细锼[③]。

二

遗音正始戛球锽[④]，远祧香山近小仓[⑤]。
原本性情归丽则[⑥]，芸薹一见合心降。

三

两世论交[⑦]零落尽，灵光一殿独岿然[⑧]。
开函手泽[⑨]分明在，捧读无端泪欲潸。

## 四

父书徒读我多惭，遗集巾箱尚未镌。
他日鱼筒[10]凭驿使，长公诗要颍滨传[11]。

**【注释】**

①硖洲：旧地名，即廖玉琅的居住地，距当年龙标书院所在的古黔城（今怀化市洪江市黔城镇）50 公里水路。

②耆献：此即耆宿，指有名望有学问的老者。

③锦水黔山要细镂：锦水，即锦江，沅江支流辰水上源，古名大江。镂，镂刻，比喻刻意修饰文辞。

④遗音正始戛球锽：遗音，原指留下声音，此指廖玉琅打算刊印的诗集《澹园余墨》。戛，敲击、弹奏。球锽，指磬和钟，亦指庙堂乐器。此句赞廖玉琅的诗集《澹园余墨》问世如同击磬敲钟一般。

⑤远祧香山近小仓：祧，此指传承。香山，原系山名（在今河南省洛阳市龙门山之东），此指白居易。因白居易曾在此筑石楼，号香山居士。小仓，原指位于南京的小仓山，此指袁枚。袁枚因仕途不顺，无意吏禄，于乾隆十四年（1749）辞官隐居于南京小仓山随园，号仓山居士。此句指廖玉琅的诗作具有白居易和袁枚的遗风。

⑥丽则：指诗赋绮丽而有法则。出自汉扬雄《法言·吾子》："诗人之赋丽以则，辞人之赋丽以淫。"

⑦两世论交：廖名缙系诗人廖玉琅族侄，其父廖华菁生前跟廖玉琅亦是好友。因廖名缙之父廖华菁英年早逝，家道中落，因有感而言。

⑧灵光一殿独岿然：源自东汉辞赋家王延寿的《鲁灵光殿赋》："自西京未央建章之殿，皆见隳坏，而灵光岿然独存。"此句比喻廖名缙之父已去世，而廖玉琅独自健在。

⑨手泽：即先人或前辈的遗墨、遗物。此指廖名缙的父亲廖华菁的遗作。

⑩鱼筒：明清邮政用具鱼书筒。

⑪长公诗要颖滨传：长公，宋苏轼为苏洵长子，其诗文浑涵光芒，雄视百代，当时尊之为“长公”，此借指廖名缙之父廖华菁，因廖父在其兄弟几人中亦排行为长。颖滨，即苏轼之弟苏辙，晚号颖滨遗老，此借指廖玉琅。

# 题黄兴《挽道一弟作》

【题解】

此诗录自湖南省博物馆藏品，为黄兴挽刘道一诗之地头首跋。原诗无题，此题为编注者所加。中国同盟会成立后，组织发动第一次大规模反清武装起义，刘道一壮烈牺牲，成为第一个为国捐躯的同盟会会员。起义失败的消息传到中国同盟会东京本部后，孙中山、黄兴等同盟会负责人对才华横溢、年轻有为的革命志士刘道一的不幸牺牲，无不深表痛惜，纷纷泼墨挥毫，哭悼亡友，寄托哀思。

黄兴这首悼亡诗手迹现珍藏于湖南省博物馆。挽诗为白宣纸直行书写，浅黄绫装裱，挽诗手迹通高136厘米，宽60厘米，在黄兴字幅手迹中纸幅最大。据相关资料记载，当时刘道一的胞兄刘揆一看到黄兴所写挽诗后，即向黄兴索取予以保存。在其后十数年间相继邀请梁启超、章士钊、陈嘉言、廖名缙、郑沅、易顺豫、张一麟、唐乾一、罗惇曧等志士友人在精心装裱的挽诗周围浅黄绫上题跋。

廖名缙这首诗的前半对刘道一为中国民主革命献身的崇高精神进行了高度评价，称其“可与荆轲伍”；后半则盛赞黄兴的挽诗，称其“什袭比球图，国宝传千古”。

善化起布衣，奇气若龙虎。
堕地着左衽[①]，雪耻报尧禹。
平生刘仲子[②]，道同车有辅。
喷血隐囊间，可与荆轲伍。

公也奋椽笔，凄语出肺腑。
遗墨落人间，吉光留片羽。
精气所磅礴，霜日谁能腐？
什袭比球图[③]，国宝传千古。

——廖名缙敬题

**【注释】**

①左衽：即左衣襟。在儒家“尊王攘夷”思想基础上，“左衽”被视为家园遭入侵、占领，甚至国家被异族灭亡、华夏文明沦落的标志。因而此句中所表达的意思是刘道一出生时国土便已沦亡，中国已在清朝统治之下。

②刘仲子：即刘道一。仲子，对兄弟中排行为第二者的尊称。刘道一上有兄长刘揆一，刘道一为老二，故称。

③什袭比球图：什即十，什袭即十袭，指把物品一层又一层地包裹起来，以示珍贵。球图，指天球与河图，两样皆为古代天子之宝器。

# 附　挽道一弟作

黄　兴

英雄无命哭刘郎，惨淡中原侠骨香。
我未吞胡恢汉业，君先悬首看吴荒。
啾啾赤子天何意，猎猎黄旗日有光。
眼底人才思国士，万方多难立苍茫。

# 赋得阑斑碎玉养菖蒲

（得斑字五言八韵）

【题解】

此诗录自美国哈佛大学汉和图书馆珍藏的清刊本《沅湘揽秀集》，该书于光绪十四年（1888）由湖南学政陆宝忠主编，湖南学院刊印而成。

这是一首描写盆景的五言八韵古诗。标题“阑斑碎玉养菖蒲”取自宋苏轼《过文觉显公房》中的诗句：“斓斑碎玉养菖蒲。”该五言八韵诗系中国古代科举考试常用的诗体，也叫“赋得体”，以题前常冠以“赋得”二字得名，起源于唐代，多为五言六韵或八韵排律。

髹几耽清玩①，奇珍一例删。
仙蒲滋长养，碎玉杂阑斑。
醉碧重纱护，幽香九节攀。
收烟蚖炷②净，缀彩鹤头殷。
葱倩痕俱活，玲珑瘦不顽③。
含茸舒发黛，笼翠叠拳山④。
珠颗斓煸点，云根琐细环。
花瓷供白定，偏称宦情闲。

【注释】

①髹几耽清玩：木几上原来一直迷恋的那些清雅玩品。髹几，指涂上漆的木几。耽，沉溺、迷恋。

②蚖炷：蚖，系古书上说的一种毒蛇。蚖蛇的脂膏可以点灯。蚖炷指蚖油灯芯。

③不顽：即不圆。顽，此引申为浑圆。

④拳山：形容盆景里的微型石山小得像拳头一样。

# 沅江棹歌

**【题解】**

《沅江棹歌》录自湖南学政张子虞主编的《湖南校士录存真》(湖南图书馆藏清光绪年间刊本)，系廖名缙16岁考上秀才后肄业于湘西泸溪县浦市观澜书院期间所作。棹歌，即船歌。

### 一

船头挂笭箵，船尾堆篷桨。
中流发浩歌，春波绿漭瀁。

### 二

沅山青且碧，沅水弯复环。
桃源在何许，花落到人间。

### 三

青虬浪花青，白马浪花白。
终日浪花中，水鸟飞拍拍。

### 四

绝壁俯澄潭，潭净不可唾。
天水相涵中，轧轧声数橹。

# 浦市所传廖氏原流十地名诗

太祖原来本姓姬，长房分派过江西。
黄梅矮岭莲灰铺，白鹤莲花并枣溪。
曲水西蒙兼圳上，长坪下当住渔碑。
我今留下宗支派，后代儿孙始得知。

名缙按：我族自清乾隆时侍庭公命子应九、文山两公与邵阳本宗参谱以前，本支之族谱初未修辑，一支相承仅有单简私人笔记与历代口传之遗事。此十地名诗即当日口传之一种，其中所载旧叙，自闽迁赣后，族姓分住各处之地名，然各地所在究为何郡何县，缺而弗详。证以旧传由丰城迁湘之说，则十地当在丰属。证以旧传由吉安府泰和县迁浦之说，则上列各地又应均在泰邑所属。

忆前清光绪末年，名缙以江抚[①]桂阳夏菽轩中丞[②]奏统江西续备左军，驻师令部于吉安府治时，鹭洲书院掌教伍展峰太史占鳌，泰和人也，与余往来甚欢，曾向之询问吾族近况，语焉而未得其详。屡拟亲往一行，值军务倥偬，始而防土匪于新昌，继而奉调兼统常备中军，移驻南昌，此愿卒未克遂。市朝变更，忽忽二十余年。自今以往，使承平有望，终将一肩一行李，重游赣水，求之丰城，求之泰和，借以了吾生平未竟之愿耳。

【注释】

①江抚：即江西巡抚。

②夏莜轩中丞：即夏时（1837—1906），字莜轩，湖南桂阳人，官至江西、陕西巡抚，兵部侍郎、都察院右副都御使，御赐一品封典，诰授光禄大夫，建威将军。1904年，廖名缙从日本留学归国后赴江西任总文案，夏时时任江西巡抚。不久经夏时奏请朝廷，廖名缙遂任江西新军续备左军统领，后又升任常备中军统领。

# 朗州杂感

**【题解】**

《朗州杂感》当系廖名缙 1916 年任武陵道道尹期间于常德（注：武陵道时治常德）所作，以“瓠尊”为笔名发表于《寸心》杂志 1917 年第五期。该期以“瓠尊集”为总题发表一组共十四首诗，其中《朗州杂感》四首，《武陵赠陈伯弢即次其抱碧斋诗〈丁未人日〉韵》九首，《送匏夫游归化》一首。

朗州系古楚地之州名，隋开皇十六年（596）改嵩州所置，治武陵（今湖南常德市）。唐辖境相当于今湖南常德、桃源、汉寿等地。宋大中祥符五年（1012）改为鼎州。

## 一

洞庭南戒险，湖表①列雄州。
黔巫际六诏②，沅澧络双流。
瑰货百尘积，吴越来倡讴③。
钱刀习驵侩④，民俗祓以媮。
探丸⑤白日下，市吏谁所求。
富庶资礼教，乃为百年谋。
卫郊昔凭轼⑥，吾道非攸攸。

## 二

庾信⑦赋小园，避地成幽赏。
我寄李氏庄，爱此竹三两。

墙角海棠花，一亩娇云盎。
幽意无人同，乞借春阴养。
朝来惊风雨，落红堆蚁壤。
政如绝世姝，烟梦落空想。
多谢晓窗禽[8]，春枕送凄响。

## 三

善卷[9]辞帝禅，遁迹甘丘园。
黄屋若敝屣，恋此薇蕨根。
封禅七十二，一一今谁论。
唯有垂钓石，万古照清沅。
如何季世士，抵死慕缨轩[10]。
五鼎[11]虽云贵，谁怜上蔡门[12]。
应知渔竿上，道比尧舜尊。

## 四

辰阳溯枉渚[13]，乃有招屈亭[14]。
三闾忧宗国，怀沙悲独醒。
古今沅水上，白芷含凄馨。
宋玉号屈徒，楚些[15]招皇灵。
胡为陈声利，蛾睩[16]夸娉婷。
耽饮费白日，六博投朱琼。
末流成楚伧[17]，千载濡余腥。
我欲删宋赋，独诵离骚经。
湘弦闷灵轸，苍波接空溟。

**【注释】**

①湖表：意为湖外，此指洞庭湖以南。

②六诏：唐代位于今云南及四川西南的乌蛮六个部落的总称，即蒙嶲诏、越析诏、浪穹诏、邆赕诏、施浪诏、蒙舍诏。

③倡讴：指乐人的歌唱表演。

④钱刀习驵侩：钱刀，古代的一种刀形钱币，此指金钱。驵侩，亦作“驵会”“驵狯”等，指说合牲畜交易的人，后泛指经纪人、市侩。

⑤探丸：探丸杀吏之省称。汉成帝时，京城秩序混乱，市井恶少扰乱滋事，受人雇请替人报仇，甚至杀害政府官员。他们把红、黑、白三色弹丸事先置于布袋中，尔后每人伸手入袋取出一粒弹丸，以其颜色来分工：摸到红丸者杀武官，摸到黑丸者杀文官，摸到白丸者则替死去的同伙料理后事。

⑥卫郊昔凭轼：凭轼，亦作“凭式”，指伏在车厢前端横木上，乃古代乘车时与人相遇时的一种礼节。此句所述乃郑庄公与卫桓公摒弃仇恨、冰释前嫌的故事。据《东周列国志》载：郑国武姜氏与其子共叔段谋划作乱，被郑庄公镇压后，共叔段出逃，武姜氏被逐。卫桓公不明真相，起兵伐郑。而郑庄公听从公子吕之劝，修书一封，与卫桓公道清原委。卫桓公得知真相之后，赶紧下令撤兵。不料令未到，郑之廪延已被攻下。郑庄公大怒，派高渠弥领兵夺回廪延，并乘胜追至卫郊。卫公子州主战，大夫石碏则主和。卫桓公听从石碏建议，修书一封，承认自己不明真相，引咎谢罪。郑庄公览书，曰：“卫既服罪，寡人又何求焉。”于是原谅了卫桓公。二公遂在卫郊相互“凭轼”以礼相见，摒弃前仇，言归于好。廖名缙在此表达的意思是，昔年在卫郊就曾出现仇家冰释前嫌、握手言和之事而传为千古美谈，今天为什么还会出现冤冤相报，于光天化日之下仇杀的现象呢？

⑦庾信：513—581，字子山，南阳新野（今属河南）人。南北朝时期著名文学家。《小园》系其诸多赋作之一。

⑧晓窗禽：即报晓鸡。

⑨善卷：又称单卷相，单父人（今山东菏泽市单县），相传

为尧舜时隐士。他辞帝不授，归隐枉山（今湖南常德德山），德播天下，成为中国道德文化的渊源。

⑩缨轩：喻高官显位。缨，原指系在脖子上的冠带，借指乌纱帽。轩，古代士大夫以上贵官所乘之车。

⑪五鼎：指羊、豕、肤、鱼、腊等鼎。三鼎、五鼎是士礼和卿大夫礼的分别。五鼎在诗中借指高官显位。

⑫上蔡门：指上蔡城门。上蔡县是古蔡国所在地，是秦相李斯、汉相翟方进的故里。这两朝丞相的人生轨迹相似，均出生寒门，靠自己上进而终居高官显位，但最后的结局都非常惨，李斯被腰斩，翟方进被赐死。诗中"上蔡门"借指李、翟二人。

⑬辰阳溯枉渚：辰阳，古地名，战国楚地。西汉置县，治今湖南辰溪西南。六朝时，移治辰水之南。隋初移今辰溪县治，改名辰溪。屈原《九章·涉江》中有"朝发枉渚兮，夕宿辰阳"，据廖名缙推测，"枉渚"或在今湖南湘西浦市古镇下湾。（详见本《佚文集》第三卷中《龙舟竞渡之案》一文。）

⑭招屈亭：传说屈原投江殉国以后，他的弟子宋玉、景差曾专程到玉笥山，按楚地风俗，为他举行了规模宏大的招魂仪式。仪式上宋玉、景差声泪俱下，悲壮地吟诵着屈原当年为楚怀王写的千古名篇《招魂》辞，为自己崇仰的宗师招魂。后人在他们举行招魂仪式处修建了招屈亭，以志纪念。唐代诗人汪遵有《招魂亭》一首传世。

⑮楚些：指楚国民间流行的招魂词，因句尾皆有"些"字而被称为"楚些"。又由于屈原的《招魂》沿袭该招魂词所写，后故以"楚些"指招魂歌，亦泛指楚地的乐调或《楚辞》。

⑯蛾睩：蛾眉曼睩之省称，形容女子的眉目秀美有神。

⑰楚伧：指楚国的粗鄙之人。伧，即粗鄙之人，是魏晋以来江东对楚人的蔑称。

# 武陵赠陈伯弢即次其褒碧斋诗《丁未人日》韵

【题解】

此九首诗系廖名缙1916年任武陵道道尹时，于常德次韵陈伯弢的诗《丁未人日》所作，发表于《寸心》杂志1917年第五期。

陈伯弢（1861—1922），系廖名缙好友，又名陈锐，谱名盛松，庠名锐，字伯涛，又字伯弢，号褒碧，湖南武陵（今常德）人。清光绪乙酉科拔贡。廖名缙1916年任武陵道道尹时，陈时任常桃汉沅四县联合公立中学校长。陈伯弢著有《褒碧斋词话》《褒碧斋箧中书》《说文解字校勘记》《读经史札记》《梦鹤庵诗集》《秋出吟词稿》《褒碧斋集》等。

一

沅南①三月客愁新，莺花匝地蜚胡尘②。
桃源已无尘外世，柴桑还见义熙人③。

二

茝兰④自古产骚华，洞庭北渚君所家。
少日辞赋凌九辩⑤，娭光早照越溪纱。

三

昆吾出匣辞砻砥⑥，浊河滔滔见清济。

承明未入合有因，史官羞乞陈寿米[7]。

## 四

侏儒饱死臣朔饥[8]，捶琴燕市赏音稀[9]。
卑官却向江南去，衙参中有杜德机。

## 五

钟山驴背供诗料[10]，骚坛牛耳有津要。
闭门九日散原翁[11]，肥牛嫩鸭资姗笑。

## 六

君身宰官[12]楚妊迹，王侯对面但横臆[13]。
高邮[14]摧船亦偶尔，江风次作甓社[15]客。

## 七

长安弈棋儒冠羞，石人只眼看黄流[16]。
先生夜梦谢皋羽[17]，拂衣归与钓徒游。

## 八

相逢塞默知何思，王弘[18]正要渊明醉。
德山福地五十三[19]，佳人[20]合有空谷意。

## 九

武陵春老花向妍，石矶苦恨隔苍烟。
不如从我寻野鹤，咸阳桥下语尧年[21]。

**【注释】**

①沅南：旧县名，即湖南武陵（今常德）。隋开皇三年

(583)，并临沅、沅南、汉寿三县为武陵县。

②蜚胡尘：蜚，同“飞”。胡尘，胡地之沙尘，借指战争。此借喻民国初由孙中山所发动的护国战争。廖名缙时任武陵道道尹兼抚绥总处处长，目睹了这场战争给大湘西人民带来的巨大灾难。

③柴桑还见义熙人：柴桑，为江西地名（今九江），陶渊明的故乡。义熙人，此指陶渊明。义熙（405—418）是东晋安帝司马德宗的第三个年号，系陶渊明所处的年代，故以“义熙人”代指陶渊明。诗中暗喻由于战争，此地已再无世外桃源，连陶渊明也回到故乡柴桑去了。

④茝兰：即芷兰。指白芷与兰草之合称，得名于《楚辞·九歌·湘夫人》诗句“沅有茝兮澧有兰”。芷兰系野生兰花，气味芳香，常用来比喻高尚的德行与友情，亦可比喻优秀子弟。

⑤凌九辩：超过《九辩》。凌，高出、超出。《九辩》乃中国古代浪漫主义诗集《楚辞》中的一首感情深挚的长篇抒情诗。陈锐工诗文，是著名的湘西三才子之一，与易顺鼎、王以慜齐名。钱钟书认为陈锐的诗歌成就远远高出一代宗师王闿运，“袌碧斋之精湛”，“智过其师，青出于蓝”。陈锐在晚清词坛有很高的地位，被推为一代词宗。诗中最后两句对其才华和成就进行了高度赞美。

⑥昆吾出匣辞砻砥：昆吾，指贵重之石及以此石炼铁而制作成的刀剑。砻砥，切磋研讨。此句当指陈锐于光绪十一年(1885）拔萃贡成均后放弃贡监资格，选择做了学官，当了湘潭县学训导。

⑦陈寿米：典出《晋书·陈寿传》中“陈寿索米”的故事。陈寿（233—297)，字承祚，安汉（今四川南充市北）人，系魏晋时期著名史学家，纪传体史学巨著《三国志》的作者。因“丁仪、丁廙有盛名于魏”，于是陈寿向他们索米千斛，承诺为他们“作佳传”。不料为丁所拒，于是陈寿“竟不为立传”。

⑧侏儒饱死臣朔饥：侏儒，古代权贵好以侏儒为倡优取乐，其待遇和地位甚至高于士大夫。臣朔，指西汉著名文学家东方朔。此句典出《汉书·东方朔传》："朱儒饱欲死，臣朔饥欲死。"

⑨捶琴燕市赏音稀：捶琴，典出《南史·柳恽传》："（柳恽）复变体备写古曲。尝赋诗未就，乃以笔捶琴，坐客过，以箸扣之，恽惊其哀韵，乃制为雅音。后传击琴自于此。"燕市，指燕国的国都。赏音稀，很少有人欣赏。

⑩钟山驴背供诗料：驴背吟诗是古代很多诗人都有过的经历，李白、杜甫、李贺、贾岛等大文豪莫不有之。当诗人失意之时，他们就跨上驴背，寻找自己的精神家园和心灵归宿。此句当是描写陈三立在戊戌变法失败丢官后，闲居于南京时的经历。

⑪散原翁：即陈三立（1852—1937），字伯严，号散原，江西义宁（今修水）人，近代同光体诗派重要代表人物。与谭延闿、谭嗣同并称"湖湘三公子"，与谭嗣同、徐仁铸、陶菊存并称"维新四公子"，有"中国最后一位传统诗人"之誉。印度著名诗人泰戈尔曾因慕其名，专程由徐志摩陪同前往杭州西湖拜访他。生前曾刊行《散原精舍诗》及其《续集》《别集》，死后有《散原精舍文集》十七卷出版。其《散原精舍文集》中，有与廖名缙的唱和之作《次韵酬廖笏堂》。

⑫君身宰官：君，指陈锐。宰官，特指县官。光绪三十四年（1908），陈锐任江苏靖江知县。

⑬横臆：意即直抒胸臆。诗中以"横臆"形容陈锐性格直率，哪怕在王侯面前说话也随性，直抒胸臆。

⑭高邮：明、清时为州，民国元年废州为县，今为市。

⑮甓社：指甓社湖，在江苏高邮西北，东西长七十里，南北宽五十里。

⑯石人只眼看黄流："石人只眼"典出元末黄河泛滥后，灾民中流行的一支民谣："石人一只眼，挑动黄河天下反。"详见第四卷《复俞恚仁论学书》之注。黄流，指黄河之水，亦喻浊流。

此句比喻天下人目睹朝廷腐败，已萌反心。

⑰谢皋羽：即谢翱（1249—1295），字皋羽，号晞发子，福安（今属福建）人。南宋末散文家、诗人。19岁时，应进士试不第。景炎元年（1276）七月，文天祥起兵，他率乡兵数百人投效，署谘议参军。文天祥被俘遇难，他不仕元，漫游两浙以终。散文《登西台恸哭记》较有名。著有《晞发集》，编有《天地间集》等。

⑱王弘：379—432，字休元，琅玡临沂（今山东临沂）人。南朝宋大臣，书法家，东晋丞相王导曾孙，中领军王洽之孙，司徒王珣长子，是与陶渊明同时代的人物。

⑲福地五十三：指道教中的第五十三福地。常德德山在道教中有第五十三福地之称。

⑳佳人：此非指美人，而指君子贤人。

㉑咸阳桥下语尧年：咸阳桥，即西渭桥。西汉武帝建元三年（前138）始建，故址在今咸阳市南。唐代称咸阳桥，当时送人西行多于此相别。尧年，古史传说尧时天下太平，因以“尧年”比喻盛世。

# 送匏夫游归化

**【题解】**

匏夫系清末民初文学家，廖名缙的好友，著有《啁啾漫记》《侠女记》《说元室述闻》《塞外随笔》等。明隆庆六年（1572），驻牧于土默川的蒙古族首领阿勒坦汗召集各族能工巧匠，模仿元大都，在大青山之阴，黄河之滨，破土建设具有八座楼和琉璃金银殿的雄伟美丽城池。该城竣工后，明廷赐名为“归化城”。当地人起了一个美丽的名字叫“库库和屯”，又译为“呼和浩特”，汉语意思是“青色之城”。归化城即今呼和浩特旧城区。此诗当为匏夫动身游塞北临别之际，廖名缙为其送行而作。

之子忽言别，穷冬绝幕行[①]。
胡霜蜚镝[②]日，汉月受降城[③]。
文思临边壮，天骄到眼轻。
南归陈九饵[④]，望汝及春明。

**【注释】**

①绝幕行：指横渡沙漠。

②蜚镝：指战争。

③受降城：指汉代时所筑的受降城。汉受降城位于秦汉长城以北，大致在朔方郡高阙关（今内蒙古乌拉特中旗石兰计的狼山山口）西北的漠北草原地带，于公元前105年为接受匈奴左大都尉投降而筑，是自西汉以来在文献所载的受降城中，唯一一座真正为接受敌人投降而建的受降城。

④陈九饵：备下很多佳肴。九，约数，比喻数量多。饵，此指佳肴。

# 都　门

**【题解】**

此组诗录自《民铎杂志》1918年第一卷第四期。廖名缙时任第二届国会众议院议员，已从天津移居京城。此八首诗当系他入京之后所作，故将之总题命为《都门》。“都门”即京都城门，亦借指京都。

一

言为小智荧，道为荣华翳。
庄周洸恣人，闻道吾谓既。
君看苏张[①]徒，风靡七雄世。
哀哉鲁中叟[②]，未及雕龙[③]智。

二

天演[④]来瀛稗，事异畴人传。
华士扬其波[⑤]，洋洋浰禹县[⑥]。
人天圣所合，人禽圣所战。
此诣一翻扑[⑦]，披发[⑧]会重见。

三

士行去绝塞，要观胡马群。
沽上寒潮落，此时我思君。
学如百川溢，到海终沄沄。

愿言息骏骋，归循鲁史薰[9]。

### 四

穷阴号万窍，凹突自闭启。
太行被缟素[10]，百里照窗儿。
尊酒拥诗卷，三叹桑户子[11]。
玉音傥可嗣，飞蓬为君起。

### 五

大道[12]在忧患，世士局促闻。
两姬一孔氏[13]，持此窥牺文[14]。
圣者天所眷，同忧乃未云。
兹意定谁识，为我诉鸿氛[15]。

### 六

陈侯文园渴[16]，幸未困当垆[17]。
生平不学剑，神貌似风胡[18]。
秋鹰筋入骨，吐气百牛粗。
孰知九门底[19]，有此一於菟。

### 七

我少学孟轲，养气期不朽。
行行逮知命，秋蝇槁寒牖。
无盐与嫫母[20]，中殊外同丑。
本无蛾眉姿，郑袖[21]能忘否？

### 八

侠武干国禁，儒文乱法轨。

谁云鸡卵贵，后出同马矢[22]。
固知拊缶音，离得时贤喜[23]。
且持天人际，一叩刘中垒[24]。

**【注释】**

①苏张：即战国时纵横家苏秦、张仪之并称。二人均系道家祖师之一鬼谷子的门徒，以言辞出众、雄辩之才而著称。

②鲁中叟：指孔子。

③雕龙：此指战国时稷下学者，阴阳家，齐国三邹子之一的邹奭。由于其著述特别雕琢修辞，故人称“雕龙奭”。

④天演：指《天演论》。

⑤华士扬其波：指国人中的知识分子对《天演论》的推波助澜。

⑥洋洋洂禹县：禹县，即今河南禹州市。舜时期，禹在此受封为夏伯，建立夏代，相传为夏代第一任君主，被后世称之为圣王。禹的儿子启又于此创建了第一个奴隶制王朝。此句意指，《天演论》极大地冲击了中华古代文明始祖。

⑦翻扑：颠覆。

⑧披发：借喻原始人、原始社会。

⑨归循鲁史薰：鲁史，此指《春秋》。《春秋》乃中国古代儒家典籍“六经”之一，也是周朝时期鲁国的国史，现存版本由孔子修订而成。薰，此同“熏”，即熏陶。此句大意是，还是回来读《春秋》吧。

⑩太行被缟素：形容太行山上大雪纷飞，白茫茫一片。缟素，即白色，亦指丧服。诗人在此似隐喻有好友去世，群山为之悼唁。

⑪三叹桑户子：桑户子，亦作“子桑户”。据《庄子·大宗师》记载：“子桑户、孟子反、子琴张，三人相与友……莫逆于心……子桑户死，未葬。孔子闻之，使子贡往侍事焉。或编曲，

或鼓琴，相和而歌曰：'嗟来桑户乎！嗟来桑户乎！而已反其真，而我犹为人猗！'"从这一句看，当可证实廖名缙系以此诗哀悼好友逝世，但逝世之人究竟是谁则无考。根据时任教育部佥事的泸溪人黄尊三在1927年廖名缙去世后写的悼诗序中"我郡僻处湘西，人才缺乏，欧、陈、舒三君继逝，已属桑梓不幸。今廖君又殁，地方精华，消失殆尽"来看，或许此好友就是黄尊三所言的"欧、陈、舒"三杰之一。

⑫大道：正道、常理。指最高的治世原则，包括伦理纲常等。

⑬两姬一孔氏：两姬，即周文王姬昌和其子周武王姬发。孔，即孔子。

⑭持此窥牺文：牺文，指伏羲所创之八卦。牺，即伏羲，是中国最早的有文献记载的创世神。

⑮鸿氛：此指大凶之气。氛，古代指预示吉凶的云气，多指凶象之气。

⑯陈侯文园渴：陈侯，当指唐代散文家陈章甫。陈系湖北江陵人，曾长期隐居嵩山。开元进士，官至太常博士。"陈侯"之称谓，来自唐李颀《送陈章甫》："陈侯立身何坦荡，虬须虎眉仍大颡。"因陈章甫性格倔强，胸襟清高，廖名缙将他比作司马相如。"文园渴"本义是病名，此借指文人清高的毛病。文园，指司马相如，因其曾任文园令，故称，后借指文人。渴，指消渴病。因司马相如曾患过消渴病，故此病亦称"文园渴"或"文园病"。司马相如少时好读书、击剑，被汉景帝封为武骑常侍，但这并非其初衷，故借病辞官，投奔临邛县令王吉，后娶卓文君。陈章甫官至太常博士，因无意仕宦，后亦辞官归隐，所以廖名缙在诗中称陈侯患了文人清高的"文园渴"。

⑰幸未困当垆：幸亏没有穷困潦倒到卖酒的地步。当垆，意即卖酒。此典源自"当垆文君"的故事。司马相如与卓文君从成都回到卓家所在的临邛，变卖车马，买一酒店，文君在店堂卖

酒，相如和佣人酒保一起洗涤酒器。

⑱神貌似风胡：风胡，指的是春秋时期的识剑高手风胡子。此句接上句，陈章甫虽从不学剑，然其形象气质却酷似一位剑客。

⑲九门底：九门，即宫禁，借指朝廷。九门底指官僚底层。陈章甫所任的太常博士，系太常寺掌管祭祀之事的七品官员，在京官中尚属底层。

⑳无盐与嫫母：历史上两个有名的有德而貌丑之女。无盐，亦称无盐女，指的是战国时齐宣王王后钟离春，为人有德而貌丑，因是无盐人故名无盐，后常用为有德而貌丑女子的代称。嫫母，相传为黄帝的第四妻室，镜子的发明者，有名的丑女。黄帝娶她为妻，主要是为了制止部落抢婚事件，以证他所提倡的“重德轻色者，才是真贤”。

㉑郑袖：战国时期楚怀王的宠妃，姿色艳美，性格聪慧，但善妒狡黠，阴险恶毒，极有心计。郑袖干涉朝政，收受贿赂，勾结靳尚，陷害屈原，致使屈原被放逐；放走张仪，让楚国终至“兵挫地削，亡其六郡，身客死于秦，为天下笑”。

㉒“谁云”二句：此典出自《诸葛恪别传》，大意是太子嘲弄诸葛恪，让他吃马屎；恪却叫太子吃鸡蛋，并解释说：“所出同耳。”意思是两样东西都出自肛门。诗中以此典比喻文乱法度跟武干国政同样都是祸乱国家，虽形式不同，但性质一样。

㉓离得时贤喜：离，丧失。时贤，指当时有德才之人。

㉔一叩刘中垒：刘中垒，即西汉的刘向。刘向原名刘更生，因官至中垒校尉，世称“刘中垒”。其为刘邦异母弟刘交的后代，刘歆之父。汉元帝即位，刘向遭逢几起几落。汉成帝即位后，得进用，任光禄大夫，改名为“向”。刘向虽相信“天命所授者博，非独一姓”，“自古及今未有不亡之国”，但他认为“明者起福于无形，销患于未然”，可以“刘氏长安，不失社稷”。意谓天命仍可以人力为转移，或至少可以多延续一些时期。诗中这句的大意

是，但凡掌管天下苍生者，首先应该拜师刘向，听一听他的教诲。

# 岁不尽三日同通叔上江亭次通叔韵

**【题解】**

此二诗系廖名缙与友人通叔的唱酬之作，以笔名瓠樽发表于《湖南警察杂志》1917 年第三期。通叔，本名刘瑞潞（1891—1963），字通叔，一字年生，笔名惜诵，湖南省浏阳市枨冲乡人，曾是廖名缙在船山学社的同仁。

从诗题看，廖名缙与刘瑞潞是年除夕前三日同游江亭时，刘通叔吟诗二首，廖随即次其韵和此二诗。岁不尽三日，指除夕前三日，即农历腊月二十七。因刘通叔原诗题中有“癸丑岁不尽三日”，故而得知二人游江亭时间为 1914 年 1 月 22 日。

江亭，即陶然亭，位于北京今陶然亭公园内。陶然亭系清工部侍郎江藻于康熙三十四年（1695）所建，并取白居易诗“更待菊黄家酿熟，与君一醉一陶然”句中的“陶然”二字为亭命名。因该亭为江藻所建，故而文人们在诗文中常以“江亭”谓之。如张问陶《陶然亭雨后》诗：“江亭西望雨初晴，山拥斜阳欲满城。”

## 一

端策何须更卜居[①]，行吟作计岂全疏[②]。
凝寒茸帽相欺得，入暝危阑未可无。
几度梦华伤畹晚[③]，一年灯火盼音书。
战风万苇飘蓬尽，苦忆巾车载酒初[自注]。

自注：夏初，携酒与薛冬树[④]师同游。

## 二

朝市那堪着此身，独携闵默对荒闉[⑤]。
漫持玉虎牵丝想，不见金貂换酒[⑥]人。
斜日弄姿犹恋树，枯塘绣圻[⑦]欲生尘。
未还兼有哀时意，诗鬓[⑧]他乡又一春。

**【注释】**

①端策何须更卜居：端策，指仔细地数卜筮用的蓍草。卜居，意即择地而居。

②行吟作计岂全疏：作计，谋划、打算。疏，不周密、粗略。岂全疏，意即怎可能全都不周密？

③几度梦华伤畹晚：梦华，典出《列子·黄帝》：“（黄帝）昼寝而梦，游于华胥氏之国。”后以“梦华”比喻追思往事恍如梦境。畹晚，指年龄即将老去。

④薛冬树：清末戏曲家，生卒年不详，江苏高邮人。生平无考。谱有《桂林雪》院本，该剧演明臣瞿式耜（由桂抚入内阁）和张同敞（兵部侍郎）二公殉国事。

⑤独携闵默对荒闉：闵默，亦作“闵嘿”，形容忧郁不语。荒闉，指荒草丛生的瓮城。闉，指瓮城（古代城门外层的曲城）或瓮城一带。

⑥金貂换酒：典出《晋书·阮孚传》：“（阮孚）迁黄门侍郎、散骑常侍。尝以金貂换酒，复为所司弹劾，帝宥之。”后以“金貂换酒”比喻文人狂放不羁。金貂，指皇帝左右侍臣的冠饰。

⑦绣圻：绣，《说文》：“绣，五采备也。”圻，通“垠”，地埒岸也。诗中“绣圻”形容水枯竭干涸后留下五彩色痕的塘坝埒岸。

⑧诗鬓：此指双鬓。因诗句讲究长短对称，借以形容两耳旁等长的鬓发。

# 附　癸丑岁不尽三日同瓠尊经香冢上江亭遂登南城

惜　诵

**【题解】**

此二诗系刘瑞潞（通叔）于癸丑年除夕前三日（1914 年 1 月 22 日）同廖名缙（瓠尊）经香冢上江亭遂登南城之游而作，与廖的唱和之诗同时发表于《湖南警察杂志》1917 年第三期。“惜诵”乃刘瑞潞在该杂志发表诗文时所用之笔名。

北京南城即北京宣武门以南地区，这一带有众多名胜古迹，著名的陶然亭、香冢都在南城。香冢位于今陶然亭公园内，江亭即陶然亭。

## 一

满地江山未定居，年化作意向人疏。
危亭阅世饶哀乐，碧血成烟事有无。（香冢铭语）
零落栖迟京国酒，浮沉消息故园书。
暮云黯黯连平楚，已遣销凝纵目初。

## 二

谁识京华倦客身，更依残照上城闉。
晚风萧瑟鸦争树，废堞苍凉鼠诇人。
歌哭无端成独往，去来何意恋前尘。
销忧假日非吾事，料理吟情作好春。

# 题廉南湖《津楼惜别图》

**【题解】**

此二诗发表于《湖南警察杂志》1917年第三期，系廖名缙为好友廉南湖《津楼惜别图》所题诗。廉南湖，即廉泉（1868—1931），字惠卿，号南湖，又号岫云、小万柳居士，无锡人。他是一位极具传奇色彩的文学家和教育家，是清末“公车上书”签名举子之一。年三十就任清政府户部郎中，以诗闻名京师，因特别喜好咏诵夕阳，人称“廉夕阳”。后因不满袁世凯窃权，廉南湖曾隐居北平潭柘寺。于1914年东渡日本，1917年归国。著有《南湖东游草》《南湖集》《潭柘集》《梦还集》《梦还遗集》等。

## 一

异时谁信南湖老，未遣人间去住情。
已折垂杨难系马，更须接叶与巢莺[①]。
瓢灯珠箔春人回[②]，发语银钩绮思萦。
多谢中闺念离隐[③]，肯容商略到他生。

## 二

流转风光现在身，沉思恋嫪只前尘[④]。
有情端合钟儿女[⑤]，拭涕无因为俗人。
千里伤春哀窈窕，余生作句少风云[⑥]。
分明花影看犹怯，正坐初禅认未真[⑦]。

**【注释】**

①接叶与巢莺：此句化用杜甫诗“接叶暗巢莺”，形容春深时景色。接叶，形容树叶茂密。巢莺，指巢中之莺鸟。

②瓢灯珠箔春人回：瓢灯，应为“飘灯”之误。飘灯，即灯笼飘忽闪烁。珠箔，比喻如珠帘般的细雨。唐李商隐的《春雨》诗中有“珠箔飘灯独自归”句，其意境类同。春人，指游春之人。

③多谢中闺念离隐：中闺，原指宫门，此喻北洋政府。离隐，离开隐居。辛亥革命后，廉泉隐居北平潭柘寺，目睹军阀混战，民不聊生，忧时愤世的诗文常见诸报端。1914 年赴日本，在东京设扇庄，介绍中国书画，1917 年归国。

④沉思恋嫪只前尘：恋嫪，指留恋不舍，亦指留恋不舍之情。前尘，此指往事。

⑤有情端合钟儿女：端合，应该、应当。儿女，此指男女。

⑥风云：风流。

⑦正坐初禅认未真：初禅，《楞严经》卷九：“清净心中，诸漏不动，名为初禅。”认未真，指看不清、辨认不清。

# 题侯疑始《吟诗填词图》

【题解】

此三诗发表于《湖南警察杂志》1917年第三期，系廖名缙为友人侯疑始《吟诗填词图》所题诗。侯疑始，名毅，字雪农，江苏无锡人。后以其师、近代启蒙思想家、《天演论》译者严复喜法国哲学家笛卡儿“哲学自疑始”之名言，所赠号曰“疑始”，遂以“疑始”名。著有《疑始诗词》四卷。

一

绝似悲吟唐子西[①]，更兼肠断贺方回[②]。
吾侪用此真堪老，无益端能遣有涯。

二

京国论文意倍亲，扶桑听雨念尤深。
四年三见侯疑始，诗律词锋欲绝人。

三

吴带当风且未奇，独能商略到吟髭。
置君红树青山里，赖有江南老画师[③]自注。

自注：图为江南布衣吴观岱作。

**【注释】**

①唐子西：即唐庚（1070—1120），字子西，眉州丹棱唐河乡（今属四川省眉山市丹棱县）人。北宋诗人。曾经宰相张商英推荐，授提举京畿常平。张商英罢相，唐庚亦被贬，谪居惠州。其与苏轼是小同乡，贬所又同为惠州，兼之文采风流，当时有“小东坡”之称。代表诗作有《醉眠》《春归》《张求》《讯囚》《白鹭》等。著有《眉山唐先生文集》等传世。

②贺方回：即贺铸（1052—1125），字方回，号庆湖遗老，卫州（治今河南卫辉）人。北宋词人。能诗文，长于词，好以旧谱填新词而改易其调名，谓之“寓声”。其爱国忧时之作，如《六州歌头》等，慷慨悲凉，直抒胸臆。其词意境开阔，辞韵优美，不失为北宋词之大家，然其诗弱于词。有诗集《庆湖遗老集》，词集《东山词》。

③江南老画师：即近现代著名画家吴观岱。据作者自注，其所题之画《吟诗填词图》系“江南布衣吴观岱”所作。吴观岱（1862—1929），名宗泰，字念康，40岁改字观岱，号觚庐、洁翁，晚号江南布衣，江苏无锡人。代表作有《烟波罢钓图》《仿宋人夏木山居图》《江帆图》《虹桥遗事图》《松壑鸣泉图》等。

# 题袁抱存《寒庐茗话图》

【题解】

此诗发表于《湖南警察杂志》1917年第四期。袁抱存，即袁克文（1890—1931），字抱存，一字豹岑，号寒云，河南项城人。昆曲名家，民国四公子之一，有民国时期“天津青帮帮主”之称。乃袁世凯之次子，由其三姨太金氏生于朝鲜。《寒庐茗话图》系近现代著名画家汪洛年（字社耆，号鸥客，杭州人）为袁克文所作之长卷。

共传近代马秋玉①，接迹元朝顾阿瑛②。
各有园亭标胜赏③，一时宾客擅高名。
岂如南内④专岩壑，仍使西昆见典型。
簪履风流称图画，了知无与狎齐盟。

【注释】

①马秋玉：原名马曰琯，字秋玉，扬州盐商、诗人。当时的文坛领袖、内阁大学士沈德潜，称马秋玉“以古书、朋友、山水为癖”。曾因郑板桥偶为其联语“山光扑面经新雨”对出下联“江水回头为晚潮”，而与郑结为挚友，并酬重金助郑偿债、应试而传为佳话。

②顾阿瑛：即顾瑛（1310—1369），一名阿瑛，又名德辉，字仲瑛，昆山（今属江苏）人。元代文学家。家业豪富，轻财好客，筑玉山草堂，广集名士诗人，常与杨维桢等诗酒唱和，风流豪爽。元朝末年，天下纷乱，他尽散家财，削发为在家僧，自号

金粟道人。

③各有园亭标胜赏：马、顾二人均是当时富豪，居所皆有园亭。如顾瑛家中筑有玉山草堂，园池亭馆三十六处，常为诗人游宴聚会之场所，当时远近闻名。

④南内：唐朝“三内”之一。唐“三内”指的是唐代三大皇宫，即东内大明宫、西内太极宫、南内兴庆宫。

# 奉题《湘楼听雨图》

【题解】

此诗系廖名缙为徐珂的《湘楼听雨图》而题，诗正文首录自徐珂的《康居笔记汇函》，标题及诗后题款，则从徐氏《湘楼听雨图》册中廖名缙所题原诗稿补全。

徐珂（1869—1928），原名昌，字仲可，浙江杭县（今杭州市）人。光绪年间举人，曾担任袁世凯在天津小站练兵时的幕僚。从1901年起，先后任《外交报》、商务印书馆、《东方杂志》编辑。编有《清稗类钞》《清朝野史大观》《天苏阁丛刊》《康居笔记汇函》等掌故笔记著作。徐珂在《康居笔记汇函》中记述："笏堂名缙，拔贡，治兵统某军，尝为珂题诗（即此诗）于《湘楼听雨图》，题词（即《自度曲》）于《纯飞馆填词图》。"

山风送急雨，万木翻作浪。
小楼若扁舟，兀摇浪花上。
中有被发人，隐几踞方丈①。
风雷等一噫②，嗒焉③齐万象。
借问子胡然？撄宁④神弥旺。

——仲可先生教成

【注释】

①隐几踞方丈：隐几，靠着几案或伏在几案上。方丈，一丈见方。

②风雷等一噫：等，等同。噫，叹息。

③嗒焉：形容怅然若失之态。

④撄宁：道家所追求的一种修养境界，指心神宁静，不被外界事物所扰。撄，扰乱、纠缠。

# 三月十八夜汽车过黄河桥

**【题解】**

此诗发表于《湖南警察杂志》1917 年第四期。诗中所描述的是廖名缙于旅途之中，当汽车夜半途经黄河大桥时所见之景。所描述的虽是黄河夜景，读者仍能感受到廖名缙于诗中所寄之情。

夜半鱼龙寂不喧，浊流终古灌中原①。
当车平视长虹饮②，伏枕疑闻万马奔。
照水华灯欺月皎，垂天列宿射波翻。
津梁仆仆吾无恨，奇绝犹能稍放言。

**【注释】**

①浊流终古灌中原：浊流，指混浊的水流。诗中表面上是指黄河之水，实则是比喻品格卑污之人。

②长虹饮：长虹饮涧之省称。宋沈括《梦溪笔谈》卷二十一："世传虹能入溪涧饮水，信然。"此比喻黄河大桥如虹一般横跨两岸。

# 宿汤山禅院[自注]

**【题解】**

此诗系廖名缙游北京小汤山时所作，发表于《湖南警察杂志》1917 年第四期。

一夜招提[①]宿，隔年尘梦清。
梵钟收远想，佛火证虚明[②]。
宵柝因风急，村鸡见月明。
向来幽屏[③]意，非必学无生[④]。

自注：汤山属京兆昌平。

**【注释】**

①招提：泛指寺院或僧房。
②虚明：指内心清虚纯洁。
③幽屏：即隐居。
④无生：此为佛教用语，指没有生灭、不生不灭。

# 汤山温泉

**【题解】**

此诗发表于《湖南警察杂志》1917年第四期，创作时间当为1916年冬。题中“汤山温泉”指的是北京昌平的小汤山温泉。小汤山的地热温泉历史悠久，享有盛名，以面积大、埋藏浅、范围广而著称。温泉水的利用可追溯至南北朝，北魏郦道元在《水经注》中便有记载，距今已有1500年历史。小汤山温泉用于医疗洗浴，早在《大元一统志》上就有记载。廖名缙这几首诗看似写景状物，实则暗寄其情。

一

万古蛰龙鞭不起，香涎喷沫作泉水。
黄龙化犬[①]坠一鳞，裸虫[②]百病能良已。

二

寒冬雪窖作春温，体中轸粟[③]寻无根。
白傅[④]歌辞非漫云，细流滑腻不可扪。

三

半山[⑤]病疥贵爬搔，中山病风眉无毛。
早知相就来三沐，何用付世为讥嘲。
为语元规向京洛，五斗缁尘但一濯[⑥]。

**【注释】**

①黄龙化犬：典出《搜神记》："古徐国宫人娠而生卵，以为不祥，弃之水滨。有犬，名鹄苍，衔卵以归。遂生儿，为徐嗣君。后鹄苍临死，生角而九尾，实黄龙也。葬之徐里中。见有狗垄在焉。"

②裸虫：原指蹄角裸现或无毛羽鳞甲蔽体的动物，但此诗中"裸虫"用以喻人。

③轸粟：指人体因受寒而起的疙瘩。轸，通"疹"。

④白傅：唐代诗人白居易的代称。因白居易晚年曾为太子少傅，故称。

⑤半山：此指王安石。王安石的故宅在钟山的半山上，故称其宅为半山。后王安石之别号亦称半山。相传王安石小时候患疥疮，皮肤留有痕迹。明末清初文学家褚人获在《坚瓠集》中说王安石"肤理如蛇皮"。

⑥"为语元规"二句：元规，即庾亮（289—340），字元规，颍川鄢陵（今河南鄢陵西北）人。东晋时期外戚，因权贵气焰嚣张著称。王导厌恶庾亮，见大风扬尘，便以扇拂尘说："元规尘污人。"表示对庾亮的鄙视，由是庾亮在史上留下了"元规尘""庾亮尘"之恶名。缁尘，指黑色灰尘，诗中借喻"元规尘"。

# 春　游

【题解】

此诗录自张永安《拔贡廖名缙》一文，原载《湘西文史资料》（第四辑，1985 年），文中未注明此诗出处，或是廖名缙少时在入云山寺学馆或浦市观澜书院肄业期间所作。

木兰[①]双桨掠波底，惊起闲鸥拍水啼。
游丝剪裙[②]须上巳，携酒同到柳荫西。

【注释】

①木兰：木兰舟之省称。指船。

②游丝剪裙：柳条和燕子。

# 船山先生生日释菜诗

**【题解】**

此诗首发于1916年1月20日出版的《船山学报》第一卷第六期。二十年后，该刊又于1936年第二期用为“前题”再度发表，此时廖名缙已逝世九年。

原诗无题，因首发时《船山学报》“文苑”栏目发表了一组诗，以“船山先生生日释菜诗”为总题，故此因之。该组诗当是1914年10月19日王船山先生冥诞纪念日举行的释菜礼上所作。释菜，亦作“释采”。释菜礼系古代入学时祭祀先圣先师的一种典礼。

众愚宝形骸[①]，役役生老病。
带索荣启期[②]，百年终有竟。
至人[③]宝性真，身外有生命。
此命无历算，修与天地亘。
衡阳传口说，乡耇能记证。
三百年我贤，五百年我圣[自注]。
此语讵云夸，自信夙所定。
尼山[④]作孝经，绛衣告斗柄[⑤]。
子舆推名世[⑥]，五百知所应。
世难谁能期，要以道力胜。
撄宁宁不撄，天爵我为政。
危疑死生交，欣愉在心性。
千古此凄馨，百圣相持赠。

勿谓先生往，康时道方孕[⑦]。
幽光出衡嶷，渐与秋阳莹。
我欲寿船山，乐神非笙磬。
辟学传千祀，知礼成厥性。

自注：“三百年以我为贤，五百年以我为圣”，船山先生正命[⑧]时遗言也。衡湘父老至今传之。

【注释】

①宝形骸：珍惜身体。宝，珍爱、珍视、珍藏。

②带索荣启期：带索，即以绳索为衣带，形容贫寒清苦。荣启期（前595—前500），字昌伯，春秋时隐士，传说曾行于郕（今河南范县、山东宁阳县东北一带）之野，对孔子自言得三乐：为人，又为男子，又行年九十。后世常用为知足自乐之典。

③至人：圣人。指思想或道德修养超凡脱俗之人。

④尼山：原名尼丘山，孔子诞生地，后人避孔子讳称为尼山。据《史记》载，孔子父母“祷于尼丘得孔子”，所以孔子名丘字仲尼。

⑤绛衣告斗柄：绛衣，指深红色衣服，古时一般为士兵或低秩小官服。告，教。斗柄，原指北斗之柄，诗人用以比喻权柄、大权。告斗柄，指教导掌权人。

⑥子舆推名世：孟子推扬孔子名显于世。子舆，即孟子。孟子名轲，字子舆。

⑦道方孕：指王船山的哲学思想在孕育之中。诗中的“道”，特指王船山的哲学思想。

⑧正命：逝世。儒家以顺应于天道，得其天年而死为“得正命”。

# 船山学社凝粹堂五图次莪原原韵奉和

**【题解】**

此诗系廖名缙次莪原原韵酬和之作，发表于1917年8月20日出版的《船山学报》第一卷第八期。凝粹堂位于船山学社浩园内，堂内有五图，分别为《石船山图》《鞠华园图》《观生居图》《姜斋湾图》《别峰庵图》。此五首诗看似题画写景，实为寄情写人。其中第一首《石船山》所描述的山位于湖南衡山县境内，因山上有一船形巨石而得名。王夫之先生晚年在石船山下竹花园构筑湘西草堂，潜心著述，终成一代硕儒，流芳百世。"船山先生"之名号，即因此山而得。诗中描写了王船山在此山中对无力阻止清兵侵入中原的无奈。

莪原，原名彭政枢，字莪原，与廖名缙、刘人熙同为船山学社创始人，且同任首届社长。1914年10月19日系王船山（夫之）先生冥诞，船山学社在凝粹堂举行释菜礼，社会贤达缙绅毕集。礼毕，一众人等除赋释菜诗外，彭政枢还以凝粹堂内五图为题作七律五首，廖名缙即以此五首诗原韵酬和。

## 石船山

百岸苍崖积铁封，西山片石比孤踪[①]。
洪荒篙眼留泉宝，日夜涛声撼岭松。
击楫有心思破虏，回澜无术更屠龙。
陆沉未共神州尽，剩有僧楼一杵钟[②]。

## 鞠华园

何必柴桑访故篱[3]，迈堂[4]秋色锦成帷。
铜驼自没洛阳棘[5]，霜蝶仍依晋代枝[6]。
插鬓杜陵[7]怜瘦影，餐英楚些继风诗。
颓龄解制非吾愿，活没[8]生前且一卮。

## 观生居

晋宁茧足[9]犯红岚，小筑幽栖室两三。
生面羲经由我辟[10]，报身贤劫[11]让谁探。
沧海阅尽生如寄，薇蕨残余味转甘。
法相华严休问讯，尼山戒不用和南[12]。

## 姜斋湾

吊客青蝇虞仲翔[13]，几番牙血逼天狼[14]。
洪湖满地鸥波[15]阔，松竹边山豹雾[16]藏。
耻向鹿台[17]分廪粟，甘从螺涧觅山姜[自注]。
铁函心史沉秋水[18]，夜夜湾前宝气光。

自注：螺丝潭在南岳竹篙岭下。

## 别峰庵

乾坤破碎更无家，岩腹僧庐[19]倚树斜。
但使山中容社栎，何妨室内伴昙华。
千峰过雨当窗出，万木吟风入望赊。
一自题楹人[20]去后，岳云终古此周遮。

**【注释】**

①西山片石比孤踪：片石，指石船山上的那块船形石。比孤

踪，王船山独自结庐著书四十余载，作者在诗中以那块孤独的船形石比作孤守湘西草堂的王船山。

②剩有僧楼一杵钟：诗句中把王船山的著作比作寺院的钟声，形容虽山河沦陷，但还有王船山四十余载撰写的四百多卷、八百多万字的著作像钟声一样永传于世。

③故篱：旧时的篱笆。借指东晋著名诗人陶渊明的故居。江西柴桑是陶渊明的故乡。

④蕅堂：即竹蕅堂，系王船山当年读书之所。

⑤铜驼自没洛阳棘：铜驼，即铜铸的骆驼，古代置于宫门外。借指京城和朝廷。没洛阳棘，比喻国土沦陷。语出《晋书·索靖传》："靖有先识远量，知天下将乱，指洛阳宫门铜驼叹曰：'会见汝在荆棘中耳!'"

⑥霜蝶仍依晋代枝：霜蝶，指高洁的蝴蝶，借喻王船山。霜，喻高洁之意。此句句面意思是，自天下大乱，洛阳沦陷以来，品德高洁的蝴蝶却仍依恋晋代的树枝。作者实以此比喻大明王朝虽已沦亡，然王船山却对其忠心不改。

⑦杜陵：原系地名，此指杜甫。杜甫祖籍杜陵，亦曾在杜陵附近居住，故常自称杜陵野老、杜陵野客、杜陵布衣。

⑧活没：即活埋。出自王船山自题联："六经责我开生面，七尺从天乞活埋。"

⑨晋宁茧足：晋宁，地名，即今宁远。王船山经历了多年艰苦备尝的流亡生活后，在晋宁的荒山寺庙中，撰写了《周易外传》《老子衍》《黄书》三部重要著作。1657 年，经历了多年的漂泊与坎坷后，王船山终于回到衡岳故居。作者用"茧足"形容王船山流亡生涯的艰辛。

⑩生面羲经由我辟：生面，指新的局面。王船山自题联中有"六经责我开生面"句。羲经，《周易》的别称。王船山著有《周易内传》和《周易外传》。

⑪报身贤劫：报身，佛教语，指以法身为因，经过修习而获

得佛果之身。贤劫，亦为佛教语。《佛学大辞典》："贤劫：过去之住劫，名为庄严劫；未来之住劫，名为星宿劫；现在之住劫，名为贤劫。现在之住劫二十增减中，有千佛出世，故称赞之为贤劫。亦名善劫。"

⑫尼山戒不用和南：戒，通"界"。尼山戒，即尼山界，借指儒学界。和南，佛教语，意即稽首、敬礼。作者在此句中表达了王船山对佛教的态度。王船山作为宋明理学的继承者，固守儒家的道统，对佛教的出世主义持否定态度，每每斥佛教为异端。

⑬吊客青蝇虞仲翔：吊客青蝇，原指虞翻（字仲翔）心境悲伤，想自己死后无人治丧，只有苍蝇做吊客来凭吊自己。后比喻人生无一知己，毕生落落寡合，孤独无友。源自《三国志·吴志·虞翻传》裴松之注。虞仲翔，即虞翻（164—233），字仲翔，三国时吴国学者、官员。虞翻为人刚直，志气高爽，孙权时为骑都尉官，多次犯颜进谏，被孙权流放交州。

⑭几番牙血逼天狼：形容虞翻多次犯颜进谏，说话直率，咄咄逼人，让孙权在群臣面前下不来台。天狼，此喻孙权。

⑮鸥波：原指鸥鸟生活的水面，在此比喻悠闲自在的退隐生活。

⑯豹雾：指隐者所栖。典出《列女传》卷二。南山有一种黑色的豹，为了长出花纹可以在连续七天的雾雨天气里不吃东西，躲避天敌。后因以"豹雾"指隐者所栖。

⑰鹿台：原指商纣王所建之宫苑建筑，地点应在商都附近。诗中之"鹿台"比喻官府。

⑱铁函心史沉秋水：《铁函心史》是南宋末年连江人郑思肖所著的诗文集。1283 年，宋朝已经沦亡四年，以遗民自居的郑思肖将自己多年所著诗文编为《咸淳集》《大义集》《中兴集》《久久书》《杂文》《大义略叙》等，总题为《心史》，用蜡密封锡匣铁函数重，外书"大宋铁函经"五字，内书"大宋孤臣郑思肖百拜封"十字，悄悄沉于苏州承天寺的一口古井中。因此后亦称作

《铁函心史》或《井中心史》。此句表面意思是《铁函心史》沉入秋水之中，实则以《铁函心史》比喻王船山对大明朝的孤忠以及他所创立的哲学思想，如同沉入秋水中的《心史》一样尚未被发现。

⑲僧庐：本义指僧寺、僧舍，此指王夫之在船山下所筑之湘西草堂。

⑳自题楹人：指王船山。王船山有自题联："六经责我开生面，七尺从天乞活埋。"

# 附　凝粹堂五图咏有序

彭政枢

民国纪元，岁历三稔，阏逢摄提十月十九号，即夏正季秋月朔，为衡阳子王子诞降之辰，同社虔具花果，就凝粹堂行释菜礼。宾朋毕集，俎豆莘莘，礼成，拈题分咏，借伸素怀，用志庆典。政枢率成五律，录呈在座诸公教正。

## 石船山图

蒸西片石峙熊封，衡岳栖迟认旧踪。
地辟云崖餐紫蕨，岁寒霜涧挺苍松。
九皋声彻犹闻鹤，孤干鳞皴自化龙。
山降神灵虔叩祝，遥天风送寺楼钟。

## 鞠华园图

山径荒鞠避菊篱，故园兼下董生帷[自注]。
名花吕隽空凡卉，晚节香凝着旧枝。
樽酒间评高士传，蔼堂谁赋硕人诗。
依稀晋代陶彭泽，静对南山一举卮。

自注：园内有竹蔼堂，为子王子读书之所。

## 观生居图

晋宁幽壑卷晴岚，筮易观爻到六三[自注1]。
事向安危空处悟，道从消长静中探。
五千经订周兼孔[自注2]，四十年尝苦与甘。

日月居诸侪过隙，一庐云护插天南。

自注1：子王子著《周易内外传》于晋宁山寺。

自注2：子王子著《老子衍》一卷，其注书易辟老氏玄旨。

## 姜斋湾图

四山云阵雁南翔，寇焰烟腾气喷狼[自注1]。
辟檄未能酬伟抱[自注2]，买薇从此卜归藏[自注3]。
室无李泌谁煨芋，地作桃源犹啖姜。
明月一湾心似水，砂潭终古侣严光[自注4]。

自注1：张逆献忠犯衡州，子王子迁避南岳双髻峰下，地产黄姜，服之延年，因以为号。姜即黄精，见李氏《本草》。

自注2：子王子自铭其墓云："抱刘越石之孤忠。"

自注3：子王子有《买薇》稿未刻。

自注4：子王子初志欲济时艰，慨然曰："此非严光时也，出就行人职，已而时不可为。"决意归隐。湾在黑砂潭上。

## 别峰庵图

万缘尘净住僧家[自注1]，古木萧森野径斜。
博议引经拓东莱，论文妙谛演南华[自注2]。
烂柯棋局关心久，大地山河入眼赊。
笑问道人何处去，别峰隐隐暮春遮。

自注1：子王子题庵柱，有"万缘摄尽，神威自振"等语。

自注2：子王子有《左传续博议》，又于庵内注《南华经》。

# 船山先生生日雅集浩园恭述

**【题解】**

此诗录自1917年8月20日的《船山学报》第一卷第八期。浩园旧址位于曾国藩祠中。1914年，曾祠中的思贤讲舍被刘人熙、廖名缙、彭政枢等人创为船山学社。浩园是清末长沙城中最大的园林之一，省城名流的雅集之地，后毁于1938年的“文夕大火”。

大道在天坏[①]，艰难遒不毁[②]。
作易本忧患[③]，足识贞元理。
处顺安厥常，佣驵亦君子。
觏闵不殄愠[④]，姬孔始一揆。
朱明际百六[⑤]，宙合人维圮[⑥]。
东北跃鲑龙[⑦]，怀襄逮九宇[⑧]。
峨峨王船山，浊河出清泚。
笃生衡岳阴，质兼圣豪美[⑨]。
传经老伏生[⑩]，七略[⑪]刘中垒。
被褐怀箕畴[⑫]，乃抱周粟耻。
论道贯天人，独阐西铭[⑬]旨。
姬忧宣尼叹，千载通凄悱。
洙泗[⑭]有传薪，轩黄有续姒。
禹土有防墉，生民有冠履。
绝笔三百年，灵珠腾玄水。
国步方巇嶮，道与南衡峊。

一展船山书，百耻动青史。
邹衍[15]稗瀛谈，天骄今户祀[16]。
湔袚道何因，大药黄书[17]耳。
生也乞活投[18]，投也生方始。
呱呱四亿人，悬弧今有喜[19]。

【注释】

①大道在天坏：此语相对“大道天成”，意即大道在天成，大道亦在天坏。诗中隐喻国土沦丧或系天意。

②艰难遒不毁：此句比喻虽世道艰难，然船山先生的坚强意志没有丧失。遒，形容雄健有力。

③作易本忧患：语出《易·系辞下》：“作易者，其有忧患乎?”

④觏闵不殄愠：源出《孟子·尽心下》：貉稽曰：“稽大不理于口。”孟子曰：“无伤也。士憎兹多口。《诗》云：‘忧心悄悄，愠于群小。’孔子也。‘肆不殄厥愠，亦不陨厥问。’文王也。”诗句大意是，遭遇非议或攻击，不必刻意去消除别人的怨恨。

⑤朱明际百六：百六，古代以为厄运。诗中之意是大明遭遇厄运。

⑥宙合人维圮：宙合，指囊括上下古今之道，即世间、天下。圮，毁坏、倒塌。诗中大意是，天下人想挽回败局。

⑦鯥龙：指鯥鱼，出自《山海经·南山经》：“有鱼焉，其状如牛，陵居，蛇尾，有翼，其羽在魼下，其音如留牛，其名曰鯥，冬死而夏生，食之无肿疾。”诗中以怪物鯥龙比喻满人。

⑧怀襄逮九宇：怀襄，怀山襄陵之省称，指洪水汹涌奔腾溢上山陵。典出《尚书·尧典》：“汤汤洪水方割，荡荡怀山襄陵，浩浩滔天。”诗中比喻满人如洪水猛兽般侵入九州大地。

⑨质兼圣豪美：此句意思为，（衡山）质兼有圣、豪、美。形容衡山既圣（佛教圣地），亦豪（五岳之一），亦美。

⑩伏生：亦称伏胜，济南（今山东章丘西）人。曾任秦博士。西汉《今文尚书》的最早传授者。汉初，以《尚书》教于齐鲁间。汉文帝时，派晁错向他学《尚书》，相传伏生女曾帮助传授。西汉的《尚书》学者，都出其门下。今本《今文尚书》二十八篇，即由他传授而存。

⑪七略：书名。西汉成帝河平三年（前26），杰出的学者刘向、刘歆父子受命主持了我国历史上第一次大规模整理群书的工作。在每一部书整理完毕时，刘向便撰写一篇叙录，记述这部书的作者、内容、学术价值及校雠过程。这些叙录后来汇集成了一部书，即我国第一部图书目录《别录》。刘向死后，刘歆子承父志，继续整理群书，并把《别录》各叙录的内容加以简化，把著录的书分为六略，即六艺略、诸子略、诗赋略、兵书略、术数略、方技略，再在前面加上一个总论性质的辑略，编成了我国第一部分类目录《七略》。

⑫箕畴：箕，箕子。畴，九畴，其内容系传说中天帝赐给禹治理天下的九类大法，即《洛书》。相传九畴为箕子所述，故九畴亦名箕畴。

⑬西铭：即北宋张载所著之《西铭》，又名《订顽》。

⑭洙泗：即洙水和泗水之合称，春秋时属鲁国地。孔子在洙泗之间聚徒讲学。后以“洙泗”代称孔子及儒家。

⑮邹衍：战国末期齐国临淄人，阴阳家代表人物、五行创始人。主要学说是五行学说、五德终始说和大九州说，又是稷下学宫著名学者，因他“尽言天事”，当时人称“谈天衍”，又称邹子。

⑯天骄今户阸：天骄，借指王船山。户阸，意即止于门槛，比喻足不出户而隐居。

⑰黄书：王船山的著作之一，著于1656年（明永历十年，清顺治十三年）。此书犹如一篇民族宣言，对祖国壮丽的山河、丰富的物产、悠久的历史等充满眷恋之情。

⑱活埮：此指活埋。“埮”字在此应为假借字。假借字一般以音达意，而此字则以形达意。作者或是避讳“埋”字之不恭，而以由“埋”“没”两字各一半所构成的“埮”字以假借“埋”之意。因此，此处的“埮”字当与其本义“砖瓦窑的烟囱”无关。

⑲悬弧今有喜：悬弧，为古时生男之习俗。《礼记·内则》有载：“子生，男子设弧于门左，女子设帨于门右。”此句字面的大意是，如果是男婴则有喜了。而其所隐含的意思为，王船山转世投胎来了。

# 附　和廖子笏堂浩园雅集释菜诗二十一韵

彭政枢

**【题解】**

此诗为彭政枢酬和廖明缙前首诗作。诗题中的“廖子笏堂”即廖笏堂，亦即廖名缙。“子”字加在姓氏后面，常作为对老师或对道德高尚、学识渊博之人的尊称，如朱子（朱熹）、王子（王船山）等。

道烁古与今，那计誉与毁[自注1]。
时虽艰难危，妙悟在性理。
抗志千载上，目中无余子[自注2]。
经术契圣心，先后本同揆。
俯仰何悠悠，横流道防圮。
天不毓英豪，诸为拯寰宇。
京洛伤铜驼，骇汗颡有泚。
巍然眄南衡，得窥富与美。
磷磷西山石，怅怅四郊垒。
烽火时惊心，引以为国耻。
葺楼事栖迟，采薇奉甘旨。
绍述师杏坛，旦暮心悱悱。
因革表前王，周姬兼夏姒。
建极依中和，笃实征践履。
高风自落落，箕山与颍水。
文与岣嵝齐，大节何崔岿。
荏苒数百年，盛名炳国史。

菊留傲霜枝，馥郁溢阶戺。
箴世著噩梦，道经辟李耳。
人生靡有涯，大造相终始。
我今瞻旧容，瓣香发新喜。

自注 1：前清湘阴郭侍郎奏称："子王子著述行谊，部有无识者诋之。"遂寝其议。南皮张尚书疏请，得可配孔庙。

自注 2：船山遗书三百余卷，力辟庄老及汉宋诸儒之谬说。

# 萩原先生招同摅沧、仲恂、腴深、叔通诸同社集凝粹堂为消寒之会分韵得分字

【题解】

此诗写于1914年冬。彭政枢（萩原）招廖名缙及几位学社同仁，至凝粹堂围着火盆宴饮作诗。其中摅沧、仲恂、腴深、叔通四人，分别为曹佐熙（字摅沧）、陈毓华（字仲恂）、刘善泽（字腴深）、刘瑞潞（字通叔，一作叔通）。

消寒之会，即消寒会。旧俗入冬后，亲朋相聚，宴饮作乐，谓之“消寒会”。此俗唐代即有，也叫“暖冬会”。而“分韵”则是旧时作诗方式之一。作诗前先规定若干字为韵，各人分拈韵字，依韵作诗，叫作“分韵”，一称“赋韵”。

凝粹堂位于船山学社浩园内，在“文夕大火”中与浩园一同被焚毁。

浩园异代风流尽，好事于今只有君。
解办[①]急觞遮战鼓，还招野鹜浴斜曛。
齑盐送老姝姝暖[②]，劫火飞天脊脊闻[③]。
却念人间无六一[④]，眼中坡谷[⑤]倩谁分？

【注释】

①解办：举办。

②齑盐送老姝姝暖：齑盐，酸菜和盐，借指清贫生活。送老，即养老、怡老。姝姝暖，源自“暖姝”一词，形容自得、自满的样子。

③劫火飞天脊脊闻：劫火，佛教语，原指坏劫之末所起的大火，此用来比喻动乱、战乱。脊脊，原指互相践踏，比喻混乱。

④六一：指唐宋八大家之一、宋代文坛领袖欧阳修。欧阳修晚年自号六一居士。

⑤坡谷：系苏东坡（苏轼）和黄山谷（黄庭坚）二人之并称。

# 附　笏堂先生以消寒分韵诗见视次韵奉和

彭政枢

谁挽天河洗兵甲，救援长忆信陵君[自注]。
雁程遥犯惊寒雪，鸦阵磨空晒夕曛。
击楫英豪商旧事，谈瀛海客广新闻。
园林岁晚饶清趣，咏到梅花夜已分。

自注：欧战未已，影响及于远东，谈时务者不无戒心。

# 自度曲

**【题解】**

此词录自徐珂的《康居笔记汇函》，系廖名缙为题徐珂之《纯飞馆填词图》而作。详见前诗《奉题〈湘楼听雨图〉》题解。此词虽是题《纯飞馆填词图》，然词中所抒发的却是作者内心的孤忧与情思。

此词经徐珂推出之后，在当时的文坛产生了巨大影响。清光绪年间翰林院编修、中华民国国务院秘书长、京津文坛领袖郭则沄在将此词收入《清词玉屑》时，以“光宣间知兵词人”为题推介中国南北两位军事家词人，北是山东的董受祺，南则是此《自度曲》的作者廖名缙。郭则沄对此词的评语是“豪俊中犹见孤忧”。闽籍词人林葆恒亦将其收入《词综补遗》一书。后来词坛名宿吴藕汀取此词最后一句中的“曼殊发”三字为词牌名，正式收入《词调名辞典》之中，并写如下按语：“调见《词综补遗》卷八十九引《清词玉屑》清廖名缙词。此调系廖氏自度曲，原本无调名，唯存‘自度曲’三字。词有‘还愁室里，曼殊要看秋发’句，拟名‘曼殊发’。”由是廖名缙的这首《自度曲》便正式为中国词林增添了一个新的词牌名“曼殊发”。

洞庭沽酒，看尽了南条山色。正佛火蒲团，浪浪夜雨，别馆孤吟。倦客似我，逢春情兴懒。除花外玉箫知得。恁飞絮年年，鹧鸪乱舞，争[①]与禅心相识。

堪惜何郎老去，许多词笔[②]，便付与旗亭，犹堪换醉。只有双鬟难觅[③]。梦里湘波[④]，匣中锦字[⑤]。回首春灯，历历归去也。还愁室里[⑥]，曼殊要看秋发[⑦]。

【注释】

①争：怎。

②何郎老去，许多词笔：何郎，即南朝诗人何逊。何逊青年时即以文学著称，为当时名流所称道。后以何郎借指才高的年轻男子。词笔，指有韵和无韵的文字，亦指赋诗作文的才能。此句似是化南宋文学家、音乐家姜夔《暗香》词："何逊而今渐老，都忘却春风词笔。"

③只有双鬟难觅：双鬟，古代未婚女子常用的一种发式，此借指少女。作者在词中所流露出的孤忧和哀思，或与其年轻的妻子邓继梅早逝有关。作者41岁时，娶了年仅19岁的第二任妻子邓继梅。邓氏女系作者年轻时的好友浏阳县尉邓蔚楼之女，廖名缙初次在浏阳见她时仅九岁。邓女1920年病逝时，年仅31岁，作者当时心中的那一份伤痛可想而知。二人虽是夫妻，但妻子小他22岁，因而在他的哀思中，妻子永远是当年的"双鬟"少女。

④梦里湘波：湘波，湘江之波。作者在长沙生活多年，夫人去世后的第二年才正式定居北京，他对夫人的所有回忆均与长沙相关。因此从"梦里湘波"亦可推测出，这首词当是在他定居北京之后所作。但不知何故，郭则沄在编《清词玉屑》时收录的这首词中作"梦里琼波"。林葆恒从《清词玉屑》中将《自度曲》选入《词综补遗》时，亦因之。而徐珂在《康居笔记汇函》中录载的则是"梦里湘波"。由于此词作者最初是专为徐珂的《纯飞馆填词图》所题，因此徐的记载当为权威可信，由是此集中因之。

⑤匣中锦字：锦字，即锦字书。锦字书原指前秦苏蕙寄给丈夫的织锦回文诗，后多用以指妻子写给丈夫表达思念之情的书信。中华民国成立后不久，战乱频发，其间作者曾任湖南武陵道、四川永宁道道尹，又曾先后赴北京、天津襄助熊希龄筹办煤

油矿务处、治理直隶五河等，与妻子多年离居。而留在长沙的妻子，后又因战乱而携子女远避于武汉和上海租界。夫妻俩的联系，全凭书信往来。因此，诗中的“匣中锦字”，当是指作者所收藏的其妻生前写给他的书信。

⑥还愁室里：还，同“环”，环绕。室里，即室内。根据上阕中的“正佛火蒲团”看，此“室里”当指佛殿内。

⑦曼殊要看秋发：曼殊，即曼殊室利，亦作文殊师利、满祖室哩等，即文殊菩萨。文殊菩萨乃四大菩萨之一，与般若经典关系甚深，故称为大智文殊师利菩萨。秋发，白发。此句大意是，（那么）连大智的文殊菩萨（头上）也要看到白发。

# 月华清

**【题解】**

此词录自《顺天时报》1926 年 9 月 10 日第五版。题中言及向其索和之“陈老”即陈嘉言，字梅生，清咸丰元年（1851）二月初一生于衡东霞流镇平田村。陈嘉言三兄弟从母授学，光绪壬午（1882）中解元，与胞兄陈毓光同榜，光绪己丑（1889）中进士，授翰林院编修。历任京畿道、江南道监察御史、工科掌印给事中、福建漳州知府。

城南游园观剧，填《月华清》词一阕，呈陈老索和。

鸾辂行春，龙祥告祀，青旂千队何处。醉园即先农坛[①]旧址。旧日斋宫[②]，付与梨园去住。怪当场、一朵娇云，浑不似、狂花乱絮。女伶雪飘香[③]，尊重梅老，并戏传其如君怀。堪记。似宝儿[④]隋殿，薄憨轻媚。

一曲红牙刚度。有白发词仙[⑤]，歌筵惯据。细嚼宫商[⑥]，心与骄尘抗坠。只愁他、十万春华，抵不住、眉峰揽翠。归去。怕女床星[⑦]外，又添鸾树[⑧]。

**【注释】**

①先农坛：先农，古代传说中最先教民耕种的农神，亦谓神农、后稷。先农坛为旧时皇帝每年祭祀先农之所，地处今北京市西城区，与其东面的天坛建筑群相对应。

②斋宫：古时皇帝祭天前沐浴斋戒的地方。

③雪飘香：京剧花旦，林姓，出生于1911年。此女便是作者在词中写到的“一朵娇云”。

④宝儿：史传系隋炀帝的宫女，以轻盈而多憨态著称。

⑤白发词仙：此指陈嘉言。从作者此词发表时间为1926年来看，陈老当时已经75岁高龄，故称。

⑥宫商：五音中的宫音与商音，泛指音律。

⑦女床星：星座名。女床，亦作山名。

⑧又添鸾树：鸾树，栖鸾之树。前半句之“女床星”有双重含意，明指女床星，暗喻女床山，故用了一个“外”字。作者以此调侃陈嘉言。

# 附　读廖瓠塘《月华清》词次韵奉答

陈嘉言

【题解】

陈嘉言的这首和词与廖名缙的原词同时刊登在《顺天时报》1926年9月10日第五版。题中“廖瓠塘”即廖名缙，廖晚号瓠塘退士。

杨柳迎旂，仓庚引辂，当年华盖临处。紫陌青坛，付与流莺分住。废墟南、一角红墙，尚未许、当泥带絮。应记。记天香飘处，水云明媚。

又见星桥一度。望耿耿银河，佳期何据？多谢新词，写得天花乱坠。怕年时、月缺花残，更没个、怜珠惜翠。人去。问临春结绮，谁家琼树？

# 高阳台

丙寅春，赤军[①]踞京师，晋、楚、燕、鲁、辽、沈诸军环而攻之，危城垂破。故人程白葭[②]先生赋《赋燕尘春涕》诗十八首，寄示城北，为赋此解。

高树危巢，严城刁斗[③]，飞鸟欲定还惊。孤负花时，匆匆又过清明。东风无赖颠狂惯，卷庭阶、狼藉山樱[④]。更谁寻、池南禊事，砚北诗盟[⑤]。

故人小住宣南近，正摊笺拨茗，时唤樵青[⑥]。乐府新题，回肠不是闲情。分明五噫[⑦]国门泪，托清词、写入觚棱。只愁他、朝来吟卷，尽变商声[⑧]。

（录自《文字同盟》1927 年 8 月第五号）

**【注释】**

①赤军：此指冯玉祥的部队。因为直系军阀当时认为冯玉祥是共产党，所以称其军队为“赤军”，讨伐冯玉祥的军队则称“讨赤军”。冯玉祥部此前据北京，丙寅年（1926）春被讨赤军逼离京师。

②程白葭：即程淯（1870—1940），字白葭，号葭深居士、皎嘉，江苏武进（今属常州）人。喜藏书画，善书法、刻印，亦能诗。抗战期间病殁于上海。有《程淯丙午日本游记》《历代尊孔记孔教外论合刻》《程淯印存》等传世。

③严城刁斗：严城，指戒备森严的城池，此指北京城。刁

斗，系古代军中用的一种器具，又名金柝、焦斗，白天用作炊具，夜间敲击以巡更。此句在“严城”后加上“刁斗”二字，表示每个巡逻兵都带着刁斗一边走一边敲打，以此加强戒备森严的紧张气氛。

④卷庭阶、狼藉山樱：庭阶，庭院里的台阶。此句形容狂风卷过庭院的台阶，吹落满地山樱花瓣一片狼藉。

⑤池南禊事，砚北诗盟：池，指砚台，砚台亦称砚池。作者在此以“池南”“砚北”借指文人雅集之所。禊事，亦作“修禊”，系古代的一种传统民俗，官吏及百姓都到水边嬉游，是古已有之的消灾祈福仪式，后来演变成中国古代诗人雅聚的经典范式。诗盟，指诗人的盟会。因此“池南禊事，砚北诗盟”均指文人雅士们的聚会。

⑥时唤樵青：樵青，语出《全唐文》卷三百四十《颜真卿五·浪迹先生元真子张志和碑铭》：“肃宗尝赐奴婢各一，元真配为夫妇，名夫曰渔僮，妻曰樵青。”后“樵青”因以指女婢。

⑦五噫：指对政府腐败的慨叹。出自东汉梁鸿《五噫歌》：“陟彼北邙兮，噫！顾瞻帝京兮，噫！宫阙崔嵬兮，噫！民之劬劳兮，噫！辽辽未央兮，噫！”梁鸿过京师洛阳，登北邙山，见宫殿之华丽，感人民之疾苦，触景生情，遂作此《五噫歌》慨叹朝廷之腐败。

⑧尽变商声：商声，原指五音中之商音，而古人将五声和四时相配，秋属商，因而商声亦作秋声。而“商”即“伤”，悲伤之意。又因古代用天地、四季名命官之秋官司寇，掌刑法，故秋天乃行刑之季节。因此秋天对人来说，意味着有悲凉肃杀之气，秋声自然也带有一种悲叹与伤感。

# 辰州龙兴寺观明慈圣太后千佛袈裟歌

**【题解】**

此首长诗录自《清代朱卷集成（407）》，乃廖名缙光绪丁酉（1897）科拔贡考试“钦命四书诗题”答卷之一。题中所言及之辰州龙兴寺，即今湖南省沅陵县城之龙兴讲寺。题中之“千佛袈裟”，则系明朝慈圣宣文明肃贞寿端献恭熹皇太后（简称“慈圣太后”）赐予辰州龙兴寺的圣物。

此诗系廖名缙沿用乐府古题所创作的七言古诗，在结构上大开大合，充分体现了七言歌行的特色。诗后所注释的与佛教相关的词义与故事，主要参考中国书店出版社2011年版《佛教大辞典》。

冰丝栉栉镂方空，霏蕤散彩刻花緵。
水田七截耆阇制[①]，忉利六铢毗婆功[②]。
弹指华严千佛见[③]，三十二相恣变幻。
黛发金皮狮子王，绀睛白发瞿陀面。
十幅横裁龙树[④]云，千棱巧界鹅溪绢。
天章不合出人间，檀施传自高元殿[⑤]。
忆昔河间尧母生，麾幢羽葆鸾咽鸣[⑥]。
初从鱼贯归潜邸[⑦]，旋共飞龙入上京。
都人子[⑧]遂作皇帝，慈宁宫是九莲位[⑨]。
炼石既完娲后天[⑩]，布金还拜空王地[⑪]。
徒匠三千将作驱，供钱百万水衡输。
琳宫绀宇照都市，觚棱上与建章俱[⑫]。

桑绕齐宫春风暖，元纨[13]绿籚临茧馆。
缫丝为绣恒河佛，未道郊坛[14]供黻冕。
鹦鹉琼轩[15]昼漏沉，内家紫领小葵襟。
电窗[16]抛得金叶格，来弄鸠摩钵底针[17]。
灵芸针绝工绘刻[18]，幅中寸界祇洹[19]国。
欢喜巧传阿育容[20]，庄严妙写优昙色[21]。
抵绣法华十部经，胜舍招提[22]一区宅。
果信人天福慧修，丝丝缕缕皆功德。
五溪烟瘴杂百蛮[23]，蛮女红袄桶裙宽。
祀蛊神弦歌兜俪，赛牛铜鼓打斓斑。
欲使皈心知向佛，针神亲为献阿难[24]。
此日河山犹全盛，江南数数封章[25]进。
金花税[26]自苦民间，六州未为佞佛病[27]。
长乐宫冷阙軿遥，祎翟宵游苑月高[28]。
烦恼西天除不得，神君帐里语哓哓[29]。
黑眚一见九庙毁[30]，东南拥立如棋徙[31]。
莺花片刻秣陵春[32]，蚁垤几处无诸垒[33]。
桂邸分藩粤海西[34]，嗣王祖[35]是邪屠儿。
丹穴掺君[36]事仓卒，崎岖数载沉湘湄。
黄襜已按查和尚，紫服犹颁静慧师。
怒夷江上寒涛涌[37]，禽王北去南冠拥[38]。
伏草王孙玦在腰，卖蜡妃子履穿踵。
袈裟祇解覆乾陀，不覆汉家隆准种[39]。
我来藜坞[40]访枯禅，开函古采动心颜。
棐几接展试弹拂，劫灰脊脊飞空山。
低眉千佛同一笑，浮云苍狗晌息间。
震旦[41]冠裳有更代，祇林衣钵自流沿。
方壶[42]馆主辰阳守，官闲好古制瑶篇。

长公才概敌坡老[43]，鸣阴鹤和音琅然[44]。
君不见，汉宫大练[45]无遗缕，马嵬罗袜[46]空尘土。
母仪狐媚俱寂寥，传衣夜半今犹古。
虎溪[47]花落三百春，金环黄褶镇如新。
人间兴废亦何事？挥杯聊送溪上云。

**【注释】**

①水田七截耆阇制：水田，水田衣的略称。水田衣是一种从唐代就已经出现的拼缝服装，因整件服装织料色彩互相交错形如水田而得名。水田衣一般是取自亲朋邻里中长者的各色零碎锦料拼合缝制成的服装，亦称“百衲衣”，僧人之袈裟亦采用该法制成。诗中的“水田”指的正是千佛袈裟。耆阇则是耆阇崛山的略称，又译为灵鹫山、灵鸟山、灵鸟顶山等，为释迦牟尼说法之地。此句大意是，这件七节锦布袈裟是在佛祖说法的灵鹫山制就。

②忉利六铢毗婆功：忉利乃梵语之音译，即忉利天。意译为三十三天，以有三十三个天国而得名。忉利六铢，指在三十三天里，人身高一由旬（八十里），衣重六铢（约合二十四钱），寿一千岁，一日当人间百年，其天寿命合人间三千六百五十万年。毗婆，即毗婆尸，梵名，为过去七佛之第一佛。又作毗钵尸佛、鞞婆尸佛、维卫佛等，意译为胜观佛、净观佛、胜见佛、种种见佛等。此句形容此袈裟如三十三天里的衣服一般轻纤，却具有胜观佛之神功。

③弹指华严千佛见：华严千佛，指的是山西大同华严寺华严塔下千佛地宫内的千佛铜像。华严宝塔塔身明三暗二共五层，下部是由一百吨纯铜打造的全国规模最大的铜质地宫，除塔心室供奉有元代高僧慧明法师的舍利外，地宫还供奉大小佛像一千余尊，金碧辉煌，又被称为千佛地宫。此句大意是，弹指间华严寺的千佛立现眼前。形容只需将袈裟一抖开，就可立见千尊佛像。

④龙树：即梵语中的阿周陀那树。据《龙树菩萨传》载："其母树下生之，因字阿周陀那。阿周陀那，树名也。以龙成其道，故以龙配字，号曰龙树也。"

⑤高元殿：又名大高元殿，原名大高玄殿，后因避清康熙帝（玄烨）名讳而改，位于北京皇城之内。

⑥麾幢羽葆鸾咽鸣：鸾，原指凤凰一类的鸟，借指姬妾，此指尧母庆都。庆都是帝喾的第三位妃子，不仅生得美丽绝伦，而且勤劳聪慧，帝喾特别喜爱她。这引起了正妃姜源的嫉恨，在她的阻拦下，庆都不能随鸾辂回中原，于是便暂住在娘家。此句大意是，庆都望着帝喾的羽葆盖车难过而呜咽哭泣。

⑦潜邸：天子即位前所居住的宅第，此指庆都之娘家。因为庆都在娘家生下了尧，尧随母在外公家长到十岁才入宫，后来成为一代明君，故对庆都娘家府邸以"潜邸"谓之。

⑧都人子：即宫女之子。都人系明代宫女之谓，此指后来给龙兴寺赐千佛袈裟的慈圣皇太后，即李太后。

⑨九莲位：即九莲菩萨之位。李太后由于出身低微，于是巧借宫中莲花错时开放，指使臣下作《瑞莲赋》。且编造一个故事，托词夜得一梦，梦见一菩萨，七宝冠帔，九首而坐一金凤。宫人明白其意图，都说菩萨就是太后。由此，李太后在张居正的支持下，修建了慈寿寺，寺内设慈寿殿，殿后建九莲阁，阁内供奉九莲菩萨，其面容就是李太后。太后完成了由人变神的飞跃，地位显然高于人世，由是出身低微就无人敢语了。

⑩炼石既完娲后天：炼石，炼石补天之省语，比喻挽回不利局势。娲后，即女娲，此借喻李太后。隆庆皇帝死时，其子朱翊钧登基时只有十岁，李太后当时才二十八岁，因此朝廷进入了"主少国疑"的非常时期。在万历帝登基的第一个月里，李太后做了两件事：第一，撤换司礼监掌印太监，将孟冲换成了冯保；第二，撤换内阁首辅，将高拱换成张居正。从此，李太后内依靠冯保，外依靠张居正，推动了明朝中兴的"万历新政"，使本已

气息奄奄、病入膏肓的明王朝迅速恢复了生气。

⑪布金还拜空王地：布金，即耗资。源自佛教须达长者以金布地买祇陀之园林，以建祇园精舍奉佛。空王地，指佛境。此句大意是，因为李太后是以佛教故事赢得“九莲菩萨”地位，在如今一切如愿以偿后，开始花大笔金钱建祇园琳宫奉佛。

⑫觚棱上与建章俱：觚棱，原指官阙上转角处的瓦脊成方角棱瓣之形，此借指官阙。建章，即建章官之省称，建章官原是汉代的官殿名，后亦泛指官阙。此句形容这些寺院的建设工艺都与官殿等同。

⑬元纮：即玄纮，清代避康熙（玄烨）名讳而以“元”代“玄”。玄纮原指古代冠冕两旁用来悬挂塞耳玉坠的丝带，因古代有皇后亲织玄纮之事，后亦以玄纮指女红。

⑭郊坛：古代为祭祀所筑的土坛，设在南郊。

⑮鹦鹉琼轩：指廊台里静悄悄地无人说话。源自唐朱庆余《官词》：“寂寂花时闭院门，美人相并立琼轩。含情欲说官中事，鹦鹉前头不敢言。”

⑯电窗：指闪电透过窗户（照进室内）。

⑰来弄鸠摩钵底针：鸠摩，即鸠摩罗什，天竺高僧，精通汉语，是著名思想家、佛学家、哲学家和翻译家，中国佛教八宗之祖。钵底针，故事源于《晋书·鸠摩罗什传》：后秦国王姚兴为使天才鸠摩罗什留下后裔，于是要他结婚生子。鸠摩罗什被逼娶妻后，众僧人纷纷学样娶妻。为阻止此种现象泛滥，鸠摩罗什在钵盂中放了满满一钵针，召集僧人说：“如果能够学我的样，将这些都吃掉，就可以娶妻。”然后他举起食匙舀针放进口中，如吃面条一样。众僧见此大惊，于是断了娶妻的念头。诗中将用来绣制千佛袈裟的针，比作来自鸠摩罗什钵中的针。

⑱灵芸针绝工绘刻：灵芸，即薛灵芸，魏文帝曹丕之妃。传薛灵芸乃缝纫妙手，有“针神”之美誉。此句形容千佛袈裟无论针绣工艺还是美术设计都无与伦比。

⑲祇洹：亦作祇恒，即祇园。祇园为祇树园、祇陀园、祇树给孤独园之略，系印度佛教圣地之一。

⑳欢喜巧传阿育容：阿育，即阿育王（前268—前232在位），佛教护法明王。古代印度摩揭陀国孔雀王朝的第三代国王，早年好战杀戮，统一了除半岛南端以外的整个印度，晚年笃信佛教，放下屠刀。阿育王的前半生被称作“黑阿育王”时代。后来他信奉佛教，停止武力扩张，后半生被称作“白阿育王”时代。他统治的时期是古印度史上空前强盛的时代，他也是印度历史上最伟大的国王，是以又被称为“无忧王”。此句形容袈裟中对阿育王的“无忧”（即欢喜）面容绘绣得十分传神。

㉑庄严妙写优昙色：优昙，即优昙钵花。梵语的音译。又译为优昙华、优昙钵罗、优钵昙华、乌昙跋罗。亦即无花果树。佛教认为优昙钵开花是佛的瑞应，称为祥瑞花。此句形容袈裟中对优昙花的颜色用得十分庄严。

㉒招提：梵音，译曰“四方”。谓四方之僧为招提僧，四方僧之施物为招提僧物，四方僧之住处为招提僧坊。魏太武造伽蓝，以“招提”名之，“招提”二字遂为寺院之异名。

㉓五溪烟瘴杂百蛮：五溪，指沅水流域的五条支流，因此间的原居民多是少数民族，古代被称为蛮夷之地。烟瘴，旧指西南边远地区，古代常作为发配重犯之所。李太后所赐千佛袈裟的龙兴寺在湖南省沅陵县城，系古时辰州府治所，辰州府正是当年的五溪蛮夷杂居之地。

㉔针神亲为献阿难：针神，原指薛灵芸，此借喻李太后。阿难，阿难陀之略，系释迦牟尼佛之十大弟子之一。阿难在诗中泛指菩萨。此句大意是，太后亲手绣制了这件袈裟献给菩萨。

㉕封章：言机密事之章奏皆用皂囊重封以进，故名封章。亦称封事。

㉖金花税：其税银上有金花且刻有“金花银”三字。初仅坑冶税（即矿税）有金银。自正统元年（1436）经副都御史周铨建

议后，明王朝遂决定将南直隶、浙江、江西、湖广、福建、广东、广西之夏税秋粮四百余万石折银征收。其后概行于全国其他各布政司，以为永例。万历帝还派出以陈增、陈奉为首的税监官对各地百姓进行重税盘剥，甚至数次引起民变。

㉗六州未为佞佛病：六州，古曲名，即《崇明祀》。《文献通考·乐考二十》载："政和七年，诏《六州》改名《崇明祀》，然天下仍谓之《六州》，其称谓已熟也。""佞佛"乃相对礼佛而言。礼佛者系对佛教之虔敬坚定信仰者，而佞佛者往往是为一己私欲而临时抱佛脚者。此句大意为，天下百姓遭遇重税，生活艰难而求佛保佑，并非临时抱佛脚，而是真心对佛教虔敬而信仰。

㉘袆翟宵游苑月高：袆翟，也作袆狄，是《周礼》所记命妇六服之一，后妃礼服"三翟"中级别最高的一种（另有褕翟和阙翟），是皇后的最高形制礼服。此喻穿此礼服之人，即李太后。此两句中以"宫冷""軿遥""月高"借喻汉室国运已渐衰落。

㉙神君帐里语哓哓：神君，旧时对贤明官吏的敬称。哓哓，即争辩、吵嚷。当时东林党人面对危机四伏的政治局势，他们讽议朝政，评论官吏，要求廉正奉公，振兴吏治，开放言路，革除朝野积弊，反对权贵贪纵枉法。这些针砭时政的主张，遭到宦官及其依附势力的激烈反对，两者之间因政见分歧逐渐发展演变形成明末激烈的党争局面。

㉚黑眚一见九庙毁：眚，古代称五行水气而生的灾祸。五行中水为黑色，故称黑眚。此借喻明末的农民起义。九庙，古时帝王立庙祭祀祖先，有太祖庙及三昭庙、三穆庙，共七庙。王莽增为祖庙五、亲庙四，共九庙。后历朝皆沿此制。此借喻明王朝。此句大意是，出现了农民起义后，朱明王朝即毁。

㉛东南拥立如棋徙：李自成起义军攻占北京，崇祯帝朱由检在煤山自缢。后清军入主中原，明朝宗室及文武大臣大多逃亡南方。南方的明朝旧臣打着反清复明的旗帜勤王，先后拥立了四个明室后裔，史称南明，以期据淮河以南的半壁江山抵抗清兵。此

四位明皇室后裔分别是福王朱由崧、唐王朱聿键、鲁王朱以海和桂王朱由榔。南明先后在南京、福州、绍兴、肇庆等地建朝，如同棋子各处移动一般。

㉜莺花片刻秣陵春：莺花，在此泛指春日景色。秣陵，指南京。秣陵即秦代时南京的旧称。福王朱由崧即位后，建都南京。故诗中以莺啼花开及片刻春来形容南京获短暂承平时光。

㉝蚁垤几处无诸垒：蚁垤，指蚂蚁做窝时堆在洞口的土。南明建朝不久，清军杀到，南京陷落，弘光帝被俘。南明弘光元年（1645）闰六月，唐王朱聿键在郑芝龙等人的拥立下，于福州称帝，改元隆武。同时鲁王朱以海也在张国维、钱肃乐拥立下于绍兴监国，并与唐王相倾轧。隆武帝死后，明朝官僚拥立桂王朱由榔为帝，改元永历，建都肇庆。诗中以“蚁垤”比喻南明建朝后的几处地盘。无诸，指闽越王，姓驺氏，越王勾践后裔。越国解体后，无诸移居闽地，占有福建及周边地区，自称闽越王。诗中将南明比喻为失国后的无诸，偏安一隅自立为王。

㉞桂邸分藩粤海西：桂邸分藩，此指桂王袭爵。桂王指明神宗的孙子朱由榔。朱由榔于崇祯末年袭父爵。粤海西，此指肇庆。隆武二年（1646），朱由榔在广东肇庆称监国。同年十一月十八日宣布即皇帝位，改第二年为永历元年。

㉟嗣王祖：嗣王，古代称袭承亲王封号之人为嗣王。此指朱由榔，因他袭其父桂王封号。而嗣王祖则是指其祖父明神宗万历帝朱翊钧。

㊱丹穴摎君：丹穴，传说中南方的地名，此指南方地区。摎君，即搜君，此指清军在南方追剿朱由榔。

㊲怒夷江上寒涛涌：怒夷江，即怒江。寒涛涌，此借喻史称“咒水之难”的惨案。缅甸当局谎称与朱由榔结盟，骗他去同饮咒水，结“咒水之盟”。朱由榔派大学士马吉翔、黔国公沐天波等部分文武官员前去赴约，却被三千缅军团团包围。沐天波等人奋力反击，终因寡不敌众，大小官员全部被杀。

㊳禽王北去南冠拥：禽，通“擒”。南冠，泛指南方人。此句大意是，缅甸人杀掉前去结“咒水之盟”的文武官员，尔后包围了朱由榔的住处，逮捕了他，将他押解到昆明作为礼物献给了吴三桂。

㊴隆准种：隆准，高鼻梁，指帝王相。隆准种，指的是帝王后裔。

㊵藜坞：此词与明代鸿儒王阳明有关。据《沅陵县志》及有关史料记载，正德元年（1506），王阳明因反对宦官刘瑾，被处以廷杖四十，并谪贵州龙场驿丞。正德五年（1510），王阳明被平反，出任江西庐陵知县，途中道经沅陵时，曾于沅陵虎溪山讲学。嘉靖二十三年（1544），阳明门人辰州郡丞徐珊与邑宪副王世隆建虎溪精舍，并由门人杨珂在精舍院内据王阳明“杖藜一过虎溪头”诗句题书“杖藜坞”石碑。因此，诗中“藜坞”当指古辰州府治，即今沅陵县。

㊶震旦：古代印度人对中国的称呼。又作真旦、真丹、振旦、振丹等，此名称散见于佛典中。

㊷方壶：指沅陵的壶头山，因山形似东海方壶山而得名，此借指沅陵。

㊸长公才概敌坡老：长公，对王阳明的敬称，也是对行次居首者之尊称。王阳明在兄弟中排行为长，其弟名王守文，由是诗中尊其为“长公”。坡老，对苏东坡的敬称。此句意在形容王阳明的才学与节操堪与苏东坡比肩。

㊹鸣阴鹤和音琅然：鸣阴鹤和，语出《周易·中孚》：“鹤鸣在阴，其子和之。”意即树荫里传来仙鹤的鸣叫，小鹤听见了便以鸣声相应。此句当是比喻王阳明虽人不在了，但他的学说却为其弟子们传承，为世人所颂扬。

㊺汉宫大练：指“马后大练”，典出《后汉书·明德马皇后纪》。大练，指的是粗糙厚实的丝织物。汉明德马皇后贵为后宫之主，生活简朴，袍衣稀疏粗糙。

㊻马嵬罗袜：马嵬，指马嵬坡，亦即马嵬驿，在今陕西兴平市西，因晋代名将马嵬曾在此筑城而得名，相传为杨贵妃缢死的地方。据唐李肇《唐国史补》记载，杨贵妃缢死后，马嵬驿店家老板娘捡到杨贵妃遗留的锦袜一只。事后这个老板娘把这只袜子每给住店的旅客观赏一次，收费百钱，因此而发了大财。

㊼虎溪：指湖南沅陵县之虎溪山。

# 咏小孤山

**【题解】**

此首加评语的《咏小孤山》发表于《湖南警察杂志》1917年第四期。诗乃尚镕所作，廖名缙加评语推荐，评价甚高。

尚镕（1785—1835），字乔客、宛甫，江西南昌人。幼有神童之誉。博雅负异才，工诗文，下笔千言，尤精史学。遍游湖、湘、吴、越等处，后客河南，历掌教于三山、聚星、崇实书院。著有《持雅堂诗文集》《史记辨正》《三国志辨微》传于世。

小孤山在大江之中，危峰峭拔，屹立中流。往来词人题咏甚夥，而写景者多，寄情者少。惟尚镕一绝，情景兼到，当为此题绝唱。其诗云：

烟波万顷尽模糊，壁立谁知有小孤。
绝妙凌云一枝笔，可怜沦落在江湖。

# 亲友唱酬诗词附录

## 小　序

廖名缙性格豪放，平素喜交文朋诗友，且常与之以诗佐酒，写下诸多诗词篇章，其中不少系与友人的唱酬之作。然这些作品绝大多数散佚，尽管辑佚者使出浑身解数，却仍只收集到少量此类作品，已编入第五卷（诗词）之中，而其友人的相关唱酬之作则附录于原诗之后。

令人遗憾的是，仍有部分唱酬之作，未能搜集到廖氏相应的原诗或唱和。因此辑佚者只能将其友人的这些唱酬之作集中附录于此，权当为后人进一步收集廖的佚作留下线索。

此所附录的有陈三立、熊希龄、陈衡恪、梁焕奎、刘善涵、黄尊三等人与廖名缙唱酬之作，以及廖氏逝世后友人的悼诗等共二十四首。

熊希龄的诗中有一首为题写廖名缙遗照而作，黄尊三的诗均系廖名缙去世后治丧期间为悼念他而作。

此外，廖名缙之季女、书画家、诗人廖盛慈老人今年已然九八高龄，平素亦写下不少诗词篇章。虽然她的作品内容与其父基本无甚关联，但辑佚者仍从中甄选了五首诗词，附录于其父佚文集之中，以资纪念。

# 次韵酬廖笏堂

陈三立

**【题解】**

此诗录自陈三立《散原精舍诗文集》（上海古籍出版社，2003年），系廖名缙于1910年10月作为湖南代表赴南京观摩“全国学校区分队第一次体育同盟会”期间，陈三立为次韵酬和廖诗而作。

是年10月18日至22日，“全国学校区分队第一次体育同盟会”在南京南洋劝业场举办，华北、上海、华南、吴宁（苏州、南京）、武汉五区共140名运动员参加。湘中教育会派时任湖南谘议局副议长、湖南工业实业学堂监督的廖名缙为代表前往南京观摩，同行的还有近代资产阶级革命家周震鳞，亦即陈三立在其诗的自注中提及的“周道腴君”。

其间，廖名缙拜访了居住在南京的好友陈三立、陈师曾父子，先后在陈府及莫愁湖上与陈氏父子赋诗唱酬。惜廖名缙《百槲溪堂诗集》与其他文集手稿后一并被盗，无缘得识，甚憾。

安排傀儡仍千变，剩有当年梦呓存。
抵死一呼嗟已晚，同昏八表更何言。
逢场且试眩人技，种柳新摇白下门。
邂逅两生期复古[自注]，傥凭石鼓数周宣。

自注：君与周道腴君，同以湘中教育会代表来观南洋劝业场。

**【作者简介】**

陈三立（1853—1937），字伯严，号散原，江西义宁（今修水）人，近代同光体诗派重要代表人物。陈三立出身名门世家，为晚清维新派名臣陈宝箴长子，国学大师、历史学家陈寅恪以及著名画家陈衡恪（师曾）之父。陈三立与谭延闿、谭嗣同并称“湖湘三公子”，有“中国最后一位传统诗人”之誉。光绪进士，授吏部主事。1898 年戊戌变法失败后，与父亲陈宝箴一同被革职。1937 年“卢沟桥事变”后，北平、天津相继沦陷，日军欲招致陈三立。陈三立为表明立场，绝食五日，不幸忧愤而死，享年 85 岁。生前曾刊行《散原精舍诗》及其《续集》《别集》，去世后有《散原精舍文集》出版。

# 水调歌头·和廖笏唐《舟行入桃源》原韵

熊希龄

君去寻仙境，我亦倦游归。江山城廓依旧，只是近斜晖。自昔饱尝忧患，始识贪嗔痴爱，四十九年非。滔滔皆是也，独羡钓鱼矶。

矶石上，鱼不跃，鸢不飞。万相皆空，何必牵挂旧时衣。眼见山河大地，无量微尘国土，幻境总依稀。何似归清寂，明月照禅扉。

（录自《熊希龄先生遗稿》，上海书店出版社，1998 年）

# 贺新凉·和廖笏唐《青浪滩》原韵

熊希龄

**【题解】**

《青浪滩》当是廖名缙写给熊希龄的一首词，惜佚。青浪滩乃湖南省沅陵县境内沅水河道上一段极其险恶的水域，自古以来，其惊涛骇浪吞噬了无数船工及乘客的生命和财产。从此和词的内容看，廖名缙的原词当写于1916年任武陵道道尹期间。词中表面是描写青浪滩的险，而实际上是向其述说了大湘西当时凶险无比的形势，以及护国战争给大湘西人民所带来的深重苦难。

读罢肚肠裂。似歌声、激扬相杂，水声呜咽。苦雨凄风无赖甚，摧散满江萍叶。问船上、柁楼谁撤？惶恐滩头惶恐处，怕凶涛惊起鱼龙啌。战于野，尽腥血。

慈舆幸已音容接。忍旁观、乡邻父老，尚悲沦绝。救渡众生离水火，全仗故人高节[①]。望江岸、乱云愁叠。莫畏艰难风浪恶，使哀鸿冤苦无人雪。有遗憾，剩毫发。

（录自《熊希龄先生遗稿》，上海书店出版社，1998年）

**【注释】**

①“救渡众生”二句：熊希龄的这首和词当是1916年写于天津英租界。在孙中山发动的讨袁“护国战争”中，湖南成了重灾区，湘西首当其冲，沦为战场，加上又逢天灾，大湘西人民深陷水火之中。袁世凯派熊希龄出任湖南宣慰使，抚绥大湘西。熊

于上任之前力荐好友廖名缙出任武陵道道尹，上任后又照会其为抚绥总处处长以襄佐其事。随后熊陪同其母去了天津英租界，一面伺候高堂老母，一面遥控指挥廖名缙在湘西的抚绥和救灾工作(参见本《佚文集》第七卷中廖、熊二人于1916年间的往来电文)。而身处抚绥一线的廖名缙，不仅要统筹指挥各抚绥分处抚恤西路各地灾民，处理各种各样的突发事件，而且要应对往来的各路军阀，随时处在极度危险之中。熊希龄虽在天津租界伺候老母，心中却仍牵挂着故乡父老："忍旁观、乡邻父老，尚悲沦绝。"因此他在词中恳言："救渡众生离水火，全仗故人高节。"此"故人"指的正是身处抚绥一线、为救助深陷苦难之中的大湘西人民而殚精竭虑、宵衣旰食的廖名缙先生。

# 花犯·和伯弢、笏唐原韵

熊希龄

【题解】

这是熊希龄原韵酬和陈锐、廖名缙的词作，录自《熊希龄先生遗稿》（上海书店出版社，1998 年）。伯弢，即陈锐（参见廖名缙诗《武陵赠陈伯弢即次其褭碧斋诗〈丁未人日〉韵》题解）。笏唐，即此佚文集作者廖名缙。廖的字、号、笔名较多，目前已知的就有笏堂、笏棠、笏塘、笏唐、瓠塘、瓠尊、瓠樽、匏尊、瓠塘退士等。

听范城，更残柝静，笳声破空晓。洞房深窈。怅倦鸟闲云，人海重到。桃花落尽桐花皎。塞烟飞树杪。更谁问、莺啼鹃泣，春来春去早。

渊明几时赋归来，悲今昔，尚忆风流谈笑。千古恨，都分付、越宫吴沼。拚诗酒、半醒半醉，叹湖海、飘零人尽老。又满地、蝶争蜂逐，花飞犹未了。

# 再叠前韵和笏唐

熊希龄

**【题解】**

此诗录自周秋光编《熊希龄集》（湖南人民出版社，2008年），原载于熊希龄诗集《双清集》（1929 年抄本）。

据熊希龄《观香山红叶》诗序中“壬戌九月二日与笏唐诸君挈图画科儿童二十四人至森玉笏观红叶”可知，该组诗当系熊希龄于 1922 年农历九月二日，与时任香山慈幼院副院长的廖名缙等同仁，一起带慈幼院图画科的孩子们赴森玉笏观赏红叶后，二人的叠韵唱和之作。

叠韵诗是一种特殊的诗体，全诗各句所用的字，其韵部均同，乃古代文人们的游戏之作。可惜今天我们只能欣赏到熊公的和诗，而无缘欣赏到廖先生的原作。从本首题中“再叠前韵”看，该首和诗还不是第一首，第一首当是“叠原韵”，可见二人这次的唱和之作显然有多首。周秋光编《熊希龄集》中共收录了六首，本卷仅选二首，即本首《再叠前韵和笏唐》和下一首《又再叠前韵》。

几时点染入猩屏，写尽秋容万物零。
岩上有诗君最好，座中无酒众皆醒[自注]。
天低石壁霞争艳，地近丹炉鹤练形。
乘兴不知时已晚，归来犹上半山亭。

自注：是日未及携酒。

# 又再叠前韵

熊希龄

夹道松林列翠屏，参差槐柳已先零。
心惊暮景人俱老，口诵新诗酒亦醒。
欲并夕阳图草本，又看寒蝶谱花形。
夜来惟恐西风起，片片霞飞石上亭。

# 和笏唐《五台杂诗》原韵

熊希龄

**【题解】**

此诗录自《熊希龄集》（湖南人民出版社，2008 年），写于 1925 年，收入 1929 年抄本《双清集》。1925 年五台山举办佛事活动，因熊、廖二公晚年均笃信佛教，因此诚邀二公出席该活动。此和诗与廖公的《五台杂诗》当是写于此活动期间。

幻相何分阴与晴，山河妄见亦无明。
随缘且自参诸佛，说法当能觉有情。
同过小溪登黛顶，又从远树见朱甍。
仗君在此为先道，策马看山载酒行。

# 题廖名缙遗照

熊希龄

**【题解】**

此诗录自《熊希龄集》（湖南人民出版社，2008 年），当写于 1927 年廖名缙逝世后不久。发表于《香山慈幼院校友通讯》1988 年总第三期。

六十一年此幻身，生生灭灭劫中尘。
君今已证菩萨果，犹显金身慰故人①。

**【注释】**

①“君今已证”二句：熊、廖二公交情深厚，晚年俱笃信佛教，且二公之佛学造诣深厚，经常联袂参加全国各地大型佛事活动。曾在 1923 年法源寺举办的佛诞 2950 年纪念活动中，受邀与来自世界各地的佛学大家一并宣讲佛学。

在廖名缙季女廖盛慈老人《我的回忆录》中，记述了其父去世当晚发生的一件事：“我睁开眼睛忽然看见墙上有一个侧面的人头像，头顶布满螺状圆点，手中指和大指间夹着一个圆珠。”当时廖盛慈老人还是个未满五周岁的小孩，当不是虚言。因此熊希龄闻此言之后，立即邀约廖名缙生前好友请人开坛请乩。

据《救世旬刊》1927 年第六期所载之《廖笏堂先生乩论佛学（三）》后按语曰：“廖君笏堂，名名缙，湘人也。历任武陵道尹及国会议员，有直声，与熊总揆秉三交至厚。平生深于佛学，名言至理，每滔滔不绝。身故后，得白云长老收为弟子，将成阿难矣。熊公甚念之，乃约同人开坛请乩。廖君至，高谈佛理，至四五夕不倦……兹将其已宣者，先行印出，俾世之研究佛学者一参证焉。”我们从此诗后两句“君今已证菩萨果，犹显金身慰故人”可以推知，此诗当是熊希龄闻小盛慈之言并开坛请乩后所写。

# 廖笏堂招饮莫愁湖上赋此为谢

陈衡恪

**【题解】**

此诗录自《陈衡恪诗文集》。1910 年 10 月，廖名缙作为湘中教育会代表赴南京观摩“全国学校区分队第一次体育同盟会”期间，陈与其同游莫愁湖时所作。

楚人四面酒成围，坐我湖楼风满衣。
秋色点波荷未落，晚霞蒸树燕交飞。
漫劳款语供陈迹，已放闲愁入翠微。
石城艇子应曾系，水珮摇香去不归。

**【作者简介】**

陈衡恪（1876—1923），字师曾，号槐堂、朽道人，江西义宁（今修水）人。清末名臣湖南巡抚陈宝箴之孙，著名诗人陈三立之子，著名画家。1902 年东渡日本留学，1909 年回国，任江西教育司长。从 1911 年 2 月至 1913 年 4 月，他受南通张謇之邀，至通州师范学校任教，专授博物课程。1913 年又赴湖南省立第一师范任教，后至北京任编审员之职，先后兼任女子高等师范学校、北京高等师范学校、北京美术专门学校教授。1923 年 9 月为奔母丧回南京，不幸染病逝世，终年仅 47 岁。有《中国绘画史》《中国文人画之研究》《陈师曾先生诗文集》《陈衡恪诗文集》等传世。

# 赋奕山庄四咏为廖笏堂

陈衡恪

【题解】

此组诗录自《陈衡恪诗文集》，写于1914年在湖南省立第一师范任教期间。赋奕山庄是廖名缙在长沙东乡的一座茶庄，陈诗乃咏该茶庄内亭台楼榭之作。

## 娲弦亭

谡谡无宫商，安用二耳听。
偶来跣足坐，为扫鼪鼯径。

## 春沤榭

湘江水绿春浮瓮，午荫小槛香风送。
泛滥鱼虾三尺波，屠龙技巧将何用？

## 解天弢之室

潇湘山水窟，君占一亩强。
脱然屏烦促，环堵鬓苍浪。

## 碧　薖

亭亭屋上茅，翳此归心卷。
万绿正迷人，春烟四山晚。

# 廖笏堂观察，吴子昂、陈子美两孝廉，黄宇澄广文招饮荫园，为癸卯同舟会，并饯杨君华生、李君偶君欧洲之行。予以病不克往，赋诗见意

梁焕奎

**【题解】**

此四首诗录自梁焕奎《青郊诗存》卷二，原诗无题，以序代题，此照录。

宣统元年（1909），杨昌济（华生）、李偶君去英国留学前，廖名缙（笏堂）邀集癸卯（1903）同舟东渡扶桑的几个居长同学举办“癸卯同舟会”，为杨、李二人饯行，亦向当年留日监督梁焕奎发出邀请。梁因病不能前往，特赋诗四首致意。

诗序中所提之人，均系癸卯年同赴东瀛留学之湖南学生。其中廖笏堂观察即廖名缙道员，观察为清代对道员的尊称，廖系光绪丁酉科拔贡，候选道员，后在江西常备中军统领差内报效赈捐，以道员用，故称。吴子昂即吴家驹，陈子美即陈家瓒，两孝廉即两举人，孝廉系清代对举人的雅称。黄宇澄即黄圣清，广文即教官，明清时因称教官为广文，亦作广文先生，故称。

## 一

忆昔泛沧海，春流一碧铺。
开航争晓色，骋步向高衢。
各有鹍鹏志，聊为雁鹜趋。

从知旅行乐，真与俗中殊。

二

艰苦谁相念，忧劳只自精。
六年才一瞬，万里此孤行。
浩荡随风雨，浮沉共友生。
诗书仍座上，吾道亦纵横。

三

短鬓惭衰退，青云羡远游。
独居长采药，东望日登楼。
未暇牛山戚，宁同漆室忧。
殊年较肥瘠，姿趣一悠悠。

四

上野频携手，长沙更举觞。
飞腾看展翮，欢笑各回肠。
乍会还相别，分携敢便忘。
风飙伫星汉，岂为惜河梁？

**【作者简介】**

梁焕奎（1868—1931），字璧垣，号星甫，长沙府湘潭（今湖南省湘潭市）人。光绪举人。1896年任湖南矿务局文案。1899年筹集资金接办益阳板溪锑矿，改组其为久通公司。1903年春，梁焕奎任湖南留学生监督，怀着救国兴邦的勃勃雄心，亲率廖名缙、杨昌济、陈天华、刘揆一、朱德裳、杨均等三十五名湘人学子中的高才生东渡扶桑求学。回国后赴京参加经济特科考试，列二等录取，后任湖南矿务总局提调。1903年冬，创办湖南高等实业学堂，任学堂监督（校长）。1908年在长沙成立华昌炼锑公司，任董事长，所出纯锑质量超过英国，对我国锑矿业的发展贡献甚大。著有《青郊六十自定稿》《青郊诗存》等。

# 答廖笏堂

梁焕奎

十年书剑客①，示我有新诗。
讲学文中子②，谈兵杜牧之③。
不期收美誉，已是负清时。
骥足谁能绊，青郊试一驰。

（录自梁焕奎《青郊诗存》卷二）

**【注释】**

①书剑客：文武全能之人。廖名缙曾在清末任过江西常备军统领、湖南左路巡防军统领等职，领兵参加过自立军起义、辛亥革命汉阳保卫战、南京光复战；亦在湖南多所大中学校执教并任过多所学校校长，在文坛亦享有“光宣间知兵词人”之美誉。故梁焕奎在诗中称其为“书剑客”。

②讲学文中子：文中子，即王通，字仲淹，道号文中子，隋朝著名教育家、思想家。《三字经》把他列为诸子百家的“五子”之一：“五子者，有荀扬，文中子，及老庄。”在教育方面，王通十分注重教材、教法等方面的改造与发展。曾用九年时间著成《续六经》，包括《续书》《续诗》《元经》《礼论》《乐论》《赞易》等。

③谈兵杜牧之：杜牧之，即杜牧。杜牧不仅是唐代著名的文学家，而且还具有卓越的军事才干，是一位英才天纵的军事思想家，曾结合唐代的政治形势提出了一系列行之有效的用兵建议。

# 廖笏堂观察筑瓠尊山馆，与予为邻，落成之日，放歌见赠，酬以此篇

梁焕奎

**【题解】**

此诗录自梁焕奎《青郊诗存》卷五，原诗无题，以序代题，此照录。

瓠尊山馆系廖名缙的一幢别墅，与好友梁焕奎的青郊别墅相邻。从诗序中得知，廖名缙的别墅落成之日宴请友人，且在席间赋长诗一首赠予梁焕奎先生。此诗便是梁焕奎和其诗而作。廖名缙原诗作惜佚。

山川悠悠长不灭，百年苦乐如飘瞥。
莽荡微尘着汝我，放眦乾坤五情热。
弱水东奔恶浪翻，扶桑西偃愁云结。
愚公累世终南移，巨灵一手太华裂。
结网临渊尚可图，拂衣蹈海从谁说。
管宁避地且复避，庄周达观聊尔达。
缁尘轩冕胡为然，跌宕文史终自怜。
鸢肩火色不入眼，苍狗白衣长在天。
三间大夫卜居日，五柳先生述酒年。
种瓜邵平生活拙，穿径蒋诩来往便。
自今褰裳荆棘底，且与负锸桑麻边。
双丸踯躅催玄鬓，愿取曲蘖倾流泉。

# 笏堂和予前诗，招饮山馆，汪提学酒酣高歌，复作是篇，兼赠提学及谭议长兄弟

梁焕奎

【题解】

此诗录自梁焕奎《青郊诗存》卷五，原诗无题，以序代题，此照录。从诗序中可知，廖名缙为酬梁焕奎的和诗，又再作一首和诗，而梁见廖之和诗后，又再和此诗。惜今日吾等只见到梁公之诗，而无缘得见廖公的两首诗作，痛矣哉！

诗序中所提的汪提学即汪诒书（1865—1926），字颂年，号闲止，湖南善化（今长沙）人。光绪十八年（1892）二甲八名进士，历任翰林院编修、广西提学使、山西提学使、山西布政使、广西学政、湖南长沙关监督。汪诒书工书法，有《风雨庐稿》。另有《闲止老人遗著》，现藏湖南图书馆。

谭议长即谭延闿。慈禧太后晚年，曾亲自主持改革，即所谓“丁未新政”。谭延闿积极呼应，属湖南立宪派首领。谭时任湖南省谘议局议长，廖名缙为副议长。

笏堂野兴阎湖滨，结屋喜与青郊邻。
高楼碧叶落愁眼，茅亭山花生远春。
未暇种秫作美酒，且复炙鸡招故人。
年光婉孌动车马，陌上微雨收流尘。
笏堂谈兵善舞剑，山中读书殊不厌。
十年转侧身手强，浮海居夷郁孤念。
偶开山馆能留客，谭三兄弟连城璧。

脱略公卿杂佣保，汪九豪谈翰林伯。
翰林燕市昔悲歌，南部新声懊恼多。
大地烟花二三月，昆仑高卧人蹉跎。
只今秘殿铜龙掩，郁律瑶池水不波。
念奴落拓梨园尽，白发潜行奈老何。
忽然法曲入吾耳，风动寒芳破梅蕊。
虽无丝管和金石，帘外琤琮半池水。
江河日下雅音亡，谁识人间能有此。
自从旧院别仙郎，人事沉酣杂悲喜。
三年君颇鸣惊人，我自吞声万夫底。
今朝却忆京华春，登场傀儡谁家子。
东风吹云飘客衣，酒罢欲行不肯归。
愿君更唱鹤南飞，莫言苦奏知音希。
楼头青眼君庶几，曲栏引手情依依。
候君晴日扫郊扉，酒魂诗胆共忘机。

# 次张榕川《重游汉上琴台》原韵并柬廖笏堂同学

刘善涵

## 一

繁华阅尽本来空，薪火犹余劫后空。
十界如来齐顶佛，危楼供奉抱冰翁[自注]。

自注：南皮晚号抱冰老人。

## 二

廿年词赋感蹉跎，鼓箧湖堂礼数多。
我自支离君渐老，过江名士近如何？

**【作者简介】**

刘善涵（1867—1920），字淞芙（亦作松芙），清同治六年（1867）九月十六日生，浏阳市杨花乡杨花村人。刘善涵曾跟维新志士谭嗣同和唐才常一道，在湖南开创新学，办报、开办实业。刘善涵与廖名缙不仅同年出生，而且曾同窗肄业，二人曾于1891年作为首届“才识出群、志行不苟”的优生入选湖南100名秀才同时赴鄂，就读于张之洞刚刚于湖北武昌建立的两湖书院。此诗自注中所言及的“南皮”，即是时任湖广总督张之洞，因其是直隶南皮人，故称。

# 悼廖兄笏堂引序

黄尊三

闻廖笏堂噩耗，惊悼异常。我郡僻处湘西，人才缺乏，欧、陈、舒三君继逝，已属桑梓不幸。今廖君又殁，地方精华，消失殆尽，后此曷堪！不胜悲慨。

君又从兹去，人天实可哀。
长才关气运，大地此劫灰。
佛雨清尘洗，凄风古柏摧。
知交余几辈，含泪自低徊。

（录自《泸溪历代诗词选》，线装书局，2017 年）

**【作者简介】**

黄尊三（1880—1950），原名礼达，字德生，后改名尊三，字达生，湖南省泸溪县人。1897 年，17 岁的黄尊三中秀才，后就读于湖南高等学堂。1905 年由湖南官费赴日本留学，就读于弘文学院、正则学校、早稻田大学预科。1909 年考入明治大学法科，攻读社会学及法学，其间加入同盟会。1912 年学成归国。

国民政府成立后，黄尊三在北京任教育部佥事，从事文化教育事业，创办《新民报》，宣传革命思想，因报纸触犯时局，被迫停刊。后来终因不愿混迹官场，辞去教育部佥事之职，专事教学工作。先后在武汉江汉大学、北平燕京大学、女子师范大学、唐山大学等高等院校任讲师、教授，讲授法学及社会学。后又与留日学生共同投资，创办北平国民学院，推举鲁涤平为院长，后由宁乡名流周震鳞继任院长，湘西永顺留日同学向乃祺（北翔）任教务长，黄则任总务长兼图书馆主任之职。先后出版《教育思潮大观》《三十年日记》等著作，以及译著《救济制度纲要》（日文译著）、《法律进化论》（日文译著）、《释社会问题》（英文译著）、《近世社会主义论》（英文译著）等。

# 创化石古引序

黄尊三

早起，至北京锣鼓巷吊唁廖笏堂。闻其司书刘某言，廖之病，皆因家事受郁所致。小孩五，皆幼稚不解人事，甚为可悯。

举世皆言命，何如重力行。
贫富均自作，忧乐亦人情。
勤劳铭千载，真挚足一生。
于今崇实学，勿复慕浮名。
作福欺仙佛，祈年媚鬼神。
识荒悲国士，时乱吊玩氓。
龙蛇终天泣，江山竟日争。
与人偏乐祸，利我苦求盈。
立助思才邪，中庸理至精。
新书勤考校，旧说任批评。
有作方成器，无为孰代耕。
民物皆胞与，财赋贵均平。
承露天同泽，当春草共荣。
食和欣味永，饮德喜泉清。
达变观心泰，高明守志贞。
自由新创化，不必问元贞。

（录自《泸溪历代诗词选》，线装书局，2017 年）

## 调寄苏幕遮·游湘西凤凰古城

廖盛慈

绿乌江，红夕照。隧道频穿，风景嫌单调。曾记当年贫瘠貌。今日苗乡，户户存余钞[自注]。

土城墙，弯巷道。络绎游人，商贩招徕闹。映水雕楼檐角翘。沱水淙淙，江上轻烟罩。

自注：“钞”字据《白香词谱（增订本）》晚翠轩词韵，“钞”字属第八部去声效韵。

## 拜谒熊公秉三故居

廖盛慈

越岭穿山觅遗踪，百年衰盛总成空。
堂奥阶除局促里，遗文旧影尘埃中。
功名显赫履高位，慈善声扬寰宇中。
昔抚孤儿已渐老，依谁扫墓祭恩公。

## 先父故里湘西浦市古镇

廖盛慈

沅水滔滔沅水清，沅水之滨有我根。
浦市古来津要地，人杰物阜民风淳。
先君早岁脱颖出，政军学界颇留名。
晚皈佛法辅班禅，归依中华大家庭。
一生功业何须沧，色空空色妙谛真。
灵秀古镇多俊彦，浦市振兴待后生。

## 重游洞庭湖怀旧

廖盛慈

浩渺洞庭逢晚秋，引动怅惘旧乡愁。
当年遍地狼烟起，我尚蒙昧毛丫头。
参加暑假宣传队，宣传抗日忾同仇。
跑遍沿湖八百里，东起湘江西沅澧。
抗战八年多劫难，国破家危人星散。
我昔少壮今衰凋，躲尽危机壮志销。
风烛残年逢盛世，亦喜亦悲无伦次。

# 忆童年在长沙东乡乐事

廖盛慈

昔年余与弟从北平被接回长沙，一双孤儿，被撇在乡下，由一老家人照管，生活时有困窘。然幼不知愁，与农家儿童为友，乐事无穷。

忆我童年野丫头，无父无母不知愁。
月下草垛捉迷藏，雨中水凼抠泥鳅。
水漫田坎捞小虾，坟坡打滚陪放牛。
竹林挖笋观地坼，松坂采菌听斑鸠。
上学木屐穿田过，紫芸英花满田畴。
乡村小学简且陋，桌斜凳歪晃悠悠。
四个年级同教室，一位老师忙不休。
书声相扰如蛙闹，不知该听哪一头。
自己课文不能背，别班课文倒背熟。
寒暑散学打群架，呐喊助威充啰喽。
元宵渐近扎草龙，草龙头缀红纸球。
挨家逐户报春喜，赏得换茶满衣兜[自注]。
旋遭家难与国难，辗转异地人星散。
艰难繁苦人间世，岁月风刀复霜剑。
摧我童颜凋谢早，历尽坎坷他乡老。
华年早逝童心在，求知探索总热爱。
闲来忽忆少年趣，感悟人生有至理。
若能常若童子真，身处困厄犹豫欣。

倘堕欲壑无穷极，生在福中常戚戚。
但能阅历彩色多，恶运相伴又如何。
善意待人无猜嫌，乐天安命享余年。

自注：“换茶”为长沙农村旧俗，农家多于秋后自制一些茗干、炒豆、花生之类的小食品，以备年节待客及走亲戚之用。

# 第六卷　国风集评

# 小　序

此卷《国风集评》原稿系廖名缙手稿本，为廖之季女、书法家、诗人廖盛慈（太素）先生提供。该手稿本上的诗以工整美观、字体相对较大的馆阁体书写，然集评部分则以细小的行草体书写，加上此手稿传自百余年前，个别地方或模糊难辨，或有蟫蠹之缺，因此在整理时难免出现谬误，敬请读者宽宥。

原手稿本并无卷名，此卷名为辑佚者代拟，其内容亦只选郑、唐、秦、陈四国风集评。

卷中有几处眉批，字迹似与正文字迹有异。廖名缙离开老家后，此卷一直存放于湖南泸溪县浦市镇旧宅。因廖家士子众多，故此眉批为廖家何人所为无考。

由于《诗经》注本繁多，因此本卷只对集评部分作注，不再对《诗经》作注。

# 郑　风

郑，邑名，本在西都畿内咸林之地。宣王[①]以封其弟友[②]为采邑[③]，后为幽王司徒[④]，而死于犬戎之难[⑤]，是为桓公。其子掘突[⑥]，定平王于东都，亦为司徒，又得虢、桧之地。乃徙其封而施旧号于新邑，是为新郑。咸林，在华州郑县。新郑，即今之郑州是也。其封域山川，详见《桧风》。

**【注释】**

①宣王：即周宣王（？—前782），姬姓，名靖，一作静，周厉王姬胡之子，西周第十一任君主，前827—前782年在位。

②其弟友：指宣王异母之弟，姬姓，郑氏，名友（？—前771），故亦称姬友、郑友或郑伯友，史称郑桓公。

③采邑：指古代诸侯、卿大夫的封地。

④幽王司徒：指郑桓公。幽王，即周幽王姬宫涅（？—前771），一作宫生，周宣王姬静之子，母姜后，西周第十二任君主，前781—前771年在位。前782年，周宣王去世，其子姬宫涅继位，是为周幽王。司徒，官名，周时为六卿之一，掌管国家的土地和人民的教化。西周末年，郑桓公为幽王司徒。

⑤犬戎之难：公元前771年，犬戎攻入西周都城镐京，杀死周幽王姬宫涅，西周灭亡。郑桓公亦死于此战。

⑥掘突：即郑武公（？—前744），姬姓，郑氏，名掘突，周厉王姬胡之孙，郑桓公姬友之子，周宣王姬静之侄，春秋时期郑国第二任国君，前770—前744年在位。

# 缁衣（三章）

缁衣之宜兮；敝，予又改为兮。适子之馆兮；还，予授子之粲兮。赋也。

缁衣之好兮；敝，予又改造兮。适子之馆兮；还，予授子之粲兮。赋也。

缁衣之席兮；敝，予又改作兮。适子之馆兮；还，予授子之粲兮。赋也。

《集传》[①]：旧说桓公、武公[②]相继为周司徒，善于其职，周人爱之，故作此诗。

《备解》[③]：《御纂诗义折中》[④]，《缁衣》好贤也，《传》曰郑武公好贤而赋《缁衣》是也。

按：周人爱贤，其诗应在《王风》中，且匹夫好贤，何能授粲改衣？惟武公以国君而好贤，则优为之。

严粲[⑤]：《缁衣》诗为周人所作而系《郑》，犹《破斧》以下四诗，皆周大夫与东人所作而附《豳》也。

《记》[⑥]曰：好贤如《缁衣》。又曰：于《缁衣》见好贤之至。

**【注释】**

①《集传》：即《诗集传》，作者为南宋理学家朱熹（1130—1200），字元晦，一字仲晦，号晦庵，别称紫阳。

②桓公、武公：桓公，郑桓公。武公，郑武公，桓公之子。

③《备解》：即《五经备解》，清周封鲁辑。

④《御纂诗义折中》：清乾隆二十年（1757），皇上御纂，铸众说，演阐经义，体例与《周易述义》同，训释多参稽古义，大旨亦同。

⑤严粲：字坦叔，又字明卿，号华谷，生卒年不详，大约在南宋后期中进士，曾任全州清湘令。

⑥《记》：指《礼记》。《礼记·缁衣》："子曰：'好贤如《缁衣》，恶恶如《巷伯》，则爵不渎而民作愿，刑不试而民咸服。'"

# 将仲子（三章）

将仲子兮，无逾我里，无折我树杞。岂敢爱之？畏我父母。仲可怀也，父母之言，亦可畏也。赋也。

将仲子兮，无逾我墙，无折我树桑。岂敢爱之？畏我诸兄。仲可怀也，诸兄之言，亦可畏也。赋也。

将仲子兮，无逾我园，无折我树檀。岂敢爱之？畏人之多言。仲可怀也，人之多言，亦可畏也。赋也。

《集传》：莆田郑氏曰淫奔者[①]之词。

《折中》[②]：《诗序》[③]曰《将仲子》刺庄公[④]也。庄公即位，武姜为段请京，使居之[⑤]。祭仲[⑥]曰：都城過雉，国之害也。君将不堪，不如早为之所，无使滋蔓，蔓难图也。公曰：多行不义必自毙，子姑待之。则是庄公非爱叔段[⑦]而不除，亦非不怀祭仲之阴谋，但以内畏姜氏之迫，外畏大夫之异同，且畏国人之谤议，是以隐忍而姑待之。诗人知其情焉，故为女拒男之词以比之。

《备解》：按朱子引莆田郑氏说，夫既淫奔矣，何以又托父母诸兄人言以拒之也？

《钦定诗经传说汇纂》[⑧]：朱子取莆田之说，定为淫奔。玩其诗词，乃一篱落间女子，虽不能自遏其情，而犹畏父母、兄弟、国人之言，不敢轻身以从其人者也。然考《左传》载，卫侯见囚于晋[⑨]，齐侯、郑伯为卫侯故，如晋[⑩]以请卫侯。子展赋《将仲子》，而卫侯得归。使其为本国淫奔之诗，当日晋侯赋《嘉乐》，齐侯赋《蓼萧》，郑伯赋《缁衣》，皆寓意宏远，子展何取以同赋，而后见许于叔向耶？从《集传》以为正解，而录《序》说以备览。

【注释】

①淫奔者：旧时指私自投奔所爱的人（多指女子）。自西周时期形成的传统婚姻制度中，男女缔结婚姻必须经过“父母之命，媒妁之言”，由父母家长决定子女的婚姻大事，通过媒人中介来完成，否则即是非礼非法，称为“淫奔”，不为宗族和社会所承认。然而在朱熹眼中的淫与淫奔，却是指男女野合，各得所需。

②《折中》：即《御纂诗义折中》。

③《诗序》：即《毛诗序》之省称。《毛诗序》为中国古代诗歌理论。一说为孔子的弟子子夏作，一说是汉人卫宏为《诗经》所作的序，分为大序和小序。大序为《关雎》题解之后作者所作的全部《诗经》的总序，小序是诗经三百零五篇中每一篇的序言。一般而言《毛诗序》是指大序。

④《将仲子》刺庄公：意即《将仲子》讥刺庄公。刺，讽刺、讥刺。庄公，指郑庄公（前757—前701），姬姓，郑氏，名寤生，郑武公之子，春秋初期政治家，是郑国第三位国君，公元前743—前701年在位。

⑤武姜为段请京，使居之：武姜，生卒年不详，姜姓，名失考，申国国君之女，郑武公之夫人，郑庄公和共叔段之母。公元前761年，嫁于郑武公为妻，因郑武公谥号武，故称武姜。段，指武姜的次子、郑庄公之弟共叔段。请京，即请求赐封京邑。使居之，让共叔段居住在那里。

⑥祭仲：即祭足（？—前682），字仲，郑国祭邑人，春秋时期著名政治家、谋略家。他于郑庄公在位时出任卿大夫，深受宠信。郑庄公逝世后，他先后扶立郑庄公的四个儿子为国君（即郑

昭公、郑厉公、郑子亹和郑子婴），掌管郑国政权数十年。

⑦叔段：即共叔段（前754—?），姬姓，名段，一说名叔段，春秋时期郑国人，郑武公少子，郑庄公同母弟，母武姜。

⑧《钦定诗经传说汇纂》：是书为康熙帝命人编纂的“传说汇纂”系列著作之一。王鸿绪等撰，清雍正五年（1727）刊行。

⑨卫侯见囚于晋：卫侯，卫侯衎。见囚于晋，被囚于晋国。

⑩如晋：去往晋国。如，往、入。

# 叔于田（三章）

叔于田，巷无居人。岂无居人？不如叔也，洵美且仁。赋也。

叔于狩，巷无饮酒。岂无饮酒？不如叔也，洵美且好。赋也。

叔适野，巷无服马。岂无服马？不如叔也，洵美且武。赋也。

《集传》：段不义[①]而得众国人爱之，故作此诗。

杨氏时[②]曰：仁且有武，宜国人之所说而归之也。而《诗》以为不义得众，何也？盖先王之迹微，而礼义消亡，国俗伤败，故人之好恶不足以当是非，而毁誉不足以公善恶。叔段不义而为众所悦者，亦以俗衰，好恶毁誉不当其实故也。然则所谓仁者，岂诚有仁哉？所谓武者，亦若此而已。以是观之，则俗之好恶可知矣。

彭氏执中曰：玩味此诗，如见叔段轻儇[③]浮扬之意，闾里少年朋徒追逐而极口夸美之也。

**【注释】**

①段不义：段，此指共叔段。叔段在其母武姜的帮助下谋划作乱，而其兄郑庄公在叔段未公开反叛之前，便得知其图谋，于是派兵攻打并击败叔段，叔段逃到共地，故称共叔段。

②杨氏时：即杨时（1053—1135），字中立，号龟山，祖籍弘农华阴（今陕西华阴东），南剑将乐（今属福建）人。北宋哲

学家、文学家。先后学于程颢、程颐，同游酢、吕大临、谢良佐并称程门四大弟子。有《礼记解义》《列子解》《庄子解》《史论》《周易解义》《三经义辩》等诸多著作。

③轻儇：轻佻、不庄重。

# 大叔于田（三章）

叔于田，乘乘马。执辔如组，两骖如舞。叔在薮，火烈具举。襢裼暴虎，献于公所。将叔无狃，戒其伤女。赋也。

叔于田，乘乘黄。两服上襄，两骖雁行。叔在薮，火烈具扬。叔善射忌，又良御忌。抑磬控忌，抑纵送忌。赋也。

叔于田，乘乘鸨。两服齐首，两骖如手。叔在薮，火烈具阜。叔马慢忌，叔发罕忌。抑释掤忌，抑鬯弓忌。赋也。

《集传》：盖叔多材好勇，而郑人爱之如此。

郑氏伯熊[①]曰：段以国君介弟之亲，京城大叔[②]之尊，而所好者驰骋弋猎也，所矜者襢裼暴虎也，所贤者射御足力也，出而人思之者饮酒服马之俦也。气习到此，而又恃君母之爱，玩于庄公之惟所欲而不谁何也，欲不为乱，得乎？

黄氏櫄[③]曰：司马温公常言，君子挟才以为善，小人挟才以为恶。大叔多材而不义，所谓挟才而为恶者也。

《折中》：《诗序》曰，《叔于田》刺庄公也。叔段施与以市恩[④]，燕乐[⑤]以明惠，驰骋以示威。庄公始则恣其所为而不问[⑥]，终则搡之已蹙而不恕[⑦]，则是其予之者乃其所以夺之，宠之者乃其所以残之也。《序》又曰，《大叔于田》刺庄公也。夫以叔之勇力超绝，射御精良[⑧]，气度闲雅，此实出众之材。观其暴虎而献于公，亦有媚君之意，非生而欲叛者也。庄公忌之而不制之，纵之便至于叛，则不仁甚矣。

按：朱子不从《小序》作刺庄公，但以二诗为国人爱叔而作，甚失诗人之旨。

陆氏曰：首章作“大叔于田”者误。

苏氏曰：二诗皆曰叔于田，故加“大”以别之。不知者乃以段有“大叔”之号而读曰泰，又加“大”于首章，失之矣。

**【注释】**

①郑氏伯熊：即郑伯熊（1124—1181），字景望，学者称敷文先生，永嘉（今浙江温州）人。南宋绍兴十五年（1145）进士，曾任国子监丞、著作佐郎兼太子侍读、婺州知州、宁国知府等职。秦桧擅权，禁人为赵鼎、胡寅之学，洛学濒于灭绝。伯熊独在闽中印行二程（程颢、程颐）之书，设立书院，亲自讲授，由是永嘉之学宗郑氏。

②京城大叔：即共叔段。郑庄公即位，因其母武姜为其次子共叔段请京，使居之，故谓之“京城大叔”。

③黄氏櫄：即黄櫄，字实夫，漳州龙溪人，黄樵仲弟。南宋孝宗淳熙四年（1177）舍选，入对大廷，献“十论”，升进士丙科。调南剑州教授，为林之奇学侣。官终宣教郎。著有《诗解》《中庸语孟解》等。

④市恩：指以私惠取悦于人，犹言买好、讨好。

⑤燕乐：指宴饮欢乐。唐韦应物《乐燕行》：“良辰且燕乐，乐往不再来。”

⑥恣其所为而不问：任其所为而不过问。恣，听任、任凭。

⑦终则搡之已蹙而不恕：最终顶撞太过分而不再宽恕。搡，顶撞。蹙，逼迫、窘迫。

⑧射御精良：骑射之术高超。射御，指射箭御马之术。

# 清人（三章）

清人在彭，驷介旁旁。二矛重英，河上乎翱翔。赋也。

清人在消，驷介麃麃。二（茅）〔矛〕重乔，河上乎逍遥。赋也。

清人在轴，驷介陶陶。左旋右抽，中军作好。赋也。

《集传》：郑文公恶高克[①]，使将清邑之兵[②]，御敌于河上，久而不招，师散而归。郑人为之赋此诗。

《折中》：左军旋车而欲返，右军抽队以潜延，中军高克所自将作为好言以镇抚之，而亦不能固其志矣，有溃而已。于是左右之将返国中，而中军之将出奔矣。

按：游戏之说，不中人情。此时高克不知君意，正将出奔，而暇游戏乎？篇中“逍遥”“翱翔”均指士而言，高克决不戏也。事见《春秋传》。

胡氏[③]曰：人君擅一国之名，宠生杀予夺，惟我所制耳。使高克不臣之罪已，按而诛之可也。情状未明，黜而退之可也。爱惜其才，以礼驭之亦可也。乌可[④]假以兵权，委诸境上，坐视其离散而莫之恤乎？《春秋》书曰：弃师其责之深矣。

**【注释】**

①郑文公恶高克：郑文公（？—前 628），姬姓，郑氏，名踕，郑厉公之子，春秋时期郑国国君，前 672—前 628 年在位。恶，讨厌、憎恨。高克，春秋时郑国人，郑文公时大夫。《左传》云：“郑人恶高克，使帅师次于河上，久而弗召，师溃而归，高

克奔陈。郑人为之赋《清人》。"

②使将清邑之兵：命他率领清邑的兵。将，率领。

③胡氏：即胡安国（1074—1138），字康侯，建宁崇安（今福建武夷山市）人。宋经学家，官至中书舍人兼侍讲，谥文定。著有《春秋传》《资治通鉴举要补遗》等。

④乌可：怎可、安可。

# 羔裘（三章）

羔裘如濡，洵直且侯。彼其之子，舍命不渝。赋也。

羔裘豹饰，孔武有力。彼其之子，邦之司直。赋也。

羔裘晏兮，三英粲兮。彼其之子，邦之彦兮。赋也。

《集传》：盖美其大夫之词，然不知其何所指也。

辅氏广[①]曰：首言其能舍命不渝，次言其为邦之司直，末乃以为邦之彦结之。然则为臣之道，主于正直不阿而已。虽孔子之在朝，亦以便便、訚訚、侃侃为常，至于柔行巽入，委曲以就事，亦固有时而当用，要之其出于不得已而已。

陈氏子龙[②]曰：义所难裁，莫深于贵宠之际。事所难处，莫甚于强大之间。郑之奢逼桓武以来，亦难调矣。其国疲小，则晋楚之事亦孔艰矣，是不可姑息而怯懦定者。猛兽有不采之威，君子有不辱之色，其之子之谓也乎？羔裘大夫如子皮[③]好善，公孙挥美秀[④]，公孙侨[⑤]博学，晏子[⑥]皆足以当之。

**【注释】**

①辅氏广：即辅广，字汉卿，号潜庵。专攻周敦颐和二程学说，先后师事吕祖谦和朱熹，深为朱熹看重。著有《诗童子问》《晦庵先生语录》《朱子读书法》三种，《四库全书》提要著录，另有《六经集解》《尚书注》《四书纂疏》《论语答问》《孟子答问》《通鉴集义》等。

②陈氏子龙：即陈子龙（1608—1647），初名介，后改名子龙；初字人中，后改字卧子，又字懋中；晚号大樽、海士、轶

符、于陵孟公等。南明抗清将领、文学家。著有《安雅堂稿》《陈忠裕公全集》《江蓠槛》《湘真阁存稿》等。

③子皮：即罕虎（？—前529），姬姓，罕氏，名虎，字子皮。郑国七穆之一，罕氏宗主，郑穆公曾孙，春秋后期郑国执政、卿大夫。

④公孙挥美秀：公孙挥，字子羽，春秋时郑国人。美秀，此指才能、智力十分出众的人。

⑤公孙侨：春秋时郑国人，字子产，一字子美。郑简公十二年为卿，二十三年为正卿，执政。实行政治、经济改革，为政主张宽猛相济，郑国以治。开展小国外交，周旋于晋楚两强之间。卒谥成子。

⑥晏子:？—前500，名婴，字仲，谥号平，夷维（今山东省高密市）人。春秋时期齐国著名政治家、思想家、外交家。

# 遵大路（二章）

遵大路兮，掺执子之祛兮。无我恶兮，不寁故也。赋也。

遵大路兮，掺执子之手兮。无我䰡兮，不寁好也。赋也。

《集传》：淫妇为人所弃。

《汇纂》[①]：《序》，思君子也。庄公失道，君子去之，国人思望焉。朱子初解尝从《序》义，后定为淫妇留其人之词，引宋玉赋有“遵大路兮，掺子祛”之句以为证。刘瑾[②]谓：宋玉[③]去古未远，其所引用当得诗人本旨。辩之者曰：《小序》首由国史所题，尤去古未远也。况遵大路见非私径，宋、元、明诸儒于此多从《序》，故节存之以俟考。

《御纂诗义折中》谓：大路不比丘中，亦不比野田，乃千万人往来之地也。人虽无耻，岂有一男一女执手于千万人往来之所者？朱子盖不察也，此专从《序》说。

吕祖谦[④]曰：武公之朝，盖多君子矣。至于庄公，尚权谋，专武力，气象一变，左右前后，无非高渠弥[⑤]、祭仲、祝聃[⑥]之徒，君子安得而不去之乎？

稿本眉批：男女执手于大路，我邑亦间有之，如陈翠江之于熊妹曰耳。

**【注释】**

①《汇纂》：即《钦定诗经传说汇纂》。

②刘瑾：字公瑾，江西安福人。博贯经史，隐居不仕，撰《律吕成书》《诗传通释》等书。刘氏治《诗》的渊源出自朱熹，

大旨在于发明朱熹《诗集传》，与宋人辅广《诗童子问》、元人许谦《诗集传名物钞》相类。

③宋玉：约前298—约前222，战国时期宋国公子，因父子矛盾而出走楚国。好辞赋，为屈原之后之辞赋家，与唐勒、景差齐名。所作辞赋甚多，流传作品有《九辩》《风赋》《高唐赋》《登徒子好色赋》《神女赋》等。

④吕祖谦：1137—1181，字伯恭，南宋婺州（今浙江金华）人。人称东莱先生。与朱熹、张栻齐名，同被尊为“东南三贤”。他所创立的“婺学”，是当时最具影响的学派。吕祖谦博学多识，主张明理躬行，学以致用，反对空谈心性，开“浙东学派”之先声。著有《东莱集》《历代制度详说》《东莱博议》等。

⑤高渠弥：？—前694，春秋时期郑国大夫。郑庄公时被任命为卿，公子忽（郑昭公）曾劝阻。郑昭公即位后，高渠弥惧其杀己，于公元前695年弑郑昭公，立公子亹为君，次年被齐襄公车裂。

⑥祝聃：即祝瞻，郑大夫。《史记·郑世家第十二》：“庄公与祭仲、高渠弥发兵自救，王师大败。祝瞻射中王臂。祝瞻请从之，郑伯止之，曰：‘犯长且难之，况敢陵天子乎？’乃止。夜令祭仲问王疾。”

# 女曰鸡鸣（三章）

女曰鸡鸣。士曰昧旦。子兴视夜，明星有烂。将翱将翔，弋凫与雁。赋也。

弋言加之，与子宜之。宜言饮酒，与子偕老。琴瑟在御，莫不静好。赋也。

知子之来之，杂佩以赠之。知子之顺之，杂佩以问之。知子之好之，杂佩以报之。赋也。

《集传》：此诗人述贤夫妇相警戒之词。

汪氏应蛟[①]曰：家之兴始于忧勤，道之成始于闺阃[②]。鸡鸣夫妇早夜警戒矣，又以亲贤友善为君子愿。内有贤助，外有良朋，士之所以成德业、显当世也。

朱子曰：此诗意思甚好，读之使人有不知手舞足蹈者。

辅氏广曰：郑国之俗虽曰淫乱，然在下之人夫妇之间犹知礼义，勤生业[③]，不昵于宴私[④]，相安于和乐，而又能赞助君子以成其德，此可以观先王之泽与民性之善矣。

**【注释】**

①汪氏应蛟：即汪应蛟（1550—1628），字潜夫，号登原，南直隶徽州婺源人。明朝万历二年（1574）中进士，初授南京兵部主事，后历任南京礼部郎中、兴泉宪副、济南参政、山西按察使、右都御史代天津巡抚与保定巡抚、工部右侍郎、兵部左侍郎，累迁至南京兵部尚书，加太子少保。平生著作甚富，有《诗礼学略》《中诠》《乡约记》等。

②闺阃：特指妇女居住的地方。此借指妇女。

③生业：产业。

④不昵于宴私：昵，沉溺、贪恋。宴私，指公余的私生活，如游宴玩耍之类。

# 有女同车（二章）

有女同车，颜如舜华。将翱将翔，佩玉琼琚。彼美孟姜，洵美且都。赋也。

有女同行，颜如舜英。将翱将翔，佩玉将将。彼美孟姜，德音不忘。赋也。

《集传》：此疑亦淫奔之诗。

《汇纂》：《诗序》，刺忽也[①]。衍之者曰：忽不婚于齐[②]，因以无大国之助而见逐，故国人刺之。朱子以为，忽之辞婚，未为不正，至其失国以势孤援弱，亦未有可刺之罪也。又云：此诗未必为刺忽而作，疑亦淫奔之诗。后儒谓诗曰“同车”，则有御轮之礼[③]。曰“佩玉”，则有矩步之节[④]。曰“孟姜”，则本齐侯之贵。淫奔而越国，有若是之威仪盛饰乎？不知特《序》说因“孟姜”二字为齐女，遂指为刺忽之特附会其曰淫奔，盖疑词也。

《折中》云：有女同车，勤好德[⑤]也。盖是时郑俗犹行亲迎之礼，而女子之于妇者美而且贤，此人所不能忘者，专在德音，能轻色而重德，故圣人有取焉。

按：此篇从《序》说者，郑氏、孔氏、严氏、范氏。

**【注释】**

①刺忽也：即“讥刺公子忽也”。忽，指郑公子忽，乃郑庄公之子，后来的郑昭公。

②忽不婚于齐：郑公子忽很有主见，曾两次拒绝齐僖公女儿

文姜的求婚。后来证明这个嫁给鲁桓公的女人文姜是个祸水，出嫁前，文姜即与其同父异母之兄齐襄公私通，出嫁十五年后，公元前694年，文姜随鲁桓公至齐，又与齐襄公私通。鲁桓公发现后怒责文姜，反被齐襄公杀死于齐国。

③御轮之礼：为六礼中之第六礼，是新郎亲自迎娶新娘回家的礼仪。新郎官亲自驾车，车轮转了三周，新郎下车，将车交给车夫驾驭，然后乘坐自己的车先行，到自家大门之外等候。

④矩步之节：形容举动合乎规矩，毫不苟且。

⑤奵德：端行之德。常作“嫇奵”，形容端庄自持之态。

# 山有扶苏（二章）

山有扶苏，隰有荷华。不见子都，乃见狂且。兴也。

山有乔松，隰有游龙。不见子充，乃见狡童。兴也。

《集传》：淫女戏其所私者。

《东山经解》：《集传》以为淫女戏其所私。《小序》以为刺忽之所美非美。黄氏衍之以为山有扶苏，亦有乔松，隰有荷华，亦有游龙，以见国人未尝无君子，亦未尝无小人。今昭公①不见子都、子充②，而乃见狂且、狡童，是所美者非所当美也。

按：朱子初解曰美非所美，谓贤者佞、智者愚也。又，毛苌③以诗之狡童为斥昭公。此说非是，郑氏非之。

**【注释】**

①昭公：即郑庄公的儿子公子忽，春秋时郑国国君，公元前696—前695年在位。郑庄公三十八年（前706），公子忽领兵救齐，大败戎师。庄公死，公子忽继立为君，旋因大夫祭仲谋立公子突（即厉公）而奔卫。后厉公欲杀祭仲，谋泄出奔，公子忽被迎返复位。在位二年，于出猎时为大夫高渠弥射杀。

②子都、子充：子都，即公孙子都，为姬姓，与周王同宗，是郑国的宗族子弟，武艺高超，相貌英俊。子充，亦人名，郑国的美男人。

③毛苌：西汉赵（郡治今河北邯郸西南）人。古文诗学“毛诗学”的传授者，世称“小毛公”。今天我们读到的《诗经》，就是汉学大儒毛亨、毛苌注释的“毛诗”。

# 萚兮（二章）

萚兮萚兮，风其吹女。叔兮伯兮，倡予和女。兴也。

萚兮萚兮，风其漂女。叔兮伯兮，倡予要女。兴也。

《集传》：此淫女之词。

《汇纂》：此诗《序》以为刺君弱臣强，不倡而和，盖指忽微弱孤危[①]，难将及矣。叔伯，群臣相谓也。朱子以为，此亦淫女之词。叔伯，男子之字，何相之远耶？然朱子以及诸儒率多从《序》说，盖以诗词未见有男女之情事也。大抵去圣久远[②]，微意难窥，而因经释义，朱传可得其八九。然汉儒以事证诗，考见当时得失，虽间有附会，而其近理者，要亦不可废耳。

胡氏[③]以为，群臣不倡自和，故刺其专。又或因国势不安，不啻如发蒙振落[④]者，遂相呼而有同心之谊乎？此则犹是忠义之情矣。

《折中》：劝晋急郑也。晋楚争郑，无岁不勤诸侯。《左传》曰：郑人患晋楚之故，诸大夫曰：楚弱于晋，晋不吾疾也。晋疾，楚将辟之，则郑望晋倡久矣。萧鱼会[⑤]后，不复叛晋。“倡予要女”，非虚言也，伯叔同姓之愿。“风其吹女”，以喻楚风甚竞不止，吹郑并吹晋也。

按：此据《左传》，洽是当时情事。

**【注释】**

①忽微弱孤危：指郑昭公微弱孤危。忽，即郑昭公。

②去圣久远：距离孔圣人所处的年代已经很久远了。

③胡氏：即胡绍曾，晚明诗学家，有《诗经胡传》传世。

④发蒙振落：出自《史记·汲郑列传》："至如说丞相弘，如发蒙振落耳。"蒙，遮盖，指物品上的罩物。振，摇动。指把遮盖在物体上的东西揭掉，把将要落的树叶摇动下来。比喻事情很容易做到。

⑤萧鱼会：指晋悼公率十二国联军与郑简公在萧鱼（今河南新密尖山乡萧鱼口）相会的故事。晋悼公即位后，赏善罚恶，用贤图治，打算继承文公、襄公的霸业。然而南方的楚国亦很强盛，楚共王时常出兵侵扰中原。郑国处在两强之间，国内又无杰出的人才，只好两面应付，楚来从楚，晋来从晋。因此小规模的战争经常发生，各国军民都以为苦。晋悼公采纳了荀罃分军疲楚之计，使楚国疲于奔命。这时候，东方的吴国强盛起来，牵制楚国，楚国无力和晋国争郑。于是郑简公派使来到萧鱼，和晋悼公订了和约，郑国终于下定决心归附了晋国。

# 狡童（二章）

彼狡童兮，不与我言兮。维子之故，使我不能餐兮。赋也。

彼狡童兮，不与我食兮。维子之故，使我不能息兮。赋也。

《集传》：此亦淫女见绝，而戏其人之词。

朱子曰：经书多被人说坏，且如《狡童》诗，安得当时人民敢斥其君为狡童？且忽之所为，可谓之愚，岂得为狡？当是男女相怨之诗。

《汇纂》：《序》，《狡童》刺忽也，不能与贤人图事，权臣擅命[①]也。毛苌解：《狡童》即斥忽。程子[②]曰：《春秋》书忽，止曰郑忽，盖不以忽为君故也。不以为君，故诗人目之为狡童，亦是箕子[③]《黍离歌》之遗意矣。朱子谓：忽不幸而失国，况方刺其不能与贤人图事，则犹在位也，岂可忘君臣之分，而以狡童目之？斯论有关纲常名教者甚大，足正千古传习之失。但以为淫女见绝，反言以戏之曰，悦己者众，子虽见绝，未至于使我不能餐与息[④]也。未至之义，诗无其文。门人疑诗彼谓子，非指一人而言。云“不能餐”者，为忧忽之词，云“彼狡童”者，指当时擅命之臣，尝以质诸讲席矣。至严粲直断曰：“彼”以指忽所用之人，“子”以称忽，语意分明。诸侯即位未逾年，称“子”，如此解，则足显诗人忠爱之心，而不失君臣之分。似当以严说为优矣。

【注释】

①擅命：擅自发号施令，不受节制。

②程子：对宋代理学家程颢、程颐的尊称。

③箕子：名胥余，殷商末期贵族，是商纣王的叔父，官太师，封于箕，故称箕子，与微子、比干齐名，史称“殷末三贤”。商纣王无道，箕子屡谏不听，乃佯狂，被囚为奴。

④不能餐与息：即寝食不安。

# 褰裳（二章）

子惠思我，褰裳涉溱。子不我思，岂无他人？狂童之狂也且！赋也。

子惠思我，褰裳涉洧。子不我思，岂无他士？狂童之狂也且！赋也。

《集传》：淫女语其所私者。

《汇纂》：《序》，《褰裳》思大国也，正己也。孔颖达曰：狂童谓突[①]也。忽以桓〔公〕十一年立，其年九月，突归于郑，忽出奔卫。桓公十五年，突出奔蔡，忽复归于郑。其年九月，突入于栎[②]，与忽争国。忽微弱不能逐突，故国人思大国之正己也。

《左传》：郑六卿饯韩宣子于郊[③]，皆赋。子太叔[④]赋《褰裳》，宣子曰：起在此，敢勤子至于他人乎？子太叔拜。盖韩起之有郑而许己也，是自有此诗，皆不作淫诗观矣。朱子初解亦从《序》说，后以刺忽之诗太多改之。

《折中》：刺无信也。春秋襄公八年，楚子囊伐郑。子驷[⑤]、子国[⑥]、子耳[⑦]欲从楚，子孔[⑧]、子蟜[⑨]、子展[⑩]欲待晋。子驷曰：民急矣，姑从楚[⑪]，以舒吾民。晋师至，吾又从之。牺牲玉帛，待于二境，以待强者而庇民焉。不亦可乎？遂从楚。九年，晋伐郑，郑又从晋，盟于戏。楚子伐郑，又从之。十年，晋又伐郑。十一年，楚又伐郑，晋又伐郑。故郑人贱狡童以为谋国者，如狂且[⑫]之狂也。

按：《小序》，《褰裳》思见正也。狂童恣行，国之人思大国之正己也。狂童，孔谓突，黄谓祭仲。《集传》谓为淫诗，玩诗意非淫词。郑人乐从祭仲与突之邪？当时亦无大国见正之思也。

【注释】

①突：此指郑国公子突，即郑伯突，姬姓，郑庄公的次子，公子忽同父异母的弟弟。公子突是与公子忽争夺君位的主要对手，郑昭公（公子忽）逝世后即位。

②栎：古地名，春秋时郑国别都，今河南省禹州。

③郑六卿饯韩宣子于郊：郑六卿，指郑国的六卿。据《左传·昭公十六年》载，郑国的六卿饯韩宣子于郊，韩宣子不知郑诗，特请六卿赋诗“以知郑志”。韩宣子，即韩起（？—前497），姬姓，韩氏，名起，谥号宣，史称韩宣子，韩献子韩厥之子，春秋时期晋国卿大夫，六卿之一，政治生命超长的政治家。

④子太叔：即游吉（？—前507），姬姓，游氏，名吉，公孙虿（子蟜）之子，郑国正卿。

⑤子驷：姬姓，名騑（？—前563），字子驷，郑穆公之子，郑国正卿，七穆之一驷氏之始祖。

⑥子国：姬姓，名发（？—前563），字子国，郑穆公之子，郑灵公、郑襄公的兄弟，子产之父，七穆之一国氏之始祖。

⑦子耳：姬姓，名辄（？—前563），字子耳，又称公孙辄，郑穆公的孙子，公子去疾的儿子，郑国司空。

⑧子孔：姬姓，名嘉（？—前554），字子孔，郑穆公之子，故称公子嘉。初任司徒，后累迁为执政，摄君事。时晋悼公复霸，郑国附晋，诸大夫皆结好于晋，实力强劲。子孔专政，欲除诸大夫，遂联合楚令尹子庚，共驱诸卿，失败后被杀。

⑨子蟜：姬姓，名虿（？—前554），字子蟜，又称公孙虿，是郑穆公的孙子，公子偃的儿子，郑国司马。

⑩子展：即公孙舍之（？—前544），字子展，郑穆公的孙子，子罕（公子喜）之子，春秋时期郑国的当国，郑国七穆之一。

⑪姑从楚：姑且归顺楚国。

⑫狂且：行动轻狂之人。

## 丰（四章）

子之丰兮，俟我乎巷兮，悔予不送兮！赋也。

子之昌兮，俟我乎堂兮，悔予不将兮！赋也。

衣锦褧衣，裳锦褧裳。叔兮伯兮，驾予与行。赋也。

裳锦褧裳，衣锦褧衣。叔兮伯兮，驾予与归。赋也。

《集传》：妇人所期之男子，已俟乎巷①，而妇人已有异志，既则悔之，而作是诗也。

《汇纂》：《序》，《丰》刺乱②也。郑、孔③以为，郑国衰乱，婚姻礼废，有男亲迎而女不从者，已而悔焉，复思从之，其失在女子也。朱子则不作亲迎观，以女所期之男子俟堂俟巷，而女有异志不从，既悔失此人，而又言服饰既盛备，岂无迎我者？则其为□④更奢矣。盖先王之教化不行，民间之风俗日坏，而郑为尤甚，存此诗者，重伤其淫乱也。

《折中》：郑人悔不从晋也，故托为妇人之词，言男子亲迎之车已在巷，而悔己之不送，以比晋人争郑之兵⑤已在道，而悔己之不从也。又言男子亲迎，人已在堂，而悔己之不行也，以比晋人伐郑，兵已在郊，而悔己之不服也。叔伯，男子之字也，言嫁服已备，叔伯一来则从行矣，以比职币⑥已具，晋君一来则迎服矣，与行从之也，与妇则永不叛矣。

按：《序》说及朱子所改，均不如从晋□悔而□晋之□。

**【注释】**

①已俟乎巷：已等在巷口。俟，等待。

②刺乱：讥刺淫乱。

③郑、孔：郑，即郑玄。孔，即孔颖达。

④□：因原稿存放时间达百余年之久，此处与最后一句中的几处有蟫蠹之缺，不可识别，故以“□”代之。

⑤争郑之兵：伐郑之兵。争，争夺、夺取。

⑥职币：官名，掌收纳各部门多余的财物。

# 东门之墠（二章）

东门之墠，茹藘在阪。其室则迩，其人甚远。赋也。

东门之栗，有践家室。岂不尔思？子不我即。赋也。

《集传》：识其所与淫者之居也，思而未得见之词也。

《东山经解》：《小序》，《东门之墠》刺乱也，男女有不待礼而相奔者也。朱子以为此《序》得之。

《御纂诗义折中》：思贤也。贤人不仕而隐于圃①，在东门之外也。

按：此诗无一语秽亵，不知何以为淫词。

**【注释】**

①圃：种植蔬菜、花果或苗木的园地。泛指园地。

# 风雨（三章）

风雨凄凄，鸡鸣喈喈。既见君子，云胡不夷？赋也。

风雨潇潇，鸡鸣胶胶。既见君子，云胡不瘳？赋也。

风雨如晦，鸡鸣不已。既见君子，云胡不喜？赋也。

《集传》：淫奔之女言，当此之时，见其所期之人而心悦也。

范氏处义[①]曰：岁寒而后知松柏，疾风而后知劲草，遭乱世而不改其度，君子人也，故诗人思之。

《汇纂》：《序》，《鸡鸣》思君子也，乱世则君子不改其度焉。所谓乱世者，稽诸郑疏谱，以郑公子之乱，时事反复，士多怵于利害，失其常度，故诗人有思。夫君子是在突与忽更人迭出之间也，其诗见采于国史后，郑之贤大夫皆诵习之，于燕享之会[②]至，赋以言志焉。所以自两汉、六朝以及唐、宋诸儒皆传其说，守而不易。独至朱子而直断为诗词轻佻狎昵，非思贤之意，风雨晦冥[③]，为淫奔之时。而南宋、元、明诸儒率不宗其说[④]，且辩之曰，淫诗未见有称其人为君子者。盖风雨杂至而如晦，喻世之昏乱。鸡鸣在暗而思曙，喻君子居乱而思治。君子不改其度，则世道可挽。故见之而心悦，如疾之去其体焉。以此观诗，古说亦可通也夫！

《折中》：《风雨》思君子也。风雨自凉，鸡声自畅，以比君子乱世不改其和平之度也。

稿本眉批：《集传》言：当此之时，见其所期之人而心悦。夫当此之时，则即大风暴雨之时，虽有厚期之人，亦不能黑暗而来也。

【注释】

①范氏处义：即范处义，字子由，号逸斋，金华（今属浙江）人。南宋绍兴二十四年（1154）进士，累官殿中侍御史。精于经学，著有《诗学》《解颐新语》《诗补传》等《诗经》学著作。

②燕享之会：燕享，亦作“燕飨”，指设宴款待人。燕享之会，指古代君王为招待群臣而举办的宴会。

③风雨晦冥：指风雨交加，天色昏暗犹如黑夜。

④率不宗其说：均不承继其说。率，都、皆、一概。宗，此为动词，即推尊而效法之。

# 子衿（三章）

青青子衿，悠悠我心。纵我不往，子宁不嗣音？赋也。

青青子佩，悠悠我思。纵我不往，子宁不来？赋也。

挑兮达兮，在城阙兮。一日不见，如三月兮！赋也。

《集传》：此亦淫奔之诗。

孔颖达曰：郑国衰乱，不修学校，学者分离，或去或留，经三章[①]皆陈留者责去者之词。

《汇纂》：《序》，《子衿》刺学校废也，世乱则学校不修焉。《左传・襄公三十一年》：郑人游乡校[②]，以论执政。然明[③]曰：毁乡校何如？子产曰：何为？盖郑之有学校也旧矣。郑康成[④]曰：国乱，人弃学校业。范祖禹[⑤]曰：大乱五世，学校废之由也。此诗自汉及唐、宋、元、明诸儒皆主学校之说，而《集传》定为淫奔之作。他日朱子作《白鹿洞赋》，云“广青衿之疑问”，则仍用《序》说矣。今《集传》已是不刊[⑥]，而古义亦有可据，且朱子曾所引用，故节录昔儒之说如右。

又按：《东山经解》称《毛传》云：青衿，学士之所服。佩绶也，士佩青组绶[⑦]。

**【注释】**

①经三章：指《子衿》三章。

②乡校：指古时乡间的公共场所，既是学校，又是乡人聚会议事的地方。

③然明：鬷姓，名蔑，又称鬷明。郑国大夫，智者。

④郑康成：即郑玄。

⑤范祖禹：1041—1098，字淳甫，一字梦得，成都华阳（今四川成都）人。北宋著名史学家，“三范修史”之一（另两人为范镇、范冲）。著有《唐鉴》《帝学》《仁宗政典》等。

⑥已是不刊：已是不可更改。

⑦士佩青组绶：佩青，指腰边挂着青色的印绶。汉代御史大夫银印青绶，因以“佩青”借指任官。组绶，指古人佩玉，用以系玉的丝带，借指官爵。

# 扬之水（二章）

扬之水，不流束楚。终鲜兄弟，维予与女。无信人之言，人实迋女。兴也。

扬之水，不流束薪。终鲜兄弟，维予二人。无信人之言，人实不信。赋也。

《集传》：淫者相谓。

《折中》：劝睦也。激扬之水不可流束楚[①]，以兴他人之言不可间兄弟也。

按：《东山经解》称：《小序》，《扬之水》悯无臣也。君子悯忽之无忠臣良士，终以死忘，而作是诗也。朱子以为，此男女要结之词，《序》说误矣。然礼无婚姻为兄弟者，则朱子之说亦误矣。又，朱子既改《小序》，以为淫女相谓其所私之言，而于“兄弟”二字难解，则曰兄弟婚姻之称，礼所谓不得嗣为兄弟是也。

按：婿辞于女家，曰恐不失嗣为兄弟，言有大故。不可嫁娶，将无中表兄弟[②]之续，非夫妇而有兄弟之称。然兹亦一解，不必具论。即就婚姻诠释兄弟，究与“终鲜”文义未协，当即作兄弟解为妥。

稿本眉批：□风讨宴[③]而新婚，如兄如弟，何谓无婚姻为兄弟？

**【注释】**

①束楚：一捆荆柴木，形容缠绵不解的男女恋情。

②中表兄弟：父亲的姐妹之子与母亲的兄弟姐妹之子统称中表兄弟。

③□风讨宴：□，表示字迹模糊，无法辨认。讨宴，古时村里有人新婚时，未被正式邀请者上门讨喜酒喝。

# 出其东门（二章）

出其东门，有女如云。虽则如云，匪我思存。缟衣綦巾，聊乐我员。赋也。

出其闉阇，有女如荼。虽则如荼，匪我思且。缟衣茹藘，聊可与娱。赋也。

《集传》：人见淫奔之女，而作是诗。

《汇纂》：《序》曰，悯乱也。毛苌以兵革[①]不息，男女相弃，人民思保其室家，故诗人叹之悯之。历代诸儒并沿其说，然细玩经文，词意从容，无干戈攘攘、男奔女窜景象。朱子定为郑淫乱，而此人能不染污俗，安其室家之贫陋，以自止关礼义[②]，可谓得风人[③]之正解矣。乃知《序》言悯乱者，是悯淫乱。彼牵郑事以说诗，于经无所当也。至经云“如云”“如荼”者，言冶容诲淫[④]，尽成习气，犹举世皆浊之意。若实指为出东门而见淫女之众，如此则又以词而害志矣。

【注释】

①兵革：原为兵器和甲胄之总称，泛指武器装备，亦借指战争。

②止关礼义：行为举止关乎礼法道义。止，人的仪态举止。关，关乎。

③风人：指古代采集民歌风俗等以观民风的官员，亦指“诗人”。

④冶容诲淫：冶容，指打扮得容貌妖艳。诲，诱导、招致。此句意指女子打扮妖艳，容易招致奸淫之事。

# 野有蔓草（二章）

野有蔓草，零露漙兮。有美一人，清扬婉兮。邂逅相遇，适我愿兮。赋而兴也。

野有蔓草，零露瀼瀼。有美一人，婉如清扬。邂逅相遇，与子偕臧。赋而兴也。

《集传》：男女相遇于野田草露之间，故赋其所在，以起兴也。

《诗经精义》：王志长[①]曰：子太叔[②]赋以享赵孟[③]，子齹[④]赋以饯韩宣[⑤]。《韩诗外传》[⑥]：孔子遭齐程本子[⑦]于郯之间，倾盖而语[⑧]终日，顾子路而歌《野有蔓草》[⑨]。古人于君臣朋友间，每托言美人，以致流连想慕之意，《简兮》诗“西方美人”可证。此诗若淫，名卿何以赋之大飨，夫子何歌之以示子路？宜以古《序》为正。

**【注释】**

①王志长：字平仲，昆山人。明崇祯间举人。《明史·文苑传》附见其兄志坚传中，称其亦深于经学。

②子太叔：见《褰裳》注④。

③赵孟：? —前476，原名赵鞅，又名志父，乃春秋时期晋国赵氏之领袖，《赵氏孤儿》中的孤儿赵武之孙。先后败范氏、中行氏，拓展封地，奠定了后来建立赵国的基业。

④子齹：姬姓，罕氏，名婴齐，字齹，乃罕虎之子，郑国上卿。公元前526年四月，郑国的六卿为来访的晋国中军将韩起在

郊外饯行时，子齹赋《野有蔓草》。

⑤韩宣：见《褰裳》注③。

⑥《韩诗外传》：西汉韩婴撰。其书杂述古事古语，一般每条都征引《诗经》中的句子，以支持政事或论辩中的观点。

⑦程本子：即程本，字子华，被后人尊称为程子，春秋晋（今邢台市内丘县）人。程本学识渊博，善于持论，聚徒著书，名闻诸侯。一日，孔子赴郯城，中途遇到程本，和他谈了很久，十分融洽，并让弟子子路拿钱给他，称誉其为“天下贤士”。程本著有《子华子》。

⑧倾盖而语：意指途中两车相遇，停车交谈，双方车盖往一起倾斜。形容一见如故。

⑨顾子路而歌《野有蔓草》：顾，回头看。子路，即仲由（前542—前480），字子路，又字季路，春秋末鲁国卞（今山东泗水东南）人。孔子的著名弟子，孔门十哲之一，小孔子九岁，也是弟子中侍奉孔子最久者。此句意思为，（孔子）回头看了子路一眼，然后吟诵起了《野有蔓草》。

# 溱洧（二章）

溱与洧，方涣涣兮。士与女，方秉蕑兮。女曰："观乎？"士曰："既且。"且往观乎洧之外，洵訏且乐。维士与女，伊其相谑，赠之以勺药。赋而兴也。

溱与洧，浏其清矣。士与女，殷其盈矣。女曰："观乎？"士曰："既且。"且往观乎洧之外，洵訏且乐。维士与女，伊其将谑，赠之以勺药。赋而兴也。

《集传》：此诗盖淫奔者自叙之词。

孔颖达[①]曰：男女当以礼相配，今淫泆[②]如是，故陈之以刺乱。张彩[③]曰：此篇曰士曰女，皆从旁而述之之词，所谓直书其事，而丑秽自见者也。

《东山经解》按：朱子泥于"郑声淫"[④]，以为淫者自言。殊不自知，淫者自言，夫子早放之矣，岂疑存之乎？

**【注释】**

①孔颖达：574—648，字冲远，冀州衡水（今属河北）人。唐代经学家。孔颖达所疏或正义的经书包括《周易》《尚书》《诗经》《礼记》和《左传》等。

②淫泆：亦作"淫佚"，意即恣纵逸乐。

③张彩，字尚质，号西麓，安定（今甘肃省定西市安定区）人。明弘治二年（1489）中举，次年捷中殿试二甲六十九名进士。初授吏部主事，得刘瑾赏识重用，复为吏部文选司郎中，继任右佥都御史。正德三年（1508），以吏部左侍郎升吏部尚书，

后加太子少保衔。

④朱子泥于“郑声淫”：泥，拘泥、拘滞、不变通。此句意为，朱熹拘泥于“郑国的民歌都是淫邪之声”。

郑国二十一篇五十三章二百八十三句。

《集传》：郑卫之乐，皆为淫声。

然以《诗》考之，卫诗三十有九，而淫奔之诗才四之一，郑诗二十有一，而淫奔之诗已不翅七之五[①]。卫犹为男悦女之词，而郑皆为女惑男之语。卫人犹多说刺惩创[②]之意，而郑人几于荡然无复羞愧悔悟之萌，则是郑声之淫有甚于卫矣。故夫子论为邦，独以郑声为戒而不及卫，举重而言，固自有次第也。《诗》可以观，岂不信哉？

刘氏瑾曰：自昔说《诗》者，唯以《东门之墠》与《溱洧》为淫诗。今朱子乃例以淫奔斥之者，盖即其词而得其情，正以发明放郑声之旨，不然，则魏、卫、齐、陈诗诸篇非无淫诗，夫子何独以郑声为放哉？

杨氏慎曰：郑声淫，淫者，声之过也。水溢于平曰淫水，雨过于节曰淫雨，声溢于乐曰淫声，一也。非谓郑诗皆淫也。

按：此说《御纂诗义折中》亦遵之。

《钦定诗经传说汇纂》：《鄘风·桑中》篇，《序》谓刺奔，《郑风·溱洧》篇，郑谓刺乱，吕祖谦于《桑中》篇申[③]其说。朱子于二诗俱改为淫奔者所自作，举祖谦之说辩之，至详且切矣。然自南宋以迄元、明，诸儒卒多异议，大约不出马端临[④]之说。而或又进曰：放郑声者，主声不主诗。子夏[⑤]对文侯所谓郑、宋、卫、齐四音皆淫于色，而宋本无诗，或曰凡乐非雅者，皆谓之郑声。故《汉志》云：郑声施于朝廷。或曰得声而得诗者，三百篇则系之《风》《雅》《颂》，得诗而不得声者则置之，谓之逸诗。或曰刺奔、刺乱，国史所题，应是当时情事，所以王应麟[⑥]、方回[⑦]辈以为，前辈未了公案而莫敢定也。

夫圣人编《诗》，原以正乐[8]，非以说义。入汉而齐、鲁、韩、毛[9]以训诂相高[10]，而声音之道日微，然太乐氏肄业[11]，仲尼三百篇，瞽史[12]例能歌。逮东汉末，雅乐郎杜夔[13]已老，只记习《鹿鸣》《驺虞》《伐檀》《文王》四篇，余声不传。太和末又失其三，至晋室而《鹿鸣》又无传，是诗存而声失，盖已久矣。朱子只据理与词以求诗，诚为卓识。祖谦祖述中声之说，可置勿论。至《集传》谓"淫者自叙"，古《序》谓"闻者作刺"，总于圣人录之以垂戒之意相符。在古《序》传流既远，原不能尽废，而朱子按经诠解，更为较切，自足昭示后世矣。

**【注释】**

①不翅七之五：不止七分之五。不翅，不止。

②惩创：警戒、惩罚。

③申：重申、重复。

④马端临：约1254—1323，字贵与，号竹洲，饶州乐平（今属江西）人。宋相马廷鸾之子。宋元之际著名的历史学家，著有《文献通考》《大学集注》《多识录》等。

⑤子夏：即卜商（前507—?），字子夏，被尊称为卜子或卜子夏。春秋末晋国温（今河南温县西南）人，一说卫国人。孔门十哲之一，七十二贤之一。

⑥王应麟：1223—1296，字伯厚，号深宁居士，又号厚斋，庆元府鄞县（今浙江省宁波市鄞州区）人。南宋经史学者。王应麟与胡三省、黄震并称宋元之际浙东学派三大家。

⑦方回：1227—1307，字万里，号虚谷，歙县（今属安徽）人。元代文学家、诗论家，尤以所编《瀛奎律髓》一书名世。

⑧正乐：厘正乐音。

⑨齐、鲁、韩、毛：指汉代传习《诗经》的齐诗、鲁诗、韩诗、毛诗，合称为"四家诗"。其中齐诗出于齐人辕固，鲁诗出于鲁人申培，韩诗出于燕人韩婴，而毛诗则因传授者鲁人毛亨和

赵人毛苌而得名。

⑩以训诂相高：训诂，即解释，具体指解释古代汉语典籍中的字句。相高，即受重视之意。

⑪太乐氏肄业：太乐氏，即太乐丞，亦称太乐令，指太常寺下太乐署的掌乐之官，相当于在朝廷负责礼乐方面事宜的官。肄业，即修习课业。

⑫瞽史：乐师与史官的并称。

⑬雅乐郎杜夔：杜夔，字公良，河南郡（今河南洛阳）人。古代音乐家，汉末的雅乐郎，三国魏之太乐令、协律都尉，擅长音律。所传的旧雅乐四曲《鹿鸣》《驺虞》《伐檀》《文王》，至晋犹存。

# 唐 风

唐，国名，本帝尧旧都。在《禹贡》冀州之域，太行恒山之西，太原太岳之野，周成王以封弟叔虞为唐侯①，南有晋水，至子燮②乃改国号曰晋。后徙曲沃，又徙居绛。其地土瘠民贫，勤俭质朴，忧深思远，有尧之遗风焉。其诗不谓之晋而谓之唐，盖仍其始封之号耳。唐叔所都在今太原府，曲沃及绛皆在今绛州。

**【注释】**

①周成王以封弟叔虞为唐侯：周成王，姬姓，名诵，周武王姬发之子，母邑姜（齐太公吕尚之女），西周王朝第二位君主，公元前 1042—前 1021 年在位。周成王继位时年幼，由周公旦辅政，平定三监之乱。周成王亲政后，营造新都洛邑，大封诸侯，还命周公东征、编写礼乐，加强了西周王朝的统治。叔虞，亦称太叔，姬姓，名虞，字子于，因封在唐国，史称唐叔。唐叔虞为周武王姬发之子，周成王姬诵同母弟，周朝诸侯国晋国始祖。

②燮：即晋侯燮，姬姓，名燮，亦被尊称为燮父，系唐叔虞之子，周朝诸侯国晋国第二任国君。唐叔虞死后，晋侯燮继任君位。晋侯燮继位后，将国号“唐”改为“晋”。

## 蟋蟀（三章）

蟋蟀在堂，岁聿其莫。今我不乐，日月其除。无已大康，职思其居。好乐无荒，良士瞿瞿。赋也。

蟋蟀在堂，岁聿其逝。今我不乐，日月其迈。无已大康，职思其外。好乐无荒，良士蹶蹶。赋也。

蟋蟀在堂，役车其休。今我不乐，日月其慆。无已大康，职思其忧。好乐无荒，良士休休。赋也。

《集传》：唐俗勤俭，故其民间终岁劳苦，不敢少休。及其岁晚务间[①]之时，乃敢相与燕饮[②]为乐。方燕乐而又相戒，盖其民俗之厚，而前圣遗风之远如此。

刘瑾曰：此诗必曰“蟋蟀在堂”，而后曰“今我不乐”，则能不游于逸矣[③]。既曰“今我不乐”，又曰“无已大康”，则能不淫于乐矣。曰“职思其外”，则其儆戒无虞也。曰“好乐无荒”，则无怠无荒也。以诗人之克勤克俭，所忧所思，虽无唐虞君臣之德业，而其发于诗者，与伯益告戒之词[④]，同条共贯[⑤]，则信乎前圣遗之远也。

**【注释】**

①岁晚务间：岁末农闲时。

②燕饮：指聚在一起喝酒吃饭。燕，通“宴”。

③则能不游于逸矣：就会不放纵地享受舒适安逸。游，放纵、放任。

④伯益告戒之词：伯益（约前21世纪），一作伯翳、柏益，

又称大费，大业的儿子，嬴姓。伯益曾告诫大禹，凡事要有前瞻性，要虑事周全，不要违背法则、制度，不要过度游乐享受，不要违背规律去追求百姓的称誉，不要违反民意而满足自己的欲望。治国不能懈怠，政事不能荒废，谦虚会受到益处，自满能导致失败，要选贤任能、除奸去邪。因此，本句指的是伯益对大禹的告诫之词。

⑤同条共贯：本义是长在同一枝条上，比喻事理相通，脉络连贯。班固《汉书·董仲舒传》："夫帝王之道，岂不同条共贯与?"

# 山有枢（三章）

山有枢，隰有榆。子有衣裳，弗曳弗娄。子有车马，弗驰弗驱。宛其死矣，他人是愉。兴也。

山有栲，隰有杻。子有廷内，弗洒弗扫。子有钟鼓，弗鼓弗考。宛其死矣，他人是保。兴也。

山有漆，隰有栗。子有酒食，何不日鼓瑟？且以喜乐，且以永日。宛其死矣，他人入室。兴也。

《集传》：此诗盖亦答前篇之意而解其忧。

辅氏广曰：《蟋蟀》但言，不可及时以自乐而遂相戒，以为不已过于乐乎？则是初未必敢为乐也。故国人又作《山有枢》之诗，以答其意而宽其忧。然其所乐者，岂或至于溺情极欲、流而不反者哉？观于《唐风》，所谓乐或不为而失于蹙然[①]，愈于过而流于奢者多矣。

吕祖谦曰：《前汉·地理志》[②]云，唐诗《蟋蟀》《山有枢》《葛生》皆思奢俭之中，念死生之处。

**【注释】**

①蹙然：形容忧愁不悦之态。

②《前汉·地理志》：即《汉书·地理志》。

# 扬之水（三章）

扬之水，白石凿凿。素衣朱襮，从子于沃。既见君子，云何不乐。比也。

扬之水，白石皓皓。素衣朱绣，从子于鹄。既见君子，云何其忧。比也。

扬之水，白石粼粼。我闻有命，不敢以告人。比也。

《集传》：晋昭侯[①]封其叔父成师[②]于曲沃，是为桓叔。其后沃盛强，而晋微弱，国人将叛而归之，故作此诗。

《诗义折中》：忧晋也。昭侯封成师于曲沃，是为桓叔。其后晋潘父弑昭侯而纳桓叔[③]，不克。此盖恒叔受封之初，与潘父有成谋，诗人闻之而微其词以告人也。《传》谓桓叔将以倾晋[④]而民为之隐，盖欲其成也[⑤]。殊不知卒章[⑥]“我闻有命，不敢以告人”，其曰不敢告，则必有不可者在也。不可告而又告人，曰不敢告，则不啻其告之矣，安在其隐之乎？

**【注释】**

①晋昭侯：即姬伯，晋文侯之子，春秋时期晋国第十二任国君，公元前745—前739年在位。

②成师：即曲沃桓叔（前802—前731），姬姓，名成师，谥号桓，排行为叔。晋穆侯之子，晋文侯之弟，春秋时期晋国曲沃封君。

③潘父弑昭侯而纳桓叔：潘父（？—前739），是晋昭侯时期的大臣。公元前739年，潘父弑杀晋昭侯，迎立曲沃桓叔。曲沃

桓叔想入晋都翼城，但遭国人攻打，曲沃桓叔只好退回曲沃。晋国人立晋昭侯之子平为君，是为晋孝侯。

④倾晋：倾覆晋国。倾，倾覆、覆亡。

⑤盖欲其成也：因为希望能成功。

⑥卒章：最后一段。卒，末尾、最后、结局。

# 椒聊（二章）

椒聊之实，蕃衍盈升。彼其之子，硕大无朋。椒聊且，远条且。兴而比也。

椒聊之实，蕃衍盈匊。彼其之子，硕大且笃。椒聊且，远条且。兴而比也。

《集传》：此不知其所指。《序》亦以为沃也。

范处义曰：以《春秋左氏传》[①]考之，昭公封成师于曲沃，乃鲁惠公之二十四年。至鲁庄公十六年，曲沃伯为晋侯，盖几七十年[②]。诗人于昭公之世，已知沃之子孙将有晋国，非君子知微知彰，不能为此言也。沃之修其政，多历年所[③]，中间屡有篡夺之祸，而昭公以来，略不知所为备，至于失国，而后已此可为永鉴也。

**【注释】**

①《春秋左氏传》：即《左传》之全称，亦称《左氏春秋》。儒家经典之一。旧传春秋时左丘明所撰。

②几七十年：将近七十年。几，将近、差一点。

③多历年所：历，经历。年所，年数。指经历的年数很多。

# 绸缪（三章）

绸缪束薪，三星在天。今夕何夕，见此良人？子兮子兮，如此良人何？兴也

绸缪束刍，三星在隅。今夕何夕，见此邂逅？子兮子兮，如此邂逅何？兴也。

绸缪束楚，三星在户。今夕何夕，见此粲者？子兮子兮，如此粲者何？兴也。

《集传》：国乱民贫，男女有失其时，而后得遂其婚姻之礼者，诗人叙其妇语夫之词。

李氏樗[①]曰：此诗与卫《有狐》、郑《野有蔓草》、陈《东门之杨》皆言世变多故，婚姻不得其时。然陈、郑、卫之诗淫乱为多，盖当时政教不修，礼义不明，此所以有相奔之俗。至于《唐风》则不然，盖淫泆之祸在于奢侈，唐之风俗尚俭，虽不得其时，犹未至于淫奔也。

《东山经解》云：《御纂诗义折中》，《绸缪》悯贫也。国乱民贫，婚姻不能备礼，故当初婚之夕，而犹饮馔不设，但有绸缪之束薪而已。灯烛稀微，但见三星之在天而已。凄凉如此，此何夕也？而乃见良人，则良人之窘难可知也。子兮子兮者，见者相谓也。良人家贫，无以为礼，而见者亦贫，不能资助，故相与嗟叹，以为无答。此良人何也？邂逅新妇，至而行礼也。其礼草率，如人之邂逅相逢也。粲，美也，谓新妇也。

按：《集传》云云，此妇人何多言乎？初见其夫而啧啧如

此，决非当时情事。

《汇参》[②]：七月流火，农夫知天文。三星在户，妇女知天文。

**【注释】**

①李氏樗：即宋代学者李樗，字若林，闽县人。与林之奇俱师吕本中，后领乡贡。其学以穷经力行为主，及门之士亦往往志尚修洁。学者称迂斋先生，有《毛诗解》行世。

②《汇参》：指《四书本义汇参》，清王步青撰。此书据朱熹《四书章句集注》断诸家之是非，而引朱子《或问》《语类》《文集》及元、明以来之讲章，条分缕析，为之证佐，于语脉字义推阐颇详。

# 杕杜（二章）

有杕之杜，其叶湑湑。独行踽踽，岂无他人？不如我同父。嗟行之人，胡不比焉？人无兄弟，胡不佽焉？兴也。

有杕之杜，其叶菁菁。独行睘睘，岂无他人？不如我同姓。嗟行之人，胡不比焉？人无兄弟，胡不佽焉？兴也。

《集传》：此无兄弟者，自伤其孤特，而求助于人之词。

辅氏广曰：读是诗者，见人生世间不可独居无与，而他人又不如同气[①]之为亲也。盖有《常棣》[②]之遗意，庶几[③]于《大序》[④]所谓厚人伦者。

《东山经解》：《御纂诗义折中》，《杕杜》刺晋君也。不能亲其宗族，骨肉离散，独居而无兄弟也。

吕氏祖谦曰：苟他人可恃，则行道之人，胡不自相亲？此人无兄弟，胡不外求佽助？盖深晓晋君以行道之人，必不相亲，苟非兄弟，必不相助也。

按：《集传》泛指无兄弟而求助于人者，谓是嗟叹行路之人，何不因我之独行而见亲？怜我之无兄弟而见助？是言他人不啻兄弟也。其指失矣。

**【注释】**

①同气：一般指兄弟关系，或者指志趣、意见相同的人互相响应，自然地结合在一起。

②《常棣》：即《小雅·常棣》，系周人兄弟宴会时歌唱兄弟亲情的诗，乃《诗经》中的名篇。

③庶几：近似，差不多。

④《大序》：此指《诗大序》。《毛诗》首篇《关雎》小序之后，有大段文字概论全部诗篇，谓之大序。

# 羔裘（二章）

羔裘豹袪，自我人居居。岂无他人？维子之故。赋也。

羔裘豹褎，自我人究究。岂无他人？维子之好。赋也。

《集传》："居居"未详，"究究"亦未详，此诗不知所谓，不敢强解。

辅氏广曰：先生但以"居居""究究"四字不可晓，故以为不敢强解，此正得阙疑[①]之意。然曰"羔裘豹袪"，则是指其卿大夫也明矣。"岂无他人？维子之故。"则其欲去而不忍去之意，亦可见矣。近世诸儒，皆据《尔雅》[②]有"居居、究究，恶也"之训，故多从毛、郑之说[③]。然先生尝谓《尔雅》乃是集诸儒训诂以成书，其间盖亦不能无误者，则"居〔居〕、究究"之训，亦未可据也。

《御纂诗义折中》：羔能群而豹有力，以比大夫之仁且武也。"居居"，聚而不散也，言大夫能仁且勇，吾人自聚而不散。"究究"，集而能安也，《鸿雁》[④]之诗曰"其究安宅"是也。《东山经解》以为，此义极明显。《朱传》[⑤]谓未详者，未肯精确耳。至若[⑥]毛、郑之以为恶，则工"羔裘豹袪""羔裘豹褎"明美，岂此二句忽以为恶乎？考之于事，潘父之弑昭侯，晋人立孝侯。庄伯之弑孝侯，晋人立鄂侯。武公之弑哀侯，晋人立小子侯。以曲沃之强暴，而晋屡世立君者，此必有大夫焉能抚其民而用之，其民不散，故其国独存也。《羔裘》所咏是其人也，岂可曰恶欤？

**【注释】**

①阙疑：指遇有疑惑，暂时空着，不做主观推测。

②《尔雅》：儒家经典之一，乃中国古代最早的词典，是辞书之祖，收集了比较丰富的古代汉语词汇。

③毛、郑之说：毛亨、毛苌叔侄及郑玄对此诗中"居居"和"究究"的观点。西汉时期的毛亨、毛苌所传的《诗经》叫作《毛诗》。《毛诗》也指《诗经》的《毛传》。之后，郑玄对《毛诗》所做的解释叫《郑笺》。《毛传》云："居居，怀恶不相亲比之貌。""究究，犹居居也。"《郑笺》云："其役使我之民人，其意居居然有悖恶之心，不恤我之困苦。"此乃毛、郑之说。

④《鸿雁》：即《小雅·鸿雁》，是《诗经》中一首"饥者歌其食，劳者歌其事"的现实主义诗作。

⑤《朱传》：即朱熹的《诗集传》。

⑥至若：至于。

# 鸨羽（三章）

肃肃鸨羽，集于苞栩。王事靡盬，不能蓺稷黍，父母何怙？悠悠苍天，曷其有所！比也。

肃肃鸨翼，集于苞棘。王事靡盬，不能蓺黍稷，父母何食？悠悠苍天，曷其有极！比也。

肃肃鸨行，集于苞桑。王事靡盬，不能蓺稻粱，父母何尝？悠悠苍天，曷其有常！比也。

《集传》：民从征役而不得养其父母，故作此诗。

刘氏瑾曰：变风[①]多作于春秋时。斯时也，天下不知有王之时也。而《北门》[②]云“王事适我”，《伯兮》云“为王前驱”，此诗亦云“王事”，而且以“靡盬[③]”为言，虽皆怨者之词，犹幸王命之行于列国，亦可以见君臣之义根于人心也，亦可以见文武成康之遗泽[④]也。

《御纂诗义折中》：《诗序》曰，《鸨羽》刺时也。《春秋》隐公五年，王命虢公伐曲沃，而立哀侯于翼[⑤]。桓公九年，虢仲、芮伯、梁伯、荀侯、贾伯伐曲沃。所谓王事也，伐曲沃而不能克，立晋君而不能定。所谓靡盬也，晋人以此之故，征役不已，而至于失所。原其始，皆由于失常。君君臣臣，是谓伦常所望。天心厌乱牖，我王心赫然，励精以图治，则君能出令，谁敢干之？君令而不违，臣共而不贰，则曲沃之篡弑不作[⑥]，而虢公、虢仲之征役亦已，民乃得蓺黍稷稻粱以养其父母，上下皆复其常矣。故有常而后有极，有极而后有所，此实拨乱反治之道，非空言也。

《备解》谓：《集传》泛言民从征役，盖不信《序》“昭公后大乱五世”云云。

**【注释】**

①变风：指《诗经·国风》中作于周王朝政治衰乱时期的作品。与“正风”相对。

②《北门》：即《诗经·邶风·北门》，是一首小官吏诉说自己愁苦的诗。

③靡盬：靡，无、没有。盬，休止。谓无止息，指辛勤于王事。亦可借指王事、公事。

④文武成康之遗泽：文武成康，指周文王、周武王、周成王、周康王。遗泽，留下的德泽。

⑤王命虢公伐曲沃，而立哀侯于翼：据《左传·隐公五年》载：当年秋天，由于曲沃背叛周桓王，于是周桓王命令虢公攻打曲沃，并在翼地立哀侯为晋君。翼，古地名，为晋国旧都，在今山西翼城东南。

⑥则曲沃之篡弑不作：如果曲沃篡位弑君之事未发生的话。

# 无衣（二章）

岂曰无衣七兮？不如子之衣，安且吉兮。赋也。

岂曰无衣六兮？不如子之衣，安且燠兮。赋也。

《集传》：史记曲沃桓叔之孙武公[①]伐晋，灭之，尽以其宝器赂周釐王。王以武公为晋君，列于诸侯。此诗盖述其请命之词意。

《东山经解》：《小序》，《无衣》美晋武公也。武公始并晋国，其大夫为之请命乎天子之使，而作是诗也。辩说此诗若非武公自作以述其赂王请命之意，则诗人所作以著其事而阴刺之之耳[②]。《序》以为美之，失其指矣。

《集传》：武公伐晋，灭之，尽以宝器赂周釐王，王以武公为晋君。此诗盖述其请命之意。

按：大夫请命于天子之使，则"子"指使犹可。若公自请命，"子"指天子，而又曰"岂曰无""不如子"，则其不恭亦甚矣，存之正以著其罪也。

《御纂诗义折中》：《无衣》伤世变也，"子"谓武公也。史记武公灭晋赂周，周王使虢公命为晋侯，曲沃人喜之，故言此七命[③]之服自庄伯以来旧有之，然终"不如子之衣"乃新命于王为安且吉也。《集传》以此为武公自述其请命之意，"子"指天子。当日天子虽弱，亦未必能变，不如以"子"为武公之安。

**【注释】**

①武公：即晋国国君晋武公（？—前677），又称曲沃武公，姬姓，名称，晋穆侯曾孙，曲沃桓叔之孙，曲沃庄伯之子。公元前678年，曲沃武公杀死晋侯缗，吞并晋国，并以珍宝贿赂周釐王，周釐王便封其为晋国国君，位列诸侯。曲沃武公改称晋武公，纪年仍沿用曲沃武公纪年。

②著其事而阴刺之之耳：宣扬此事而暗隐讥刺。

③七命：指周代官爵的第七级，可以立为侯伯建立封国。据《周礼·春官宗伯·大宗伯》："以九仪之命，正邦国之位：壹命受职，再命受服，三命受位，四命受器，五命赐则，六命赐官，七命赐国，八命作牧，九命作伯。"

# 有杕之杜（二章）

有杕之杜，生于道左。彼君子兮，噬肯适我。中心好之，曷饮食之？比也。

有杕之杜，生于道周。彼君子兮，噬肯来游。中心好之，曷饮食之？比也。

《集传》：此人好贤，而恐不足以致之。

徐氏常吉[①]曰：此所谓士之尊贤，非王公之尊贤者也。读之者可想见其切至之情。

《东山经解》：《御纂诗义折中》，美好贤也。武公以篡得国，诸侯不与也。然以逆取之，能以顺守之，知立国在于得人，故欲君子见辅而饮食之。此其心未必一出于正，而其迹则与中心[②]好贤者无异。盖亦有足多[③]者，故诗人美之也。厥后晋之卿材辈出，如狐、赵、栾、郤、荀、范、韩、魏之祖皆起于武献之间[④]，文公、悼公[⑤]借众贤之力以相继为伯于天下，武公启之也。

按：《小序》刺武公之寡特[⑥]，并其宗族，而不能求贤以自辅，失之远矣。《集传》以为此人好贤，而恐不足以致之。不指武公，抑知好贤，非在上君，公岂能给以饮食耶？

**【注释】**

①徐氏常吉：即徐常吉（1556—1591），字士彰，常州府武进人。明万历十一年（1583）进士，累官户科给事中。以清廉闻，尝为海瑞抗辩，劾房寰。著有《毛诗翼说》《事词类奇》等。

②中心：心中。

③足多：足以称美。

④武献之间：武，指晋武公。献，指晋献公，姬姓，名诡诸，晋武公之子，春秋时期的晋国君主，公元前676—前651年在位。

⑤文公、悼公：文公，指晋文公（前697或前671—前628），姬姓，名重耳，晋献公之子，是晋国的第二十二任君主，公元前636—前628年在位。晋文公文治武功卓著，是“春秋五霸”之一。悼公，即晋悼公（前586—前558），姬姓，名周，一作纠，又称周子或孙周，为惠伯谈的小儿子，其祖父桓叔捷为晋襄公的二儿子。他在堂叔晋厉公被弑后，被迎立为君。谥曰悼，侯爵，称晋侯周，简曰晋周。

⑥寡特：指孤立、无所攀援。

# 葛生（五章）

葛生蒙楚，蔹蔓于野。予美亡此，谁与独处？兴也。

葛生蒙棘，蔹蔓于域。予美亡此，谁与独息？兴也。

角枕粲兮，锦衾烂兮。予美亡此，谁与独旦？兴也。

夏之日，冬之夜。百岁之后，归于其居。兴也。

冬之夜，夏之日。百岁之后，归于其室。兴也。

《集传》：妇人以其夫久从征役而不归故言。

程子曰：此诗思存者，非悼亡者。葛之生托于物，蔹之生依于地。兴妇人，依君子，“谁与独处”，谁与乎？独处而已。

严氏粲曰：枕华衾鲜，思始嫁之具，而叹今之独宿也。“独旦”，犹王仲宣[①]诗言独夜思也。思者苦，夜长而难旦，“长夜漫漫何时旦”之意也。

《备解》：《御纂诗义折中》，《葛生》美思妇也。夫亡送葬，而思同穴，苦节守志，从一而终，故圣人有取焉。

按：《小序》以为刺献公好攻战，固无据矣。《集传》以为妇人以夫久从征役故言，亦非何者[②]。篇中“野”“域”“楚”“棘”明是葬所，“角枕”“锦衾”明是葬具，如何云生别？

**【注释】**

①王仲宣：即王粲（177—217），字仲宣，山阳高平（今山东邹城西南）人。东汉末年文学家，“建安七子”之一，与曹植并称为“曹王”。南朝梁文学理论批评家刘勰在《文心雕龙·才

略》中赞誉王粲为“七子之冠冕”。

②亦非何者：也没有什么依据。此句系针对前句“固无据矣（固然没有依据）”而言。

# 采苓（三章）

采苓采苓，首阳之巅。人之为言，苟亦无信。舍旃舍旃，苟亦无然。人之为言，胡得焉！比也。

采苦采苦，首阳之下。人之为言，苟亦无与。舍旃舍旃，苟亦无然。人之为言，胡得焉！比也。

采葑采葑，首阳之东。人之为言，苟亦无从。舍旃舍旃，苟亦无然。人之为言，胡得焉！比也。

《集传》：此刺听谗之诗。

吕氏祖谦曰：采苓，采苦，采葑，不曰郊野而曰首阳[①]者，兴采听之当远也。孔子曰：浸润之谮[②]，肤受之诉[③]，不行焉，可谓远[④]也已矣。不轻听易动，而徐观其是，非惟远者能之。毛氏以采苓为细事，首阳为幽辟。孔氏引而伸之，谓谗言之起，由君数问小事于小人，虽求之太过，然实天下之名言也。

《东山经解》：《小序》，《采苓》刺晋献公也，献公好听谮焉。

《御纂诗义折中》：骊姬之谮[⑤]，申生其事，至易明也。曲沃之胙[⑥]置诸宫中已六日矣，未有毒在肉中六日而不腐者，苟亦无信，则其立见，而惜乎其遽信而遽从之也。

按：朱子不信《小序》，泛指为听谮，又曰比也，或曰兴也。诗原以采苓、苦、葑比听谗，曰为言，俱指苓、葑、苦之言言，人言有苓、有葑、有苦，我必亲至其处采之，当是为比不是兴[⑦]。

**【注释】**

①首阳：山名，一称雷首山，相传为伯夷、叔齐采薇隐居处。

②浸润之谮：浸润，指像水一样慢慢渗进。谮，指谗言。此句意为，像水那样一点一滴渗进来的谗言，不易觉察。

③肤受之诉：诉，诬告。此句意思是，像皮肤感觉到疼痛那样的诬告，比喻直接的诽谤。

④远：明智的最高境界。

⑤骊姬之谮：骊姬（？—前651），名不详，姿色艳美，春秋时期骊戎国君之女，晋献公之妃子，晋君奚齐之生母。公元前672年，晋献公打败骊戎，骊戎求和，将骊姬与其妹少姬献给晋献公。骊姬以美色获得晋献公专宠，献媚取怜，逐步博得晋献公信任，参与朝政。但骊姬仍不满足，使计离间挑拨晋献公与儿子申生、重耳、夷吾的感情，迫使申生自杀，重耳、夷吾逃亡，改立自己所生之子奚齐为太子，史称“骊姬之乱”。

⑥曲沃之胙：胙，祭祀时用的酒肉。曲沃之胙，指骊姬用来陷害申生兄弟三人的毒酒肉。晋献公二十一年（前656），骊姬对太子申生说，晋献公曾梦见他的母亲齐姜，让他速去曲沃祭祀一番。太子申生于是到曲沃祭祀母亲齐姜后，将祭祀用的酒肉献给晋献公。当时晋献公刚好外出打猎，六天后打猎回来，骊姬暗中派人在酒肉中下毒，然后让厨师将酒肉奉给晋献公。而当晋献公要吃酒肉时，骊姬又从旁阻止，然后以狗和下人试毒而死，栽赃申生，以致申生逃亡至新城，后自杀。骊姬又说公子夷吾和重耳是同谋，于是两位公子也只好逃离。

⑦当是为比不是兴：“比”与“兴”是诗的两种表现手法，语出《诗大序》：“故诗有六义焉：一曰风，二曰赋，三曰比，四曰兴，五曰雅，六曰颂。”“比”是譬喻，“兴”是烘托。此句意思是，应该是譬喻而非烘托。

唐国十二篇三十三章二百三句。

朱氏公迁曰：忧深思，《唐风》之厚。《杕杜》好贤，盖亦知所崇尚者，听谗有刺，征役有怨，亦无责于变风时，惟武公之元恶大憝[①]，则《国风》中所无有也。

王氏应麟曰：晋文返国[②]，仅见于秦《渭阳》诗，而《唐风》不录事迹，以其谲也。

高氏朝缨曰：首《蟋蟀》知唐之所以兴，终《采苓》知唐之所以替。

严氏粲曰：魏唐无淫诗，古风其犹在乎？

**【注释】**

①元恶大憝：指元凶魁首。

②晋文返国：晋文，即晋文公重耳。晋文返国，指的是重耳受迫害，曾流亡列国十九年，后由秦送回晋国即位。

# 秦　风

秦，国名，其地在《禹贡》雍州之域，近鸟鼠山。初，伯益佐禹治水有功，赐姓嬴氏。其后中潏居西戎①，以保西垂。六世孙大骆②生成及非子。非子事周孝王③，养马于汧渭④之间。马大繁息，孝王封为附庸而邑之秦。至宣王⑤时，犬戎灭成之族⑥。宣王遂命非子曾孙秦仲⑦为大夫，诛西戎不克，见杀⑧。及幽王为西戎犬戎所杀⑨，秦仲孙襄公以兵送平王⑩。王封襄公为诸侯，曰：能逐犬戎，即有岐丰⑪之地。襄公遂有周西都畿内八百里之地。至玄孙德公，又徙于雍。秦，即今之秦州。雍，今京兆府兴平县是也。

**【注释】**

①中潏居西戎：中潏，商朝人物，嬴姓，伯益的后裔，中衍的玄孙，乃戎胥轩与骊山女所生，在西戎，保西垂。中潏是春秋战国时代秦国、赵国的祖先。西戎，乃古代华夏部落对西方敌对诸部落的统称，亦可指春秋战国时期一些西戎部落建立的国家。

②大骆：西周时期犬丘封主，蜚廉五世孙，恶来四世孙，秦国始封主秦非子之父。

③非子事周孝王：非子，即大骆之子嬴非子，亦即秦国创始人秦非子。周孝王（？—前896），姬姓，名辟方，周穆王姬满之子，西周第八位君主。非子事周孝王，指的是嬴非子为周孝王养马之事。因嬴非子擅长养马，应周孝王征召，在汧水、渭水间替周王室主持牧马，马群得到大量繁殖，为周王朝立下汗马功劳。

④汧渭：亦作“千渭”，即西周时期千河流入渭河的地方，也就是现在陕西省宝鸡市凤翔区长青镇，此地便是当年嬴非子受

周天子之令从天水来到关中为周王室牧马的“汧渭之会”。

⑤宣王：指周宣王（？—前783），姬姓，名靖，一作静，周厉王姬胡之子，西周第十一代君主。

⑥犬戎灭成之族：犬戎，系中国古代部落名，同“猃狁”，活跃于今陕、甘一带。成之族，指的是大骆之子、嬴非子之兄弟嬴成的后人。

⑦秦仲:？—前822，嬴姓，名不详，秦公伯之子，西周时期秦国国君，公元前844—前822年在位。

⑧诛西戎不克，见杀：公元前824年，周宣王任命秦仲为大夫，令其率军进攻西戎。公元前822年，秦仲在与西戎交战中，战败阵亡。秦仲死后，由其长子秦庄公即位。

⑨幽王为西戎犬戎所杀：幽王，即周幽王姬宫涅（？—前771），周宣王姬静之子，母姜后，西周第十二代君主。公元前771年，申侯联合犬戎攻打周幽王，且在骊山下杀死了贪婪腐败、不问政事的周幽王，西周灭亡。周幽王死后，诸侯共同拥立前任太子姬宜臼继位，是为周平王，为东周第一位君主。周平王元年（前770），为躲避犬戎的侵袭，在秦国军队的护送下，将都城东迁到洛邑（今河南洛阳）。

⑩秦仲孙襄公以兵送平王：襄公，即秦襄公（？—前766），嬴姓，赵氏，名不详，秦仲之孙，秦庄公次子，春秋时期秦国被正式列为诸侯的第一任国君。公元前771年，申侯联合犬戎进攻镐京，袭杀周幽王时，秦襄公以兵救周。周平王东迁，秦襄公出兵护送，以功封诸侯。东迁后，周平王把王室无力控制的岐山以西的土地赐予秦国，为日后秦国的强大打下了基础。

⑪岐丰：在今天的陕西岐山以西。

# 车邻（三章）

有车邻邻，有马白颠。未见君子，寺人之令。赋也。

阪有漆，隰有栗。既见君子，并坐鼓瑟。今者不乐，逝者其耋。兴也。

阪有桑，隰有杨。既见君子，并坐鼓簧。今者不乐，逝者其亡。兴也。

《集传》：是时，秦君始有车马，及此寺人[①]之官。将见者，必先使寺人通之。故国人创见[②]而夸美之也。

沈氏万钶[③]曰：夫击瓮扣缶[④]，弹筝搏髀[⑤]，而歌乌乌快耳目者，真秦之声也。今鼓瑟鼓簧，非其旧声，创见可知。

严氏粲曰：秦反周之政者也，秦兴而帝王之影响尽矣。《车邻》其滥觞也，世道升降之机在是矣。

沈氏守正[⑥]曰：未见而传，卫之森严。既而略其名分，与国中雄杰之士慷慨悲歌，勉其及时以就功名，即安能悒悒[⑦]待数十百年之意也。读《车邻》而秦之规模定矣。

**【注释】**

①寺人：官名。

②创见：第一次出现、初见。

③沈氏万钶：即沈万钶，字玉台，嘉善人。明万历二十五年（1597）举人。著有《诗经类考》三十卷。

④击瓮扣缶：击瓮，敲击瓦瓮。叩缶，敲打酒器。缶，古代的一种盛酒器。

⑤弹筝拊髀：意思是弹着筝，拍着大腿。拊髀，拍击大腿，为歌曲打节奏。

⑥沈氏守正：即沈守正（1572—1623），字无回，钱塘人。

⑦悒悒：忧郁、愁闷。

# 驷驖（三章）

驷驖孔阜，六辔在手。公之媚子，从公于狩。赋也。

奉时辰牡，辰牡孔硕。公曰左之，舍拔则获。赋也。

游于北园，四马既闲。輶车鸾镳，载猃歇骄。赋也。

《集传》：此亦前篇之意也。

孔氏颖达曰：作《驷驖》诗者，美襄公也。秦自非子以来，世为附庸，未得王命。今襄公始受王命为诸侯，有游田[①]狩猎之事，园囿[②]之乐焉，故美之也。

刘氏瑾曰：朱子虽以此序稍平，不复致辩，然又谓秦诗时世多不可考。今据诗中言，“公”乃臣子称其君之词，疑此诗亦作于襄公受命为侯之后也。

**【注释】**

①游田：亦作“游畋”，指出游打猎。

②园囿：指周以围墙，布置亭榭石木，间或畜有鸟兽的皇家花园。亦泛指庭园、花园。

# 小戎（三章）

小戎俴收，五楘梁辀。游环胁驱，阴靷鋈续。文茵畅毂，驾我骐馵。言念君子，温其如玉。在其板屋，乱我心曲。赋也。

四牡孔阜，六辔在手。骐骝是中，騧骊是骖。龙盾之合，鋈以觼軜。言念君子，温其在邑。方何为期，胡然我念之？赋也。

俴驷孔群，厹矛鋈錞。蒙伐有苑，虎韔镂膺。交韔二弓，竹闭绲縢。言念君子，载寝载兴。厌厌良人，秩秩德音。赋也。

《集传》：西戎者，秦之臣子所与不共戴天之仇也。襄公上承天子之命，率其国人，往而征之。故其从役者之家人，先夸车甲之盛如此，而后及其私情。盖以义兴师，虽妇人，亦知勇于赴敌，而无所怨矣。

严氏粲曰：铺陈兵车器械之事，津津然夸说不已，以妇人悯其君子，而尤有鼓勇之气，此真秦风也哉！

朱子曰：西戎方强矣，则征伐宜休而不休。征伐不休，则国人宜怨矣而不怨，反为诗以美其主。而圣人亦有取焉，何哉？襄公上承天子之命，以报君父之仇，其所以不能自已者，岂忮忿之私心哉？乃人伦之正，天理之发，以大义驱其人而战之。敌之强弱，战之胜负，皆有所不暇顾，而惟知仇。仇之不可以不复，此襄公所以能用其人，而秦人所以乐为之用也。圣人有取乎此，亦《春秋》大复仇而与讨贼之意欤？

# 蒹葭（三章）

蒹葭苍苍，白露为霜。所谓伊人，在水一方。溯洄从之，道阻且长。溯游从之，宛在水中央。赋也。

蒹葭萋萋，白露未晞。所谓伊人，在水之湄。溯洄从之，道阻且跻。溯游从之，宛在水中坻。赋也。

蒹葭采采，白露未已。所谓伊人，在水之涘。溯洄从之，道阻且右。溯游从之，宛在水中沚。赋也。

《集传》：言秋水方盛之时，所谓彼人者，乃在水之一方，上下求之而皆不可得。然不知其何所指也。

《备解》：《小序》，《蒹〔葭〕》刺襄公也，未能用周礼[①]，将无以国其国焉。胡一桂[②]曰：此诗毛谓刺襄公，能用周礼则可以固国，如蒹葭得霜露则可用。诸家皆因之。伊人，郑氏以为知周礼之贤人，乃在大水一边，盖言其远也，欲求而用之。陈氏、欧阳氏[③]谓伊人斥襄公。东莱[④]谓伊人犹曰所谓此理，盖指周礼也。襄公所以未能用周礼者，疑其迂耳。故诗人讽之，以理甚易且近，特人求之非其道耳。此皆《序》说，愈巧而愈凿[⑤]者如此。按《周礼》书也，安可以人目之，又安可以在水言之？吕说尤不通也。

《折中》：周献民不仕襄文之世，变法僭礼[⑥]，献民沦隐，故诗人思之。

《钦定诗经传说汇纂》：《序》，刺襄公未用周礼。朱子此说近于凿然，《集传》所谓彼人者，仍不知其何所指也。今反复读之，曰伊人，曰从之，曰宛在，恍若有高人逸士隐于水滨，潜深伏隩[7]，可望不可即者，则以是篇作怀人思贤咏观可也。徐与乔曰：周兴咏《蒹葭》见春田之仁，秦兴咏《葭蒹》见秋霜之肃。

【注释】

①周礼：即周代礼制。记录周代礼制最为详备的著作是《周礼》。

②胡一桂：1247—?，字庭芳，徽州婺源（今江西上饶婺源）人。生而颖悟，好读书，尤精于易学。著有《易本义附录纂疏》《易学启蒙翼传》《朱子诗传附录纂疏》《十七史纂》等。

③陈氏、欧阳氏：陈氏，即陈鹏飞（1099—1148），字少南，永嘉（今浙江温州）人。南宋高宗绍兴十二年（1142）进士。所著《罗浮集》《管见集》《书经》《诗传》等均佚。欧阳氏，即欧阳修。

④东莱：即吕祖谦。

⑤凿：穿凿附会。

⑥僭礼：越礼。

⑦潜深伏隩：形容潜藏深处，不出头露面。

# 终南（二章）

终南何有？有条有梅。君子至止，锦衣狐裘。颜如渥丹，其君也哉！兴也。

终南何有？有纪有堂。君子至止，黻衣绣裳。佩玉将将，寿考不忘。兴也。

《集传》：此秦人美其君，亦《车邻》《驷驖》之意也。

李氏樗曰：襄公能却西戎之锋敌，王所忾[①]使周室得以东迁洛邑，以是封诸侯，受显服。大夫恐其志骄意满，怠于修政，故因美之，而遂以劝戒也。

孔氏颖达曰：美之者，美以功德受显服。戒劝之者，戒令修德无倦，劝其务立功业也。

**【注释】**

①王所忾：意为天子的愤怒。忾，愤怒、愤恨。

## 黄鸟（三章）

交交黄鸟，止于棘。谁从穆公？子车奄息。维此奄息，百夫之特。临其穴，惴惴其栗。彼苍者天，歼我良人。如可赎兮，人百其身。兴也。

交交黄鸟，止于桑。谁从穆公？子车仲行。维此仲行，百夫之防。临其穴，惴惴其栗。彼苍者天，歼我良人。如可赎兮，人百其身。兴也。

交交黄鸟，止于楚。谁从穆公？子车针虎。维此针虎，百夫之御。临其穴，惴惴其栗。彼苍者天，歼我良人。如可赎兮，人百其身。兴也。

《集传》：秦穆卒，以子车氏之三子为殉[①]，皆秦之良也。国人哀之，为之赋《黄鸟》。事见《春秋传》。

《诗经精义》：穆公生前不忍杀有罪之孟明[②]，岂死后竟忍杀无辜之良士？即使三良为穆公之命，康公[③]从其命而不改，亦异于魏颗[④]矣。参苏轼、苏辙说。

《集传》：《春秋传》曰，秦穆公之不为盟主也宜哉！死而弃民，先王违世[⑤]，犹贻之法，而况夺之善人乎？今纵无法以遗后嗣，而又收其良以死，难以在上矣。君子是以知秦之不复东征。愚按：穆公于此，其罪不可逃矣。但或以为，穆公遗命如此，而三子自杀以殉，则三子亦不得为无罪。今观临穴[⑥]惴惴之言，则是康公从父之乱命，迫而纳之于圹[⑦]，其罪有所归矣。又按《史记》：秦武公卒，初以人从死，死者六十六人。

至穆公遂用百七十七人，而三良与焉。盖其初特出于戎翟之俗，而无明王贤伯以讨其罪，于是习以为常，则虽以穆公之贤而不免。论其事者，亦徒悯三良之不幸，而叹秦之衰。至于王政不纲，诸侯擅命，杀人不忌，至于如此，则莫知其为非也。呜呼！俗之敝也久矣。其后始皇之葬，后宫皆令从死，工匠生闭墓中，尚何怪哉？

**【注释】**

①以子车氏之三子为殉：据《左传·文公六年》载："秦伯任好（即秦穆公）卒，以子车氏之三子奄息、仲行、针虎为殉，皆秦之良也。"

②孟明：通称孟明视，名视，字孟明，百里奚之子，亦称百里孟明视，春秋时秦将。秦穆公三十三年（前627），奉命与西乞术、白乙丙率师袭郑，回师经崤，为晋所袭，兵败被俘。旋被释回，仍为穆公重用。率师伐晋，又败。后整顿内政，终于战胜晋军，并辅助穆公称霸西戎。

③康公：即秦康公（？—前609），嬴姓，名罃，秦穆公之子，春秋时期秦国国君，公元前620—前609年在位。

④魏颗：姬姓，令狐氏，名颗，因令狐氏出于魏氏，故多称魏颗，史称令狐文子，春秋时期晋国魏武子的儿子，为人明礼敦厚，任晋国将军之职。

⑤违世：去世。

⑥临穴：指面对自己的墓穴。

⑦圹：墓穴，亦指坟墓。

# 晨风（三章）

鴥彼晨风，郁彼北林。未见君子，忧心钦钦。如何如何？忘我实多。兴也。

山有苞栎，隰有六驳。未见君子，忧心靡乐。如何如何？忘我实多。兴也。

山有苞棣，隰有树檖。未见君子，忧心如醉。如何如何？忘我实多。兴也。

《集传》：妇人以夫不在而言此，与扊扅之歌[①]同意，盖秦俗也。

赵一元曰：雍州无郑卫浮靡之习，故其民多深厚之思，《晨风》之歌是也。夫秦民轻生乐战，弃其室家而莫之顾，宁保无相忘乎？吁！视《汝坟》《殷雷》之风远矣。

《东山经解》：《御纂诗义折中》，穆公将士西取由余[②]于戎，东得百里奚[③]于宛，求丕豹[④]、公孙支[⑤]于晋，故士多归之。康公意怠，贤人去焉。其上弃之，其下思之，并责其不可果于相忘也。此从《序》说也。朱子改为妇人思其夫之辞，则诗中毫未露夫妇之意，恐不若从《小序》之为妥也。

**【注释】**

①扊扅之歌：指《扊扅歌》。扊扅，即门闩。春秋时期，百里奚想离家出去干一番大事业，因家里太穷，其妻只好劈掉门闩当柴烧，烹鸡为之饯行。《扊扅歌》唱的即是该故事。

②由余：姬姓，名由余，字怀忠，周武王的少子唐叔虞的十

五世孙，晋鄂侯的曾孙，春秋时期晋国人。由余因晋国内乱，流亡到了戎地。戎王听说秦穆公贤能，便派由余到秦国考察。秦穆公知由余有才能，遂用计拜其为上卿。由余为秦穆公出谋划策，帮助秦国攻伐西戎，并国十二，开地千里，称霸西戎，使秦穆公得以位列春秋五霸之一。

③百里奚：百里氏，一说百氏，字里，名奚。原为虞大夫，虞亡时为晋所俘，作为晋献公女陪嫁之臣入秦。后出走楚，为楚人所执，又被秦穆公以五张牡黑羊皮赎回，用为大夫，世称“五羖大夫”。与蹇叔、由余等共同辅佐秦穆公建立霸业。

④丕豹：春秋时期晋国大夫丕郑的儿子，后来投奔秦国，成为秦穆公的臣下。

⑤公孙支：嬴姓，名支，字子桑，岐州（今陕西凤翔南）人。秦穆公欲以公孙支为上卿，他则让于百里奚，于是秦穆公以百里奚为上卿，以公孙支为次卿。

# 无衣（三章）

岂曰无衣？与子同袍。王于兴师，修我戈矛，与子同仇。赋也。

岂曰无衣？与子同泽。王于兴师，修我矛戟，与子偕作。赋也。

岂曰无衣？与子同裳。王于兴师，修我甲兵，与子偕行。赋也。

《集传》：秦俗强悍，乐于战斗，故其人平居相谓。

郑氏康成曰：此责康公之言也。君岂尝曰女无衣[①]，与女共袍乎？言不与民同欲。

《钦定诗经传说汇纂》：《序》，《无衣》刺用兵也，不指某公。《郑笺》则指康公。朱子初解曰，襄公攘戎狄报君父之仇，故征伐不休，而诗人美之。康公令狐之战修私怨[②]，逞小忿，故好攻战，亟用兵，而诗人刺之。是以此诗为刺也。《集传》以为秦人平居相谓之词，则似美而非刺。然引苏辙之言曰，秦本周地，其民犹思周之盛时，则作东迁以后诗观矣。然东迁以后，康公有令狐及灭庸之举[③]，未闻有为王兴师之事，则《序》之以为刺，或亦然也。

《东山经解》：《御纂诗义折中》，《无衣》勤王也。按：此诗当在《黄鸟》之前，康公以后无勤王之事。史称襄王出居于郑[④]，使人告难[⑤]于秦晋，秦穆公将兵助晋文公，纳襄王[⑥]，杀叔带[⑦]，此所谓王于兴师也。按：秦俗虽强悍，何至以战斗为乐？且即平居如此相谓矣，寻常百姓一告语，仕人作为歌而献之天子，夫子又何为而存之？定是穆公纳襄王之事。

《集传》：秦人之俗，大抵尚气概、先勇力、忘生轻死，故其见于诗如此。然本其初而论之，岐丰之地，文王用之以兴二《南》之化⑧，如彼其忠且厚也。秦人用之，未几而一变其俗至于如此，则已悍然有招八州⑨而朝同列之气矣。何哉？雍州土厚水深，其民厚重质直，无郑、卫骄惰浮靡之习，以善导之则易兴起而笃于仁义，以猛驱之则其强毅果敢之资，亦足以强兵力农而成富强之业，非山东诸国所及也。呜呼！后世欲为定都立国之计者，诚不可不监乎此⑩。而凡为国者，其于导民之先路，尤不可不审其所之也。

**【注释】**

①君岂尝曰女无衣：君主岂曾说过你没有衣服。女，通“汝”。

②康公令狐之战修私怨：指周襄王三十二年（前620）晋秦争霸战争中，晋国正卿赵盾率军在令狐（今山西临猗西南）击败秦军，结下私怨之事。

③令狐及灭庸之举：指历史上两场著名的战争，前者是指公元前620年晋国在令狐击败秦军的战争，后者是指公元前611年秦、巴、楚联合灭掉庸国的战争。

④出居于郑：指移居郑国。

⑤告难：告急。

⑥纳襄王：周襄王十七年（前635）三月，晋文公发兵救周围温，四月纳襄王于王城，杀叔带，平周乱。

⑦杀叔带：叔带，周襄王同父异母的弟弟。当周襄王联翟伐郑时，翟人竟勾结惠后（叔带的生母）袭击周襄王。周襄王逃奔郑国，叔带遂即王位。公元前635年，周襄王告难于晋、秦，晋发兵助其归国，并杀了叔带。

⑧二《南》之化：二《南》，指《诗经》中的《周南》与

《召南》。化，教化。

⑨八州：指的是中国全土。中国自古有九州之称，但自京畿而言，则为八州。

⑩诚不可不监乎此：确实不可不借鉴于此。监，借鉴、参考。

# 渭阳（二章）

我送舅氏，曰至渭阳。何以赠之？路车乘黄。赋也。

我送舅氏，悠悠我思。何以赠之？琼瑰玉佩。赋也。

《集传》：舅氏，秦康公之舅、晋公子重耳也。出亡在外，穆公召而纳之。时康公为太子，送之渭阳而作此诗。

又《序》以为，时康公之母穆姬已卒，故康公送其舅而念母之不见也。或曰，穆姬之卒不可考，此但[①]别其舅而怀思耳。

辅氏广曰：读是诗者，见其情意周至，言有尽而意无穷，良心之发固如是也。薛氏应旂[②]曰：上章是送之有所在，而以所乘赠之，下章是送之有所思，而以所佩赠之。

《集传》：按《春秋传》，晋献公烝于齐姜[③]，生秦穆夫人、太子申生。娶犬戎胡姬生重耳，小戎子生夷吾。骊姬生奚齐，其娣生卓子[④]。骊姬谮申生，申生自不辩而死。又谮二公子，二公子皆出奔。献公卒，奚（夷）〔齐〕、卓子继立，皆为大夫里克所弑。秦穆公纳夷吾，是为惠公。卒，子圉立，是为怀公。立之明年，秦穆〔公〕又召重耳而纳之，是为文公。王氏曰："至渭阳"者，送之远也。"悠悠我思"者，思之长也。"路车乘黄""琼瑰玉佩"者，赠之厚也。广汉张氏[⑤]曰：康公为太子，送舅氏而念母之不见，是固良心也。而卒不能自克于令狐之役，怨欲害乎良心也。使康公知循是心养其端而充之[⑥]，则怨欲可消矣。

愚按：秦晋交兵，皆晋之负秦，非秦之负晋。

【注释】

①此但：这只是。

②薛氏应旂：即薛应旂（1500—1575），字仲常，号方山，常州人。明朝学者、藏书家，著有《宋元通鉴》等。

③晋献公烝于齐姜：烝，指娶父亲或兄长的妻妾，即乱伦。齐姜，春秋时齐桓公之宗女，初嫁晋武公为妾，武公年老不能行房事，献公遂与齐姜私通，生子名申生。献公继位后，以齐姜为夫人，申生为太子。

④骊姬生奚齐，其娣生卓子：晋献公五年（前672），晋献公攻打骊戎，得到骊姬及其妹少姬。娣，古代姐妹共嫁一夫时对妹妹的称呼，幼为娣，长为姒，此指少姬。

⑤广汉张氏：即张栻（1133—1180），字敬夫，一字钦夫，又字乐斋，号南轩，世称南轩先生，汉州绵竹（今属四川）人。张浚子。南宋学者、教育家。南宋孝宗乾道元年（1165），主管岳麓书院教事，从学者达数千人，初步奠定了湖湘学派规模，成为一代学宗。与朱熹、吕祖谦齐名，时称“东南三贤”。孝宗淳熙七年（1180）去世，理宗淳祐元年（1241）从祀孔庙。著作有《论语解》《孟子说》《南轩集》等。

⑥使康公知循是心养其端而充之：使，假使。此句意思是，假使秦康公知道遵循此心，保持其正直而宽容。

# 权舆（二章）

於我乎！夏屋渠渠，今也每食无余。吁嗟乎！不承权舆。赋也。

於我乎！每食四簋，今也每食不饱。吁嗟乎！不承权舆。赋也。

《集传》：此言其君始有渠渠之夏屋，以待贤者。而其后礼意寖衰[①]，供亿寖薄[②]，至于贤者每食而无余。于是叹之，言不能继其始也。

《钦定诗经传说汇纂》：是诗朱子初说仍依《序》，指康公而言，吕祖谦作《读诗记》尝引之矣。及著《集传》，则泛言其君，而不辨《序》说为非是，至章末引楚元王[③]事为证，则犹是《序》意也。故前儒从古义者参录之。

按：康公待贤无考。

《集传》：汉楚元王敬礼申公[④]、白生[⑤]、穆生[⑥]。穆生不嗜酒，元王每置酒，尝为穆生设醴[⑦]。及王戊[⑧]即位常设，后忘设焉。穆生退曰：可以逝矣[⑨]。醴酒不设，王之意怠。不去，楚人将钳[⑩]我于市。遂称疾。申公、白生强起之曰：独不念先王之德欤？今王一旦失小礼，何足至此？穆生曰：先王之所以礼吾三人者，为道之存故也。今而忽之，是忘道也。忘道之人，胡可与久处？遂谢病去。亦此诗之意也。

**【注释】**

①寖衰：逐渐衰退。

②寖薄：逐渐淡薄。

③楚元王：即刘交（？—前179），字游，刘太公第四子，汉高祖刘邦异母弟。刘邦即皇帝位，封刘交为楚王。

④申公：姓申名培，西汉时鲁（今山东曲阜一带）人。西汉初期经学家、“鲁诗学”开创者，对《诗经》的保存和流传有重要贡献。

⑤白生：西汉鲁人。秦时尝与刘交、申公、穆生等从浮丘伯学《诗》。入汉，刘交为楚王，以白生、申公等为中大夫，使傅其孙戊。刘戊即位，稍淫暴，与吴通欲谋反。白生、申公谏不听，刘戊罚之，使白生穿褐色囚衣，杵臼碓舂于市。

⑥穆生：西汉鲁人。楚元王刘交敬礼穆生，常为设醴，后交孙戊嗣立，忘设醴，穆生知其意怠，遂去。见《汉书·楚元王刘交传》。

⑦设醴：意即置酒。醴，原指采用稻、麦、粟、黍等酿造的酒，此特指美酒。

⑧王戊：即刘戊，西汉第三任楚王。汉文帝元年（前179），在位二十三年的楚王刘交去世，谥号元。因刘交的长子刘辟非早卒，所以立其次子刘郢客为楚王，是为楚夷王。刘郢客在位仅四年，公元前174年去世，其子刘戊嗣位，即后来参与七国之乱的楚王。

⑨可以逝矣：可以离开了。逝，离开。

⑩钳：古刑罚，即以铁器钳束人的颈项、手、足。

秦国十篇二十七章一百八十一句。

# 陈　风

陈，国名，大皞伏羲氏[①]之地，在《禹贡》豫州之东。其地广平，无名山大川，西望外方，东不及孟诸[②]。周武王时，帝舜之胄有虞阏父为周陶正[③]。武王赖其利器用，与其神明之后，以元女大姬妻其子满[④]，而封之于陈，与黄帝、帝尧之后，共为三恪[⑤]，是为胡公。大姬妇人尊，好乐巫觋[⑥]之事，其民化之。今之陈州，即其地也。

郑康成曰：大姬好巫觋祈祷鬼神歌舞之乐，民俗化而为之。五世至幽公[⑦]，当厉王时，政衰，大夫荒淫无度，国人伤而刺，陈之变风作矣。

**【注释】**

①大皞伏羲氏：大皞，又名太昊、太皞。伏羲，华夏民族人文先始，三皇之一，亦是与女娲同为福佑社稷之正神。在后世与太昊、青帝等诸神合并，被官方称为太昊伏羲氏，亦有青帝太昊伏羲（即东方上帝）一说。燧人氏之子，生于成纪，定都在陈地。

②孟诸：亦作孟猪、孟潴。古大泽名，位于宋国，在今河南商丘东北、虞城西北。

③有虞阏父为周陶正：有虞，即有虞氏。阏父，即虞阏父，亦称虞遏父。周陶正，即周王室的陶正。陶正，周代的官名，掌制造陶器之事。

④以元女大姬妻其子满：元女，即长女。妻，此为嫁给。满，即妫满，字少汤，舜帝之后，阏父之子，亦称陈胡公、胡公满、虞胡公。周武王灭商建周后，将长女大姬嫁给妫满为妻，封

于陈地，建立陈国，奉祀舜帝。

⑤三恪：周朝新立，封前代三王朝的子孙，给以王侯名号，称三恪，以示敬重。

⑥巫觋：古代称女巫为巫，男巫为觋，合称巫觋。

⑦幽公：此为陈幽公，即妫宁，为西周诸侯国陈国君主之一，在位时间为公元前854—前832年，共在位二十三年。

# 宛丘（三章）

子之汤兮，宛丘之上兮。洵有情兮，而无望兮。赋也。

坎其击鼓，宛丘之下。无冬无夏，值其鹭羽。赋也。

坎其击缶，宛丘之道。无冬无夏，值其鹭翿。赋也。

《集传》：国人见此人常游荡于宛丘之上，叙其事以刺之也。

辅氏广曰：乐，固人之所喜也。然必一张一弛，时出而用之，然后可以和悦其心志，舒散其气血。倘作乐无时，则适足以陷溺其心耳。

《钦定诗经传说汇纂》：《序》，《宛丘》刺幽公也。毛氏苌曰：子指大夫，《经》所陈乃大夫之事，由君化之使然，故举大夫之事以刺之。郑康成则曰：子者，指幽公也，是《经》《序》相符也。孔颖达申其说曰：《经》之所陈，皆幽公之事，不宜以为大夫。隐四年[①]，公子翚[②]谓隐公曰：百姓安子[③]，诸侯说[④]〔子〕。则诸侯之臣亦呼君曰“子”，故易传也。朱子曰：子指游荡之人也。辨《小序》曰：陈国小，无事实[⑤]，幽公但以恶谥[⑥]。故得游荡无度之诗未敢信也，解经可谓慎矣。然曰：望，人所瞻望也。则若似属有位者[⑦]言也。若闾巷细民鼓舞于宛丘，何关轻重？而国人作诗以刺之，又致夫子录是诗以冠《陈风》之首，重为后世戒耶？盖上行则下效，《序》与传笺[⑧]，推其原则有所〔指〕，朱子则泛言之理一也。

**【注释】**

①隐四年：即鲁隐公四年。由于《春秋》以鲁国国史为基础而编，故当时的国际大事都是以鲁国纪年来记录，鲁隐公也因经常被提及而出名。

②公子翚：一作公子挥，姬姓，名翚，字羽父，鲁宗室，春秋初年鲁国大臣。

③安子：对您满意。安，满意。子，古代对人的尊称，此指鲁隐公。

④说：通“悦”，喜欢。

⑤事实：故实、典故。

⑥但以恶谥：仅以污蔑之辞。但，仅、只。恶谥，原指含贬义的谥号，引申指污蔑之辞。

⑦若似属有位者：像是属于有地位的人。

⑧传笺：即对《诗经》的注解。《诗经》注有汉毛公传与郑玄笺。

# 东门之枌（三章）

东门之枌，宛丘之栩。子仲之子，婆娑其下。赋也。

榖旦于差，南方之原。不绩其麻，市也婆娑。赋也。

榖旦于逝，越以鬷迈。视尔如荍，贻我握椒。赋也。

《集传》：此男女聚会歌舞而赋其事以相乐也。

《东山经解》：《集传》，子仲之子，子仲氏之女也。严粲曰：次章言不绩其麻[①]，知子仲之子为指女子也。

《御纂诗义折中》：子仲之子，贵族之子也。康成曰：之子，男子也。

按：此章男不耕，次章女不绩。若以子仲之子为即不绩麻之女子，是陈国仅仅女游，并无淫乱之事矣。末章众迈贻椒[②]，将亦群女子相贻耶？

《御纂诗义折中》：市，易也。彼此交易而舞，故曰市也。

按《集传》云：差择善旦[③]以会于南方之原，于是弃其业而往舞于市也。原者，高平之地耳，其上安得有市？即有市，岂有男女之淫而于万人所聚之市也者？“市”字定当训为“易”。

又，《折中》：高平曰原。范祖禹曰：民于善日则择高明之地而荒乐焉是也。欧阳修曰：男女淫奔，多在国之郊野，谓南方之原者，犹东门之墠[④]也。李樗曰：毛、郑以“原”为陈大夫，而以“原”为氏，不甚明白。欧阳以为“南方〔之〕原”则其说男简劲矣。

稿本眉批：今之山市多在丘陵之上，高平之地何云勿市？若谓男女表赠私物，不可于万人往之地，则又不然。夫株林之时，灵公已朝食于株[5]矣。彼为人君者，既显行其淫而不畏耻，况小民乎？

【注释】

①不绩其麻：绩麻，意思是把麻搓捻成线或绳。不绩其麻，借喻（女子）放下手中的活计。

②众迈贻椒：迈，远行、行进。众迈，指会合而行。贻，赠送。椒，花椒，属芸香料，具有香气。诗中的女子把手中所握的花椒籽赠送给自己钟爱的男子。后以“握椒”借指男女间持赠表示爱情的礼物。

③差择善旦：即选择良辰。差择，选择。善旦，良辰。

④东门之墠：东门郊外之坪。墠，经过整治的郊野平地。

⑤朝食于株：朝食，吃早饭。典出《诗经·陈风·株林》：“驾我乘马，说于株野。乘我乘驹，朝食于株。”郑穆公的女儿夏姬，嫁给封地位于株邑的陈国大夫夏御叔为妻。夏御叔早死，夏姬与多人通奸，其中就有陈灵公。陈灵公每以找夏姬之子夏徵舒为借口，去株邑私会夏姬。以上《株林》中的诗句是说，陈灵公叫停车解马于株邑郊野，随行者心领神会，说：“到株野还能赶得上朝食解饥呢！”后“朝食”二字也成了男女间性爱的隐语。

# 衡门（三章）

衡门之下，可以栖迟。泌之洋洋，可以乐饥。赋也。

岂其食鱼，必河之鲂？岂〔其〕取妻，必齐之姜？赋也。

岂其食鱼，必河之鲤？岂其取妻，必宋之子？赋也。

《集传》：此隐居自乐而无求者之词。

《东山经解》：《钦定诗经传说汇纂》，《序》之说《诗》多矣，而曰诱者，独见于《陈风》之《衡门》一篇。盖僖公愿而无立志[①]，故作是诗以诱掖[②]之也。夫既以为诱，则三章俱作比看。朱子改以隐居自乐而无求者之词，则三章俱作赋看，于义较直捷[③]矣。

按：欧阳修云，既言虽小亦可有为，又言何必大国然后可为。譬如食鱼者，凡鱼皆可食，若必待鲂鲤[④]则不食鱼矣。譬如取妻[⑤]，诸姓之女皆可取，若必待齐宋之族则不取妻矣。是首章之意，言小国皆可有为，而二章、三章言大国不可待而得也。

**【注释】**

①僖公愿而无立志：僖公立愿却不立志。

②诱掖：引导扶持。

③直捷：径直、干脆。

④鲂鲤：二者均为鱼名，同属鲤科。

⑤取妻：即娶妻。取，通“娶”。

# 东门之池（三章）

东门之池，可以沤麻。彼美淑姬，可与晤歌。兴也。

东门之池，可以沤纻。彼美淑姬，可与晤语。兴也。

东门之池，可以沤菅。彼美淑姬，可与晤言。兴也。

《集传》：此亦男女会遇之词，盖因其会遇之地所见之物以起兴也。

孔氏颖达曰：以君昏淫，故思得贤配之，以化于善。

《钦定诗经传说汇纂》：《东门之池》古序以为刺时，衍其说者以为疾时之不然，而思得贤女以配君子也。朱子改为男女聚会之词，而以淫诗例之。然玩其词气，却无亵狎浪谑[①]之意。汉儒之说，殆以是欤？

按：《御纂诗义折中》以为思妃之诗。又云，陈化于太姬，必有好为恒舞酣歌者，故思得贤媛，以化其君。

**【注释】**

①亵狎浪谑：指轻慢而放荡戏谑。亵狎，轻慢、不庄重。

# 东门之杨（二章）

东门之杨，其叶牂牂。昏以为期，明星煌煌。兴也。

东门之杨，其叶肺肺。昏以为期，明星晢晢。兴也。

《集传》：此男女期会而有负约不至者，故因其所见以起兴也。

《汇纂》：《集传》以此篇改《序》说为男女期会而有负约不至之诗。然考朱子初解曰，东门盖此人亲迎之所，因以其所见起兴，盖从《序》说也。

《御纂诗义折中》：刺无信也。东门之杨，所约之地也。昏以为期[1]，所约之时也。如期俟之至，于明星[2]已出而不来，是失信而爽约也。

《备解》按：《小序》以为男女亲迎而女不至，则亲迎固昏以为期，然迎女于庙，曰东门之杨非其地矣。朱子解为淫奔负约，然诗中无淫乱意。

**【注释】**

①昏以为期：以黄昏为期。

②明星：此指启明星，即金星。

# 墓门（二章）

墓门有棘，斧以斯之。夫也不良，国人知之。知而不已，谁昔然矣？赋也。

墓门有梅，有鸮萃止。夫也不良，歌以讯之。讯予不顾，颠倒思予。兴也。

《集传》：所谓不良之人，亦不知其何所指也。

《汇纂》：朱子初解曰，此诗刺佗[①]而追究先君不能为佗置良师傅，与诸儒旧说相同。及著《集传》，以陈国事无可纪，独陈佗以乱贼被讨见书《春秋》[②]，《序》遂以此诗与之，不知其信然否也，盖亦未决之词。但《序》曰，刺佗传之国史。陈之有佗与卫有州吁[③]、郑有叔段等，采风者不得无诗。况陈事既无他籍可考，而此诗业有古《序》可据，似不必致疑于千载之下矣。

《御纂诗义折中》：《序》曰，《墓门》刺陈佗也。《左传·隐公（五）〔七〕年》：陈五父如（晋）〔郑〕（泣）〔莅〕盟[④]，歃如忘[⑤]。泄伯[⑥]曰：五父必不免，不赖盟矣[⑦]。是佗之不良，国人知之，邻国亦知之，而陈侯不知也，不明也。知而不已，不断也，追咎桓公也。歌以讯之，告桓公也。

按：如此何尝不有明证，岂真附会而以无良之诗与之乎？唯无良师傅于《经》无指，故去之不用，斯为至当耳[⑧]。

范氏处义曰：佗，桓公之弟也。桓公卒而佗立，明年为蔡人所杀。佗当桓疾病，杀太子而以己代之，可谓不义。陈由是乱，国人至于分散，所谓恶加于民也。

**【注释】**

①佗：指陈佗（前754—前706），本名妫佗，一说名妫他，又称为五父，春秋时期陈国君主，是陈文公的儿子。

②独陈佗以乱贼被讨见书《春秋》：唯有陈佗以乱贼被讨而写入《春秋》。公元前707年正月，陈佗为篡位夺权，竟然在兄长陈桓公（妫鲍）病重期间，杀死桓公的太子妫免，担任陈国君主。公元前706年八月，陈佗被蔡人所杀。

③州吁:？—前719，姬姓，卫氏，名州吁，卫庄公之子，卫桓公异母弟。公元前719年，州吁弑杀卫桓公自立，史称卫前废公。

④“《左传·隐公（五）〔七〕年》”句：此句廖名缙手稿中为“《左传·隐公五年》：陈五父如晋泣盟”。据《左传·隐公七年》：十二月，陈五父如郑莅盟。此句中有三处勘误：一、“隐公五年”应为“隐公七年”；二、“晋”应为“郑”；三、“泣盟”应为“莅盟”。

⑤歃如忘：此句意指陈佗志不在于歃血结盟。

⑥泄伯：即郑国大夫泄驾。

⑦五父必不免，不赖盟矣：不免，不免于灾祸。不赖，不依赖。此句大意是，陈佗一定不免于祸，因为他不重视这次结盟。

⑧斯为至当耳：这是最恰当的了。至当，最恰当。

# 防有鹊巢（二章）

防有鹊巢，邛有旨苕。谁侜予美？心焉忉忉。兴也。

中唐有甓，邛有旨鹝。谁侜予美？心焉惕惕。兴也。

《集传》：此男女之有私而忧或间之之词。

《折中》：《序》，《防有鹊巢》忧谗贼也。夫谗贼亦多术矣。防巢邛苕[①]，本无其事，而妄谓有之，所谓侜张为幻[②]也。唐甓邛鹝[③]，集众小事而张大之，所谓萋斐成锦[④]也。《备解》按：《序》以为宣公信谗不取者，时世不可考耳。《集传》以为男女有私而忧或间不取者，诗中未有淫意耳。

《汇纂》：郑康成曰，所美谓宣公也。程子曰，予美，心所贤者。一言下之，诳君以谗人。一言奸之，诬善以害人。皆作诗者忧患之意。朱子曰，予美，指所与私者，而定此诗为男女有私而忧或间之之词，然不知其所谓予美者为男乎？为女乎？夫风诗之托兴甚远，《简兮》之彼美为盛王，《葛生》之予美为君子，词可作男女夫妇读，意可作君亲朋友观，即不泥为宣公[⑤]，而程子之说为可思考矣。

辅氏广曰：游荡歌舞，陈之俗也，其应为淫邪者宜矣。故《陈风》之末大抵皆淫乱之诗，此诗与《郑风·扬之水》相似。

**【注释】**

①防巢邛苕：即“防有鹊巢，邛有旨苕”。防，堤坝。邛，土丘。苕，苕草。

②侜张为幻：以欺骗迷惑别人。

③唐甓邛鹝：即“中唐有甓，邛有旨鹝”。唐，即诗中的“中唐”，借指庙堂。甓，马瑞辰释为砖。鹝，此为草名。

④萋斐成锦：比喻谗言美丽动听。萋斐，字面意思是花纹错杂，比喻谗言。

⑤不泥为宣公：不拘泥为宣公。泥，拘泥、不变通。

# 月出（三章）

月出皎兮，佼人僚兮。舒窈纠兮，劳心悄兮。兴也。

月出皓兮，佼人懰兮。舒忧受兮，劳心慅兮。兴也。

月出照兮，佼人燎兮。舒夭绍兮，劳心惨兮。兴也。

《集传》：此亦男女相悦而相念之词。

沈氏守正曰：此诗与《泽陂》，朱子皆以为男女相悦之词。今玩“佼人”[①]，盖男思女之词也。

《折中》：《月出》忧灵公也。言当月出之时，灵公悦夏姬之佼好，而其子徵舒幽窈[②]纠结，势必为乱，故中心忧劳，又悄然而不敢言也。舒，徵舒也。古人之名间有用一字者，如晋重耳，《传》谓之重，乐王鲋[③]，《传》谓之鲋，仲孙何忌[④]，《经》谓之忌是也。

吕氏曰：此诗用字聱牙[⑤]，其疑方言乎？

**【注释】**

①今玩“佼人”：玩，品味。此句意为，今仔细品味“美人”（一词）。

②幽窈：原义为幽深、暗淡，此借喻性格内向阴暗。

③乐王鲋：谥号桓，史称乐桓子。春秋时期晋国大夫，为人有谋，但贪财。

④仲孙何忌：即孟懿子（？—前481），鲁国孟孙氏第九代宗主，本姓仲孙，也称孟孙，名何忌，世称仲孙何忌，谥号懿，是孟僖子的儿子，南宫敬叔的哥哥，孟子的六世祖。

⑤聱牙：形容文辞艰涩难读。

# 株林（二章）

胡为乎株林？从夏南？匪适株林，从夏南。赋也。

驾我乘马，说于株野。乘我乘驹，朝食于株。赋也。

《集传》：灵公淫于夏徵舒之母[①]，朝夕而往夏氏之邑[②]，故民相与语[③]。

朱氏善[④]曰：卫之乱，至《墙有茨》而极，于是有狄入卫之祸。陈之乱，至《株林》而极，于是有楚入陈之祸。然则非狄能入卫也，宣姜实召之也。非楚能入陈也，夏姬召之也。此所谓女戎[⑤]也，比事以观，可以为淫乱者之戒矣。

《春秋传》：夏姬，郑穆公之女也。嫁于陈大夫夏御叔，灵公与其大夫孔宁、仪行父通焉[⑥]，泄冶[⑦]谏不听而杀之。后卒，为其子徵舒所弑[⑧]，而徵舒复为楚王所诛。

**【注释】**

①灵公淫于夏徵舒之母：夏徵舒之母，即夏姬。陈灵公荒淫无道，竟和大夫孔宁、仪行父三人同与夏姬通奸。

②夏氏之邑：即株邑，是陈国大夫夏御叔的封邑。

③相与语：相互议论。

④朱氏善：即朱善（1314—1385），一作朱善继，字备万，号一斋，丰城（今属江西）人。明洪武初，为南昌教授。洪武八年（1375）廷对第一，授翰林院修撰，累官至文渊阁大学士。著有《一斋集》《诗经解颐》等。

⑤女戎：女祸。

⑥灵公与其大夫孔宁、仪行父通焉：陈灵公与其大夫孔宁、仪行父均与夏姬通奸。

⑦泄冶：春秋时期陈国大夫，因谏陈灵公与夏姬私通之事而被杀。

⑧为其子徵舒所弑：公元前599年，陈灵公与孔宁、仪行父在夏徵舒家喝酒，酒兴正浓时，陈灵公跟仪行父开玩笑，互相说夏徵舒长得像对方，因此激怒夏徵舒，便设伏兵射杀陈灵公。

# 泽陂（三章）

彼泽之陂，有蒲与荷。有美一人，伤如之何？寤寐无为，涕泗滂沱。兴也。

彼泽之陂，有蒲与蕑。有美一人，硕大且卷。寤寐无为，中心悁悁。兴也。

彼泽之陂，有蒲菡萏。有美一人，硕大且俨。寤寐无为，辗转伏枕。兴也。

《集传》：此诗之旨与《月出》相类。

王安石曰：《泽陂》，《株林》之应也。

辅氏广曰：男女相说，至于忧思感伤，如《月出》《泽陂》，其末流[①]之害，当何如哉？男有男之业，女有女之事，今也寤寐无为[②]，尽废其事业，是亦可忧也已。情思之流，必至于此。

《东山经解》：《折中》云，灵公荒淫，泄冶谏而杀之。谏臣被杀，则忠臣束手，伤心涕泣，而末之如何？故寤寐无为。

按：此乃是当日情事，男女忧思伤感，岂若是哉？

**【注释】**

①末流：此指颓风弊俗。

②寤寐无为：日思夜想，无计可施。寤寐，原意是醒和睡，借指日夜。

陈国十篇二十六章一百一十四句。

《集传》：东莱吕氏曰，变风终于陈灵[1]。其间男女夫妇之诗，一何多耶？曰：有天地然后有万物，有万物然后有男女，有男女然后有夫妇，有夫妇然后有父子，有父子然后有君臣，有君臣然后有上下，有上下然后礼义有所错。男女者，三纲之本，万事之先也。正风之所以为正者，举其正者以劝之也。变风之所以为变者，举其不正者以戒之也。道之升降，时之治乱，俗之污隆，民之死生，于是乎在。录之烦悉，篇之重复，亦何疑哉？

苏氏辙曰：诗止于陈灵，何也？古之说者曰，王泽竭而诗不作，是不然矣。予以为陈灵之后，天下未尝无诗，而仲尼有所不取耳。原诗之所以为作者发于思虑之不能自已，而无与乎[2]王国之存忘也。是以当其盛时，其人亲被王泽[3]之纯，其心和乐而不流于是焉，发而为诗，其诗无有不善，则今之正诗是也。及其衰也，有所忧愁忿怒不得其平，淫泆放荡不合于礼者矣，而犹知复反于正，故其为诗也，乱而不荡，今之变诗是也。故曰变风发乎情，止乎礼义。发乎情，民之性也。止乎礼义，先王之泽也。先王之泽尚存，而民之邪心未胜，则犹取焉以为变诗。及其邪心大行，而礼义日远，则诗淫而无度，不可复取。故诗止于陈灵而非天下之无诗也，有诗而不可以为训焉耳。

**【注释】**

①陈灵：即陈灵公。

②无与乎：无关于。

③被王泽：蒙受（或领受）君王之德泽。

# 第七卷　电文书信

# 电　文

## 附　熊希龄就转呈西路学界诸公实业款之事来电

（1910 年 7 月 24 日到）

长沙明德学堂廖笏堂兄转西路学界诸公：实业款已拟有办法，并款目表另函详告，诸公万勿别生意见、衅起阋墙为要。希龄病中电叩。文。

## 关于湘销川盐事致财政部电

（1913 年 8 月 25 日）

财政部总长秉三先生鉴：湘销川盐便民利国，前经大部五月养电提倡，务恳极力维持，毋任淮商破坏，全湘感戴。廖名缙。

## 附　财政部对电文的处理意见

送熊总理阅，并由盐务处将复湘电一并抄阅。

## 关于请使湘北兵尽数调出湘境致天津英租界熊希龄电

（1916 年 4 月 30 日）

南开中学田学珍转熊秉公鉴：宣密。顷接桂电开：“漾电敬悉。廷此次举义，原为救国救民，凡遇逆军，所当痛击。北兵骚扰贵乡，承三湘举代表来桂，吁师援戡，故不分畛域，略助偏师，誓与袁军决战。我公如能使驻湘北兵尽数调出湘境，桂军亦可还轨，希即电复。荣廷叩。感。”特转电闻，希酌复。名缙。陷。

# 关于请调劲兵三营及抚恤被灾各户致天津英租界熊希龄电

（1916 年 4 月 30 日）

南开中学田学珍转熊秉三鉴：宣密。沁日接处电开：“据辰溪有人条陈，湘境土匪乘机肆扰，呼朋引类，抢劫淫掳。抚慰湘民，首宜清乡。清乡一举，仅由各县为之，此拿彼窜，疆界攸分，难收肃清之效。拟请由后方选调劲兵三营，择知兵大员率之，任为湘西清乡办，而令各县所有警备队、保卫团互相补助，均受清乡督办节制指挥，并请由宣慰使清查被灾各户，厚加抚恤，俾遗黎不致失所等语。所陈不无可采，希即酌核办理见复。处。寝。”合行转电，希即见复。名缙。沁。

# 关于永顺田伪司令部下袭击罗塔坪驻军事致天津英租界熊希龄电

（1916 年 5 月 1 日）

南开中学田学珍转熊秉三鉴：宣密。慈利扬电称：“昨据袁连长次罗塔坪来函称，本月十八夜有永顺田伪司令部下，彭营长率带所部，向我军袭击，经我军奋力抵御，归将彭伪营长击毙，并毙匪徒二十余名等语。查永顺现在停战范围之内，该伪司令竟敢派队袭击，实属违背规约，无异土匪。究应如何对付之处，乞电示遵。陆军二十师七十七团一营营长王永瀛、大庸知事方济川叩。梗。”等因。弟当往询陈团长意见，陈以范师长敬电见示。文云：“常德陈团长转大庸王营长：华密。奂处养电个悉。停战须双方共守，若寇来攻，衅自彼起，即不能守停战之约，应即督饬迅速剿平，勿任骚扰，以拯灾黎。此后如遇匪徒进攻，暨有骚扰地方情事，不问其与黔有无关系，即可剿除。一面电知熊宣慰使，诘责黔军。等因。遇有上项等情，希即遵办，并随时飞报。璋。敬。”等因。合行奉闻，即乞裁复。名缙。勘。

## 附 天津熊希龄复电

(1916年5月1日到)

常德青阳阁红十字会廖笏棠兄鉴：宣密。沁、勘、陷三电悉。龄到津，寓英界孟庄十号，此后电请直寄，勿由田转。此间现密筹画西南两路退兵事，颇有端倪，湘中目前能无变局，总可达到全师而退之目的。望告李、高诸君放心，并乞密之勿宣至要。秉三。东。

## 关于请延停战期以利春耕救民于水火致天津英租界熊希龄电

(1916年5月3日)

南开中学田学珍转熊秉公鉴：顷接洪江杨乃芬、瞿鸿濩电称："停战之期，瞬将届满，双方辐辏，磨利以须，若再战争，洪市危险。春耕待种，深恐失时。另详函陈，乞公拯济，虑函迟达，敬特电闻。或停战展期，或调和设法，救生民于水火，代万民而呼号。商会会长杨乃芬、兼理知事瞿鸿濩同叩。"等语。特转电闻。名缙叩。

# 关于请示如何办理麻阳赈谷致天津英租界熊希龄电

（1916 年 5 月 3 日）

英界小孟庄十号熊秉三先生鉴：宣密。本日接辰溪周司令电称：“据张旅长中和报称，麻阳地本不丰，自军兴以来，敌我分扰，皆取供于一地，加以寇军所引为声援之土匪，约八九千人，粮饷无给，逐村抢掠，民间积谷强求为兵饷尽，而副食品各菜蔬等均皆缺乏，不但我军取给无所，而民间已困，哀鸿遍野，饿馑荐臻，兵站虽设法维持，以安黎庶，而保大局，是所盼祷。周文炳叩。冬。”等语。合行转电，查抚绥处，日前接到马洵报告，已运赈谷七百余石赴麻阳矣。刻应如何办理之处，乞公径复周司令，并告此间为盼。名缙。冬。

# 关于请令北军尽出湘境南方延长停战限期致天津英租界熊希龄电

（1916 年 5 月 3 日）

英界小孟庄十号熊秉三先生鉴：宣密。冬电悉。承示西南退兵可望逮到目的，闻之极慰。惟日来零陵既成事实，沅水上游地方俱有持满待发之势，目前停战期满，终恐难免一大决裂。且我辈前此所虑省中情况，今亦征兆日明。现在西路又别有手握势力中心之人，万一局面有变，本处宜取如何态度，乞示方针，以便遵照。窃虑隆督昨电所言，亦颇近情而可信，所虑者，北方不肯遽从耳。然即就北方言，今日情势，何尝不以退驻江北，自固根本为得计。此节舆公议之有素，乞即据此入告，令北军尽出湘境，南军无所借口，一面电致南方，延长停战限期，以待解决。俾湘民稍留遗孑，弟辈亦得速为救济之实施，庶不负公此番爱藨桑梓之盛心耳。是否有当，乞赐核行。名缙。冬。

# 关于请电汤并巡按及湘财政厅速汇赈灾款致天津英租界熊希龄电

（1916 年 5 月 3 日）

英界小孟庄十号熊秉三先生鉴：宣密。前日沈巡按电由湘财政厅拨洋五万元交宣慰署，作赈摭之用。屡询杜秀卿，云尚未汇到。连日上游报告灾情，惨不忍言，赈款迟到，涸辙已枯，乞公电汤并巡按及湘财政厅速汇。名缙。冬。

## 附　熊希龄复电

（1916 年 5 月 3 日到）

常德青阳阁红十字会廖笏唐兄鉴：冬三电均悉。接艾棠函，亦云湘巡按允加拨赈款十万元，请嘱尊处分配各区。等因。当再电催沈使速拨。惟各属灾民望救甚迫，乞公直接电办，力负责任，望勿询转，以免耽延。弟因连日与中央电商西南退兵之事，又以时势危迫，复于本日函劝项城速决退位之计，免致国土纷裂。此事大局所关，辗转曲折，决非数日所能办到。一时难以回常，乞策力进行，以惠桑梓，甚感偏劳。至歉！至盼！再，伯衡电请派邓子猷兼办古、乾交界难民，并拨款两千串，事属可行，乞照办。又，周司令电麻阳抚绥事，望电达刘耀南、马小苏，迅速往办，并加拨款二三千元，如需谷米，乞再向武陵借谷千石，运往为荷。希龄。江。

# 关于军情紧急请致函范师长调和军内意见致天津英租界熊希龄电

（1916 年 5 月 4 日）

天津小孟庄十号熊秉公鉴：宣密。顷得省中确函，零陵望云停與陆荣廷两军称联合军，业已进至衡境，驻衡之倪苹十六营，其防御线在距衡三十三里之东阳渡，将附近森林概行伐去，不日恐有大战。省垣于四月卅日到呈，称湖南野战救济队者千余人，均在长株支路鲁班庙老军装局，及北门外南岳宫等处。常德陈团长前为我公电准留守之十一二连，今为范师长调去敌前，且来电饬陈团长不应借保守地方为名，托词掣肘，致碍军机，意见极深。陈愤欲辞职，经弟等强抑暂止，弟等之意，此间治安非陈莫保。今日北来之八十团已到一营，将来到齐，与赵营长一营，共有四营，即省中有故，此间亦可维持秩序，所虑者军官再生意见，则破壤不堪设想。拟恳我公设法，致函范师长，调和意见，裨益常地，实属不少，乞即裁查为幸。再，公自汉发详函，今日奉到，各节当即照办，容续奉闻。名缙。江。

# 附　熊希龄复电

（1916 年 5 月 5 日到）

常德红十字会廖笏唐兄鉴：宣密。江电悉。即函范公调和意见。惟退兵事，中央屡次电召入都会商，因病未赴。近闻徐州、奉天两张电阻退位，情形又变，恐战祸即在目前，国土难免纷裂。龄决志终养，已于今日呈请辞职。湘西救济抚绥诸事，均乞我公一力担任，以纾桑梓之困。龄以老母在堂，所处地位无可奈何，尚乞鉴原为荷。余详函。再，印电纸已完，望邮寄百张，此间电费须兑现款，并望电汇千元来津。希龄叩。歌。

# 关于请明示从何处拨款二万元致天津英租界熊希龄电

（1916 年 5 月 4 日）

天津小孟庄十号熊秉公鉴：宣密。停战期满，有无延长希望，希迅复。又，分配赈款，照公手书各县，料需洋六万八千元，宣慰行政经费洋一万元，抚绥总分处共一万元，实共须洋八万八千元。前由公手交存湖南银行之款，共止七万元，不敷甚巨，未知来函所云速拨二万元，系指何处拨来，并现存何处之款，亦乞明示，以便遵照分配。名缙。支。

## 附　熊希龄复电

（1916 年 5 月 5 日到）

常德红十字会廖笏唐君鉴：宣密。支电悉。樊君系统率处副官，前经电调到常，清乡事可与商量一切。再，前预算分派各县之款，其不足之数，由沈使电拨晃县之二万及后允之五万元内划拨可也。希龄叩。歌。

## 关于请示如何接处樊鼎云索饷械一事致天津英租界熊希龄电

（1916 年 5 月 5 日）

英界小孟庄十号熊秉公鉴：宣密。顷有由北京来之樊鼎云，系公所电召，渠能直接中央，为此索饷械，以办清乡团练，拟搬住处内，计画一切。应如何接待之处，乞示遵办为盼。缙。支。

# 关于印纸洋银已寄汇及闻熊欲请辞致天津英租界熊希龄电

（1916 年 5 月 7 日）

英界小孟庄十号熊秉公鉴：宣密。歌电悉。印纸、洋银业已分别寄汇，时难益棘，我公辞职，甚合出处之宜。唯缙之此来，虽迫桑梓义务，然实恃有我公魄力主持其间，故敢执鞭追随。若公竟脱离，则世乱兵荒，银钱所关，担负过重，弟实无此能力。人不可无自知之明，非敢稍怀洁身自了推卸责任之心也。尚希原谅，赐教为感。名缙。阳。

# 关于辰溪周文炳来电询船事致天津英租界熊希龄电

（1916 年 5 月 8 日）

天津小孟庄十号熊秉公鉴：宣密。虞日辰溪来电，文曰：“筹办湘西抚绥事宜处廖处长鉴：宣密。军情紧急，输运接济，关系重要，前方已无余船，后方亦难寻觅，其已归商船局者，又未便雇用，至军需物品多有延搁，不能源源接济，于军事前途大有妨碍。窃思商民营业，固不可不竭力维持，而军事利钝，实系湘省全局，必须统筹兼顾，方为妥洽。刻敝军需用船只异常急迫，拟请设法维持，由商船局自拨船只若干，以济军用。倘荷俯全，实纫公谊，并祈示后为祷。周文炳。虞。印。”等语。查商船局开办半月，日前发给执照之船，仅一百四十余号。昨兵站部因要船运送，唐临庄来言，已令该局将已发照之船让与廿艘，退回不用。窃意拉船追一最大之利薮，我局但知设有二百艘，不问其他事或可，若必勾探该拉船者之弊实，彼必向前方刁唆发难，屡以此意告知林君，终未十分晓然，希公电示办法，免生误会，盼切。时局危殆，早间一电已言之矣。名缙叩。庚。

# 关于省仓平粜谷由抚绥处先垫运费等事致天津英租界熊希龄电

（1916 年 5 月 10 日）

英界小孟庄十号熊秉公鉴：省仓平粜谷，除由抚绥处先垫运费、消耗、减价外，此时各县请领，应否由该县绅富筹备减少之价，只知事行文领请，或出据限期偿还凭据，始行发给，抑全由十字会或抚绥处担负偿还责任，乞电示遵。沈巡按款已拨到五千。名缙。青。

## 附 熊希龄复电

（1916 年 5 月 11 日到）

常德红十字会廖笏唐兄鉴：宣密。阳、庚、青三电均悉。此间因印纸未到，与交通部商用一等电事，致迟电复为歉。湘西情形似无大险，昨据田凤丹庚电称：黔军司令与周司令各派参谋二，赴筸会议芷、麻退兵事宜。又，政府派沈巡按使于昨日到津，与龄筹商西南两路北军退兵之事，刻有头绪，由沈回京复命，定议后，即电黔、桂两省。此事作到，湘民或可得安。目前抚绥处仍宜不动，且无可迁之地，望静镇之，如公有顾虑，或由宣慰使名义添请高辉庭为副处长，乞裁夺。积谷事，视地方情形缓急及损失之轻重而定，不拘一格，照章须商辰沅道尹办理。商船事，即电周司令，林处另函知照，北京财政困难已极，昨山东因党人纷扰，日本由青岛进兵五千驻济，济南城闭数日，危险万分，乞密告余道尹为荷。希龄。真。

# 关于赈款已到及询和议进展致天津英租界熊希龄电

（1916 年 5 月 13 日）

天津小孟庄十号熊秉公鉴：宣密。真日得汤将军电，赈款已汇来五万元，余俟续筹。辰沅各属经烧掠后，米谷罄尽，告急纷纷，省仓谷虽已起运，民船迟缓，又无拖轮可雇。因与宇田商定，在汉口购小轮一艘，拖重一千三百余石，上水急能包行十五里，下水加位，价银三千两。运谷后，如本处不要，宇田可以承受，拟即成事。湘乡、宝庆、湘潭、临湘各县，前日俱有乱，于未久即平，停战展期一月，和议进行如何？以上各节，均望赐复。名缙。文。

## 附 熊希龄复电

（1916 年 5 月 13 日到）

常德红十字会廖笏唐兄鉴：宣密。文电悉。购轮甚妥，湘境退兵事，中央已允。顷得汤将军复电，倪、唐两军先行退出湘境，三日内即陆续开拔。湘西俟镇筸会议后，亦可一律退出，此举能达目的，洵为吾湘之幸。南京于十五日各省代表开议，冯将军专函来约赴宁，龄以母老多病，未能前往，仅去电劝告矣。此间京津中、交两行，因提兑现款被挤，今日明令停止付现，血脉将断，和议必速。日来因往返电商退兵及和议事，电费日需百余元，前款不敷，望再设法汇寄千元。中、交两行停汇，即托瑞记或邮局代汇亦可。希龄。元。

# 关于清乡团练暂仍由抚绥处长兼办并借用快枪事致天津英租界熊希龄电

（1916 年 5 月 15 日）

英界小孟庄十号熊秉公鉴：宣密。寒日始奉电，敬悉一切。刘郁之来言，长沙郭、舒、李各拥新兵一、二万，势非酿成破裂不止。西路土匪又复蔓延日甚，一旦省垣有变，常德不堪设想。顷梅植根来，提议清乡团练事。据云，若能现供一营之械，郭、舒等所招，皆渠旧部，一旦省垣有故，不难令其脱营来归。因与弟及干丞、宇田四人密议，暂时且援公前此清乡电陈中央之案，先练团丁一营，以作基础，其练兵月饷，业由李宇老允为挪垫万元，以后再照公行时所谈商会分担办法。唯植根现时不能出名，拟仍由抚绥处长兼办，弟等均赞此议。公如以为可行，则请赐示，拟仍由抚绥处长兼办，弟等均赞此议。公如以为可以，则请赐示，此英清乡督办，庆由何处委任，并恳指示一切一办法，盼速赐复，以取进止。再，永、靖两属赈务，进行甚难，弟拟俟省谷运上，亲赴上游视察情形，督促放赈，以宣德意，先奉闻。又，公所有快枪百只，能设法运来借用否？樊鼎复示。名缙。删。

## 关于使汤将军先令舒郭新军解散尔后北兵退境致天津英租界熊希龄电

（1916年5月16日）

英界小孟庄十号熊秉公鉴：宣密。两寒电均悉。大局渐可解决，幸甚！唯长沙退兵，似乎宜先事审慎。否则，北军骤去，当地反生异动。此间诸人计议，莫若趁北军在湘，先汤将军下令，将此次舒、郭新军即日解散，然后北兵退境，或留长岳车镇守使，暂不遣散，以保秩序。此系湘中实在情形，特以奉闻，乞公裁酌办理为荷。名缗。删。

## 关于请使范师长缓调赵营长致天津英租界熊希龄电

（1916年5月16日）

天津小孟庄十号熊秉公鉴：宣密。青、真、文电均盼复，陈泽普昨得范师长电，词甚和婉，枢感公调融之力。唯言昨到之第八十团，兵皆新募，常防所恃，但有赵营长。范将调赵赴上游，渠不便再行电留，希公维持等语。合即转达，希即复为感。名缗。元。

## 附　熊希龄复电

（1916年5月17日到）

常德红十字会廖笏唐兄鉴：宣密。元、删三电均悉。湘西清乡事，仍须商之汤将军。刻因张容川忽在乾城宣布独立，汤及中央均电龄设法劝告。恐此疑团所及，龄言亦将不信，并恐湘西退兵事亦生枝节。容川此举，真是画蛇添足，因小失大，可为浩叹。械事以矿兵尚未遣散，目前尚未能到。郭、范事当转电。希龄。筱。

## 就洪江来电合行转达致天津英租界熊希龄电

（1916年5月18日）

英界小孟庄十号熊秉公鉴：宣密。顷得洪江电，文曰："忠洵奉命到洪，收集守备队，因该军为黔、桂军牵掣，不能自由集合，甚为焦灼。故恳电达蔡总司令锷、刘都督显世、戴司令戡，转饬所部，勿得掣肘，俾其早日回防，分扎各县，以维秩序，大局幸甚！否则，恐糜烂地方。立候钧示。陶忠洵叩。盐。印。"合行转达。名缙。霰。

# 关于古乾凤绥县厅独立及车军与矿警冲突致天津英租界熊希龄电

（1916 年 5 月 18 日）

英界小孟庄十号熊秉公鉴：宣密。霰日得辰电，古丈、乾城于九日独立，凤凰、绥靖均于元日独立。闻电推蔡为都督，蔡已覆允，伟、潜均率南军来乾。又省电，寒日下午六时，长沙将军因郭有矿警二营携械入城，勒令解散，郭不从，遂与车军攻击，矿警溃败，郭逃去，现已全复秩序。是役毙车军排长一人，兵死二十七人，特闻。名缙。巧。

# 关于请设法将赵营留住以保治安事致天津英租界熊希龄电

（1916 年 5 月 18 日）

英界小孟庄十号熊秉公鉴：宣密。本日汇洋二千元，已接收否？范师长顷电阎团长言："古丈、乾城相继独立，奉令速派大队分路进剿，辰州现只一营，不敷调用，望率所部赵营长第一营，克日来辰，何日开拔，速报。璋。谏。"等语。查辰州昨日尚有电来，不闻古、乾有故，殆范师长故意与陈团长为难，此间常防惟依赵营，一旦调去，恐有意外。乞速设法，将赵营留住，以保治安，至盼！名缙。谏。

# 关于古丈独立及黄子渊募到捐款事致天津英租界熊希龄电

（1916年5月18日）

英界小孟庄十号熊秉公鉴：宣密。谏电想达览，是夜得辰电，古丈确已独立，乾城尚未分明。又，删日长沙告警，系因解散矿警所致。又，黄子渊为十字会募到捐款，钱一万四千串，现已交到四千串，并闻。删电梅事，是否可行，希速复。名缙。霰。

# 关于西路灾情奇重乞设法筹款等事致天津英租界熊希龄电

(1916年5月20日)

英界小孟庄十号熊秉公鉴：宣密。皓日得袁鹤义电云："芷江兵匪日事掳掠，附城村庄一空如洗，豆麦未收，田土无望，春荒既现，秋收何期？乞转恳使座，电商统兵各官，严加约束，并加拨款，设法善后，以纾民困。再，翼在芷借用赈款，前电二千元，请麻阳赈款，已先电知事赴领矣。翼叩。巧。"等语。查芷江赈款，前后共计洋一万圆、钱五百千，又田、胥前电交钱二千串，作为芷江赈款，未知嵩生收到否？已电询矣。嵩生前日请为芷邑拨洋六万元，本处无以应之。查湘省另有由知事请赈之一例，辰溪前经领洋九千元，昨电芷邑援例试请，未知得否？此次西路灾情奇重，非数十万，不能救出水火，春耕既误，转瞬之间，弱者沟壑，强者寇盗，每一念及，令人不寒而栗。公前拟在中央筹款数十万，尚乞设法达此目的为祷。鼎丞遂作古人，敝同年中又弱一个，思之凄恻，想公亦不胜悲怛也。名缙。哿。

## 附　熊希龄复电

（1916 年 5 月 22 日到）

常德红十字会廖笏唐兄鉴：宣密。帑电悉。赈款事，容商国务院，但龄不入都，又值金融恐慌，未见有效。昨得电云汇二千元，尚未收到，系托何行号汇兑？乞电示。华密本请由邮寄津。希龄叩。祃。

## 关于匪盗袭舟抢劫枪支弹药事致天津英租界熊希龄电

（1916 年 5 月 23 日）

英界小孟庄熊秉公鉴：宣密。养日得袁电："皓日行至榆树湾，突来土匪百余，对舟猛射，冒险舌戟，始停射击，蜂拥上舟，倾箱倒囊，劫去九、单响枪各一枝，子弹约六十粒，洋十二元，票钱九十串，衣十四件，烟袋一根，人口托庇幸善，乞转电使座，及水警杨署畏存案为祷。翼叩。帑。"等语。现在北军下退，胡旅长之兵亦经调回省垣，北河以北，辰溪以西，匪盗四起，一旦化为修罗之场，兴言及此，不寒而栗。清乡事望公极力设法，以救遗黎。大局如何？公行止如何？希示一二。汤续拨之款五万元已得，并闻。名缙。梗。

# 关于请示如何处理陈司令函致天津英租界熊希龄电

（1916 年 5 月 24 日）

英界小孟庄十号熊秉公鉴：宣密。顷准陈司令函开："前奉面谕，饬将留守人员择尤请奖，查该兵等，或帷幄宣劳，或破获盗犯，不无微势足录，遵将尤为出力者卅四员，缮具履历，列表函请核转。再，出力目兵并乞转请奖牌五十座。"等语。应否将原文寄公核办之处，乞示。名缙。敬。

## 附　熊希龄复电

（1916 年 5 月 25 日到）

常德红十字会廖笏唐兄鉴：宣密。梗、敬两电悉。陈团长原文望速寄津，以便移京请奖。清乡事恐汤鉴于郭乱，未肯发械，容商军部再复。希龄。有。

## 关于汇款二千元请电汉接洽致天津英租界熊希龄电

（1916 年 5 月 25 日）

英界小孟庄十号熊鉴：宣密。敬电悉。已电汇汉口中国银行交兴业行洋二千元，请即电汉接洽。六月下号往来电报，已挂号用常德绥字样，并闻。名缙。有。

## 关于请为报告书作序并寄近照事致天津英租界熊希龄电

（1916 年 5 月 26 日）

小孟庄十号熊公鉴：宣密。有电悉。陈团长请奖文册，遵已邮寄，乞察收。抚绥处拟编第一期报告书，其分类目次先由邮呈，敬请作一序文，并公最近相片惠寄常德，其书俟脱稿后，再请审定付印。名缙。宥。

# 关于众知事逃离及凤凰独立等事致天津英租界熊希龄电

（1916年5月30日）

英界小孟庄熊秉公鉴：宣密。俭日得省电：湘垣北军退尽，桂军五千已至湘潭，日内恐有变局。余节高请假离常，吴文甫亦已去辰，芷、黔两知事俱已逃回，凤凰独立。耀南有信，拟将抚绥分处暂行停办，应如何答复，希赐电示。名缙。艳。

## 附　熊希龄复电

（1916年5月30日到）

常德红十字会廖笏唐兄鉴：宣密。两艳电均悉。凤凰秩序未乱，分处仍应照常办理，或改为红十字会驻凤事务所，即委托办抚绥之事。公谓何如？军医事，请商兵站及后防病院办理，因此事应由军界主政也。陕西革军得手，陆将军被拘，山东靳走，段往查办。南京会议，湘、鄂、鲁、赣代表均主退位，张勋通电反对，北京一日数惊。山西内讧，长沙又宣布独立，大局纷裂，窃恐不免，奈何！余观察俭电敬悉，如未行，乞代致意，并告近情。希龄。陷。

## 关于常辰设检疫所并特别医院致天津英租界熊希龄电

（1916 年 5 月 30 日）

小孟庄熊秉公鉴：常、辰设检疫所并特别医院，现由部派二等军医正刘世芬、崔凤明，准军医徐总监咨送查照委用，如何办理，乞示遵。名缙。艳。

## 关于湖南独立等事致天津英租界熊希龄电

（1916 年 5 月 30 日）

英界小孟庄十号熊秉公鉴：宣密。湖南于堪日独立，常德以上倘有主客冲突，糜乱不堪设想。公关怀桑梓，乞速设法向北京交涉，能弭此间灾祸，西路人民同深吁祷。可否？希速电复。抚绥处现仍照常办事，并闻。名缙。艳。

## 附　熊希龄复电

（1916年5月30日到）

常德红十字会廖笏唐兄鉴：宣密。艳电悉。即电商北京院、处，得复再告。惟长沙独立，北军下游饷道断绝，常德以上各军果持如何态度，倘愿和平解决，全师以退，龄当身任调人，分电长沙、凤凰、铜仁汤、田、王三君商榷办法，乞公密与汪晋荃、陈泽普两公酌商，速复为荷。希龄。陷。

## 关于撤退西路北军以救人民危祸致天津英租界熊希龄电

（1916年6月3日）

小孟庄十号熊秉公鉴：弟等东日到省，商恳借轮请饷，撤退西路北军事，都督已有允意，乞加电恳，以救西路人民危祸。万祷！切盼电复。名缙。东。

## 附　熊希龄复电

（1916 年 6 月 3 日到）

长沙荷花池兑泽中学校转交廖笏唐兄鉴：三十、东两电悉。昨据辰溪傅知事来电，中央各军亦有退兵至常、岳之意，顷即照电汤将军，设法接洽，和平解决矣，特复。希龄。江。

## 附　天津熊希龄告知黎元洪就职代理总统事来电

（1916 年 6 月 7 日到）

长沙荷花池兑泽学校廖笏唐鉴：项城昨日午前十时薨逝，黎副总统代理，今日就职。都中军警维持秩序，人心安定，从此大局当易解决，特闻。希龄。阳。

# 关于范军驻城军饷告急致天津英租界熊希龄电

（1916 年 6 月 10 日）

绥：宣密。冬电计达览。此次缙与常绅，因上游撤退北兵，赴省谒恳汤公，筹发饷项，蒙派弟兆麟、弟人寅同行办理一切。四日抵常，范军全到，驻扎城内。周司令五日亦到，弟麟等与之交涉。据云，我军驻扎何处，即为保持秩序，惟军饷则须当地供给，如其不然，我辈长官亦无约束饥军之能力等语。且传闻范、周奉有中央命令，现须分扎辰、常各地。细观该军既无同心，亦无归志。以湖南此时财政，仅措诸军一月五十余万之现饷，各银行即已罗掘一空。若久驻不归，责饷地主，实为使蚊负山，理势绝无之事。或竟拂其意，常埠数十万户身命财产，即又不堪设想。弟等目睹祸机，忧惶无策，夙仰我公关怀桑梓，当此危急存亡之秋，必能代筹全安。恳与段总理商榷，饬知此间军队，如欲久驻，则饷项仍由中央发给，湘省亦可分任兵站给饷之费。如能退出湘境，则湘省勉筹一月五十余万现饷，并将现在兵站所有给饷物品，概行馈与，以尽地主之谊。且常德为通商口岸，万一饷绌生变，必招外舰之侵入，事关国权存失，料非中央所忍出。电到，万恳公即刻转商段公，择上列二种办法之一，选令在常各军一体遵行。若缓之数月，势必爆裂不堪，无任煎迫哀吁，即盼电复。汪兆麟、唐人寅、廖名缙。微。

## 附　天津熊希龄就转国务院电并询常郡情形事来电

（1916年6月13日到）

常德绥：顷准国务院电开："蒸电悉。范师两部已令回汉，现调汪旅驻岳，周师暂驻常德，责以妥维秩序。西路清乡事宜，俟周司令到常与廖道接洽办理可也。国务院。文。"等因。合奉达。近日常郡情形如何？乞示。今日午后入都，两三日回津。再，左钦彝君文学甚优，道署请植一席为祷。希龄。元。

## 关于恐南军至地方重扰请电容川及汤督事致天津英租界熊希龄电

（1916年6月15日）

绥：宣密。阳、青两电均悉。微电为湘汉所压，大致亦为全军索饷，危迫请命之事。自黄陂出后，人心大定，此间发饷事已于虞日第二电详陈一切。青日实行散放半现半纸，军民畅用，市面安靖，刻惟敬俟客军退出，再议地方善后办法。昨日忽得辰信，南军已到界亭驿，深恐北军一去，地方重扰。当电容川，嘱静镇勿动，所部军队闻皆有械，拟恳公电商汤督，或设法解散，或编作辰沅清乡队，万不可开赴下游。至常德方面禀，原拟请留陈泽普之说，是否能行，恳公电示，以安人心。麟章、人寅、名缙同叩。元。

## 关于请转电中央明切解释以昭公道致天津英租界熊希龄电

（1916 年 6 月 15 日）

绥：宣密。顷闻周、范两司令接中央来电，以该司令等勒索军饷，掠用谷船等语，闻之骇异。查周、范所统军队，纪律严明，秋毫无犯。筹发兵饷一事，系因当时湖南独立，北饷告竭，缙等深虞哗溃，贻累地方，特向双方筹商，并未丝毫勒逼。至拨用谷船，亦系权宜，且赈谷尚无损失。诚恐外间传闻失实，请公转电中央，明切解释，以昭公道而靖地方，并望速复。名缙。删。

## 关于请电汤督用容川为辰沅道事致天津英租界熊希龄电

（1916 年 6 月 15 日）

绥：宣密。容川在辰，颇能镇慑，乞电汤督，即用为辰沅道何如？名缙。寒。

## 关于请婉电范周为缙解释致天津英租界熊希龄电

（1916 年 6 月 16 日）

绥：宣密。北军在常借饷，及抚绥处损失赈谷情形，缙责任所在，不能不以告公。今经公电院，由院电饬驻常军官，此间以其发之于缙，至生恶感。现缙所处地位极为危险，望公婉电范、周，或乞院电安慰之，为缙解释，无任吁感。名缙叩。删。

## 关于请电中央不可信谣传致天津英租界熊希龄电

（1916 年 6 月 16 日）

绥鉴：周、范二军业已分扎各县，纪律周明，地方业为安谧，五月份饷项亦由湖南银行如数发给，并无强迫地方绅商之事，即赈谷稍有损失，亦系军队需船紧急，致令船户乘机偷漏，现亦清理将次就绪矣。闻现在报纸多有谣言，全系无稽谰语，诚不足信。此上游土匪不靖，昨汤公由麟章等合电呈请，借拨汪旅长军队，以资剿办。中央万不可信谣传，致隳军心而长造谣之风。务希转达段公，无任盼祷，亟恳电复。汪麟章、唐人寅、廖名缙。删。

# 关于请径电总会代催会款致天津英租界熊希龄电

（1916 年 6 月 24 日）

绥鉴：本事务所需款孔急，各会员会金多延不缴，均因徽章未到之故。已经屡催总会，久未寄到，殊不可解。请公径电总会代催，效力较大，盼切！名缙、致桢等。祃。

# 关于请设法暂留北军一旅办理清乡事致天津英租界熊希龄电

（1916 年 6 月 26 日）

绥：宣密。此间第廿师开始退去，不日可尽。第六师近来亦奉院电回赣，决不能久驻常德。日来大庸、平江、华容、桃源、沅江纷纷来电告警请兵，土匪之多，纷乱如毛，一旦北军全退，常德不堪设想。拟恳公设法，请段芝老照其前电所示，暂留北军一旅办理清乡，俾湘民得免涂炭。若不获命，则请其就现在未开军队中，拨留快枪五百枝，各配子弹四百粒，或就汉阳兵工厂指拨此数，俾地方得以自练警队，并可策应邻县。至饷项一节，缙等愿与地方绅商自行筹措，此事关系湘西安危大局，万恳我公垂念桑梓，力为斡旋。沅澧人士没齿戴德，专盼复电。名缙叩。敬。

## 附　天津熊希龄复电

（1916年6月26日到）

常德绥：敬电悉。候商政府再复。龄。宥。

## 附　天津熊希龄关于告知袁可暂留常办事来电

（1916年6月26日到）

常德绥笏兄鉴：巧电悉。欧果如此，吾辈当痛绝，未可利用其赃款为慈善事业也。袁鹤义可暂留常办事，将来当借重于矿务。希龄叩。宥。

## 附　天津熊希龄就暂留北军事再复电

（1916年6月30日到）

常德绥：宣密。昨由京回津，敬电。已商政府，得复再奉告。希龄。陷。

## 附　天津熊希龄就常德防务事转国务院电

（1916年7月2日到）

常德绥：宣密。顷得国务院、陆军部复电开："陷电悉。北军撤退，常德地方空虚，自属可虑。惟卢旅亟应回防，且抽拨一团兵力，亦无实用。准电前因，已电汤将军，酌拨他项军队填防矣。院、部。东。"等语。特奉布，并乞转告商会蔡、徐两公为荷。龄。冬。

## 附　天津熊希龄关于推荐熊崇煦接任校长事来电

（1916年7月3日到）

常德廖道尹鉴：闻师校贝君调省办事，弟已电荐熊崇煦接任，乞主持。希龄叩。江。

## 关于西路将领拥兵之祸仍在调停致天津英租界熊希龄电

（1916 年 7 月 4 日）

绥：宣密。来电悉。西路将领拥兵之祸，诚如尊见，得公此电，当可幡然。名缙仍在一面电劝，一面派人往为调停，愿得从速解释，免公西顾之忧。桂督闻已不来长沙，民、财两厅均未就职，常德第廿师初十可退尽，六师尚有廿日驻留。接防之军，汤督有电允派，并告。大局近复何如？老伯母想福康豫也。名缙。江。

## 关于请周筹谭延闿再为湘督事致天津英租界熊希龄电

（1916 年 7 月 8 日）

绥：宣密。知白能来，极所欢迎。微日汤督去湘，曾继梧司令暂代都督，湘中党派纷歧，逐鹿者多，恐酿阋墙之祸。博微舆论，如谭组庵再为湘督，差能多数通过，湘中父老均拟运动中央，为谭下一正式命令。公如赞同，望为周筹，务达目的，实湘人之福也。乞电复。名缙。鱼。

# 附 天津英租界熊希龄复电

(1916 年 7 月 9 日到)

常德绥:宣密。鱼电悉。昨闻中央有更动汤督代以陈宧消息,当即电京,请以戴戡为省长,并以谭组庵为特派员,先回长沙疏通各军意见。以西路及程潜各军,均与戴有感情,曾继梧为松坡旧属,亦不致反对,实最相宜。组庵前已吃苦,为私谊计,亦不愿其再当难局。不料去电稍迟,中央业已发表,但陆督能久于湘,亦足以统一群雄。惟陈则于湘省绝不相容,恐滋冲突,今日已有电达左右矣。容川派兵到常甚好,惟未悉能否有兵可拨?王子宾之兵何如?乞酌商常德绅商诸公为荷。希龄叩。青。

# 附　天津熊希龄为陈宧率北军入湘事来电

（1916 年 7 月 9 日到）

常德廖道尹鉴：宣密。昨见报，中央令陈宧为湖南督军兼省长，并闻陈将四川带回之北兵一万余人，复率入湘，甚为危险。弟等顷电中央力争，其文曰："大总统、段总理钧鉴：院密。昨见报载，明令陈宧为湖南督军兼省长，并闻将前带往四川之军队一万余人，复率入湘。等因。查湘省现在军队林立，情形复杂，择人择地，颇极困难。昨阳电业经缕告段总理，并请转陈，想蒙钧鉴。兹既明令已颁，自难再易，惟陈督军带兵赴湘，则于湘省秩序甚为危险，有不得不再三渎陈者。湘省自第二次革命以后，汤督遣撤湘军，另募山东、河南、直隶、湖北四省人为混成旅，已生南北畛域之见。滇黔事起，中央军队派赴西、南两路，军纪不严，民恨刺骨，意见日深。汤督宣告独立，复多方招募湘军，以平人心。现计全省湘军约有五六万人，南北双方日起冲突，未始不由于此。且湘省纸币充斥，发给军饷并无现货，本省军队均领纸银，而北兵驻湘省，非领现洋不能汇作家用，此外一切服装、器械，无不优劣悬殊。此在平时尚不免有意见，何况多事之秋。陈督军前在川省，亦犯此弊，故此次周骏攻省，川兵叛附，陈督军不得不率北兵以退让，而其远因皆由于两种军队之不同待遇也。今汤督失败，前车可鉴。陈督军若单骑入湘，或者不敢冲突，倘复以冯玉祥之北兵万人，前往长沙，是水益深而火益热，非徒无益，而又害之也。此次军兴，湘民惨遭凶暴，靡有孑遗，中央当不忍使之再罹酷祸。应恳俯念湘民困苦，电饬陈督军，如赴湘任，只可自带卫队数百人，万不可再率全军前往，致遭激抗，而使三湘沦于纷裂。希龄壬子及本年，两次为主和平解决，桑梓稍得保全，今忽闻此警耗，窃恐反以速祸，心知其危，谨敢为民请命，乞赐裁度，不胜迫切待命之至。除电商陈督军外，谨呈。熊希龄、范源廉、周大烈同叩。青。”等语。望公速电长沙及辰、凤诸君，速即电争挽回为荷。希龄叩。青。

## 关于银钱支绌事拟电各分处一律暂停是否可行致天津英租界熊希龄电

(1916年7月12日)

绥：宣密。青电已照转，抚绥处即拟停办，所存银行款数万，因北兵筹发饷糈，已商挪借，中央未见发还。刻值银钱支绌，势难续办，且汤芗铭去后，省城朝政未定，中央即将此款还到，觊觎者多。再四筹思，惟有暂停一法。拟电各分处一律暂停，本处拟酌留数人，共相办理，以节糜费，俟由归还，再接续进行，是否可行，乞即复。名缙。蒸。

## 关于请向黎总统言允缙辞职致天津英租界熊希龄电

(1916年7月13日)

绥：宣密。湘中乱勃发，旬日之间，都督三易，假窃名字，遍地皆是，元明之末，毒痛再现。此间北兵开行不得，旦夕恐化战场，缙已屡电辞职，未荷复允。恳公假一名义，电湘督调弟北行，俾得脱此凶阱，并不别望余地。恃叨知爱，急难之援，非公莫属，无任迫恳。黎总统曾于辛亥起义时相从有日，此次践位贺电，又蒙撤答，可否向之一言？乞酌。名缙。佳。

# 关于拟奉武陵辰沅两道直以隶诸中央致天津英租界熊希龄电

（1916年7月13日）

绥：宣密。长沙、岳州情故，公想备悉，彼此噬杀，惨劫无穷。此间有一苟全之策，拟奉武陵、辰沅两道三十余县，直以隶诸中央，于田、张、王、罗各将代请中央任命，必皆乐于输诚。于常德军队，则暂不撤遣，具两道丁税杂厘财政官收掌，除两道军饷及行政费，仍经税厘指拨外，余数全解中央，俟省城已取消独立，确归中央之日，湘西再归省属。此虽此间一隅之自计，实亦中央统一之大利，是否可行，望公速图允复。名缙叩。佳。阅后付丙。

# 关于西门现杀北兵夺北械之事致天津英租界熊希龄电

（1916年7月14日）

绥：宣密。陆督仍未到省，此间北军将次退尽，而又扬言有一部分之留守，以故接防之军不能即来。然实探内容，确于日内骤将退出。日来城厢内外，匪盗麇集，一夕数惊，昨晚西门已发现杀北兵夺北械之事。一旦周军去而容军不能即到，一二钟内，即可破坏常城而有余。弟前电乞公设法，俾弟脱难，仍望即日赐援。至祷！至切！立盼复音。名缙叩。元。

## 附　熊希龄复电

（1916 年 7 月 15 日到）

常德绥：宣密。蒸、元电均悉。顷同陆督有拟留湘二月，维持秩序消息，果于日内到湘，则各派均可安定。容川来电谓，已派兵三营赴常，嗣又闻北兵仍留之谣，电请转电中央，迅令速退等语。当即电复，北兵决退，辰兵可速开拔，日内当可接洽。公此时似宜联合绅商，暂维地方，容川经龄屡次电，亦已力守和平，渠兵到后，当不致有冲突。届时公如愿离，再行商办。龄日内将详电，劝告湘西父老也。抚绥处共垫中央军费若干，乞速将确数电示，以便向中央索还。目前可将职员裁减，只留数人职掌可也。北兵果于何日开拔，仍望电复。希龄。删。

## 关于各抚绥分处暂令停办致天津英租界熊希龄电

（1916 年 7 月 16 日）

绥：宣密。缙于寒日请假得准，以袁泽民接替，不日即可交卸。各抚绥分处暂令停办，缙拟即日来京，报告结束抚绥处一切办法，特先奉闻。

# 关于请致电湘督调缙北行致天津英租界熊希龄电

(1916 年 7 月 18 日)

绥：宣密。删电计已达览。省委袁泽民为武陵道尹，又以常德地省人反对故，致不能来。时局奇变，缙于维持地方心力已尽，而鬼蜮世界，更无人理之可言。故缙于此席，万勿可留之理，亦无可留之势，切乞我公赐查佳、元两电所恳，以一电致湘督，调缙北行，俾脱苦海，如承允准，急希电示，无任感祷。名缙叩。筱。

## 附　熊希龄复电

(1916 年 7 月 18 日到)

常德绥：宣密。筱电悉。已电湘督调公北行矣，得复再闻。昨电请将中央军饷借拨抚绥费数目示知，望速复。希龄。巧。

# 关于请电湘督饬袁君无须带兵来接节事致天津英租界熊希龄电

（1916 年 7 月 22 日）

绥：宣密。此间北军尚有万人，新委武陵道袁君，业于昨日由省起行，带兵前来接节，前站到常，商之周司令，周不允行。且容川接防兵已至桃源，恐起冲突，地方不堪设想。乞公报告中央，速电湘督，饬袁道径来接节，无须带兵，此间绝无危险，事机急迫，盼即施行。名缙。马。

## 附　熊希龄复电

（1916 年 7 月 23 日到）

常德绥：宣密。马电悉。转电中央，迟恐不及，已由龄径电湘督矣。龄叩。梗。

# 关于请设法索还现洋及容军已到翦尸溪事致天津英租界熊希龄电

（1916年7月22日）

【题解】

此电文录自《熊希龄先生遗稿》（上海书店出版社，1998年），电文中“□”照录。

绥：宣密。删、巧两电均悉。抚绥处现存常德湖南银行洋银六万四千零七十六元，□注价千三百串，因此次借拨军饷，将现洋提去，不唯抚绥用款不能兑现，即向取纸币亦只能千元以内为度。查本处存款均系现洋，且利息毫无，原期该款全数可以随时兑现，今辰、沅灾区纸币不行，是本处存行七万余元已等庐焜，况并纸币且不能多提耶？望公设法索还现洋，或仍存该行，或另存他处，即乞复示，余均照办。周军三数日当可退尽，容军已到翦尸溪，纪律甚好，并闻。北行获命，铭感无穷，谨束行李，以待嗣音。名缙。马。

# 关于决意离常不日北上奉谒致天津英租界熊希龄电

（1916 年 7 月 25 日）

绥：宣密。抚绥处已遵电示收束，缙于梗日交卸起行，袁道尹于次日到常视事。惟当地绅民颇持反抗，现由蒋八、李五招保安团三百人，隐有防御之意。容川兵三营，业已由桃下驶，新道尹带有军队，恐生误会。缙初意从绅商之请，在此维持，闻彼辈所争，正在道尹一席，故决然离去，以消争竞之目的。至容军对袁颇多恶感，缙已极力调停，告以如为此嗜战，则人将谓缙恋道尹，怂起兵祸，如能见听，或不致更生意外。所虑城中伏莽太多，袁来一声号及，乌合四散，终为地方之害，尚乞公设法带定湘中鼎沸之局为幸。缙拟往沪一、二日，即北上奉谒。名缙。有。

## 附　常德胡善志就兄病逝熊廖厚唁事来电

（1916 年 12 月 23 日到）

熊秉公、廖笏唐先生钧鉴：先兄文岩襄佐抚绥，毫无寸绩，因病逝世，辱蒙厚唁，存殁均感。肃电谢。善志叩。

# 关于询用款情况致常德抚绥处电

（1916年12月26日）

常德绥倬兄鉴：宣密。缙临行时，本处存章管带手预备发饷之洋三千六百元，是否陆续发完？今章交代，是否尚有余款缴清会计处？乞电示。名缙。宥。

# 附　天津熊希龄为告蜀事难为以回里为妥来电

（1917年7月23日到）

重庆河北谭家园廖道尹名缙鉴：函悉。蜀事难为，似以回里为妥。希龄。梗。

# 附　天津熊希龄告蜀事难以速了请赴京来电

（1917年10月11日到）

重庆道尹署转廖道尹名缙鉴：电悉。蜀事未必速了，望即来京。希龄。真。

## 附　熊希龄请转告廖名纲先移乃兄眷属赴汉阳事致长沙周省长转刘艾唐电

（1917 年 11 月 8 日到）

长沙周省长转刘艾唐鉴：嘉密。廖笏棠接乃弟道根电，拟将眷口送赴北京。笏棠嘱公转告乃弟，如省垣情形危迫，可先移眷赴汉阳，再商进止可也。希龄。庚。

## 附　长沙任福黎就编辑总赈周报索湘督电文事来电

（1918 年 5 月 13 日到）

督办河工处廖笏棠先生鉴：此间编辑总赈周报，乞将督座致中央及各省原电，并国务院与各处复电，速寄来湘。其他关义赈文件，亦乞择要邮寄，至盼。福黎。蒸。

## 关于已饬书记赶抄湘赈函电致长沙任寿国电

（1918 年 5 月 13 日）

长沙织机巷湖南义赈会任寿国先生鉴：蒸电悉。尊处所需此间湘赈函电，已饬书记赶抄，即日奉寄，先此电闻。名缙。覃。

# 与熊希龄等关于请取消辰沅属苛税事致赵恒惕等电

（1923 年 1 月 16 日）

长沙赵省长、省务院、省议会钧鉴：湘西灾余，老弱死亡相继，赈不胜赈，触目伤心。推原其故，皆由政治不良，重征苛敛所致。查湘省前因军饷支绌，举凡盐木百货出入，于完纳正附各税外，再加增一倍，以充军费。行之未久，均已取消，惟辰沅道属二十县，迄未奉令停征，两载以还，商民俱困。查该属夙称贫瘠，加以近年兵匪水旱，迭成巨灾，人民痛切剥肤，何堪此苛征，若不及时革除，将无噍类。龄等为民请命，难再缄默，务乞即日明令取消，以苏民困而昭大公，无任同感。熊希龄、廖名缙、舒和钧、危道丰、向乃祺、欧本麟、彭施涤、杨岳等。铣。

（录自长沙《大公报》1923 年 1 月 19 日）

# 书 信

## 廖笏堂居士为湘省提寺产复太虚法师书

**【题解】**

此函系廖名缙接太虚法师来函后之回复，1923年《海潮音》第四期以此标题刊出，本卷因之。

廖名缙晚年奉佛，其佛学造诣极深，与中国佛学界很多大师、高僧都是好朋友，且常与他们有诗词唱酬及书信往来，然绝大部分散佚。而中国近代著名高僧、佛学大师太虚法师，便是其诸多佛界好友之一。除此收录的三封书信之外，二人还有酬唱诗作数首收录于第五卷中。

太虚（1890—1947），俗姓吕，乳名淦森，学名沛林，法名唯心，原籍浙江崇德县骑塘乡（今浙江桐乡），生于浙江海宁，近代著名高僧。太虚法师学识广博、思想深邃，兼通内学外学、旧学新学，融会唯识中观、法性法相，在佛学理论上提出了不少精深的见解。其著述等身，弟子印顺法师等将其作品汇编成《太虚大师全书》传世。

虚公吾师道席：

奉惠书，知长沙议会议决，仍欲提分寺产。此事在未议决之前，某预虑其结果不良，故函托在会故交，临时抗议。奈敝省教育界人多以横蛮为开通，以致夙持正议之人愤抱莫申。

兹承慈嘱，当即按照进行。第群盲嚣嚣之日，议案既定，恐亦难以理喻耳。以鄙意观之，此次湘议会，产生于新省宪。新省宪生后，不唯为国内有识者所诟病，敝省号称在粤之国会议员，亦屡经宣言，谓其违背约法，自召纷崩，业已通告认为无效。且湘局杌陧，人所共见，一旦狼奔彘窜，一切临时建设即将消归乌有。盖口舌不能取销者，枪弹一至，每有不取销而自销之势。此亦乾闼婆城，必无久现虚空之理也。

若虑此后会议不免仍袭故辙，则根本改革，非谋僧侣同享国民代议制中选举、当选之权不可。此事理论，劳心劳力。同是劳动神圣之人民，日本小学教员所以加入劳动团体而自命为心的劳动家。佛门弟子职在劝导国民，去恶向善，其职务岂在小学教员之下？此可据为力争选举权之张本。

至各国议会中，莫不以僧侣为一政团之特帜。德意志加持力教堂在毕士麦时，当与中央党携手，左右国柄，至今其势力未衰。日本之以僧侣而充议员者，尤为更仆难数。吾师为今日重兴圣教之中坚，如能提倡此议，俾僧侣争得选权，则一切问题可以根本解决。否则架漏度日，东补西破，终不至相随俱倒而不已。

鄙见如是，是否可行，仍希吾师裁酌筹画，至为盼。知师在鄂近讲俱舍论，屡欲赴鄂一聆法诲，俗缘牵率，未能如愿为恨。此请慧安。

# 附　太虚法师致廖笏堂先生书

笏堂先生慧鉴：

时丁末叶，魔强法弱，往往有法身大士，乘悲愿轮，扶持正教。客岁大沩之事，赖热心维系，不惟衲等铭感，实乃佛陀赞喜、人天庆悦者已。

顷者长沙僧界来函，称湘省议会修改提寺产案，其结果仍公产提十分之六，私产提十分之五。此等非法议案，无虑蛮横无理，为稍有人心者所愤惋。且关于佛法前途，影响国家兴衰不少。所以者何？一省作俑，各省效尤，涓涓不塞，何所底极！衲等闻此惊告，疾首痛心。念大法之倾危，实支柱之有责，奈狂澜之方激，非孤掌之堪障。

用特函恳阁下，发护法心，作狮子吼。转请熊秉老领衔联络湖南旅京各同乡及各名流，函电湘省议会、省署、教育会，据理直斥，多方指导，开彼迷云，涤兹妖孽，定颠扶危，在此一举。

况长沙来函，亦云据实调查此案，操纵于少数教育界议员之手，其他之议员有中立者，亦有力争不承认提产者。乘此风雨如晦、鸡鸣不已之际，正好登高一呼，唤醒彼梦。愿公等疾趁此时，鼎力挽救，则庶几法轮一转，佛日重光，缁素国民，胥获其益，江树燕云，不胜引领待命之至。肃此。敬颂道安。诸维慈照不一。太虚启。

（录自《海潮音》1923 年第三期）

# 附　太虚法师复廖居士书

笏堂先生大鉴：

汉皋雁去，京国云来，卓议名言，良深景佩。

衲因忆民二国会初开，尝请愿吾僧选举、当选之权。未几国会颠播，致犹稽议。其书载于《佛教月报》，尚可按覆也。乃者贵省省选，僧界亦同选举，但仍无当选之权耳。然衲于此时，反不敢令吾僧有兹矣。

盖议员当选，非贿莫成，非争莫获。而碌碌庸僧，少受教育，未具阿罗之德、菩萨之操，一入斯途，必将尽失其所贵乎有僧者，而僧翻可以无之也。故于发表民九十一期《海潮音》之《整理僧伽制度论》，乃主张僧伽祇守其卓遐清让之风，以宏佛化之普及为职。而由正信佛法之士女，组拥护佛教社，专为保障三宝，似较妥适。

然顺时因势，未知孰为至宜。顾吾僧竟绝无注意及斯、商论及斯者，上者仅能自修，下者反丛世诟，鲜有可与之共尽明教救世之责任者，斯则窃所深引为巨忧者也。设能借公之伟论，集国中缁素之视线以相研究于此，则何幸之！专复。即颂仁安。衲太虚和南。

（录自《海潮音》1923 年第四期）

# 第八卷　史料文献

# 奏牍提案

## 代统续备左军兼营务处拔贡廖名缙查阅分防营情形禀批

窃拔贡自到吉安以来，即思从速出视所属分防各营。惟因驻吉中营，积弛之余，亟应首加整顿。故自正月初四日起，每日汰换老弱，督率操练，并挑考随营学生，送学堂肄习。

一月之间，粗有头绪。正拟起行，往各属查视一切。适于二月初四日，奉到宪台批谕，饬将查阅分防各营情形，据实禀报。拔贡随于初六日由吉起程，初九日行抵袁州后营防地。

本日因该营分驻万载之后哨，及分驻新喻之左哨，尚未调到，故仅将中、右、前三哨先行阅视。及十一日左、后两哨到齐，复将五哨合阅，并按册点名一次。

此营承蒋前管带积玩之后，本不能遽责以操演之如法。惟点名时，不到者共三十余人之多，或称病假，或称出差，或称在路脱逃，而尤以后哨一哨为甚。又，册中开列哨官、哨长各衔名，核与该营管带朱游击上雄前次送到之折册中，多有不符。

据该营前送折册，后哨哨官为沈葵伦，今册中则为朱桂卿。哨长为张胜发，今册中则为刘文玉。右哨哨官为陈子践，今册中则为夏炳熙。右哨哨长为刘乐仁，今册中则为朱由勋。前哨哨长邹锡福，今册中则为龚文斌。当以询之该管带，始知其因开印日各该弁站堂到迟，故行撤换。

点名后，随有前充后哨之哨官沈葵伦、哨长张胜发，各持该管带所予撤委札文，来拔贡寓处，声言左军四营向有统带，札撤札委，皆须禀报。今该营官所予札文，并无除禀报候批遵示字样，未便行交卸。

未几，该后哨合哨勇丁，亦俱来寓具禀跪喊：请将全哨准假归农。惟时拔贡以初到江西，江省军制，向章撤换哨官，果否须由营官禀报统带，尚未深知。当饬各勇丁退去，即传该后哨哨官沈葵伦、哨长张胜发，谕以军中纪律秩序当严，哨官之不能丝毫违抗管带命令，犹管带之不能丝毫违抗统带命令，统带之于所属大帅，亦莫不然。今尔等既奉札撤委，即应赶将军装、名册交与新委员弁，至管带之非是，自有统带理处，非尔等所得而预，若仍抗延不交，定当按军律惩治。

申谕之后，该哨官、哨长唯唯听命，当将军装、名册即日交出。惟合哨勇丁，尚持准假归农之说，未肯帖服。当晚拔贡乃亲到该管带驻处，传齐后哨什护，诘以尔哨勇丁聚众要挟，查悉皆尔什护等暗中唆使，军法聚众要挟，为首者斩。姑念左军废弛过久，官长向不讲求纪律，故尔等陷于罪戾，尚不自知。今即责成尔等，速将合哨勇丁严行禁止，勿许妄生议论，速听新委官长约束训管，倘稍有他说，定惟尔什护等是问。

次日该哨勇丁，亦遂渐自帖服，不敢异议。于是集合营什勇于凤凰山营中，为之陈说开导，勖以忠义大节，各令归伍。随请营幕廖湘藩，嘱以此后勿论大小事件，尽可与拔贡互通商量。即拔贡中营有见不到处，该营官等亦可书函往来，匡其不逮。拔贡此来，但为感激上宪知遇，力求实在。其待各管带，亦如家人手足，并不以上官自处。此后务劝该管带融化意见，凡事互相商榷，庶不负上宪殷殷委任之意。

廖湘藩归后，即以拔贡之语告之该管带。该管带次日来寓，面认撤官不禀之错，并谢代调处后哨反侧之力。察其心中似甚愧悔。该管带系名将之后，久历戎行，深知营中一切利弊，为拔贡所远不能及。惟愿此后化除意见，净扫积习，则拔贡实得将伯之助矣。

至该营新营员弁朱桂卿、刘文玉、夏炳熙、朱由勋、龚文斌等五人，可否录用，当敬肃具禀，伏候宪台考核批示，俾得遵饬奉行。此为查阅袁州后营之大概情形也。

拔贡随于十三日由袁起程，十四日行抵萍乡防次。该营管带胡应龙适以晋省未回，次日赶至。据云，各哨俱已调齐，惟分驻新喻之中哨，路远不能遽来。

当日即将前、左、右、后四哨点名一过，并阅看操演。虽不能言好，然大致尚为不错。惟四哨合操，下队操演者仅有七十余人之谱，不能入队操演者未免过多。

该管带年富力强，操法亦略知大概，加以陶成，可冀成一将材。当谕以时局艰难，我辈须将营中旧习删除绝净。其余向来一切迎候应酬，尽可概从简质。但以全力注定训练二字，庶不负上宪奖励之意。该管带亦感激奋厉，誓愿同心共济，不负此番敦劝。此拔贡查阅前营之大概情形也。

随于十七日由萍乡起程，二十三日行抵义宁州。该管带黄寿山，已将五哨调齐，但留勇一棚驻守潭津盐卡。当日天晚，次日阅视操演。

伊营于西式操演，缘无教习，故步法阵法，俱未入式。惟汉操及杂技，则旗帜鲜明，金鼓喧阗，甚形热闹。点名时，查阅勇丁，虽年岁多老，未能一律精壮，而人数尚无缺少。细察该管带亦有心向好之人，但出身标营，循资迁转，于西操本少阅历。若得好教习三人，相助为理，亦可望有起色。此拔贡查阅左营之大概情形也。

要之四营防地，亘、南、吉、建、袁临五府之宽，本已不敷分布，加之义宁州之茶务，萍乡之矿务，永新新喻之械斗，皆地方重要事件，不能擅自调离。故此军向来专注防务，操练多所未讲。拔贡此番在各营阅操之后，随将各该营哨官、哨长一一分起传见，与之坐谈，考其生平，观其志趣，询其于操法曾否讲求，乃阅尽数营，求于营中规制历练老成者，尚不乏人，至问以西操，则皆瞠目莫对，且并枪上表尺，亦无一人能识，勿论机簧安拆之法，测量图画之理。官弁如是，兵勇可知。

窃思中国今日勇营，断不能仍用汉操，不待智者而知。然欲变西操，以左军论，上自营官，下及弁什，初无一人之能解，势不得不另请教习。而江西向章，又将教员裁去，势不得不仿湖南新章，每营访择通解西操、堪充教习者一二人，委以哨官之缺，并由统带、管带加以津贴，庶为一举两得之计。

然刻下各省改练西操，教习缺乏，凡由学堂出身者，无不早已就聘。左军除中营去岁电请前由学堂出身，现在湖北武忠营充当哨官之李国斌，在湘潭小学堂充当教习之王汉卿，及江南练兵学堂之卒业生雍贵益等，前后到营外，余多回电，现已就聘，不能来此。计惟有嘱该营管带自行采访，访到禀报委用，一面速将营学生功课赶紧催加，一年之后，造就有成，再行发还各该营充当教习。此系就现有营制向章设法整顿，故收效不能及早也。

所有拔贡查阅续备左军前、左、后分防各营情形，据实禀报宪台，俯赐察核，批示祗遵。

（原载《江西官报》1904 年第十二期奏牍二）

# 附　抚批

据禀查阅该军前、左、后各营缘由已悉。后营朱管带上雄赴差之时，本署院谆切告诫，令将往日军营陋习，实力扫除。乃该统领点名时，勇丁不到，仍有三十余名，是否缺额，不言可喻。又因小过撤换哨弁五人，并不禀明统领请示，迨统领到袁，为时已逾半月，亦未有一纸禀报，以致勇丁不服。如此任意专擅，实属藐视营规。

又查该营护勇，擅减十五名之多，名为津贴教习差官，并未禀明请示。差官何庸多设，其教习罗凤彪月仅得银洋数元，亦并无厚给津贴之事，是否蚀饷，亦不言而喻。种种乖谬，实堪痛恨！本应即时撤差，惟据该统领禀称事后尚知愧悔，且系名将之后，久历戎行，深悉营中利弊，姑宽酌记大过三次，以观后效。嗣后即着该统领认真察看，如陋习仍未湔除，遇事专擅，不能胜管带之任，即由该统领据实禀请撤惩，不得稍有隐饰。

其已撤之沈葵伦等五弁，平日究竟有无劣迹，操防是否认真，新委之朱桂卿等五弁是否能胜哨官之任，并着该统领详加考察，酌定去留，如稍迁就，致负委任。前、左两营，亦即饬令格外勤奋，力求进步，无蹈从前应酬敷衍恶习。至所称仿照湖南新章，每营访聘教习一二人，委充哨官，由统领、管带加以津贴，并速将营学堂赶加功课，俟造就有成，拨充各营教习，事皆可行，应准照办。

合观该统领历次所禀各节，就事做事，无一不力求实际，成效可期，深堪嘉尚。希督饬各营，破除旧习，认真整顿，勤加训练，以期悉成劲旅，是所厚望，并候札行派办政事处知照。此复。

（原载《江西官报》1904年第十二期奏牍二）

# 代统续备左军拔贡生廖名缙改拨公费禀

敬禀者，窃照吉郡督销淮盐分局，因存为盐饷关系甚重，向由卑军中营派拨勇丁一棚，驻局守护。该局委员即于盐局办公费内，每年筹拨银二百八十两，按三节送交统领照收，以为修理营房及犒赏勇丁之费，乃各前统均皆归入私囊，并未分别修理赏给。拔贡接事后探悉前情，当与现办该局之陈委员熟商，以驻防营，凡有关于国政，应行派拨保护者，皆营官、勇丁分内之事。今立此名色，筹送费用，既未修理营房，又不给赏勇丁，未免非是。但既沿习已久，馈之视为常例，受者亦定为成规，与其款出无名，不若化私为公。现土营中拟设武备学堂一所，选择本营粗通文义之什长书识，并本地聪颖子弟共数十名，入堂学习内外操场功课。所有改建房屋，聘请教习，以及购买仪具，在在需款，所有前项银两，即请助作开设学堂之费。在盐局为固之出款，所费无多。而营中创办学堂，借此佽助，实属受益无穷。陈委员意见相洽，深以为然，自应禀明立案，并乞宪台照会督销总局，一体行知备案，俾垂久远。

拔贡为振兴营务，化私为公起见，是否有当，理合禀恳，俯赐察核，批示祗遵。

（原载《江西官报》1904 年第九期奏牍二）

## 附　署理江西巡抚部院夏批

据禀，吉郡淮盐分局，每年筹拨银二百八十两，送营为修理营房及犒勇丁之费，乃各前统均归入私囊，并未分别修理赏给，殊属非是。现经统领查知，即将前项银两改充营中武备学堂。经费办理甚属妥善，应如禀立案，派办政事处转移知照，并移知督销淮盐总局。此致禀。抄发。

（原载《江西官报》1904 年第九期奏牍二）

## 附　江西督销局办理认销章程批

光绪三十年正月初二日盐法道奉抚宪批至正月二十六日移会到处到局。

督销淮盐总局禀酌拟西岸认销章程十二条请示由，奉批禀折均悉盐法道会同派办政事处、督销局，通行各府、厅、州、县会督绅耆遵照办理。至已办认销各县，除开销外，能有拨充学堂余款若干，亦即查明禀报，仍候督部堂批示录报查考。此致禀。抄发。清折一扣附发仍还。

（原载《江西官报》1904 年第九期奏牍二）

# 与吴剑丰等湘籍国会议员<br>请求和会解决湖南善后事宜之提案

自南北战争以来，湖南为攻守关键，当兵燹要冲，较之川、陕、粤、闽，祸深百倍。零陵事起以至今日，南北军队，梭织棋布，蹂躏全湘，已逾二载。两方主帅不下十人，无纪之军兵号称二十万，割土而居，削骨而食，几次剧战，全省精华市镇摧陷无余。醴陵、株洲之奇惨，岳州、宝庆之烧焚，固已国人尽晓，其余伤创未甚、劫惊未尽之地，尚含冤无告，不计其数也。

停战以后，兵匪不分，抢劫奸淫，穷年不绝。无一县有安居之室，无一村有守业之民，二千万人民咸骨立烬残瓦砾之中惊惶求食，伺候枪林炮雨之下侥幸求生，僵若待决之冤囚，苦如道旁之赤子。例以洪杨之江苏，时日不如此之久。例以欧战之比利时，国土虽大经蹂躏，人民所受惨痛不如此之甚也。仅就兵灾方面以察湘民，固已如是。

此外如财政经济之奇紊。南军征课田赋，已至民国十二三年，勒捐逼饷，无所不至。北军兵饷无着，已达五六师之多，非穷搜极括，断难保持现状。至若维系将来，更无论矣。政费则非自握财权之机关，均虚空无着。即以学校为例，上半年之教育费，已四几折发三个月，下半年更无法开学矣。又南北方面，假湖南银行名义发出钞票，不知若干万，军用证又不知若干万。北军方面值湖南银行穷极紊乱、抢劫一空之余，无术整顿。一方以惠民彩票收回旧币，一方又发出千万以上之新币。

新币又仍袭已倒闭之湖南银行名义，强令通用。其票面与实数，则发出时即为百与十之比。此种收币发币之法，光怪陆离，无从研究。实则金融本来就紊乱，军队不收束、罗掘俱穷所致也。现在新币亦不通行，每铜元万枚之钞票，难有现洋一圆之值，实万与一之比矣。

实业之萎顿。观财政经济状况，固已知实业不得不萎顿矣。其原因发生于军事者亦不少，如商家避抢劫与强买两事，不肯运货，即已有之货，亦只能寄存洋行，依赖领事馆，不肯置诸货架。欲营业不能，欲闭市又不可。此种情形，阻滞商业，最为有力。其可营之商，只有投机一种法门，如做钱币涨落生意之类。投机商业，又最足以败坏金融，稍明经济学者即知之，故其实亦为萎顿原因之一。又，湖南近年矿业颇有组织，人民生机赖以活动。军兴以来，矿山以被勒索之故，十九停止开采，矿商十之七八破产，其未破产者，亦奄奄一息耳。其余之大商业，如盐商亦屡向各方或中央诉苦。西路之木产，向来灌输长江。辰州税关二十万，新堤关倍之，产额之巨可知也。自军兴以来，南军既征税于上游，北军复增卡于下游，层层苛敛，木商因而裹足。长此不变，必采买绝迹，国与民俱病。又如醴陵磁业，清季以来逐渐改良，公私设窑，致数十百家。兵燹而后，破坏扫地，至今不能复振如此者不可胜计。

教育之停滞。前清末年湖南办理教育，视他省为独早，其学款皆绅民所自筹。如三路师范之盐斤加价，高等工校之取资矿场，为数率二三十万，向来托官代征出膏血以教其子弟。军兴概归官有，用以养兵，学校遂成虚椙，言之实为心痛。以现在之财政经济而论，公立各校已无法开门，私立学校之穷于筹款，可以想见。至于学生，则以交通不便之故，生计艰难之故，中途废学者不可计数。即有力求学者，亦只能投入外省或北京、上海各处学校。

游民之众多。湘民向多在外省充当兵勇，江苏、甘肃、闽、赣等省为数不下百数十万。改革以后，各省自练本籍之兵，湘军被遣而归者，无所事事，但能坐食，已有朝不保暮之象。此次战乱，全省人民因金融破产者，因兵燹流亡者，因小职业不堪骚扰而转徙者，大概居十之八九。其依靠不动产为生、未受兵乱者，或能埋头不出，以守家园。然离城数十里，多被号称护法司令之土匪盘踞搜刮。相隔十里之家，租谷不能运送。稍有田土，亦无以为生，其能苟延残喘者，大概居十之一二。又，所有省城以及各县之政事机关，人民之不能问津，固无待言，一切教育、实业，具无进行之路，不为流民，又将何待？故近两年情形，在本地无以为生之民，触目即是。其稍有衣可典、有土司鬻、相率而逃于外省及上海、北京各处者，不下数百万人。旁皇终日，无所营谋，亦迫而为流民而已。

盗匪之充斥。湘省连年招兵，连次解散。连次解散之兵，不下数百万，皆成盗匪。失业之民，亦大半迫而为匪。此次和议成功解散军队，又不知增若干匪矣，皆湘人此次所受之大毒奇痛、欲告无门、欲诉无所者也。迩者和议复活，国内种种问题，自当从此解决。吾湘人生苏之路亦舍此莫由，用敢熟筹湖南善后方策，贡诸和会，并为此二千万之哀鸿求怜悯而矜恤之，或为当局所纳焉。

第一请求　湖南为南北战争焦点，受祸至深，倘此次和议对于该省调处未能尽善，异日必仍伏战乱之根。故请将湖南善后事宜特别列为和会重要问题之一。

第二请求　请从湖南全体人民生死利害方面谋善后方策下手处。凡局部或少数之利害有碍全体者，务求牺牲之。谨列办法两条于下：

甲　要求湖南全境十年之内暂不驻兵。

（说明）此案理由，可分十一层说明于下：

其一层：和会之作用，必将“和平统一”四字做到，方有结果。既和平矣，统一矣，国中对内之兵，当然无用。南不必防北，北亦不必防南。所有现在湖南境内之南兵、北兵全行撤去，必无不安之处，且能表示实际和平之真意。

其二层：湖南本系腹地，南有桂粤防边，北有武昌扼要。东西黔赣，互为制持，就对外言确无驻兵之必要（兵本为对外性质）。就湖南自身言，确无自由行动之能力。且国家组织，断无永不入轨之理。若欲渐就轨道，军队纯系对外，湖南自非军队驻扎之要地。

其三层：此次和会对于督军制应否变更废止，军队应否减缩结束，固非局外人民所能揣知。将来渐就轨道之后，军制必更张，师团必规定，可以预为断言。故一方顺将来改革之趋势，一方为湖南人民减除困难起见，要求不驻兵，甚为便利。既不驻兵，当然无设置督军之必要。

其四层：所谓困难者，实二千万有可怜悯之人民，饱受此不可抗御之兵祸。疮创遍身，血肉狼藉，精神疲萎，膏髓干枯，久受恐怖惊惶之苦，心识失常。祸根不除，决无以自求生活，且其财力状况，敲骨吸髓以求整理，尚虞不足，决不能不要求减免军费之负担。故湖南人民哭诉其哀情，暂求数年之休养生息，应为全国人所许也。此层实为本案最重要之理由，希望当局于灾黎本身上特别注意之。

其五层：若论民政问题，决无倚赖军队之理。尽人知之，即今目下将湖南土著之兵，尽行解散，增加游民，流而为匪。清匪之道，应标本兼治。扩充警备，振兴工业，清查户口，厉行自治。推广教育，改良职业，自然可以治匪。更进言之，多匪之地方，自无军队倚赖，势必善办警察，以维治安，直接逼迫政治入于轨道，庶几有进步可言。否则终日恃军队以保治安，犹如弱国终日受强国之干涉保护，毫不自振，则始受强国之蹂躏而已。目前之便，贻终身之害。故湖南人民以为不驻兵一事，不但可除困苦，并可以促进步。

其六层：共和国家，当然以民为本位。少数人之特别权利与势力，始终必因人民奋斗之结果退让几分，甚或全部牺牲，以同和于大多数。征诸历史，其例不少。故论到地盘问题，不能不要求南北两方面共同牺牲，渐令此五劳七伤之人民，自谋敏捷之救济。牺牲二字，本为人所难能，不过细细推敲，民国国家之组织，始终不能有少数人之地盘。与其经许多时日，经许多争斗，经许多痛苦，毕究将地盘让与多数人，何如此刻即走捷径，暂时虽有牺牲，比较后来之牺牲尚小。

其七层：自争战以来，湖南地盘为南北重要争点。无可讳言，南北许多主帅，将湖南割成四分五裂。欲乙退甲进，而乙不甘心。甲退乙进，而甲不甘心。甲乙均退而丙进，甲乙均不甘心，甚或此外之丁戊己，同此不甘心。故在人民旁观一面，以为欲从甲乙丙丁等中，求其一进而余皆退，万难办到。即令办到，其相争之暗力，终不消磨，处处屠刀，点点火石，殊为危险，不能不谋永远和平之策。在和会方面，殊无法以审判甲乙丙丁等之曲直是非，更无法以折服甲乙丙丁之心理。若尽用权谋的疏通方法，恐千方百计，终难掩此破孔葫芦。不如怜恤此一部分人民，要求各方均让，人民即感其慈仁，南北亦均无所不安于心。

其八层：我二千万人民希望两方有谋和之诚心，有爱惜人民之真意。首先委曲容纳我等之要求，表示决心，铲除战祸，于大局解决，必有大益。

其九层：废督问题，究竟一时难成事实。设令各省不废督而湘独无，岂不有碍大局？此层疑虑似是而实非也。督军制之废止，国人大概对于目前现状有所怀疑。若论将来，则在军制上，学理上，皆不能认为有存在之必要，其改废无疑也。若其存在仅以现状为原因，则湖南现状，已成万难驻兵之势，当可因势利导而废之。纵令我等推论，将来废督这理由不确，他日毕究有人主张始终督制相沿。我等要求十年内不驻兵，为期甚暂，当能哀其情而暂准，作为例外容纳人民之意可也。纵令十年期限太久，俟湖南生机稍形活泼，却解除此项要求亦无不可也。

其十层：湖南人民对于全国仅占一部，其他部未受痛苦如此之深者，未必深悉其情，或忽视此种要求，亦未可知。我等以为，国家之组织如人身然，身体之一部受重创，当然特别注意及之。心理学家曰：一室之内，有人痛哭，则众人随而泪下焉。此二千万人，不能不求其他三万万八千万人之泪，以助其成功也。

其十一层：湖南人民同系组织国家分子，岂独能解除当兵义务？此种怀疑，亦所难免。不过境内不驻兵为一事，当兵又为一事。现在国家岁入用以供军饷者，不下十分之六。此种义务，固非湘人所能逃，而国家募兵，亦不能禁止湘士。倘他日国家有征兵之必要，军制大改，湘省亦不必为驻扎军队地方。

总合以上十一层之推论，不但公平妥当，有益湘民，且于和局前途，开无穷之生路矣。

乙　要求湖南只设省长，专行民政。

（说明）既暂不驻兵，自然只设省长。不过尚有欲说明者二事：

其一事，含有两种说明：（一）撤兵后所任省长，究应何等人物，暂不具论，但要求南北两方，均不以此人为交换条件之一，其理不言自明。（二）所任省长，无论为湘人或非湘人，均不绝对限制，但以非湘人而向有民政成绩者，方为上乘。至于现在以湖南省长为逐鹿之目的者，务求拒绝之。

其二事，亦含有两种说明：（一）南北两方撤兵时之过渡问题。所谓过渡者，即当时之维持治安耳。糜烂之余，盗匪充斥，猝然兵退，无以为防，故不能不有一种过渡之预备。预备过渡之事，万绪千头，难于尽述，惟在和会中应要求当局者之赞助者，亦有数端。下令撤兵之时，即时应有省长赴任，并同时为斡旋两方撤兵事宜之一员，此其一也。组织警备队之经费，即境内解散军队之原饷提充，不足时另行设法筹拨，有余时即留为安插裁卒代谋生计之用，此其二也。裁卒应妥为安置，或移边屯垦，或筑路浚河，或办贫民工艺，或改编巡警，此其三也。解散军队由主军者自行之，警备队由省长组织之，此其四也。撤军时应设临时警备司令（此即清乡督办之类，不过其组织较精密耳。清乡之事，各县固当分负责任。然无统率之官，恐难切实施行），分驻四境，其正式警备队，应限六个月内组织成立，临时警备费用倘虞不足，国有应特别补助之，此其五也。撤兵期限，当以临时警备司令就职时为止，或两个月，或三个月，应请和会底定之，此其六也。（二）军队撤退后，应要求省长负责之种种问题。此题甚为复杂，更仆难数，其应请求和会提出者，列四端于后：省议会应限于省长到任后三个月内成立，一也。教育费应完全恢复，二也。各县筹办自治，应限于六个月内成立，三也。省长到任以后四个月内，应将整理财政策，救济金融，推选教育策，提倡实业策，改良警政策，保育贫民生计策（如筹设农工银行、贫民工厂之类），监督各县清乡策，均应提出省会，请求赞助，否则此次国家善后款项之分配与湖南者，不准运用丝毫，四也。以上各项事务，骤观之似纯恃省政府主持，无要求和会注意之必要。不过今日中国之人民，实在孱弱至极。倘我等撤兵之求，既已遂意，而新任省长，不能出其仁民爱物之宏愿，救济斯民，将善后款项浪费而尽。人民之痛苦，不独丝毫未去，来日更增，其冤又向谁诉？此湖南人民不能不要求和会郑重提出作一层保障也。

第三请求　国家善后借款之处置，应于和局解决政府完成后，由政府直接适宜分配。但应由和会代表定其分配标准，湖南人民所提出适当助款之要求务希承认并特为公平之注意。

（说明）此条理由甚简而所含条目甚多。所谓条目者，即办理湖南善后应与举事业究竟若干，需款究竟若干，甚难提纲计算。今大概分别两层于下：

其一，湖南人民所得直接要求者，整理金融之补助费，灾黎之赈养费，整理矿业之补助费，振兴贫民工艺、招流抚亡之补助费，移民屯垦之补助费，至少应为二千五百万元。其二，必为南北在湘军人协同商定者，即结束军队所需之费，及设置临时警备队所需之费是也。甲乙丙丁等军，孰应全解散，孰应迁调，孰应解散一部，解散方法，迁调方法，究竟若何。临时警备分驻各地，应有几队，每队需款若干，均非人民所能直接估算。此不能不要求和会与当局妥为筹画者也。

以上三项请求说明，未免过长。兹更概括各种内容纲举于下，以便和会开议时列为重要题目：

甲纲　湖南境内要求十年内暂不驻兵以谋休养生息

附目一　撤军时设临时警备司令，限六个月内竣事，其经费由国家特别补助之。

附目二　军队解散后所留之原饷，留作警备费。裁卒应妥为安插，或以屯边开垦、筑路浚河，或改编巡警，或另筹生计。

附目三　自和会议定撤军日起，限两个月或三个月内南北兵全行撤去。

乙纲　由政府任命夙有民政成绩人员为省长

附目一　省长应明白表示筹备湖南善后之责，首先为南北撤兵之斡旋人。

附目二　省长到任后六个月内，组成完好之警备队。

附目三　省长到任三个月内，成立省议会。

附目四　省长到任后四个月内，应将所筹备之财政、金融、教育、实业、贫民生计、自治清乡诸种政策，完全提出省议会，非得省议会之赞成，则此次国家分配湖南善后款项，不得动用。

丙纲　国家分配湖南之民政善后费请定为二千五百万元，其解散军队费、设置临时警备善后费则由当局议定。总经两事办到结束为止

总之，“湖南善后”四字之作用，必加诸湖南人民之自身方有价值，方为切实。设令政府及其他特别方面种种问题解决，而人民之痛苦自若，非湖南之善后也。政府及其他特别方面与人民方面，均敷衍含糊以求解决，非湖南之善后也。人民只顾自己之痛苦，毫不顾全大局以为要求，限于绝境而不能达目的，非湖南之善后也。只求解决目前表面之困难，不求解决长远之和平与进步，亦非湖南之善后也。本案所提各条，直为湖南人民自身去其病根谋永久和平之建设而已。缕缕愚情，敬求哀矜而鉴纳之。

提案人：吴剑丰、向乃祺、何海鸣、周渤、易克臬、李堂生、朱后烈、符定一、杨岳、吴德润、易顺豫、唐乾一、罗正纬、廖名缙、陈介、陈嘉言、杜俞、张宣、刘冕执、陈琢章、晏才猷、王毅、吴凌云。

（录自《罗正纬著作汇编》，2012 年）

# 政府公报

## 大总统指令第二百五十一号

令国务总理段祺瑞：

呈核全国煤油矿督办熊希龄保荐，湖南辰溪县知事沈维周等拟请分别存记擢用由呈悉，廖名缙、赵志元应准交国务院存记，余如所拟办理，交内务部查照。此令。

中华民国六年二月十六日
国务总理段祺瑞
内务总长范源廉

（原载《政府公报·命令》中华民国六年二月十七日第三百九十六号）

# 大总统指令第三百七十四号

令陆军总长段祺瑞：

呈核前湘西宣慰使熊希龄呈湘西兵灾在公出力人员廖名缙等拟请给予奖章由呈悉，廖名缙等准如所拟分别给予奖章。此令。

中华民国六年三月三日

国务总理、陆军总长段祺瑞

（原载《政府公报·命令》中华民国六年三月四日第四百十一号）

# 陆军总长段祺瑞呈大总统呈核前湘西宣慰使熊希龄呈湘西兵灾在公出力人员廖名缙等拟请给予奖章文（附单）

为核拟给章事，承准国务院函：奉大总统发下前宣慰使熊希龄呈湘西兵灾在公出力员绅请予奖励等因一案，除请给匾额暨请给嘉禾章人员另行核办外，所有请给文虎章各员应由本部核办等因。遵即分别覆核，与奖章条例尚属相符，所有在公出力，前署武林道尹廖名缙等十三员拟请给予各等奖章，以资策励，理合缮单具文。谨呈。

六年三月三日已奉指令，谨将湘西兵灾在公出力人员，分别核拟奖章缮具清单，呈请钧鉴。

计开：前署道尹廖名缙、道尹张学济、检查副使朱树藩、绥靖镇总兵谢重光、辰州关监督张伯良、湘西镇守使田应诏、团长杨裕三。

以上七员拟请给予一等金色奖章。

前芷江县知事傅良弼、营长刘宗仪、管带官刘景双、水警署长杨盛斌、管带官杜奎、军需长苏文度。

以上六员拟请给予二等银色奖章。

（原载《政府公报·公文》中华民国六年三月六日第四百十三号）

## 大总统令

任命廖名缙署四川永宁道道尹。此令。

中华民国六年四月十日
国务总理段祺瑞
内务总长范源廉

（原载《政府公报·命令》中华民国六年四月十一日第四百四十八号）

## 大总统令

内务总长汤化龙呈四川永宁道道尹廖名缙久不到任，应请免职。廖名缙准免本职。此令。

中华民国六年十月六日
国务总理段祺瑞
内务总长汤化龙

（原载《政府公报·命令》中华民国六年十月七日第六百二十号）

# 附 致段芝泉总理函

熊希龄

**【题解】**

因廖名缙在重庆受阻，不能按时履永宁道道尹职，内务总长汤化龙以其“久不到任”为由，呈报大总统撤其道尹职。而前国务总理熊希龄得知之后，特致函时任国务总理段祺瑞（芝泉），解释廖赴川后久不到任之原因，并在函中推荐其担任国务院谘议等职。

恳者前永宁道道尹廖名缙，弟同乡旧识也。春间得公拔擢，得受斯缺。到川以后，因川南为滇师占踞，拒其前往，由该员禀准故戴省长，暂留重庆，代募成都赈捐。

未几，戴遇变故，复在代理川督周道刚行署充当秘书。一切讨滇谕署文告，多出其手，对于蜀事方思有所尽力，不图内务部忽以该员久不到任，呈请免职。实则该员在蜀进止，皆经禀命省长。此次虽受免职处分，亦自坦然无怨。唯半年跋涉，出入乱邦，负累未免过重。

该员一介寒素，又不肯妄事干求。弟稔知其学行可信，且来自川都幕中，对于蜀中军情极为详悉。现在川事方急，用敢荐之贵国务院。如蒙畀以谘议等职，必能有所献替，不负委任盛意也。肃布希苇，即请勋安。弟熊希龄顿首。

# 江西巡抚辕钞

**【题解】**

本期《江西官报》所载的函告共有多日、多项、多页，兹仅摘抄有关廖名缙职务升迁信息的九月十一日之函告，余略。

九月十一日

统领续备左军廖名缙禀见谢调委常备中军兼营务处。

（原载《江西官报》1904年第二十六期函告）

# 教志四卷一期纪事

湖南学务司将三路师范取消，创设省中学校，由政学界推定廖名缙等二十人为校董，符定一为校长。

（原载《中国近七十年来教育纪事》民国之部民国元年）

# 报纸文摘

## 为举荐袁树勋为湘矿总公司总理事与刘仁熙等上湖南巡抚岑春蓂呈

**【题解】**

篇名为辑佚整理者改拟。

具呈广西候补道刘仁熙、前署江西提学使汪诒书、翰林院庶吉士谭延闿、候选道陈文玮、陆军部主事曾熙、江西候补道程和祥、曾纪寿、广西候补道汤鲁瑶、安徽候补道席汇湘，四川候补道熊希龄、候选道廖名缙、分省候补道龙绂瑞、候选道龙璋、浙江候补知府张琳、分部郎中杨度、内阁中书胡元倓、大挑教职贝允昕、候补知府俞蕃同等，为湘矿总公司关系全省地权命脉，公恳奏派总理，以主持矿政而杜外患事。

窃湖南矿务自光绪二十一年抚部院陈奏请设局开办，维持常宁水口山铅矿，甫有萌芽。委员欧阳栋、朱道濂等运砂赴汉，为法商所诱惑，私立合同，利权尽失。曾经前抚部院陈饬委前办上海制造局总办蒋道德钧力争废约，乃有今日铅矿之盛。嗣于二十七年前，衡山人陈范又在上海勾结保安水险公司总董英商，私议开办湘省矿山合约。前抚部院俞亦委蒋道德钧前往上海设法挽救，阻其已成之局。无如利之所在，人尽趋之。湘中无赖徒党，各挟矿山契据，赴汉、沪一带私卖及抵押与洋行者，约有千余人。西路人邬世英等，并有偕同英商卜洛克来湘，挟资三十万金，声称设立大公司，曾经前抚部院俞将邬世英等奏参革职在案。洋商则由洋务局与之交涉，费无穷磋商之力，始得杜其窥伺。于是前抚部院俞鉴于已往之事，预思未然之防，因与绅商会议，奏请设立阜湘、沅丰两公司。奉旨："外务部路矿总局知道。"钦此。迨升任抚部院赵莅任，以两公司名称不一，权限不定，乃饬绅董共同商定，将两公司并而为一，销去阜湘、沅丰之名，名曰湖南全省矿务总公司。其办公区域分为三路，各派总理一人，分任其事，以专责成，仍合办总公司一切事件，以期联络。又选派监督官一员，专核察国家税项、股本、利息及一切财政。湘省矿务于是始有归宿。办理以来，将及六年，总公司所购三路矿山，至一千数百处之多，开有成效者，亦已不少，而私开矿产之徒为之绝迹，洋商垂涎之心为之裹足。挽回中国之利权，保全一省之土地，皆此公司之功也。间有一二外人要求彼国公使索办湘矿，矿务总局所不能拒者，皆借口于总公司，以为抵制之具。是此总公司者，直湖南全省数百万生灵所依，为身家性命之重要问题也。山西、福建等省以总公司章程完善，咸咨请抄寄，设局仿行。良以从前云南、山西各省所与洋商定合同，非指全省矿产，即指数府数州，范围太广，流弊无穷。湖南总公司章程，则定为外省外埠绅商有愿承办湖南矿产者，只准指定一矿作为总公司之分公司，不得另设总公司，于开放之中寓限制之意。此其杜绝流弊，较之各省为优也。自去年总公司监督张臬司卸事后，前抚部院庞奏派工科给事冯绅锡仁为总公司总理，兼办西路事宜。未及承办，冯绅又曰患病，禀请辞退。闻蒙宪台批准交卸，自系难以挽留。职等窃维总公司关系之重，如上所陈，而总理一职，必须慎选其人，非品望夙优无以昭信用，非资本充裕无以广招徕。窃维顺天府尹袁绅树勋，为物望所归，现总理粤汉铁路公司，准于本月道鄂来湘，缙商学界咸备欢迎。职等公同集议，拟公恳宪台奏派袁绅为矿务总公司总理，俾与三路总理同心协力，维持全局，以期内协商情，外弭觊觎。事关地方主权、民人生命，绅等不敢安于缄默，除呈农工商部、总督部堂外，理合具禀公举。为此公恳宪台大人核准，奏派施行，实为公便。上呈。

（录自《谭延闿文集·论稿》，湘潭大学出版社，2014 年）

# 学界代表廖绅名缙演说词

林、梁二君以邮传部[①]特派员调查粤汉路事[②]，由鄂而湘，行将赴粤，长途跋涉，海陆万里，凡以收采舆论，归报政府。今日辱临[③]敝会，湘人感激，宁可言喻[④]？唯是二君既以收采舆论而来，开诚布公，一祛[⑤]前此上下欺饰之惯习。我辈代表舆论，即宜披露赤衷，竭诚相告，方无负邮部恤民之意与二君虚怀之雅。

适闻各界报告路事本末，亦既尽言无隐。名缙代表学界，仅据现在公司筹股实情，献诸左右，以为归部报告之资，倘亦海岱涓埃之一助乎[⑥]！

窃谓湘省虽贫，断非不能筹集路股之地。咸同以来，发匪倡乱[⑦]，湖南创办东征局[⑧]，筹兵筹饷，以一省财力，支拄东南。辛丑停捐，减成上兑，湖南各局两三月中，收银八百万。即前年筹集赎路之款，盐捐米捐，每岁捐出巨万[⑨]。初无利息之可言，湘人踊跃输捐，未闻一言之吝惜。独自招集修路股本，大利当前，而反相率观望[⑩]者，岂（相）〔湘〕人之昔勇而今怯、昔富而今贫耶？此其中有大原因焉，不可不一代剖陈也。

查世界各国铁路，原有官有、民有之分。官有之性质，或关军事，或关行政，往往收入之数不抵支出，而国家必补助而经管之者，其目的固别有在也。民有性质，专属营业，使无利息之可图[⑪]，谁肯轻投其资本？方粤汉路线之赎回自合兴公司[⑫]也，粤人首定商办之局，湖南继之。当时股款踊跃，旬日间得现款数十万元。未几，张文襄公[13]奏归官督，湘人始生疑沮之心。未几，陈伯屏中丞[14]奏请派张文襄为督办，文襄又有官民各半之说，借款之事随之以生，湘人始视路事为祸源，而疑沮之心，因以益盛。

盖国有、民有铁路之目的各异，即筹款之方法难同。今湘路一段非官非民，亦官亦民，性质不分，而欲人民投其生命相关之资本，无怪乎相属裹足也。此湖南本可筹款，而数年以来招股不多之实在情形也。自文襄薨逝[15]，借款草约可冀作罢。又微闻邮部接受以来，对于此事，唯以利国便民为主旨，初无文襄一成不易之见。于是湘人动色相告，感邮部之隆情，而幸外祸之可免。

前日公司联合各团体开股东大会，电请邮部承与指导办法，业经照示遵行。旬日以来，投股又数十万元，而湘中大宗可靠之款尤不在此。盖集股虽有把握，终系将来之希望。湖南现办租股，业经本年下忙[16]实行带收，乡民不闻少有抵抗。今谘议局复议采用累进法，计每年可得租股二百余万，行将呈请抚部代为入奏。若虑人民反抗，尤属事理所必无，何则[17]原定租股之法，系按照收租之数，每租百石入股二元，累进之法，则系百石以上增股元半，人民不吝二元，而转吝半元？揆[18]之情理，似不尔尔[19]。

又况前此股租股创议者仅在省垣一隅，转由抚部札行而外，加以各属议员之认可，议员为各属人民所公举，必能代表人民志意，而后能代认其负担。此次累进租股为可决之议案，谘议局大体攸关，虽欲不行，其势将有所不可，故此款较招股尤为结实而可靠。湘路全线虽长至千数百里，以五年分修，每年不过二百余里，用款实不过四百余万元。累进租股既有两百余万，盐米各捐又复百有余万，既无公司现有三百余万与每岁增招之数，出款不敷亦已无多。又况商办既定，款股之来由增加至耶？此湖南路款现在确有把握之实在情形也。

抑名缙对于今日二君之来，更有代表同人特别之感情，不能不以一言奉告者。世界各国政府人民之关系厥有数种[20]：有政府而为人民所信赖者，有政府而为人民所猜疑者，有政府而为人民所憎惮者。所信赖，国必昌。所猜疑，国必危。至民所憎惮，而其国始不堪言矣。

吾国以专制而致贫弱，而招外侮，皆由政府与人民之隔绝，此其事久为世界所共晓，固已讳无可讳矣。近虽颁布立宪，然观数月以来，宪政馆对于各属谘议局之电务在摧抑[21]公权，而谘政院章程复有减少民选议员之举。吾国民以谓土耳其、俄罗斯之假立宪者，将复见于中土矣。不图大部[22]对于湘路一事，乃能虚衷博采[23]，旁求[24]舆论。然则大部立宪为实施之第一部，二君为执行立宪实施之第一人，吾湘为被爱立宪实施之第一省，欢迎纪念，宁有穷期？

（录自《湖南历史资料》1958 年第四期）

【注释】

①邮传部：清官署名，光绪三十二年（1906）置。在此之前，交通行政无专管机构，船政招商局隶北洋大臣，内地商船隶工部，邮政隶总税务司，铁路、电政另派大臣主管，铁路又曾改隶商部。设部后，一切并入，置尚书及左右侍郎为主管，分设船政、路政、电政、邮政、庶务五司。辛亥革命后，北洋政府改为交通部。

②粤汉路事：指广东政府在粤汉铁路是官办还是商办的问题上与粤商爆发的冲突。此前清廷的方案为“粤段商办、湘段官督商办、鄂段官办”。但两广总督兼广东巡抚岑春煊认为此为提高财政收入的好机会，于是以担心商人融资能力不足为由，主张加捐税以筹路款，将铁路由商办改为官办，由此引发了政府与粤商

之间的激烈冲突。

③辱临：用以敬称他人的来临。

④宁可言喻：岂可用语言能表达？宁，岂、难道。

⑤祛：除去、去掉。

⑥倘亦海岱涓埃之一助乎：或许也能为大海泰山添一水一尘之助呢！倘，或许。岱，泰山之别称。

⑦发匪倡乱：指太平军造反。倡乱，造反、带头作乱。

⑧东征局：太平天国战争期间，财源相对充裕的东南省份深陷战争泥淖，户部库储锐减，无法落实军饷酌拨祖制，战区省份督抚、将帅只好自筹军饷。咸丰十年（1860），曾国藩为纾解饷源困局，另辟蹊径，推行隔省筹款，在湖南设立东征筹饷局（简称东征局）。该局既是清代财政祖制之外的筹饷机构，又是在战区之外的他省厘金局基础上建立的局外之局。

⑨巨万：形容钱财数目巨大。

⑩相率观望：相继观望。

⑪使无利息之可图：如果没有利息可图。

⑫粤汉路线之赎回自合兴公司：1905 年 6 月，迫于国内舆论压力，清廷委派张之洞与美资华美合兴公司签约，以 675 万美元为代价，赎回原由后者筹建的粤汉铁路（广州—汉口）。

⑬张文襄公：即张之洞（1837—1909），字孝达，号香涛，谥文襄。

⑭陈伯屏中丞：即陈启泰（1842—1909），长沙人。同治七年（1868）进士，选翰林院庶吉士，散馆授编修。曾任同治十三年（1874）、光绪六年（1880）会试同考官，后改任监察御史，光绪三十三年（1907）升任江苏巡抚。中丞，官名，清代巡抚也称中丞。

⑮自文襄薨逝：薨逝，去世。作者此演讲时间系 1909 年 11 月，是年 10 月 4 日张之洞刚去世，离演讲时间仅一个月。

⑯下忙：清代征收田赋分上下两期，下期从八月到十一月，

叫下忙。

⑰何则：为什么。多用于自问自答。

⑱揆：揣测、推测。

⑲似不尔尔：似乎并不是这样。尔尔，如此、这样。

⑳厥有数种：乃有数种。厥，乃。

㉑摧抑：挫折压制。

㉒大部：对邮传部的敬称，类似于“贵部”。

㉓虚衷博采：以虚怀无偏见之心广泛采纳（民众意见）。虚衷，以虚怀若谷的胸怀。

㉔旁求：四处征求、搜求。

## 附　呜呼湘之路权与选举

长沙席公保祠议案研究会谭祖安、廖笏唐诸公鉴：湘鄂借款合同闻已画押，各报所载不详。但第六、七、八三条，皆与路权牵涉，与原议不符。事关湘省命脉，如未签押，应速筹抑制。若已签押，其中利害，实议案中研究重要问题。湘总公司应有全文，乞抄出讨究，共筹办法。又，报载湖南选举怪状，读之愤极。国会请愿，吾湘发起。若结果如斯，各省其谓湘人何？查选举章程第七十九条，办理不遵定章，为选举无效。诸公对此必有处置，同人已禀资政院、宪政编查馆，并乞设法救济。旅奉湘人叩。

（原载上海《民呼日报》1909 年 7 月 3 日）

# 附　湘路风潮之电文

湖南谘议局副议长陈炳焕、教育总会会长黄忠浩、总商会总理龙璋、农务总会总理廖名缙，刻合电北京谭组安太史及众同乡京官，略谓：

前奉上谕，处分四省路款各有区别。顷阅度、邮二部奏稿，词意殊多含混，颇深疑惧。但就湘言，不独租股、房股与商股无异，即米盐各款，亦无一非湘民脂膏，即无一非湘民资本，且多出自小民。今原奏强分四项，办法各殊。

不解一：租房米盐各股，准发国家保利，股票年息六厘，分年摊还，不会提及余利。且谓除美国赎约三百万外，准发股票。似此项股本即发股票亦无余利。如欲提还，须在五年以后。且赎约一款，若为国家所不承认者，如谓款屡虚糜，何以未赎之金元小票二十二万余元，复借款内拨还？待外人厚，待人民薄。待富商入股者宽，待小民入股者刻。

不解二：湘款五百余万两内，商股一百七十万两，租房九十万两数已呈抚报部，部奏臆断为一百万左右。

不解三：查文襄遗折，于附股退股。两层区画至精，此次部奏吞吐其词，后来枝节必由此生。至米盐各股，共收二百五十余万两，赎路共支二百八十六万余两。公股不足，益以商股本系统收统付，并未分某款为筑路之用，某款为赎约之用也。且公股三百二十万元，去年已按股发息，又经谘议局议决，将股票存朱雨老处，并举胡桐琴、谭组安诸君暨忠浩帮同管理。公司据情报院立案，通国皆知。若如部奏，乡人岂能承认？

应请台端联名奏请，再行明发谕旨，以释众疑。并请将米盐及配销各款，发国家铁路股票，认息分红。倘愿抽本，亦准发还，与商股同，以符不使有丝毫亏损之论。盖国有民有，已成第二问题。若使款项稍有亏损，是朝廷明示大信，不使有损丝毫。部臣故违旨意，必欲抹煞巨款，使乡人锱铢积累一旦付诸东流，激烈竞争，祸未有艾，仍乞妥商，电复为盼。云云。

（原载《顺天时报》1911 年 7 月 25 日）

# 与黄兴等发起中华民族大同会

**【题解】**

中华民族大同会于1912年3月19日成立，初名为“中华民国民族大同会”，3月23日更名为“中华民族大同会”。黄兴被举为总理，刘揆一为协理，下设教育、实业、编译、调查四部，各举干事二人。

今既合五大民族为一国矣，微特藩属之称，自是铲除，即种类之界，亦将渐归融化，洵吾华秩代之鸿轨，而环球各国所同钦也。顾五族语文互异，忱悃或有难孚；居处殊方，接洽未免多阻。如无集合之机关，安望感情之联络？况乎强邻逼处，虎视眈眈，唇齿互有相依之势，肥瘠敢存秦越之心。仆等不揣绵薄，组织斯会，借岁时之团聚，谋意识之感通。智德以交换而愈完，志气以鼓舞而益奋。相挈相提，手足庶无偏枯之患；同袍同泽，痛痒更有相关之情。其始以言论造事实，其究以通力赴成功。共荷民国之仔肩，众擎易举；永奠共和于磐石，转弱为强。此仆等立会微意也。尚希爱国英贤，识时巨子，共矢宏愿，大扩初基。俾我四亿同胞，携手而偕登乐利；与彼五洲强国，联袂而永享和平。本会有厚望焉。此启。

发起人：黄兴、刘揆一、吴景濂、冯邻翼、李瑞清、景耀月、沈秉坤、王芝祥、谭延闿、马君武、孙毓筠、张继、恩华、胡瑛、张通典、吕志伊、尹昌衡、李鎜、赵士北、蒋彬、范源廉、谷钟秀、德启、杨道霖、李素、马浚年、秦毓鎏、程子楷、刘懋尝、洪翼昇、王有兰、王正廷、时功玖、余焕东、李肇甫、沙炳南、姚雨平、盛先觉、赵士钰、金鼎、王宽、刘星楠、章勤士、陶昌善、温世珍、殷汝骊、朱德裳、黄树忠、文群、赵恒惕、马良基、邓文辉、熊成章、何维模、仇鳌、彭占元、平刚、任福黎、何陶、胡国梁、蒋宗藩、尹骞、廖名缙、常恒芳、唐乾一、廖炎、钱树芬、李伟、萧翼鲲、吉勇、金章、彭邦栋、汤漪、马际泰、曾彦、叶毓仑、黄格鸥、刘崛、钟勤、张智、廖秉衡、旷若谷、杨伯文、郭琮瀚、潘晋、刘其成、叶允吉、王树滋、瞿宗铎、李猛、罗仲素、张汉英、刘翼、刘芝芬、罗芬、钟元郑、彭定钊、杨时霖、彭桢。

（录自《谭延闿文集·论稿》，湘潭大学出版社，2014 年）

# 与黄兴等发起中华民族大同会募款公告

都督、议会、各报馆、政团鉴：民国初建，五族涣散，联络感情，化除畛域，共谋统一，同护国权，当务为急，无逾于此日。互相提挈，人道宜然，凡我同胞，何忍歧视？用特发起中华民族大同会，现已成立。拟从调查入手，以教育促进步之齐一，以实业浚文化之源泉，更以日报为缔合之媒介，以杂志为常识之灌输。章程即付邮呈，敬希协力提倡，随时赐教，酌拨公款，助成斯举，实纫公谊。

发起人：黄兴、刘揆一、黎元洪、吴景濂、蔡元培、冯邻翼、景耀月、谭延闿、王芝祥、沈秉坤、徐绍桢、马君武、陈其美、吕志伊、孙毓筠、姚锡光、蒋作宾、尹昌衡、范源廉、恩华、王鸿猷、蒋彬、龚僖、张通典、胡瑛、李鋆、赵士北、谷钟秀、张继、李瑞清、德启、杨道霖、李素、宋教仁、程子楷、刘懋尝、洪翼昇、王有兰、勃勒德克、王正廷、时功玖、马浚年、余焕东、李肇甫、沙炳南、姚雨平、盛先觉、秦毓鎏、赵士钰、金鼎、刘星楠、章勤士、陶昌善、温世珍、殷汝骊、朱德裳、黄树忠、文群、赵恒惕、马良基、邓文辉、熊成章、何维模、仇鳌、彭占元、吉勇、任福黎、平刚、胡国梁、何陶、蒋宗藩、尹骞、廖名缙、常恒芳、唐乾一、廖炎、钱树芬、李伟、萧翼鲲、金章、彭邦栋、汤漪、王宽、张昭汉、曾彦、叶毓仑、黄格鸥、刘崛、唐群英、钟勤、张智、廖秉衡、旷若谷、杨伯文、郭琮瀚、潘晋、刘其成、王树滋、叶允吉、瞿宗铎、李猛、罗仲素、张汉英、刘翼、陈鸿壁、骆通、马际泰、罗芬、钟元郑、覃政、杨时霖、彭桢、李膏润。

（录自《谭延闿文集·论稿》，湘潭大学出版社，2014 年）

# 在众议院提重要提案

**【题解】**

廖名缙时任国会众议院议员，在这次举行的议事会中，他提出了两条重要提案。其提案被列在第十一和第十二。当年《顺天时报》的消息原标题为《众议院议事日程》，本文题系整理者改拟。报纸消息比开议时间提前一天，当是预报性消息。

因本次议事会所提议案或未被采纳，或时间关系未及开议，据《顺天时报》1919 年 1 月 11 日报道，廖名缙在 11 日下午 1 时举行的议事会中，将这两项提案再次提出，此次被列在第十和第十一。因两次内容完全一样，故略之不复录。

中华民国七年十二月二十四日（星期二）下午一时开议：

一、拟任汪荣宝为驻瑞士公使咨请同意案（大总统提出）。

二、拟任魏宸组为驻比利时公使咨请同意案（大总统提出）。

……（三至十提案略）

十一、请咨政府于欧洲和平议会提出满洲铁道中立及中国对于库伦宝地使行宗主国权建议案（议员廖名缙等提出）。

十二、请政府将没收德奥两国在华财产及庚子赔款提充奖学基金建议案（议员廖名缙等提出）。

……（余提案略）

（原载《顺天时报》1918 年 12 月 23 日）

# 与熊希龄等旅京湘绅为请阻湘督押矿致大总统徐世昌呈文

呈为合词恳请禁阻张兼省长违法擅卖湖南全省矿产以保利权而全民命事：窃湖南素号瘠贫，公私交困，夙恃矿产收入为养命之源。近年频罹天变，罗掘俱穷，其得以延一线生机者，亦惟此矿产是赖。故前者当局有以水口山矿抵押外资之议，全湘人士呼号奔走，誓死力争，其事遂寝。今又有张兼省长敬尧以湖南全省人民相依为命之全省矿产，概行允给英商开采之事。此事若成，不啻将湖南全省数千万人民之生命举而投诸水火之中。逖听之初，群相震骇。嗣见该兼省长文电申辩，亦或以为事出谣传，后从各面切实调查，始知该兼省长阳则致电否认，掩人耳目，阴则诡秘从事，急于签订。观各报所载二十条之草约，不得不认为确凿。现京、津、沪、汉、湘、粤各处函电纷至，万喙一辞，咸谓此事由湖南水警所长水舜卿，勾结英国银公司代表葛兰特賚缘张敬汤，密向张兼省长献计，张兼省长遂迫令实业厅长吴曜金与英商葛兰特订立草约二十条，种种损失权利，擢发难数。

其尤甚悖谬者，则擅违政府所颁矿业条例，以全省矿产之权利，概行允给第二部之英商投资是也。查矿业条例虽有明准中外合办一条，然只限于一处所产之矿，矿之区域且有一定限制，凡盐、凡铁、凡煤应归国有者均不在内。今张兼省长概行抹杀，而将一切矿产权利举以授之外人，宁非丧心病狂？此在前清三十年前中国官吏不明外交为人愚弄，如四川、山西、云南等省，以全省矿产订立合同，致生无穷纠葛，犹可诿为顽固者之遗误。今者风气已开，稍有普通知识者亦能略解国权，何至身为民上，悍然不顾，倒行逆施，愚呆一至于此？况四川摩根一案迄今数年尚未能结，政府当已饱经痛苦，一误岂容再误？为此合词呈恳大总统严予驳斥，不准立案，并请饬下外交部照会英使，以杜巨祸而保主权。无任迫切待命之至。

旅京湖南士绅：熊希龄、范源廉、刘揆一、汪诒书、杨度、任福黎、徐佛苏、吴德润、刘次源、陈介、胡元倓、梁焕奎、张缉光、刘芬棣、梅馨、王隆中、廖名缙、唐乾一、易顺豫等谨呈。

（录自《杨度集》，湖南人民出版社，2009 年）

# 与梁焕彝等人同为杨昌济逝世启事

敬启者：湖南杨怀中先生，以本年一月十七日午前五时病殁于北京德国医院。先生操行纯洁，笃志嗜学。同人等闻其逝世，相与悼惜。溯自先生留学日本东京弘文学院及高等师范学校，复留学于英国苏格兰大学。既毕业，赴柏林考察教育亦逾一年。辛亥冬季，全国兴革命之师，先生于是时归国，即回长沙任高等师范及第一师范各校教授。雍容讲坛，寒暑相继，勤恳不倦，学生景从，如是者七年有余。戊午岁，长沙被兵事，师范学校亦驻兵，教育事业将堕弃无可为，先生乃来北京，任国立北京大学伦理学教授。参稽群籍，口讲之暇，复有译述，精神过劳，因遂致病。始为胃病，继以泛肿，养疾西山，逾夏秋两季。入冬以后，病势日剧，居德国医院诊治。医者谓其腑脏俱有伤损，医疗匪易，而先生之病亦竟以不治。以吾国学术之不发达，绩学之士寥落如晨星，先生固将以嗜学终其身，天不假年，生平所志百未逮一，为教育、为个人均重可伤也。先生既无意于富贵利达，薪资所储，仅具薄田数亩，平日生计仍恃脩俸，殁后遗族尚无以自存。先生服务教育亦近十年，揆诸优待教员及尊重学者之意，同人等拟对其遗族谋集资以裨生活，积有成数，或为储蓄，或营生产，俾其遗孤子女略有所依恃。伏冀诸君子知交，慨加赙助，此则同人等所感盼者也，诸维亮察不尽。

梁焕彝、梁焕奎、章士钊、蔡元培、范源廉、杨度、周大烈、胡迈、方表、李穆、陈介、李傥、范锐、罗超、刘棣蔚、薛大可、廖名缙、张缉光、范治焕、向瑞芝、王志群、黎锦熙、朱剑凡、陈润霖、陈衡恪、陶履恭、胡元倓、毛泽东、熊崇煦同启。

如蒙赙赠，请寄送宣外贾家胡同达子营十六号湘潭李倜君，或宣外什八半截西口中沈篦子胡同三号胡彦远代收。

（录自《杨度集》，湖南人民出版社，2009 年）

# 与熊希龄等旅京湘绅痛陈和战利害致湘军将领暨各公法团电

顷接和平救湘会长沙来电，备述吾湘战祸灾情。爨骸暴骨，语长心重，哀恻动人。苟具心肝，谁不感痛？惟是原因复杂，非远道所能详知。势力均衡，岂空谈可以止斗？端赖人人有悔祸之心，事事具克已之念，庶几系铃解铃，顿消宿怨，导火灭火，无待旁求。此因在二三实力者之哀矜，与诸君子之呼吁也。今本匹夫有责之义，为同室缨冠之图，敬抒愚诚，以备裁择，战则五害，和则五利，条具于左。

请先言战之害。民国以来，吾湘兵祸未尝稍息，重则全省糜烂，轻亦局部疮痍。民屠无辜，兵伤枉死，哀凄冤愤，弥满天空。害一。兵祸既兴，土匪蜂起，掳人勒赎，掘冢逼财，惨无人心，莫此为甚。害二。人事不修，灾氛叠起，连年水旱，道殣塞川，卖妻鬻子，视为恒事。去岁大旱，啮泥食草，死者不可缕指，更撄战祸人，人将相食。害三。民穷财尽，公私俱竭。各县钱粮，多已征至十八九年，少犹十六七年。寅支卯粮，即为不国。预竭数岁，何以图存？其他苛税杂捐，敲骨吸髓，民无生意，人陷火坑。再构战争，将无噍类。害四。湘省自治，原以弭兵。今既内争，即酿外侮，走险固然，急何能择？负隅亦两败俱伤，利归渔人，祸延赤子。民七、八年惨劫，即将复见于今。百世之诟，夫岂能涤？害五。凡此五者，无不知之。

既不可战，自当言和。更请言和之利。《传》曰：“禹汤罪己，兴也勃焉。桀纣罪人，亡也忽焉。”和则各具退□之诚，共钦宽仁之德。一利也。兴师保民，反为民害，故古人行一不义、杀一不辜而得天下不为。太公迁岐，卒有周室。和则兵不毙，民不劳，财不匮，灾不极，而坐收令望。二利也。孟子谓“善战者服上刑”，又“三世为将，道家所忌”，言杀人之惨，无地鬼神所忿嫉也。施之敌国且不可，况同胞乎？和则种德收福，食报百世。三利也。立宪自治，湘人首倡，各省观瞻，环球属望。自乱则人将代治，自靖则人亦率服。且联省自治亦将由是导源。四利也。国事阽危，外侮日迫，国际决斗，恐难避免。和则永息内争，蓄养精锐，一旦海疆有事，吾湘大出义师，效命疆场，使湘军先正威名，重震寰宇，功在国家，誉垂奕叶。五利也。就此五利，避彼五害，此仁者之安行，豪杰所抉择也。

如蒙采纳，即请双方停战，各归原防，由绅耆与各公法团组织和平善后会议，各军事长官及各公法团选举代表出席，公平解决。旅京同乡，亦可推举代表参与会议。若鄙为书生之迂谈，恐有噬脐之速祸。时机既失，后悔何从？语云：“越人弯弓，则谈笑而道。其兄弯弓，则垂涕泣而道。”同人眷念桑梓灾情，每怀切肤悲痛，情迫意诚，语不暇择。诸公聪明仁惠，忧国爱民，刍荛之愚，必能鉴谅。特此电达，敬候福音。

熊希龄、范源廉、马邻翼、刘揆一、王文豹、刘馥、廖名缙、任福黎、袁家普、舒和钧暨旅京湘人等同叩。

（录自《熊希龄集》，湖南人民出版社，2008 年）

# 廖名缙生平年表

## 1867—1902

1867 年 2 月 16 日生于湖南省泸溪县浦市镇。

1873 年，入四叔廖鹤鸣的训蒙学塾正式就傅。

1875 年，父廖华菁英年早逝，其母姚氏以精湛的刺绣手艺担负起一家人的生计。

1878 年，入浦市入云山寺学馆肄业，授业恩师李芹洲。

1882 年，浦市李少秋因欣赏其少年劬学，遂以其女相许。

1883 年，受知于湖南提督学政曹鸿勋（仲铭），补博士弟子员，入浦市观澜书院肄业，授业恩师李六渠。

1885 年，正当其母为其议婚期时，15 岁的未婚妻李氏女因病骤亡。

1886 年，娶浦市赵辅臣之女赵桂子为妻，为减其母之生计负担，结婚甫一月，赴辰溪嵩溪牛栏坪张家任塾师。

1887 年，参加科试，获一等第一名，湖南提督学政陆宝忠（伯葵）在其文卷后批语“词气充沛，后二诠‘让’字极有分寸”。该文卷《入其疆，土地荒芜，遗老失贤，掊克在位，则有让》，次年（1888）入选陆学政主编的《沅湘揽秀集》，同时入选的还有诗卷《赋得阑斑碎玉养菖蒲》。

1891 年，受知于时任湖南提督学政张亨嘉（燮钧），作为湖南百名优生之一入选刚建立的两湖书院肄业，授业恩师邓绎（保之）。其间与唐才常等友人相识。

1894 年，中日甲午战争爆发，怒撰《讨倭寇檄》一文。

1896 年，从两湖书院毕业后即入刚建立的湖北武备学堂学习军事，以期来日能疆场杀敌报国。

1897（光绪丁酉）年，回湘参加乡试，成绩优异拔萃贡成均。同年报省抚署批准，与友人刘溥泉合资在辰溪桐湾溪牛角井开办辰溪震发煤炭公司，年均产煤 1500 吨。

1898 年秋，赴京参加朝考，列为二等，授候选道员，引见后呈请回湘以校官用。获准，膺浏阳县教谕，未几赴湘西黔阳任龙标书院山长。

1899 年农历二月十一日，其母逝世。同年，应湖南新军统领黄忠浩之邀赴长沙襄其军务，任湖南威字新军管带兼威字新军营学堂监督。

1900 年，领兵参加唐才常在武汉领导的自立军起义。起义失败后遭通缉，浦市老家遭官府抄掠，妻女逃亡。

1901 年，湖广总督张之洞面对坊间汹汹而来的“杀士”（指唐才常等起义领导人被杀事件）指责，自感羞愧，当唐才常的弟弟唐才中也被捕时，张之洞立即致电湖南巡抚“刀下留人”，并对其他涉案者亦不再追究。廖名缙遂返湖南威字新军任总文案。

1902 年秋，参加当年乡试，未举。

## 1903—1906

1903 年春，赵尔巽由山东调充湖南巡抚，从上年全省落卷生员中选拔 21 名优生官费留学日本，廖名缙榜上有名。加上 14 名自费生，当年 3 月湖南共有 35 名留学生东渡日本入东京弘文学院肄业。该批学生中有杨昌济、陈天华、刘揆一、李倜君等人，留学监督为梁焕奎。

是年秋，在弘文学院肄业一学期后，又考入振武学校兼习军事。其间参加了孙中山创立的兴中会（同盟会前身）。

1904 年 2 月 8 日，日本与俄国为争夺朝鲜半岛和中国东北于中国境内爆发战争。

2 月 12 日，清政府对在中国东北境内发生的日俄战争宣布“局外中立”。部分留日学生爆发了游行抗议活动，并与前来弹压的日本警察发生激烈冲突。身怀武功的廖名缙在冲突中打伤了日本警察，旋即在兴中会的帮助下，提前结束学业返回中国。

回到长沙后，向巡抚赵尔巽提议创办湖南警察学堂，受到赵的高度重视，赵当即批示：“……由洋务局会同警务局妥议章程，迅速开办。”

3 月，应江西巡抚夏时（湖南桂阳人）邀请赴江西任职。初任江西抚署文案，并与蔡锷、林虎等兼任材官队军事教官。

4—9 月，代统续备左军兼营务处，驻师吉安，创办随营学堂，整顿军队。在吉安上任不久，秘密创立兴中会江西分部。其间接收了华兴会骨干曹亚伯派来的十几名进步青年学生进左军随营学堂学习军事。

9 月，因对军队出色的整顿和训练被擢升为常备中军统领兼营务处。

1905 年，将材官队改为材官学堂，亲自兼任监督，并倡办江西武备学堂。下半年，因兴中会与华兴会在东京合并成立同盟会，兴中会江西分部亦相应归辖同盟会江西支部。

1906 年，同盟会成员刘道一和蔡绍南从日本回国，策动当年年底于江西萍乡及湖南浏阳、醴陵举行起义。是年秋，廖将家属送回湘西老家，准备届时策应起义。

10 月，起义消息泄露，廖遂遣散革命同志，然自己却因受到怀疑而被革职。

12 月底（农历十一月中旬），回到湖南泸溪县浦市镇老家。

## 1907—1911

1907 年 1 月，在浦市镇临河处购置了一所宅院，将其庭园打造得极为雅致，里闾人称“廖家花园”。

春节刚过，便赴长沙任明德中学监督，襄助该中学创办人胡元倓办学。

4 月上旬，收到老家来信，夫人赵氏于3 月 30 日（农历二月十七日）病逝，丧事由其弟名绅、名纲、名纯及妹妹如心等亲属代办。

5 月，与谭延闿、刘人熙等人一道发起设立湖南教育总会。

1908 年春，在为原配赵氏服杖期一年之后，续娶 19 岁的第二任妻子邓继梅。不久，选址东郊陈家垅开始建造“瓠尊山馆”。其间兼职任教于湖南中路师范学堂、湖南法政学堂。

1909 年，应邀出任湖南高等实业学堂监督，同时辞去明德中学监督职。被举兼充湖南省抚署参议，与谭延闿等人为实现君主立宪而奔走。是年当选为湖南农会副会长、湖南农务总会总理。

10 月 14 日，筹办一年的湖南谘议局成立，召开第一届年会，谭延闿被选为议长，廖名缙、陈炳焕被选为副议长。

1910 年 6 月，在湖南教育总会全省大会上，与胡元倓等 30 人一起被选为湖南教育总会干事。

1911 年 6 月，接任湖南甲种农业学堂监督。

9 月，辞去湖南甲种农业学堂监督职，应中路巡防军统领黄忠浩所邀，担任湖南左路巡防军统领，驻防长沙上游，旋即参加辛亥长沙起义。

11 月，湖北方面告急，遂率左路军北上援鄂，参加辛亥革命中最为惨烈的“阳夏保卫战”，继而东下参加“南京之战”。

12 月上旬，回到长沙。其间庶务科长万夫雄及童杰以提高军饷为由，煽动部队哗变，谭延闿督军连斩万、童等四人。但廖名缙仍力主增饷，最终成功将湘军饷银由每月四元提高到十元，之后辞去左路巡防军统领职。

12 月中旬，赴南京与邹代藩、张通典、宋教仁（欧阳振声代）一起作为湖南代表参加各省都督府代表联合会（南京参议院前身），参与选举大元帅、组建中华民国临时政府，筹备临时大总统的选举。

12 月 23 日，与沈克刚、黄忠绩等人发起的实业协会在长沙正式成立，被选为协会农科干事长。

12 月 29 日，作为湖南投票人参加选举，孙中山当选中华民国第一任临时大总统。

## 1912—1915

1912 年 1 月，参与修改各省都督府代表联合会武昌阶段会议制订的《中华民国临时政府组织大纲》。

2 月 15 日，参与选举出中华民国第二任临时大总统袁世凯。之后从南京回到长沙，被聘为都督府高等参谋。

2 月 19 日，与黄兴、刘揆一、谭延闿等人共同发起成立“中华民国民族大同会”，23 日更名为“中华民族大同会”。

倡议复办因清政府灭亡后没有资金来源而停办的西路公学，更名为湖南第一公学，举湘西浦市人熊钟麟为校长。

与符定一、贝允昕等人呈请省都督府及学务司拨款立案，创建湖南省第一所公立中学——湖南全省公立高等中学，被公举为校董、名誉校长。

5 月，共和党湘支部成立，李燮和为部长，廖名缙为干事。

继陈鸿范之后，受聘担任湖南公立高等工业学校（湖南大学前身）校长。

8月，作为发起人之一，与胡元倓、王猷、陈聚奎、朱廷利、周震麟等人创办湖南章楚造纸有限公司，并以五十元一股，长年六厘行息向社会发行股票。

1913年夏，与刘人熙、彭政枢等人开始筹备创办船山学社。

下半年，因党派不同（廖为共和党人），受教育司长吴景鸿（国民党人）各种手段的打压诬陷，不得不辞去湖南公立高等工业学校校长职。后受聘出任湖南公立法政专门学校校长。

1914年上半年，长沙东乡“赋奕山庄”茶庄建成，由其弟廖名纲具体负责经营管理。

6月4日，船山学社正式宣告成立，与刘人熙、彭政枢同任首届社长，且担任哲学科主讲人。

6月21日，船山学社举行首场讲演。在讲演中对始建的中华民国给予高度赞颂：“国体改变，是我国无上光荣之事。……共和初建，开国之勋，震耀中外，固已揭日月以行矣。”

7月31日，与彭政枢一起正式就任船山学社社长，全体社员集会欢迎二位社长就职。

下半年，提出在思贤书局旧址创设船山学社图书馆，并与刘人熙一起共捐书200余种。

其间，湖南第一公学并入湖南省立第一中学校。当即率旅长湘西人在原址创办了私立兑泽中学，被公举为校长，同时辞去法政学校校长职。因政府不给予该校任何经费，加上只招收两个班学生，因而经费极为紧张，于是带头只领半薪，同时兼任省一师修身课教师。

1915年5月，袁世凯接受日本阴谋灭亡中国的“二十一条”。消息传到长沙后，船山学社立即组织讲演，听众达数百人。廖名缙在讲演中愤怒声讨袁世凯的卖国和日本的侵略，“声泪俱下，全场为之唏嘘”。本次讲演后来被称为“一次对袁世凯卖国政府和日本帝国主义的血泪大声讨”。廖名缙此后在多次公开讲演中号召人民起来反对袁世凯复辟。

是年夏，应熊希龄之邀，离湘赴京襄助其督办煤油矿务事宜，任全国煤油矿务处文案。

8月20日，与刘人熙、彭政枢、曹佐熙、徐明谔等人倡办的《船山学报》第一卷第一期正式出刊，廖之首期讲演稿被刊出。

12月，在人已离开长沙自己并不知情的情况下，当选“国大”代表，并在袁世凯称帝问题上被人代投赞成票，以致这位曾冒枪林弹雨推翻封建帝制的民主革命家，在多次公开讲演中号召人民起来反对复辟的共和党人，后来竟然留下了“支持帝制”的负面影响。（注：笔者查阅台湾文海出版社1967年出版的《袁氏盗国记》，无论筹安会还是湖南请愿团名单中均无廖名缙之名，唯有“国大”湖南代表名单中有其名，而此时廖名缙早已于半年前离开湖南身处北平，对是月在长沙举行的所谓选举及投票概不知情。）

## 1916

1916年4月，年初发动的护国战争打了三个月后，经多方斡旋，南北双方暂时停战。南北两军交战，湖南沦为战场，而湘西成了重灾区。民国政府派熊希龄为湘西宣慰使抚慰湘西，熊希龄则推荐廖名缙出任武陵道道尹。

熊来湘后在常德成立抚绥总处，于西路各县成立抚绥处，照会廖名缙为抚绥总处处长、湖南红十字会救护队队长，之后以送母去天津为由离湘赴津，具体抚绥大湘西灾民之事交与廖负责办理。

正当四处奔走指挥抚恤灾民之际，接广西督军来电，以“北兵骚扰贵乡，承三湘举代表来桂，吁师援戡，故不分畛域，略助偏师，誓与袁军决战”为由出兵湖南。同时辰溪土匪趁机作乱，抢劫淫掳。而麻阳则“自军兴以来，敌我分扰，皆取供于一地，加以寇军所引为声援之土匪，约八九千人，粮饷无给，逐村抢掠，民间积谷强求为兵饷尽……而民间已困，哀鸿遍野，饿馑荐臻”。

4 月 30 日，向寓居天津英租界的熊希龄连发两封急电，汇报湘西灾情，请其呼吁撤走北军，不给南军以再度出兵之借口。从后方派劲兵配合当地警方、保安团进行清乡。请省府拨款厚加抚恤灾民。

5 月 1 日接报，宣布独立且自封司令的湘西田应诏部下永顺彭营长与驻罗塔坪袁连长部发生冲突，双方展开激战，造成数十人死亡，彭亦毙命。廖接报后，当即赴驻军陈团长处询问详情，陈团长言称永顺属停战区，而田伪司令部下彭营长偷袭袁连长乃土匪行径，部队还击系奉范师长之命。

5 月 3 日，因各地灾情惨不忍睹，而救灾款迟迟未到，忧心如焚，再次电告天津熊希龄，请其催促省府及湘财政火速拨款，救民于水火。并再次请求其电告北军撤出湖南，请南军延长停战期限。

5 月 4 日，范师长因调动陈团长部下十一、十二连未果，电饬其“不应借保守地方为名，托词掣肘，致碍军机”。陈接电后愤欲辞职，廖当下力劝其留任驻守常德。

5 月 5 日，接天津熊希龄来电：“恐战祸即在目前，国土难免纷裂。龄决志终养，已于今日呈请辞职。湘西救济抚绥诸事，均乞我公一力担任，以纾桑梓之困。龄以老母在堂，所处地位无可奈何，尚乞鉴原为荷。”

5 月 11 日，接省督军汤芗铭来电，报称救灾款五万元已汇。然辰州、沅州经烧掠后米谷罄尽，省仓谷虽已起运，然民船迟缓，又无拖轮可雇。于是花三千元在汉口购小轮一艘，用以运输救灾物资。

5 月 17 日，张容川在乾城宣布独立。

5 月 19 日、20 日连续接报，湘西匪盗四起。芷江许多村庄被洗劫一空，辰溪榆树湾一百多土匪开枪拦舟抢劫乘客，而廖所提出的清乡之事仍未有回音。

5 月下旬，湖南宣布独立，而广西桂军五千人已至湘潭，廖之部下余节高离常，芷、黔两县知事俱已逃回，凤凰亦宣布独立，而“常德以上倘有主客冲突，糜乱不堪设想”。

5 月 23 日，电请在天津的湘西宣慰使熊希龄，请其帮助呼吁省署解决增加救灾款及清乡事宜。

5 月 30 日，针对湖南及湘西局势，再次致电天津熊希龄：“公关怀桑梓，乞速设法向北京交涉，能弭此间灾祸，西路人民同深吁祷。”

6 月 1 日，因闻沅江上游北军即将撤往常德，于是亲赴长沙面见督军汤芗铭，筹发饷项。汤派汪兆麟、唐人寅同往常德协助办理。

6 月 3 日，为稳妥起见，再次电请天津熊希龄敦促督军：“乞加电恳，以救西路人民危祸。万祷！”

6 月 4 日、5 日，驻湘西北军范师长和周司令的部队先后全部抵达常德，均来抚绥总处向廖索要军饷，云“我军驻扎何处，即为保持秩序，惟军饷则须当地供给，如其不然，我辈长官亦无约束饥军之能力”。言语之中不无威胁之意，并征用运赈谷船只以作军用。为稳住二人，廖一面提供船只，一面跟汪兆麟、唐人寅就军饷之事交涉。

6 月 10 日，一连数日被军饷逼得万般无奈之下，再次致电天津求助熊希龄："弟等目睹祸机，忧惶无策，夙仰我公关怀桑梓，当此危急存亡之秋，必能代筹全安。恳与段总理商榷，饬知此间军队，如欲久驻，则饷项仍由中央发给，湘省亦可分任兵站给饷之费。如能退出湘境，则湘省勉筹一月五十余万现饷，并将现在兵站所有给饷物品，概行馈与，以尽地主之谊。……电到，万恳公即刻转商段公，择上列二种办法之一，选令在常各军一体遵行。若缓之数月，势必爆裂不堪，无任煎迫哀吁，即盼电复。"

6 月 14 日接报，张容川的部队已至沅陵官庄界亭驿，正向常德挺进。担心其与北军发生冲突，地方重受侵扰，当下赶紧电请天津熊希龄稳住张容川，万不可开往沅江下游。同时请熊电商汤芗铭设法或解散张部，或将其编作辰沅清乡队。

6 月 15 日，北军范师长、周司令怒气冲冲来抚绥总处，对廖说中央来电，斥责他们"勒索军饷，掠用谷船"，要求廖为他们澄清。恐二军阀在常德闹事扰民，为维稳大局计，廖只好当即致电天津，请熊希龄电告中央，曰："筹发兵饷一事，系因当时湖南独立，北饷告竭，缙等深虞哗溃，贻累地方，特向双方筹商，并未丝毫勒逼。至拨用谷船，亦系权宜，且赈谷尚无损失。"

7 月中旬，随着袁世凯 6 月 6 日去世，护国战争逐渐平息，遂请辞，由袁泽民接任。然常德等地人俱反袁，力挽廖留下，因而一时无法离常。

7 月 24 日，新道尹袁泽民上任，廖离开常德返回长沙。

8 月上旬，离长赴京，续任煤油矿务处文案，襄助熊希龄。

## 1917—1922

1917 年 2 月，经全国煤油矿督办熊希龄保荐，大总统发布第二百五十一号指令，廖名缙被国务院存记擢用。

3 月 3 日，经前湘西宣慰使熊希龄报请国务院，大总统发布第三百七十四号指令，给廖名缙等七名湘西兵灾在公出力人员授予一等金色文虎勋章。

4 月 10 日，被大总统任命为四川永宁道道尹。

4 月中旬至 7 月中旬，赴任途中因川南为滇军占据，拒其前往。川省戴勘省长命其暂留重庆，代募成都赈捐。

7 月 17 日，戴勘退出成都。是月下旬，奉代理川督周道刚令，入其督军署暂任秘书长。

10 月 6 日，内务总长汤化龙因不明廖名缙在川情况，以“久不到任”为由，呈报大总统撤去其四川永宁道道尹职。熊希龄得知此情况后，一方面致函总理段祺瑞替廖说明“久不到任”之原因及其在川工作情况，同时保荐其任国务院谘议。

10 月 11 日，熊希龄致电廖名缙，嘱其即刻入京。因为是年 8 月，京兆各县遭特大水灾，熊被特派督办京畿一带水灾河工善后事宜，故要廖入京襄助于他。

10 月中下旬入京，旋即赴天津佐熊希龄襄办直隶河工，任直隶水利委员会文案兼督办河工处修理五河图志编纂。

11 月，军阀混战，湖南督军傅良佐弃城溃逃，长沙城内人心惶惶。弟廖名纲担心其嫂一家安危，欲送其进京，而京畿特大水灾刚过不久，天津一时无法安置家人，故要其弟名纲将家人送往上海租界暂避。

1918 年上半年，从上海租界把家人接至天津同住。其间《直隶五河历代河流沿革图说》编纂完成。

8 月，当选为第二届国会众议院议员，遂从天津移居北京。不久与是年进京任教北大的留日同窗好友杨昌济相约于皇城后法通寺（今华丰胡同）建“瓠园小筑”，与杨昌济的“板仓杨寓”相距三百米左右。

其间因西藏选举中，安福系成员操纵政府支持叛国的达赖，打压内附的班禅，怒撰《后藏选举平议》，严厉抨击段祺瑞政府和“安福俱乐部”。

12 月 24 日，在当天下午召开的众议院议事会上，提出“请咨政府于欧洲和平议会提出满洲铁道中立及中国对于库伦宝地使行宗主国权建议案”和“请政府将没收德奥两国在华财产及庚子赔款提充奖学基金建议案”两份重要提案。

1919 年 1 月 11 日，在当天下午举行的众议院议事会上，再次将上述两项提案提出。

10 月 25 日，因湖南张兼省长违法擅卖湖南全省矿产以保利权，与熊希龄等旅京湖南绅士联名致信大总统徐世昌，请其出面干涉阻止。

1920 年 1 月，留日同学杨昌济去世，与章士钊、蔡元培、陈衡恪、胡元倓、毛泽东等人一起在《北京大学日刊》（1920 年 1 月 22 日）上联署发布启事，为其亲属募捐。

7—8 月，直皖战争爆发，适逢第二届国会会期届满，遂携家人返回湖南长沙。

是年冬，第二任夫人邓继梅因病医治无效，殁于湘雅医院。

1921 年春，应熊希龄之邀，举家北迁再返京都，任北京香山慈幼院副院长。不久经人介绍，娶北京协和医院妇产科主任任兰芬女士为第三任妻子。

10 月 16 日，兼任香山慈幼院评议会主任，副主任为朱经农，评议会成员有南开大学校长张伯苓及北京大学教授胡适、李大钊等人。

1922 年 9 月 24 日，国民生计协进会在东斜街事务所召开第一次大会，各省商会代表、华侨商会代表与会。廖名缙参加了这次会议，并被公举与寿鹏飞、张家襄等人一起筹定办法，研究整理中、交两行方法，维持社会金融。

## 1923—1927

1923 年春，应邀参加法源寺举办的佛诞 2950 年纪念活动，与来自世界各地的六十余名佛学大家一起为前来参加活动的佛教信徒们宣讲佛学。

1924 年春，自香山移居京城，创办北京平民报社。

4 月，《平民新报》登记备案，亲自担任主笔。该报为对开八版日报，全国发行。

1924 年夏，正式着手编纂《楚南邵辰廖氏宗谱》。

1925 年春，应刚入京不久的九世班禅额尔德尼 · 曲吉尼玛之邀，担任其驻京办事处秘书长。

1926 年 6 月 9 日，与熊希龄等旅京湘人就湖南战祸灾情致电湘军将士及各公法团，痛陈和战利害。

9 月，《楚南邵辰廖氏宗谱》由北京慈祥工厂印出，熊希龄为之作序，赵尔巽为之题签。出书后当即向北京图书馆赠书两册。

10 月，接到代理国民党中央党部主席谭延闿来函，邀请其南下任职，不巧是月第三任妻子任兰芬女士病逝，南下任职一事搁浅。

是年冬，编好准备付印的所有著作手稿在旅途中连同皮箱被盗，痛心至极，一病不起。

1927 年 3 月 10 日，因病医治无效，饮恨驾鹤西去。

**【说明】**

此前笔者曾写过一些关于廖名缙先生的文章，当时囿于资料匮乏，所涉及时间、事件等，或与此年表有不一致处，则以此年表为准。

特此说明，并致歉意。

张景龙

2019 年 9 月

**【主要参考文献】**


廖名缙．楚南邵辰廖氏宗谱．北京：北京慈祥工厂，1926.

顾廷龙主编．清代朱卷集成．台北：成文出版社有限公司，1992.

陆宝忠辑．沅湘揽秀集．清光绪十四年湖南学院刻本.

朱汉民总主编．湖湘文化通史．长沙：岳麓书社，2015.

廖盛慈．我家族的历史．2017.

周正云，周炜编著．湖南近现代法律制度．长沙：湖南人民出版社，2012.

江西官报．南昌：江西官报局，1904，第九、十二、二十六期.

政协江西省宜丰县委员会文史资料研究委员会．宜丰文史资料第三辑，1989.

湖北省社会科学联合会编．辛亥两湖史事新论．长沙：湖南人民出版社，1988.

徐林，蒋雁鸣主编．明德岁月．长沙：湖南师范大学出版社，2013.

冯崇毅．长沙基督教青年会的创始与活动．湖南文史资料第三十辑．1988.

万里主编．湖湘文化辞典．长沙：湖南人民出版社，2011.

周秋光编．熊希龄集．长沙：湖南人民出版社，2008.

湖南省教育史志编纂委员会．湖南近现代名校史料．长沙：湖南教育出版社，2012.

子虚子．湘事记．北京：正蒙印书局，1914.

申报．上海：申报馆，1911.

周秋光主编．谭延闿集．长沙：湖南人民出版社，2013.

刘建强编著．谭延闿文集·论稿．湘潭：湘潭大学出版社，2014.

舒新城. 舒新城自述. 合肥: 安徽文艺出版社, 2013.

陈先枢编撰. 长沙百年名校. 长沙: 湖南人民出版社, 2017.

丁致聘编. 中国近七十年来教育记事. 上海: 国立编译馆, 1935.

黄林编. 近代湖南出版史料. 长沙: 湖南教育出版社, 2012.

湖南大学校史编审委员会. 湖南大学校史. 长沙: 湖南大学出版社, 1996.

陈衡恪. 陈衡恪诗文集. 南昌: 江西人民出版社, 2009.

船山学报. 长沙: 船山学社, 1933, 第二卷第二、三期.

黄毅编. 袁氏盗国记. 台北: 文海出版社, 1967.

熊希龄. 熊希龄先生遗稿 . 上海: 上海书店出版社, 1998.

政府公报. 1917, 第三百九十六、四百十一、四百十三、四百四十八、六百二十号.

廖名缙. 百槲溪堂文集. 台中: 文听阁图书有限公司, 2008.

顺天时报 . 北京: 东亚同文会, 1911. 6. 30 第四版、1918. 12. 23 第二版、1919. 1. 11 第二版、1920. 5. 6 第四版、1922. 9. 26 第七版、1923. 5. 5 第七版.

国闻周报. 第二卷. 上海: 国闻通讯社, 1925.

申报索引编辑委员会. 申报索引. 上海: 上海书店出版社, 1990.

北京市地方志编纂委员会编. 北京志·新闻出版广播电视卷·报业·通讯社志. 北京: 北京出版社, 2006.

赠书致谢. 北京: 京师图书馆, 1927.

# 后 记

经三年多焚膏继晷、夙夜不懈的劳作，这部《廖名缙佚文集》（以下简称《佚文集》）总算完成了从搜集到整理、从校点到注解的全部工作。

对于这部《佚文集》，笔者原计划只做廖名缙先生佚作的搜集，余下的整理、校点、注释等工作，希望由廖名缙故里政府相关部门出面，聘请其他相关学者来做。因为笔者另有一个撰写廖名缙先生传记的计划，希望能尽快实施。

廖名缙先生系辛亥革命元老，近代湖南教育先驱，在清末民初的军、政、文、教界均遐迩著闻，亦有“光宣间知兵词人”之雅号，搜集整理出版他的文集对于湘西地方文化之挖掘与保护，尤其对于其故里浦市古镇先贤文化之打造意义重大，堪称一件功在当代、利在千秋的大好事，相信地方政府定会大力支持。

经过近两年之役役劳作，搜集工作于 2017 年 9 月基本告竣。当笔者将整个计划向泸溪县政府相关部门领导汇报之后，该领导当即表态大力支持，同时嘱我尽快起草一个出版计划，争取出版包括《廖名缙佚文集》《百槲溪堂文集》《楚南邵辰廖氏宗谱》以及《廖名缙传》等在内的整套文集。然而，当笔者把起草好的计划送交之后，却如泥牛入海，杳无音讯。揣测应是经费方面遇到了难题，因为做这样一套文集，包括聘请专家整理、校点、作注以及出版等所需费用毕竟不是一笔小的数目。

既如此，为了让这件功德之事能尽快完成，笔者只好把手头其他事情先搁置一边，亲自动手开始对搜集到的廖名缙先生佚作进行整理、校点、注释……又经过一年多夜以继日的劳作，一部共九卷的《佚文集》初稿终于完成。至此，我倒要感谢前一年的“入海泥牛”，是它让我意外地有了一次私淑廖名缙先生的机会。通过校点、研读、注释廖先生的作品，更加深入地了解了他高洁的人品、广博的学识、深邃的思想和伟大的情怀。

当然，在此过程中，很辛苦，但也常常收获着满满的成就感。除在“前言”中所述诸事之外，在整理、校点及注释过程中亦有不少有趣而难忘之事，借此机会，与读者分享一二。

## 道是最易却最难

第一卷第一篇《入云山复修水星阁记》无须点句，因为该文最初录自雷公建喜所撰之《浦市》一书，而书中所载之文已经雷公整理点句，笔者只需抄录下来即可，由是最初感觉该文当是最容易的一篇。不料读至其中“经主持僧照升不远千里赍父老热忱毅力”一句时，却怎么也读不下去了。“赍”是“携带”之意，何以“不远千里赍父老热忱毅力”？此乃何意？

再三琢磨，总感觉此句有问题，然手中无其他版本，因此无从校勘。但发现文后注有“此文原载于1929年版《泸溪县志》”，于是尝试找寻这部县志，以查看最原始版本。但县志没找到，却找到了泸溪县政协文史委编印的《泸溪文史》第八辑《浦市镇》一书，该书亦收录了是文。可当仔细阅读之后发现，该书所录之文除出现一些诸如“蟠阻”误为“蟋阻”、“坑冶”误为“坑治”等谬误外，最关键的那一句仍与雷公建喜的《浦市》一书无异。

笔者性格中有一特质，褒者称之“执着”，贬者谓之“固执”。虽然两书中这一句俱无差别，然笔者仍执念此句定有问题，于是继续寻找县志。一段时间后，虽然1929年版县志仍未找到，却找到了1993年版《泸溪县志》。令笔者兴奋的是，该县志的第459页亦收录了此文。在文中笔者找到了苦苦搜求的正确答案：原来前两书果然有误！原文是：“经主持僧照升不远千里赍父老书来咨度，余亟赞许，以道艰不克一返里门，襄兹美举，赖诸父老热忱毅力，未久遂告成功。”前两书中在“赍”与“父老热忱毅力”之间，漏了“父老书来咨度余亟赞许以道艰不克一返里门襄兹美举赖诸”如此长的一节内容。而将这一节补正后，文意便非常清楚，且文句亦十分通顺了。

既然又寻到一个版本，照例再进行一次认真的校勘。不料在校勘过程中又发现了另外两个问题：一是标题。前两书中的标题是“复修入云山水星阁序碑记”，而1993年版县志中的标题乃“入云山复修水星阁记”。二是廖名缙于文中述及其先人时之敬称不一致。文中共有两处对其先人的敬称。前一处在两书中均为“先大父鼎五公”，而在县志中却是“先父鼎五公”。后一处敬称“先父”则三个版本无异。“先大父”是晚辈对已故祖父的敬称，“先父”则是对已故父亲的敬称。三个版本两个不同的敬称，让同一个人竟然成了两代人！一为作者之祖，一为作者之父，孰是孰非？作者所述之人究竟是谁？其父？抑或其祖？

好在称呼后有“鼎五公”字号，这对笔者来说就比较容易考证，因为早在2016年下半年笔者就从美国犹他州家谱协会图书馆设法弄到了廖名缙亲自编撰的《楚南邵辰廖氏宗谱》(以下简称《廖氏宗谱》)。据《廖氏宗谱》记载，廖名缙之父名廖华菁，字竹亭，一字莪士；而廖名缙之祖名为廖荣禄，字鼎五。由是文中所述之人便可确认县志上的“先父”乃谬误，而前两书中的“先大父”为正解——因为“鼎五公”乃廖名缙之祖。

第二个问题解决后，还有第一个问题，即文章之标题孰正孰误？要弄清这个问题，就必须找到 1929 年版的《泸溪县志》，查看最原始的版本。可此前为搜寻该县志已经耗费过不少时间而未果，若再为此事耗时就会耽误整体进度。好在两标题并无太多意义上的谬误，只涉及文字上的细微差异，因而暂以最初标题为准，考证之事留待以后再说。

2018 年下半年，《佚文集》初稿完成不久，一天，中山大学的陈立琼博士来笔者的创作室咨询有关浦市的一些情况，无意中得知她手中竟然有 1929 年版的县志！原来 1929 年版的县志并不叫《泸溪县志》，而叫《泸溪续修县志》。这可真应了“踏破铁鞋无觅处，得来全不费功夫”之语！通过查考最原始的版本，发现该文标题与 1993 年版县志上的一致，于是最终采用了县志上的标题。

但是，在根据《泸溪续修县志》再次对该文校勘的过程中，笔者又发现了三个问题：第一个问题是，前两书中之“先大父”，在 1929 年版县志上却是“王父”。“王父”跟“大父”一样，均系晚辈对祖父之敬称。那作者原文中究竟是“大父”还是“王父”？当然这其实已非太大问题，但为准确起见，笔者再次查阅了《廖氏宗谱》，发现作者在多篇文章中都述及其祖，且其敬称均为“先王父”，仅在撰写其四位从祖传略时使用过一次“大父辈”。由是这个问题自然以 1929 年版县志为准。

第二个问题是，在另一个敬称上又出现了辈分不一的情况。前三个版本中均是“先父”，而 1929 年版县志上却仍是“先王父”。1929 年版县志所载之文系最初版本，按说以此为准当无不妥。但笔者仍不放心，因为笔者从该县志的序言中得知，这部《泸溪续修县志》并非民国刊本，而系整理者根据“文革”时从准备焚烧的废纸堆中偷偷保留下来的油印本整理，于2008年才重印的，而且据整理者志序中的介绍，且从所附图片亦可看出，当初的油印本字迹相当模糊。作者之父、祖两代均系贡生，父是拔贡，祖是岁贡，那么文中所述作者儿时追随其至入云山寺馆“讲学”者究竟系其父还是其祖?

这个问题若是要在最初发现时弄清还真是个大难题，因为作者虽在宗谱中撰有其父、祖之传略，但均未述及这个问题。好在笔者的初稿已经完成，印象中作者在其他文章中述及过。于是在全书所有文章中查寻，很快在“轶闻琐录”卷中一篇短文《张国玉先生》中查到：“余祖馆入云寺时，每过其肆，必中途小憩，与谈乡曲琐事。”由是这个问题便迎刃而解：《泸溪续修县志》中之“先王父”当是正解!

第三个问题是“康”“唐”之辨。作者在文中提到了当年的两位学友，其中第二位学友的姓氏在前“二书一志”中均是“康君渠仙”，而在《泸溪续修县志》中则为“唐君渠仙”。此时已无其他版本可考，按说在这种情况下当以后者为准，因为1929年版《泸溪续修县志》毕竟是刊载本文之最初媒介。然思忖再三，笔者最终仍采用前三文中之“康君渠仙”。理由有二：一是因为笔者所见到的《泸溪续修县志》并非1929年的原始刊本，而是根据字迹不清的油印本整理，于2008年重印而成。既字迹不清，而“康”“唐”二字外形相近，因此整理时极易出错。二是因为《浦市》一书的编撰者雷公建喜于1922年8月出生，廖名缙去世时他已有5岁，且生于斯长于斯，其少时当见过至少听闻过康公其人，亦应见过水星阁的碑文。因此仅就文中所述之人名而言，雷公建喜当不会出错。

# 一字之变意迥然

在注解廖名缙那首著名的《自度曲》时，遇到了一个十分罕见的情况，导致笔者对后半阕的注解思路做了很大的改变。

该《自度曲》最初录自清末民初京津文坛领袖郭则沄所编撰的《清词玉屑》。下阕有一句“梦里琼波，匣中锦字”，最后一句是“曼殊要看秋发”，这两句竟然涉及两位佛教人物。

第一位“琼波”，即克珠·琼波南交（990—1140），系藏传佛教香巴噶举派创始人，出生于尼木热芒地区，家族为琼波氏。第二位“曼殊”，即曼殊室利，佛教四大菩萨之一文殊菩萨。除下阕中涉及两位佛教人物外，上阕中亦有“正佛火蒲团”句。廖名缙晚年奉佛，不仅常在大型佛教活动中为信徒们宣讲佛学，且担任过九世班禅的秘书长，由是自然让人想到该词或与佛教相关。

据克珠群佩主编的《西藏佛教史》一书介绍，琼波南交曾前往索萨林洲，拜谒那若巴的明妃妮谷玛，获得《幻身》和《梦境》灌顶，在梦境和真实中获得了金刚持明妃所传《妮谷六法》《金刚偈句》《幻身道次第》等。如果将句中之“锦字”不作“锦字书”而作“华美的文辞”解，那“梦里琼波，匣中锦字”之意境岂不与琼波南交的故事十分契合？

然当笔者按此思路将这几句注解完之后，却总觉得有些不对劲。因为廖名缙乃情感非常丰富之人，对以词寄情之作极为赞赏。譬如他在评价尚镕《咏小孤山》时就曾写道：“往来词人题咏甚夥，而写景者多，寄情者少。惟尚镕一绝，情景兼到，当为此题绝唱。”但这首《自度曲》读到下阕时，感觉从“梦里琼波”开始，前面所寄之孤忧哀愁似乎到此戛然而止，突然把读者思绪引入了佛之意境。

一天，笔者无意中发现了廖名缙另一首诗《奉题〈湘楼听雨图〉》的线索。当笔者沿其线索溯至该诗出处——徐珂的《康居笔记汇函》时，竟然发现其中除了这首诗作外，徐珂还记载了《自度曲》及其由来。原来这首《自度曲》系廖名缙专为徐珂之《纯飞馆填词图》所题。仔细校勘之后发现，该词除有几处点句与《清词玉屑》中存在差异外，竟然还有一个很重要的字迥然不同：《清词玉屑》中的“梦里琼波”，在徐珂的《康居笔记汇函》中竟然是“梦里湘波”。一字之差，意思却相去万里。果真是“湘波”，那注解的思路就要完全改变！

然笔者手中的《康居笔记汇函》系山西古籍出版社于1997年所出，而据查徐珂的《康居笔记汇函》最初版系1933年刊本。那会不会是山西古籍社的版本有误？于是笔者又想法从某古籍书商手中购到了该书的民国刊本。经校勘之后发现，山西古籍出版社的版本没错，民国刊本中亦是“梦里湘波”！由于廖名缙该词最初是专为徐珂所题，一切理当以徐所记载的为准。于是笔者断然废掉了原来的注释，重新作注。

一字之变，下阕整个意思就完全顺畅了。原来廖名缙词中的“湘波”，指的是“湘江之波”。既是“梦里”湘波，那该词当系廖名缙离湘赴京之后所作。廖在长沙生活过多年，夫人去世后的第二年才正式定居北京。结合前一句“只有双鬟难觅”，不难看出，廖在整首词中所流露出的孤忧和哀思均与其早逝的年轻妻子相关。

廖名缙41岁时，娶了年仅19岁的第二任妻子邓继梅。而邓氏女是廖任浏阳教谕时的好友、该县县尉邓蔚楼之女，廖在浏阳初次见到邓女时她才9岁，10年后嫁给廖，1920年病逝时年仅31岁，而廖彼时已逾知天命之年，当时心中的那一份伤痛可想而知。二人虽是夫妻，但妻子小他 22 岁，因而在他的哀思中，妻子永远是当年的“双鬟”少女。而他对夫人的所有回忆均与长沙相关，是以用“湘波”借指长沙，进而暗喻亡妻。而且自 1915 年夏始，廖名缙先是任职北京，继而任职常德，再往后是重庆、成都、天津等地，与家人聚少离多，因而“匣中锦字”当指廖珍藏的夫人生前写给他的书信。

因此，一个“湘”字之更，让读者在读到后面“回首春灯，历历归去也”一句时，已然愁肠百结，唏嘘不已！自然对最后一句“还愁室里，曼殊要看秋发”也很好理解，深为认可了。

## “瘦身”删字十六万

初稿告竣之后不久，具体负责《湘西民族文库》的湖南省湘西州政协委员会学习联络委副主任向海军先生让我把初稿先发过去，因为出版社要报出版计划。

2018 年底，海军先生向我转达了出版社的意见，除表达了对《佚文集》的充分肯定和较高评价外，同时希望笔者能将文集中的注释内容压缩精练一下。笔者之前着手注解时，一来编委会对注释有引证之要求，更重要的是，笔者觉得廖名缙先生的这套文集出版后应达到这样一种效果，即普通读者借助注释能较为流畅地进行阅读，这样便可让更多的人了解廖名缙的人生经历、深邃思想和渊博学识。基于这样一种思路，笔者在注释时不惜耗费大量时间和精力查阅工具书及相关史料文献，由是注释部分自然比较详细。

既然出版部门希望将注释部分进行精练压缩，笔者虽心中不舍，却也只好狠下心来定下三条较为严格的“瘦身”原则：一、除个别特殊例证外，所有引证之句全部删除；二、除个别极生僻文言字词外，凡词语之出处全部删除；三、大概能猜出意思的字词注释原则上亦删除。

诚然，当耗费大量心血所做的注解被一条条删掉，当全书的字数成千上万地减少时，心中不时会感到隐隐作痛。尽管如此，笔者仍严格按上述既定三原则，一路砍伐削剪，其中最为“猛烈”的是把从《百槲溪堂文集》中选录过来的数篇赋、铭、赞及其所有注释全部删除。

笔者当初之所以从《百槲溪堂文集》中把这些作品选入本《佚文集》，旨在让读者能更全面地欣赏到廖名缙各类韵文体作品。而现在之所以要把这些作品连文带注释一起删掉，是因为编委会拟将《百槲溪堂文集》亦纳入出版计划。

随着这些作品的删去，原来“歌赋铭赞”卷中的作品所剩无多，难以单独成卷，故将余篇并入其他相关卷中。由是《佚文集》由原来的九卷缩减为八卷，原“歌赋铭赞”卷不复存在。

当整个“瘦身”工程全部完成之后，这部《佚文集》总计被删掉了十六万字，仅“诗词”卷就删去了十万字！

## 长揖致谢待衔环

《佚文集》全书整个工程至此终于告竣。在此书从辑佚到出版的各个进程中，除笔者在“前言”中言及且鸣谢过的人之外，笔者在此还想感谢一些人，没有他们的帮助，这部《佚文集》无论如何也难以成书。

我要再次感谢《佚文集》作者廖名缙之后人，如其季女、今已九八高龄的廖盛慈（太素）先生，除把珍藏多年的其父《国风集评》手稿提供给笔者外，亦不顾耄耋高龄为本书撰写弁言；还有廖名缙之嫡孙女、广东肇庆学院国际交流处副处长廖萱女士及其丈夫李如喜教授，他们从头至尾全程予以关注、关心并以各种方式提供支持和帮助，常常令笔者有一种“不是一个人在战斗”的温暖和感动；廖名缙之外孙女、重庆市万州区调研员田奉婴女士，亦对本书提供了积极热情的帮助。

湖南省湘西州政协主席刘昌刚先生对本《佚文集》所给予的高度重视和大力支持，以及时任州政协学习联络委副主任向海军先生对本书所倾注的大量心血，都为本文集的出版面世奠定了坚实的基础和保障。

吉首大学前党委书记游俊教授，吉首大学前正校级督导、著名学者张建永教授，吉首大学武陵山区发展研究院院长张登巧教授，著名古籍考证专家吕华明教授等对本文集给予了高度关注和大力支持。

时任泸溪县人民政府副县长尚远道先生，县民宗文旅局局长李玉梅女士等亦对本文集的辑佚工作给予过高度关注和支持。

在此，笔者对上述各位领导和朋友以及诸多未提及姓名而对本文集给予过关注、关心和帮助的朋友、兄弟致以衷心的感谢！相信笏堂公在天之灵亦然同谢矣！

虽然《佚文集》的辑佚工作至此已全部完成，但毕竟是第一次校点、笺注一位有“光宣间知兵词人”之誉、当年船山学社哲学主讲的作品，因此存在谬误实属难免，还望各位方家读者不吝指正，笔者在此先行长揖谢过！

最后，笔者以一首小诗来结束此跋文，小诗实乃“前言”各节之标题，亦是这部《佚文集》之全部写照：

斑斓碎玉弥足珍，秉文兼武赤子情。
鹤鸣在阴待子和，佝偻承蜩八卷经。

张景龙撰于2019年8月

**图书在版编目(CIP)数据**

廖名缙佚文集/廖名缙著;张景龙辑佚、校注. —长沙:岳麓书社,2021.6
ISBN 978-7-5538-1416-2

Ⅰ.①廖… Ⅱ.①廖…②张… Ⅲ.①社会科学—文集 Ⅳ.①C53

中国版本图书馆 CIP 数据核字(2020)第 209949 号

LIAO MINGJIN YIWEN JI
**廖名缙佚文集**
著　　者:廖名缙
辑佚校注:张景龙
责任编辑:李业鹏
责任校对:舒　舍
封面设计:风格八号

岳麓书社出版发行
地址:湖南省长沙市爱民路 47 号
直销电话:0731-88804152　0731-88885616
邮编:410006

版次:2021 年 6 月第 1 版
印次:2021 年 6 月第 1 次印刷
开本:640mm×960mm　1/16
印张:42.75
字数:534 千字
ISBN 978-7-5538-1416-2
(全二册)定价:198.00 元

承印:长沙超峰印刷有限公司

如有印装质量问题,请与本社印务部联系
电话:0731-88884129